NA COZINHA COM NIGELLA

NA COZINHA COM NIGELLA

RECEITAS DO CORAÇÃO DA CASA

NIGELLA LAWSON

TRADUÇÃO DE
JOANA FARO

FOTOS DE
LIS PARSONS

2ª edição

Rio de Janeiro | 2013

CIP-BRASIL. CATALOGAÇÃO NA FONTE
SINDICATO NACIONAL DOS EDITORES DE LIVROS, RJ

L45c
2ª ed.

Lawson, Nigella, 1960-
    Na cozinha com Nigella: receitas do coração da casa / Nigella Lawson; fotos de Lis Parsons; tradução: Joana Faro. – 2ª ed. – Rio de Janeiro: BestSeller, 2013.

    Tradução de: Kitchen
    ISBN 978-85-7684-663-5

    1. Culinária. I. Título.

13-1385.
                                       CDD: 641.5
                                       CDU: 641.5

Texto revisado segundo o novo Acordo Ortográfico da Língua Portuguesa.

Título original norte-americano
KITCHEN
Copyright © 2010 by Nigella Lawson
Copyright de imagens © 2010 by Lis Parsons
Copyright da tradução © 2013 by Editora Best Seller Ltda.

Capa e projeto originais adaptados por Renata Vidal da Cunha

Todos os direitos reservados. Proibida a reprodução, no todo ou em parte,
sem autorização prévia por escrito da editora, sejam quais forem os meios empregados.

Direitos exclusivos de publicação em língua portuguesa para o Brasil adquiridos pela
EDITORA BEST SELLER LTDA.
Rua Argentina, 171, parte, São Cristóvão
Rio de Janeiro, RJ — 20921-380
que se reserva a propriedade literária desta tradução

Impresso no Brasil

ISBN 978-85-7684-663-5

Seja um leitor preferencial Record.
Cadastre-se e receba informações
sobre nossos lançamentos e nossas promoções.

Atendimento e venda direta ao leitor:
mdireto@record.com.br ou (21) 2585-2002

Impressão e Acabamento: Geográfica Editora

PARA MINHA FAMÍLIA

Sumário

Introdução — XII
Ou o que a cozinha significa para mim, e por que vivo nela

Parafernália de cozinha — 2
Os itens e equipamentos que facilitam minha vida

Segredos de cozinha — 14
Dicas, atalhos e hábitos herdados ou adquiridos durante uma vida de culinária

Parte I: Dilemas da cozinha

O que tem para o jantar? — 22
Favoritos de família para afastar aquela sensação de monotonia cotidiana

Rápido, estou com fome! — 54
Jantar a jato para aqueles dias em que parece que quase não há tempo para cozinhar

Vá com calma — 84
Como é possível preparar refeições para amigos sem perder a calma ou a sanidade quando você está frenético

Cozinhe melhor — 126
Receitas que aproveitam ao máximo o que está na cozinha, ou como satisfazer o bom-senso e a voracidade ao mesmo tempo

Minha doce solução — 156
Sobremesas para facilitar sua vida

De improviso — 186
Jantares e banquetes com os ingredientes que você tem em casa

Parte II: Confortos da cozinha

O frango e seu lugar na minha cozinha — 220
O legado de minha mãe e o sabor de casa

O sonho do lar acolhedor — 236
Afastando o familiar frenesi dos dias de trabalho com um pouco de culinária de fim de semana, ou como encontrar aquela alegria aconchegante e aproveitá-la

Em minha mesa — 316
Ou como eu descobri o contentamento culinário banindo os jantares formais da minha vida para que pudesse desfrutar tanto a companhia quanto a comida

O conforto de mexer — 350
A rota do risoto para o relaxamento

A coleção de ossos — 362
As coisas nas quais realmente enfio os dentes, ou delícias para o carnívoro convicto

Petiscos na cozinha — 410
O que sirvo às pessoas quando não quero preparar uma refeição, com drinques fáceis e comidas de festa para aqueles que não querem nem pensar em canapés

A cura culinária para a dominguite à noite — 446
Jantares confortavelmente substanciosos para dar apoio e alívio, ou como as comidas de ontem podem tornar o amanhã mais tolerável

Agradecimentos — 474
Índice — 476
Índice Expresso — 486

NOTA PARA O LEITOR

♥ Todos os ovos são grandes, orgânicos.

♥ Pratos com ovos crus ou parcialmente cozidos não devem ser servidos a quem estiver com o sistema imunológico fraco ou comprometido, como mulheres grávidas, pessoas mais velhas ou crianças muito novas.

♥ Todo chocolate amargo tem no mínimo 70% de cacau.

♥ Todo o azeite de oliva é comum (e não extravirgem), a menos que seja especificado.

♥ Uma "xícara" equivale a aproximadamente 250 ml em um copo medidor.

♥ Caso as sobras sejam guardadas, elas precisam ser cobertas e refrigeradas, ou congeladas, assim que esfriarem, e não devem ser conservadas por mais tempo do que o indicado. Nunca reaqueça comida previamente congelada ou reaquecida.

♥ Quando não houver recomendações na receita, não é aconselhável preparar o prato com antecedência ou congelá-lo.

♥ Quando preparar geleia ou xarope, tenha um cuidado redobrado, sempre vigie a panela e não mexa, a menos que seja recomendado.

♥ Para encontrar receitas rápidas, com 30 minutos ou menos de preparo, vá ao Índice Expresso na **p. 486**.

♥ Sempre leia a receita toda antes de começar a cozinhar.

Dragon Chicken
wings

Dragon Chicken

4 hot thai red chillies,
split lengthways
7cm – 2½ inch piece
ginger, peeled and
finely sliced
3 cloves garlic, peeled
2 onions, cut in 1cm
slices
spring onions
3½ lb organic chic. 1.

1. Put chillies, ginger,
garlic and salt in
pestle + mortar and
bash to a paste
— or 3 mins, mix
with
2. Put onion sli
in centre of b

INTRODUÇÃO
Ou o que a cozinha significa para mim, e por que vivo nela

Este é um livro que eu queria escrever havia muito tempo. Tive a ideia há quase dez anos, e ela ficou cozinhando em banho-maria desde então. Talvez eu só precisasse passar mais tempo na cozinha antes de poder escrever sobre ela. E quando digo "na cozinha", estou falando de várias cozinhas. Foram muitas, mas com um elemento crucial em comum: é ali que me sinto mais à vontade.

Mas embora este seja o ponto de partida do livro, eu nunca me afasto muito dele. Sei que é impossível provar uma negativa, mas mesmo assim deixe-me começar lhe dizendo o que este livro não é. Não é um guia ou um manual. Não é o roteiro para um estilo de vida nem aspira a ser um tratado. Com toda a certeza, não foi pensado como uma obra de história social, embora eu acredite que esse acaba sendo o destino de qualquer livro de culinária: a história do que comemos é, incontestavelmente, a história de como vivemos e de quem somos. Na verdade, este livro é simplesmente a história do meu caso de amor com a cozinha. Seja qual for o oposto do gênero literário atualmente em moda, a autobiografia trágica, este livro faz parte dele: uma crônica do conforto.

Mas, por favor, acredite em mim quando digo que meu foco não vem da crença de que cozinhar tenha qualquer qualidade moral inerente ou que revele uma pureza de propósito essencial ou uma virtude digna de cumprimentos. Certamente que não: eu não pensaria em me sentir culpada por comer algo que não preparei — desde que estivesse bom — mais do que me sinto ou me sentiria por comprar roupas em vez de costurar alguma coisa para usar. Acho que o fervor convicto e a visão crítica do cozinheiro preocupado com o próprio status impedem uma vida feliz na cozinha — ou, para falar a verdade, fora dela. Eu não cozinho porque sinto que preciso, mas porque quero. E, é claro, às vezes não quero. É a vida. De vez em quando a realidade leva a melhor sobre o romance: embora eu tenha dito antes — e sinceramente declare outra vez que para mim a cozinha não é um lugar do qual quero escapar, mas *para onde* quero escapar — confesso que às vezes a ideia de cozinhar não me enche de alegria nem me faz irradiar entusiasmo.

O que descobri, depois do que parece ser uma vida cozinhando, é que tudo o que tem validade dentro da cozinha tem validade fora dela. Esse é um dos meus mantras, e acho que não será a última vez que você vai me ouvir entoá-lo. E peço desculpas se isso cheira a filosofia barata, mas é verdade. Então, embora ocasionalmente — no final de um dia longo ou quando estou tão exausta que simplesmente ficar de pé parece um desafio — eu possa encarar a cozinha com um pouco menos do que o gosto habitual, quase sempre percebo que botar a mão na massa pode fazer com que eu me pergunte o que estava temendo, e por quê. Mas, enfim, o mesmo se aplica a muitas obrigações e tarefas que pairam sobre nós na vida fora da cozinha. O medo — da decepção, da inadequação, do fracasso — nos faz de bobos, levando-nos a esquecer que todos infalivelmente aprendemos com a experiência: que não fazer o que nos amedronta aumenta ainda mais nosso medo. Talvez um dia eu escreva um livro chamado "Tema e cozinhe mesmo as-

INTRODUÇÃO

INTRODUÇÃO

sim", embora até certo ponto eu suspeite de que essa é a mensagem subliminar de todos os livros que já escrevi.

Entendo que cozinhar possa causar muito terror e que a cozinha pareça um lugar de estresse, e não de conforto. Estou certa de que isso se deve parcialmente ao culto contemporâneo ao chef, e a busca histérica de perfeição que define o período em que vivemos é mais um incentivo. Eu não sou uma chef, fico horrorizada quando sou definida dessa forma e resisto, sem um pingo de dissimulação, ao papel equivocado de expert. Estou sempre dizendo isto, e parece que nunca digo o bastante: se precisássemos mesmo de qualificações e especialidade antes de entrar na cozinha, os seres humanos teriam deixado a cadeia evolutiva há muito tempo.

Eu me lembro de ficar perplexa certa vez com um episódio de um desses (muitos) reality shows de restaurantes: pediram que os concorrentes fizessem um risoto de cogumelos e depois os castigaram por ter — cada um deles — feito pratos diferentes uns dos outros. Entendo que isso faz sentido em uma cozinha de restaurante: consistência é tudo. Mas, para mim, o fato de que cada um faz um prato de maneira um pouco distinta, que o que sai da cozinha leva nossa marca, é exatamente a essência da verdadeira comida caseira. O fato de não aderir a padrões profissionais na cozinha não expõe nossas limitações, mas é um indicativo de nossa liberação e individualidade.

Um verdadeiro chef teria um ataque apoplético e um colapso nervoso — simultaneamente — se fosse obrigado a trabalhar na minha cozinha. As bancadas são atravancadas, o layout é confuso e fica mais confuso a cada dia (e, de forma geral, tenho certeza de que ela seria reprovada em testes de saúde e segurança e de ergonomia). Mas eu a adoro, ainda que seja mais um ninho que um cômodo. Minha cozinha é cheia de pechinchas encontradas na internet e de itens resultantes de afortunadas expedições de compras — louças inusitadas, talheres, bugigangas vintage, caçarolas pesadas que ficam do lado de fora porque não cabem direito em gavetas e armários — que amo especialmente porque foram pechinchas e por serem gloriosamente aleatórias. A desordem de uma cozinha é parte de seu charme, então por que me preocupar que ela não esteja clinicamente imaculada como uma cozinha de restaurante: não deveria estar mesmo. Eu ainda tenho, apoiado em um dos meus suportes para pendurar utensílios, um relógio de papelão que usei há uns oito anos para ensinar um dos meus filhos a dizer as horas. Não posso retirá-lo agora: é parte da nossa história; e é isso que uma cozinha significa para mim.

Todos nós sonhamos com a cozinha perfeita repleta de utensílios, com bancadas brilhantes e equipamentos modernos. É, ao mesmo tempo, espaçosa e confortável, ostentando muito espaço e muita luz, mas sobretudo é o cenário de nossa vida ideal. Essa é uma cozinha onde nunca cozinhei, sobre a qual nunca escrevi.

Seja qual for o seu fogão, ele tem de funcionar para você, ainda que ao acaso. Por menor que seja o espaço, também precisa dar certo para você. Por mais datado que seja o design, tem de funcionar para você. E vai funcionar. Algumas das minhas lembranças culinárias mais queridas são enormes refeições que eu fazia na cozinha de uma casa alugada na Cornualha. Não só o fogão elétrico nunca ficava muito quente, como sempre desligava sozinho. Um forno queimava como uma fornalha, o outro estava sempre frio, e com frequência eu sentia que estava fazendo mágica, e não cozinhando, enquanto executava malabarismos com tabuleiros e fornos a intervalos regulares para impedir uma coisa de queimar

INTRODUÇÃO

enquanto garantia que a outra estivesse mesmo cozinhando. As facas e panelas eram precárias e escassas. Mas nada disso importava, porque após trabalharmos algumas vezes em uma cozinha, por mais inadequada ou estranha que seja, ela tem a capacidade de nos fazer sentir que delimitamos um espaço próprio, seguro e reconfortante.

Mas não é só isso. A cozinha não é apenas o cômodo no qual eu preparo a comida, é o lugar em que eu vivo. Em uma cozinha, existe um dinamismo que parece atrair as pessoas. Em parte ponto central, em parte refúgio, sempre achei que as pessoas conversam mais livremente na cozinha do que em qualquer outro lugar. Talvez seja porque quando você está cozinhando, pode falar e ouvir sem concentrar demais sua atenção naqueles que talvez precisem falar ou ser ouvidos. Sinto que tenho muito mais chances de descobrir o que está preocupando um filho, ou de deixar que uma amiga normalmente reservada desabafe, quando estou na cozinha me ocupando tranquilamente de cortar uma cenoura ou mexer uma sopa. Existe uma naturalidade na maneira com que alguém desempenha uma tarefa enquanto escuta que parece inibir menos a comunicação do que um foco mais diligente e meticuloso, ainda que dedicado.

Não me entenda mal: a cozinha não é só um santuário ou algum tipo de caverna quente e confortável. Seu dinamismo vem em parte do fato de que, mais do que qualquer outro cômodo da casa, a cozinha traz o exterior para dentro, e o saúda. Você pode não adicionar uma nova almofada ao sofá da sala de estar com frequência, nem pendurar novos quadros na parede do corredor a cada duas semanas, mas a cozinha baseia-se em constante reabastecimento e contínua renovação. Admito que sou mais desorganizada que os outros, mas para mim as compras se tornam parte da decoração: a silhueta de um novo frasco de azeite na bancada, uma jarra com algo bonito demais para ficar no armário, uma tigela de frutas na mesa; coisas surgem e desaparecem constantemente, modificando um pouco a aparência da cozinha, enquanto ela continua tranquilizadoramente a mesma.

Já escrevi sobre os atrativos do paganismo, e adoro quando as estações se fazem presentes na minha cozinha, mesmo que seja apenas na maneira como as cestas de frutas se enchem — transbordando de cerejas ou tangerinas, ou exibindo um escuro quadro de uvas, figos e amoras amadurecidos no outono — e que as cestas de legumes estejam carregadas. Para mim, as frutas da estação são tanto exposição quanto sobremesa; posso viver tranquilamente sem flores nem sobremesa quando a mesa da cozinha está carregada de frutas e legumes frescos. E não considero nada impossível: se vejo um cacho de tomates deslumbrante, eu o coloco em exibição (de qualquer maneira, tomates não devem mesmo

INTRODUÇÃO

INTRODUÇÃO

INTRODUÇÃO

ser guardados na geladeira), deixando-os sobre um suporte para bolo ou tábua de madeira. Não que eu seja contra flores — desde que elas não tirem o espaço da comida ou de quem está comendo, ou interfiram com a linha de visão quando se está sentado à mesa. Na verdade, gosto mesmo é de um jarro antigo e comum, cheio de ervas frescas e flores singelas que parecem ter acabado de ser colhidas no jardim. Eu não tenho jardim, então preciso criar a ilusão.

E como não tenho medo de colocar o kitsch na cozinha, tudo isso fica um pouco mais extravagante à noite, quando minha fraqueza por luzes pisca-pisca (de pérolas a luzes em forma de pimenta) transforma o lugar em uma gruta mágica. É um conceito do qual gosto muito. Preciso que minha cozinha funcione, mas também quero que ela encante.

No decorrer dos capítulos que se seguem, procuro indicar ligeiramente a maneira que minha cozinha funciona para mim. Eu os separei em duas seções, Dilemas da Cozinha e Confortos da Cozinha, embora tenha a forte sensação de que as *respostas* para esses dilemas, no decorrer da habitual semana de trabalho, também deveriam oferecer conforto. E, por favor, tenha em mente que a forma como agrupei as receitas — seja sugerindo um rápido jantar no meio da semana ou um banquete no domingo — é essencialmente autobiográfica e não ditatorial: escrevo de acordo com a maneira que cozinho e vivo. Mas não me limito, e você também não deve fazer isso. São sugestões, não ordens. Tento ser prática, porque, do contrário, os conselhos na cozinha (ou, para falar a verdade, fora dela) não valem nada. Para isso, muitas vezes anexei ideias do que fazer com o que quer que sobre de uma receita em particular, com a descrição de Usando Bem as Sobras. Para mim, esses ritmos da cozinha são o que separa o cozinheiro do chef e nos faz sentir motivados e produtivos. E, além do mais, essa espécie de combinação entre oportunismo voraz e parcimônia é a essência da verdadeira culinária, e deste livro.

A vida de uma cozinha abriga muitos humores e muitas refeições. As receitas deste livro tentam refletir e, mais, celebrar esse fato. Em comum com meus outros livros — que escrevi antes e depois de deixar as ideias deste livro em banho-maria — este é baseado na premissa de que a cozinha é um lugar de conforto permanente e que a comida que sai dela fornece sustento essencial não apenas para o corpo, mas também para a alma.

PARAFERNÁLIA DE COZINHA

Quando eu era jovem, e mesmo antes, os livros de culinária normalmente tinham uma seção chamada, segundo a tradição clássica francesa, *batterie de cuisine*. Em outras palavras, uma lista levemente apavorante com todos os utensílios e equipamentos que qualquer cozinheiro digno do título deveria ter. Não se preocupe, não vou revisitar esse comportamento autoritário. Sinceramente: comprar muito ou pouco para sua cozinha depende de você. E mesmo assim, ninguém tem liberdade total. É provável que as restrições apareçam antes mesmo que você comece: orçamento é uma, espaço, outra.

Enfim, a maioria dos itens de cozinha é um luxo, uma indulgência extremamente prazerosa. Tudo o que realmente é necessário para cozinhar é fogo, um recipiente e alguma coisa com que mexer. Mesmo assim, não quero parecer austera demais em relação a esse assunto. Assim como Imelda Marcos se sentia por sapatos, eu me sinto pela cobiçada área de itens e equipamentos de cozinha (ingredientes culinários incluídos). Então, como posso lhe aconselhar a ter uma atitude espartana demais? Para mim, comprar coisas para a cozinha é uma das grandes alegrias da vida. Embora eu não seja totalmente inocente da extravagância, a verdade é que muitos aparelhos custam bem menos do que roupas e, além disso, você não precisa experimentá-los.

Ainda assim, é fácil demais atravancar uma cozinha com coisas que você quer, ou sente que pode precisar, mas para as quais não tem espaço, mesmo sem gastar muito dinheiro. Meu conselho é não comprar coisa alguma — mesmo que esteja muito barato na internet — se a dificuldade para guardar vai ser maior do que a vantagem de usar; não existe nada mais irritante do que ter de tirar tigelas e panelas de gavetas e armários entulhados toda vez que precisar preparar alguma coisa. Se você não tem como guardar algum equipamento com relativo conforto, é melhor ficar sem ele.

Igualmente (talvez apenas por ser preguiçosa — mas, em minha defesa, uma preguiçosa com histórico de problemas nas costas), não acho que valha a pena ter qualquer equipamento, por melhor que seja, se você nunca consegue arranjar a coragem e a força para tirá-lo do lugar. Algo pesado demais pode ser minha ruína. Da mesma maneira, equipamentos que precisam de cuidado e atenção demasiados acabam me derrotando. Adoro ferro fundido, o macho alfa do mundo dos equipamentos de cozinha, mas me desfiz de todas as minhas frigideiras de ferro fundido, com exceção de uma, pois seu peso exagerado, demais para meus pulsos fracos, combinado com a cura que requerem, acabou me dando antipatia por elas.

Eu abro uma exceção para panelas de ferro fundido esmaltado — embora, às vezes, ache que solto o grunhido do saque de uma tenista ao levar a caçarola do armário para o fogão — simplesmente porque elas cozinham muito bem e a comida também pode ser servida nelas, economizando em utensílios e lavagens de louça. Dito isso, concordo que são terrivelmente caras. Ao longo dos anos, montei uma coleção, e as caçarolas pequenas e médias (respectivamente 26 cm diâmetro/5,3 litros e 24 cm/4,2 litros) estão entre os itens que são usados o suficiente para merecer ser deixados perto do fogão, por causa de sua utilidade.

FRIGIDEIRA DE FERRO FUNDIDO

PANELAS DE FERRO FUNDIDO ESMALTADO

Mas se eu tivesse de escolher uma única peça dessa coleção, provavelmente seria a que normalmente é conhecida como caçarola buffet (embora eu não saiba por quê), e é larga, relativamente rasa, com uma tampa em forma de domo e incrivelmente versátil. Normalmente, uso a maior dos dois tamanhos (30 cm/3,2 litros), mas se fosse para cozinhar com mais frequência só para dois, a menor (26 cm/2 litros) faria mais sentido.

CAÇAROLA BUFFET

E embora as panelas de ferro fundido esmaltado sejam caras, são extraordinariamente duradouras. Na verdade, uma das minhas caçarolas — um legado de minha mãe — foi um presente de casamento para meus pais, e eles se casaram em 1956. Não é à toa que nos Estados Unidos essas robustas beldades são conhecidas como "peças de família". Levando em conta tudo isso, dois rumos podem ser tomados: o primeiro é economizar dinheiro sem sacrificar a qualidade comprando esse tipo de utensílio usado (ou seminovo, como dizem os norte-americanos). Considere-as vintage. E assim como uma caçarola comprada nos anos 1950 continua indo bem *chez moi*, não vejo qual seria o problema se a que você comprar for velha. A outra possibilidade nesse caso é comprar panelas caras de boa qualidade ou pagar pouco e aceitar substituí-las quando for necessário. O meio-termo — a não ser que haja um design em especial ao qual você não resista — não vale a pena considerar. Isso é particularmente pertinente quando se trata de panelas, frigideiras e assadeiras. Naquele inexistente mundo sem restrições financeiras, todas teriam fundo de cobre. O calor realmente é mais bem-conduzido, então a comida não gruda tanto; portanto, os benefícios são colhidos tanto durante o cozimento quanto na lavagem. Mesmo assim, tenho algumas fôrmas baratas que simplesmente sei que preciso forrar de papel-alumínio se não quiser deixar de molho por dois dias e esfregar por uns bons quarenta minutos depois.

PANELAS

Também não cometa o erro (e isso vale para todas as compras relacionadas a cozinha e comida, até mesmo para o valor que você dá a ter uma sala de jantar) de se concentrar mais nas ocasiões em que recebe, negligenciando o fato de que com muito mais frequência — mesmo pródigos anfitriões — você come normalmente, ou seja, sem ostentação ou companhia. A saber: acho que uma assadeira pequena, na qual cabe confortavelmente um frango, faz uma enorme diferença na cozinha do dia a dia; além do mais, acho que os sucos que escorrem ficam mais concentrados, a pele fica mais crocante e a parte de cima carameliza melhor quando a ave ou a peça de carne que estiver sendo preparada está em uma assadeira que não tenha muito espaço livre. Além disso, é mais fácil de guardar e mais leve. Minha preferência pessoal é pela assadeira redonda de 28 cm, que assa maravilhosamente um frango, é perfeita para preparar (no forno) uma porção de linguiças para o jantar, um "Toad in the Hole", umas 12 costeletas de cordeiro, um assado completo para um jantar a dois e daí em diante. Sempre me sinto menos tola quando não tenho de lavar algo maior do que exige o tamanho do que está sendo preparado. Se você acha mais fácil encontrar uma assadeira retangular, eu compraria uma com mais ou menos 30 x 20 cm. E não deixe de ver as notas em Segredos da cozinha (**p. 14**) sobre a opção pela assadeira, que é a fôrma de alumínio descartável.

ASSADEIRA

Passemos àquela necessidade moderna, a frigideira antiaderente: não acredito que alguém possa viver sem uma boa panela antiaderente; mas conhecendo a qualidade que as panelas antiaderentes normalmente apresentam, a maioria das pessoas não tem outra opção. De fato elas melhoraram muito ao longo dos anos, mas a realidade é que mesmo as melhores panelas antiaderentes, a não ser que você consiga jamais usar nada de metal ou áspero quando cozinha, e só limpá-las com esponjas especialmente não abrasivas, têm um tempo de vida

FRIGIDEIRA

PARAFERNÁLIA DE COZINHA

limitado. Nunca comprei uma panela antiaderente que não tenha precisado substituir, e embora eu admita que meus equipamentos sejam mais castigados do que seriam em muitas cozinhas, há indícios que provam que não estou sozinha. Mesmo assim, não desisto. Adoro panelas antiaderentes, e em especial as que têm cabo removível ou que possam ir ao forno, permitindo que eu sele no fogão antes de assar, guisar ou grelhar. E também preciso de uma wok antiaderente; sei que não é autêntico, mas nunca obtive bons resultados com uma verdadeira wok chinesa de ferro. Eu consigo fazer tudo grudar e estrago o metal. Além do mais, a virtude de uma antiaderente é que se pode usá-la para fazer paella, molhos para massa e coisas assim, obtendo mais flexibilidade na cozinha. Outras necessidades antiaderentes para mim são as chapas, uma estriada (para carne) e uma lisa (para panquecas). Mas quando digo necessidade estou falando do sentido moderno da sociedade de consumo. Nenhum dos utensílios já citados é uma necessidade; são uma gananciosa criação contemporânea, luxos cotidianos.

WOK

CHAPA

FÔRMAS

Demorei para começar a assar pães, bolos e afins, mas como acontece com frequência, tenho o fervor missionário do convertido; e em parte alguma isso fica mais óbvio que em meus utensílios para forno. Toda vez que abro um armário, corro o risco de ser enterrada por uma avalanche de moldes para madeleines, aros para flan, fôrmas com fundo removível ou formato tradicional, juntamente com um confete esvoaçante de forminhas para muffin. Não se preocupe, não vou sugerir que você siga o exemplo e tenha uma fôrma de bolo para cada eventualidade. Só você sabe com que frequência prepara esse tipo de receita. Se não prepara nunca, pare de ler agora e passe ao próximo parágrafo. Caso contrário, eu diria que uma coleção compacta consiste de uma fôrma para 12 muffins e uma fôrma de pão de 900 g, e as forminhas de papel para cada um (veja Segredos de cozinha nas **p. 14–15** para obter mais informações sobre como impedir que os bolos grudem), mais duas fôrmas redondas de 20 cm, uma fôrma de fundo removível de 23 cm e, para um esforço deliciosamente escasso (é o formato da fôrma que faz o trabalho) uma fôrma tradicional, com buraco no meio. Mas cuidado: essa brincadeira é viciante.

FACAS

Os verdadeiros chefs são muito meticulosos com suas facas. Na verdade, tão meticulosos que levam o próprio conjunto de facas aonde quer que vão. Mas eu não sou uma chef, verdadeira ou não, e embora tenha favoritas entre as facas, não pretendo transformá-las em fetiche. Nem acho que você precise de muitas: uma faca pequena para legumes, uma faca média e, se você quiser outra, algo entre uma peixeira e um cutelo, relativamente curta e com uma lâmina ampla com ponta, é o suficiente. Eu não uso esta última para nenhum tipo de carnificina assustadora, mas simplesmente para cortar legumes densos ou grandes, para fatiar cheesecakes e trinchar carne. Faz uma enorme diferença ter facas afiadas, é como um carro que acabou de sair da oficina, mas sou uma negação para amolar. Há muito se foram os dias em que os amoladores de facas iam de porta em porta, como me lembro de ver na casa da minha avó (juntamente com o francês de bicicleta vendendo cebolas — e não estou brincando), então temo ser uma presa fácil para qualquer um que lance um novo amolador de facas.

GARFO
TRINCHANTE

E, sim, um garfo trinchante ajuda, mas um normal também serve; melhor ainda, um par de garfos estilo tridente. Eu tenho um par, comprei há uns vinte anos, e os uso toda vez que preparo um assado, tanto para transferir a carne da assadeira para a tábua quanto para segurá-la no lugar enquanto eu, desajeitadamente, trincho. Não se deve perfurar o exterior da carne, pois o ideal é que toda a suculência fique contida, mas minha única

PARAFERNÁLIA DE COZINHA

alternativa para pegar uma peça de carne pesada é usar luvas de cozinha e retirá-la sem nenhuma ferramenta. Esse método também tem suas desvantagens (embora agora talvez seja uma boa hora para dizer que em minha opinião as luvas de cozinha mais úteis são feitas de um tipo de silicone acolchoado e podem ser colocadas na lava-louças). LUVAS DE COZINHA

O único tipo de faca sem a qual eu não conseguiria viver (e sei disso porque levo uma comigo quando fico em casas alugadas com equipamento desconhecido) é uma faca mezzaluna. Essa faca em forma de meia-lua (daí o nome) com dois cabos adquiriu injustamente uma reputação de equipamento restrito a experts. Admito que inicialmente parece intimidadora — até mesmo perigosa —, mas se você parar para pensar, vai perceber que é exatamente o oposto de uma escolha restrita a especialistas. Eu sou muito desajeitada, algo que os nova-iorquinos chamariam de completa atolada, e sei que quando eu pico ingredientes — ervas, vegetais, chocolate, nozes — com a mezzaluna, minhas duas mãos ficam envolvidas, de forma que não tenho como me cortar. FACA MEZZALUNA

Quando o assunto é guardar as facas, prefiro uma faixa magnética pesada, fixada ou pendurada na parede perto do fogão; uma das vantagens desse método é que você também pode prender sua mezzaluna ali. Enfim, nunca me adaptei bem com as outras opções. Dessas, a segunda melhor escolha seria um cepo para facas, o que não me agrada muito, e um dos meus preconceitos é que eles atravancam a bancada de trabalho, que nunca tem espaço suficiente. Pelo que sei, a pior opção é a mais segura: a gaveta. Não tolero guardar facas em gavetas. É uma verdadeira chatice ficar recolocando o protetor de lâmina depois de cada uso, então inevitavelmente você (ou eu) não vai colocar, e inevitavelmente vai acabar se cortando (ou outra pessoa vai se cortar). Se tiver filhos pequenos, isso será de especial importância. Claro, pode-se instalar uma trava na gaveta, mas qualquer gaveta na qual se guardam facas é aberta com frequência, e você vai enlouquecer se fizer isso. GUARDAR FACAS

Não, uma ou duas faixas magnéticas extrafortes, às quais as facas vão aderir firmemente, em um lugar alto na parede, acessíveis para você, mas não para uma criança pequena, são a solução. É verdade, a princípio fiquei um pouco ansiosa; não gostava da ideia de pendurar armas em potencial ao alcance do primeiro ladrão, estuprador ou assassino em série que entrasse na minha cozinha, mas no final cheguei à conclusão de que não podemos ficar nos preocupando com essas coisas. E qualquer coisa é melhor do que ter que tatear em uma gaveta.

Falando nisso, minha cozinha perfeita, ou a melhor cozinha possível em um mundo imperfeito (o que é tudo o que qualquer um de nós pode esperar) bane as gavetas ao máximo. Acredito sinceramente que quanto menos gavetas uma cozinha tiver, mais fácil será trabalhar nela. Por melhor que eu conheça o conteúdo de cada gaveta, percebo que quase infalivelmente abro a errada para encontrar o que quer que esteja procurando. E se for a gaveta certa, a última coisa que encontro nela é o que estou procurando. Então, meu conselho é diminuir as que você tem, ou seja, torná-las rasas. Todo mundo acha que precisa de gavetas grandes e espaçosas para armazenar de tudo, mas isso só causa uma busca desesperada toda vez que precisamos de alguma coisa, e logo as gavetas maravilhosamente amplas se tornam uma desorganizada zona de desastre. Não suporto sequer uma gaveta de talheres: guardo facas, garfos e talheres em recipientes com furinhos que decoram minha bancada como três arranjos de flores de metal. A única gaveta que incluí de propósito é o que chamo de gaveta de canecas: uma gaveta grande (mas não funda) exclusivamente para guardar muitas canecas em uma só camada. Não tolero suportes para canecas, e empilhá-las em um armário é muito GAVETAS

PARAFERNÁLIA DE COZINHA

irritante, então minha inovação (há algumas cozinhas atrás) da gaveta de canecas é — e falo como uma espécie de viciada em chá — inestimável.

ARMÁRIOS

Por outro lado — para tornar tudo mais complicado —, procuro minimizar a quantidade de armários na minha cozinha. Tendo começado com cozinhas relativamente pequenas (ou, para falar a verdade, muito pequenas), sempre achei que armários intensificavam a sensação de confinamento e falta de espaço. Obviamente, seria quase impossível não ter nenhum armário, mas sem dúvida em uma cozinha pequena, e preferivelmente em qualquer cozinha, é melhor que os armários que você tem fiquem sob a superfície de trabalho. Não estou dizendo que todo o resto deva ficar vazio; nenhuma cozinha jamais foi assim. Então, acima do nível da bancada de trabalho, por que não colocar prateleiras? Sou uma pessoa desorganizada, mas mesmo um amontoado de louças me parece melhor do que uma imponente parede de portas de armário.

E também há o espaço para pendurar. Em qualquer parede que possa ser usada para esse fim eu coloco suportes nos quais penduro todas as caçarolas, panelas, espátulas, copos medidores, escorredores, peneiras, tesouras, enfim, qualquer coisa que possa ser pendurada. E se não houver paredes disponíveis, e o espaço permitir, fixe suportes no teto e pendure as coisas sobre o fogão.

Sei que pessoas mais práticas imediatamente se preocupariam com a gordura, a poeira e a sujeira. O truque, e aqui voltamos ao início, é manter apenas as coisas que são usadas o suficiente para serem lavadas com frequência. Além do mais, hoje vivemos na era da lava-louças, então geralmente um programa de lavagem rápida pode ser usado.

Claro, o principal obstáculo para esse planejamento é que em geral herdamos as cozinhas, e o formato delas costuma ser ditado pelos proprietários anteriores. Mesmo assim, eliminar algumas portas de armário e arrumar a bagunça resultante, ou instalar suportes para pendurar, não é uma tarefa difícil.

Tanto na cozinha quanto neste livro, espaço e tempo são valiosos, então não acho que eu estaria sendo útil se relacionasse cada equipamento que considero necessário ou que acho que você deveria considerar — ou até evitar. Talvez seja melhor assim. Entretanto, eu me sentiria negligente se seguisse em frente sem listar alguns dos outros acessórios que tornam minha vida mais fácil na cozinha. Começo com os itens mais pesados, como um processador e uma batedeira. Não se pode dizer que alguém precisa verdadeiramente de qualquer um dos dois, mas um processador certamente torna mais fácil a tarefa de picar em grande escala, e uma batedeira simplifica tudo o que se relaciona a pães, bolos e afins, além de ter a vantagem de ser, ao contrário do processador, uma bela entidade em si, a ponto de poder ficar na bancada da cozinha — um adorno, e não um trambolho. Normalmente, um processador fica guardado, e ainda assim tem de estar acessível: não vale a pena ter um aparelho que seja uma dificuldade enorme para pegar toda vez que for usado. E um liquidificador bate sopas muito melhor do que um processador.

PROCESSADOR DE ALIMENTOS

BATEDEIRA

LIQUIDIFICADOR

MIXER

Alternativas mais baratas para os três já citados seriam primeiro, um mixer (que pode fazer o trabalho do liquidificador e do processador, e é superior a ambos quando se trata de pequenas quantidades) e, segundo, uma batedeira de mão, que pode — com a sua ajuda — assumir as tarefas da batedeira comum. Não tenho nada contra faca, tábua de cortar, tigela e colher de pau, mas às vezes esses aparelhos podem fazer a diferença.

BATEDEIRA DE MÃO

TERMÔMETROS

Menos high-tech, mas digno de atenção — mesmo que você se considere um cozinheiro espontâneo e sem o hábito de medir — é um termômetro de forno. Você ficaria sur-

PARAFERNÁLIA DE COZINHA

preso em descobrir quão inexato o termostato do forno pode ser. E todos os fornos variam: alguns realmente são mais quentes ou mais frios, independente do que diz a escala. Sem dúvida a experiência é a melhor professora, mas vale a pena poder verificar cientificamente. E não é má ideia investir também em um termômetro de carne: ele lhe poupa de fatiar uma peça de carne antes de saber se está no ponto desejado. Embora eu tenha a tendência de favorecer o método de pressionar com a mão — se a carne volta imediatamente, está malpassada, se cede levemente, está ao ponto, e se não cede, é uma sola de sapato — às vezes você precisa mesmo saber.

Por outro lado, tenho algumas outras necessidades de baixa tecnologia: em muitos sentidos, um passa-verduras é superior ao processador ou ao liquidificador (independente do tipo) para as ocasiões culinárias em que é necessário peneirar e transformar em purê; ele faz essas duas coisas ao mesmo tempo, e é muito útil para o purê de batatas. Mas meu equipamento preferido para fazer um purê de batatas fabuloso é o espremedor de batatas. Os americanos gostam muito de espremedores de batatas, embora na verdade o meu seja — como acho que muitos são — italiano. Esse objeto consiste de um copo cilíndrico com pequenos buracos no fundo, como um espremedor de alho. A batata é colocada no recipiente e empurrada para baixo com a alavanca, saindo pelos buracos — como vermicelli. Pode parecer lento e trabalhoso amassar batatas colocando uma de cada vez no espremedor e esmagando-as através dos pequenos buracos, mas na verdade não é, e há um lado bom: você não precisa descascar as batatas antes de começar. O espremedor expele a polpa amassada enquanto a casca fica dentro do recipiente, embora você tenha de retirá-la (usando a extremidade de uma faca de ponta para facilitar) e jogar fora durante o uso.

PASSA-VERDURAS

ESPREMEDOR DE BATATAS

Da mesma maneira, acho que ralar com o processador é uma perspectiva exaustiva: não que seja difícil, mas a lavagem resultante parece desproporcional ao trabalho. Pendurado em meus suportes, existe um bom suprimento de raladores da Microplane — finos para alho, gengibre e parmesão, grossos para queijos tipo Cheddar — e guardado em uma gaveta está um antiquado ralador de queijo a manivela, que uso quando a quantidade de queijo precisa ser pesada antes ou excede minha paciência de ralar por fricção.

RALADORES

Parece que meus batedores nunca são suficientes, e embora eu tenha diferentes variedades na cozinha, os que uso mais (e até levo para a casa de outras pessoas) são os pequenos batedores espiralados. Basicamente, eles têm um cabo de aço inoxidável com um aro na extremidade, e envolvendo o aro há uma pequena espiral que mais parece o desenho infantil de uma barba. Esses batedores básicos podem ser usados para fazer molhos, emulsificar temperos, desfazer caroços, bater panquecas e daí em diante.

BATEDORES

Os outros dois itens que para mim nunca são demais são tesouras e colheres de chá. Independente de quantas eu compre, sempre tenho poucas ou as perco. Um dia, sei que vou encontrar um misterioso armário escondido em casa cheio de tesouras e colheres de chá; até lá, sou forçada a renovar o estoque constantemente. Mas essas coisas não precisam ser caras. Considero as tesouras de cozinha comuns capazes de me ajudar a desempenhar qualquer tarefa, inclusive dividir um frango. E fico mais do que satisfeita com colheres de chá de plástico ou de melamina: na verdade, eu as adoro, e as guardo em potes de cerâmica franceses de iogurte na bancada da cozinha (perto da chaleira, já que você perguntou), ou em outros pequenos recipientes sem par que compro na internet ou em minhas viagens.

TESOURAS E COLHERES DE CHÁ

Outro item que não se pode viver sem, na minha opinião, é um suprimento abundante de clipes de plástico para selar pacotes abertos de arroz, cuscuz, ervilhas congeladas, tudo. Eles são baratos e evitam muito desperdício irritante e caro.

CLIPES

TIMER

A última das minhas necessidades básicas é um timer, ou vários timers. É preciso que sejam portáteis, ou você ficará preso na cozinha, o que anula todo o objetivo, que é a liberdade que um timer de cozinha lhe proporciona.

PANELA
ELÉTRICA DE
ARROZ

Como sou uma pessoa que pode ser convencida a comprar praticamente qualquer tipo de utensílio de cozinha, é interessante notar quão poucos sinto que verdadeiramente valem a pena. Entretanto, existe um equipamento que, antes de experimentar, eu imaginava ser apenas outra extravagância dispensável, mas que agora não vivo sem: uma panela elétrica de arroz. Não é coincidência que todas as culturas que consomem arroz tenham a própria versão: essas coisas, com modelos que vão do básico ao luxuoso, realmente funcionam. Mas eu não compraria uma que não tivesse as funções de manter aquecido e de vapor. Não tenho como lhe dizer como ela torna a vida mais fácil quando chegamos em casa, jogamos arroz e água na panela elétrica, ligamos e simplesmente nos afastamos sem pensar mais nisso. E isso faz uma diferença em vários âmbitos: de preparar refeições para os filhos a dar jantares. Eu juro, é muito melhor fazer uma vaquinha com amigos ou colegas de trabalho para dar uma dessas panelas a alguém que acabou de ter um bebê do que dar qualquer tipo de equipamento infantil. Depois de minha primeira filha, eu não comia nada além de queijo e chocolate; depois do meu segundo, e depois da panela elétrica de arroz, consegui comer de uma maneira um pouco mais saudável. E quando meus filhos eram pequenos, eu ligava a panela elétrica de arroz antes de sair e sabia que podia passar algumas horas na piscina de bolas, na piscina, no parque, no museu ou em qualquer outro lugar e voltar sabendo que o jantar já estava mais ou menos pronto. Só é preciso um pouco de milho, frango desfiado ou cenouras raladas e pronto. E hoje em dia, quando estou cansada e sei que tenho de fazer o jantar, ligo a panela elétrica de arroz e fico contente por saber que nenhuma batata tem de ser descascada e que há uma panela a menos para vigiar no fogão. Do mesmo jeito, as sobras podem ser — como prega o mantra deste livro — bem utilizadas com aquele clique familiar e tranquilizador do botão.

Mas antes que a presunção se estabeleça, acho que devo listar aqueles aparelhos gananciosamente comprados que, depois que chegaram em casa, ficaram acumulando poeira em um armário sob as escadas antes que eu me desse por derrotada e os mandasse para a caridade. Sinto vergonha de admitir que alguns dos itens a seguir foram direto — ainda na caixa — para lá sem sequer receberem santuário temporário no porão.

Meu hall da vergonha dos eletrodomésticos

Embora eu considere a insônia um auxílio na hora de escrever receitas, temo que não seja uma amiga da sanidade nas compras. Quando olho para a lista a seguir, fica claro que um número grande demais do que só pode ser rotulado de compras excêntricas foi feito na internet, no meio da noite, e enquanto eu estava sob a influência da loucura resultante da privação do sono e da fixação por idiotices, além de ansiedade, que por sua vez é a causa da privação do sono. É uma confusão. E não apenas na minha cabeça: imagine o estado dos meus armários!

PARAFERNÁLIA DE COZINHA

Sorveteira elétrica superprofissional

Essa compra não foi um ato de loucura à meia-noite: eu fui mesmo a uma loja de equipamentos de cozinha profissional para fazê-la. Em minha defesa, esse é mais que um equipamento, é uma instalação de arte na cozinha. É imensamente lindo, e faz sorvete do jeito que você quer. Entretanto, ainda que seja uma máquina comercial (o que explica seu tamanho opressivo), não produz grandes quantidades. Além disso, a tigela não é destacável, então lavar é um estorvo. Mas um trabalhador incompetente culpa suas ferramentas; a verdade é que eu simplesmente não faço sorvete de verdade com frequência suficiente para ter essa máquina-monstro cintilando com ar de reprovação para mim diariamente da bancada da cozinha que ela domina. Daí o sorvete que não precisa ser batido da **p. 180** e o fato de que esse objeto está em um armário empoeirado sob a escada há alguns anos e vai morar na cozinha da casa de campo de uma amiga comoventemente otimista.

Grill elétrico para alimentação saudável

Eu sei, eu sei: o que me passou pela cabeça? A quem eu estava tentando enganar? Eu mesma, por exemplo. Mas assim como (em uma improvável citação) Samuel Beckett disse que, "provavelmente, nada no mundo desperta mais falsas esperanças do que as primeiras quatro horas de uma dieta", nada desperta mais o agradável delírio que aquelas horas inúteis e insones depois do jantar quando, sim, na verdade uma dieta no dia seguinte parece definitivamente bem-vinda. (Mas nessas horas, quando estamos bem satisfeitos, o planejamento de uma dieta pode parecer animadoramente delicioso.) Suspeito de que tenha sido uma dessas noites que resultou nesse item inconveniente. Não é nada pessoal, pelo menos não em relação ao grill; ou melhor, como a velha carta de despedida diz, o problema não é você, sou eu.

E embora eu tenha ficado levemente constrangida ao doar um utensílio como esse para a caridade, senti que o benefício a todas as partes era maior do que a ironia e o mau gosto.

Máquina de pão

Eu nunca teria comprado uma máquina de pão, pois (1) quando faço pão, gosto de amassar, e (2) não acho que ter um pão quentinho e fresco para comer a qualquer hora do dia vá me fazer bem, mas meu filho — na época com uns 10 anos — voltou da casa de um amigo implorando por uma, a ponto de ser específico em relação à marca e ao modelo. Claro, é minha culpa ter cedido tão facilmente, mas eu aceito qualquer tipo de entusiasmo na cozinha. Entretanto, posso dizer honestamente que ela não foi usada mais que três vezes, apesar de ter passado um ano na cozinha antes de ser despachada para a Grande Padaria do Céu. Os pãezinhos de aveia irlandeses — feitos sem fermento, sova ou máquinas — da **p. 86** me fornecem uma justificativa duradoura para o caráter final da minha decisão, mas se você tem medo de fazer pão e gosta da ideia de uma máquina cozinhando durante a noite, talvez possa ignorar meus preconceitos neste caso.

Máquina de fazer geleia

Não tenho desculpas para isso e também não posso culpar ninguém. Sinto muito, mas fico perplexa por sequer ter considerado essa compra, pois embora eu não me importe de ter aparelhos que me ajudem na cozinha, certamente não quero que as máquinas façam as coisas *por* mim — e além do mais, na verdade eu gosto de fazer geleias fáceis (e cito a

Geleia de Frutas Mistas da **p. 285** como evidência). Mas os companheiros de vício devem ter empatia pela minha fraqueza diante do convincente exemplar do catálogo de cozinha. A genialidade de algumas empresas em fazer alguém sentir, contra os ditames da razão ou mesmo do bom-senso, que não pode viver por mais um momento sem a bobagem que elas vendem deve ser aplaudido, não censurado. A habilidade de inventar um sentimento de urgência ou necessidade é a coisa mais próxima à retórica que temos hoje em dia. Vamos deixar para lá o fato de que essa máquina nem sequer saiu da caixa antes de ser transformada em doação para a caridade.

Raladores de queijo elétricos
Outra vergonha, e na verdade uma vergonha bem cara. Pelo preço, eu deveria ter adivinhado que esse ralador era de uso profissional. Imaginei um aparelho que tornaria o interminável ralar de Red Leicester para a hora do chá menos demorado e trabalhoso, e em vez disso recebi algo que transforma em pó peças inteiras de parmesão para uma delicatéssen. A versão seguinte tinha uma escala mais doméstica, mas não era tão bonito, além de ser inteiramente ineficiente. Imagino que seja bem-feito para mim pela preguiça; e não me incomodo de cumprir a pena por estupidez. Nunca mais serei desleal ao ralador a manivela (ver **p. 7**).

Panela elétrica de cozimento lento
Eu tinha uma dessas quando era jovem, entusiasmada e precisava passar longos dias no escritório. Lembro-me de ter espantado um pobre homem que apareceu para ler o medidor de luz às 7h30 e me encontrou dourando cebolas e guisando bife no fogão antes de deixá-los cozinhando nessa panela até tarde da noite, ou quando eu conseguisse voltar para casa. Mesmo naquela época, quando havia uma razão para eu precisar depender desse método de cozinhar, eu não gostava da maneira como a parte de cima da comida escurecia e secava — mas o que me induziu a comprar uma dessas recentemente, sendo que (1) eu trabalho em casa, de forma que posso deixar um forno de verdade em baixa temperatura por quanto tempo precisar sem me preocupar com isso, e (2) não existe necessidade de deixar nada cozinhando por 12 horas quando três resolveriam? Outra compra que foi mandada direto na caixa para uma causa mais merecedora do que a minha.

Máquina de fazer molho
Em minha defesa, essa foi obtida no cumprimento do dever; eu estava testando máquinas para uma matéria da *Vogue* em algum momento do século passado. Mesmo assim, esse burlesco equipamento ficou entulhando uma prateleira da cozinha muito tempo depois de ficar evidente que ele não tinha lugar na minha vida nem eu na dele. Até onde sei, ainda está ocupando espaço na loja de caridade para o qual o doei envergonhada.

Aparelho de waffle
Bom, eu sei o que está por trás dessa compra: a familiar combinação de otimismo e delírio que sempre transforma um comprador em presa fácil. Consigo fazer panquecas para 15 crianças no final de semana sem ter muito trabalho (mas agora que eles são adolescentes, é preciso dizer, isso nunca acontece de manhã cedo — ou sequer de manhã), mas simplesmente tentar fazer waffles para meus três era mais estressante do que você possa imaginar. Sei que é uma falha minha — que a culpa é da minha incompetência com a máquina —,

PARAFERNÁLIA DE COZINHA

mas ninguém quer gastar dinheiro para tornar isso evidente. E só para destacar minha tolice, ainda não implementei sua mudança do armário para a loja de caridade; ainda me iludo, achando que um dia serei aquela pessoa que prepara waffles para o café da manhã.

Superliquidificador para sopas

Certa vez, vi esse liquidificador em uma feira em São Francisco e o desejei durante anos. Claro que o fato de que na época ele não podia ser comprado no Reino Unido o tornou mais atraente. Muitos anos depois, na verdade recentemente, gastei a enorme quantia que ele custa em um frenesi de entusiasmo. Mas, desde que ele chegou, fui acometida por *tristesse* pós-consumo (que os publicitários chamam de dissonância pós-compra) e me sinto estranhamente alheia a ele. E, verdade seja dita, estou com medo demais de usá-lo ou sequer de entender as diversas instruções. Mas gosto de fingir que um dia vou triunfar e, sobretudo, que o preço que paguei não será nada em comparação às recompensas culinárias que se despejarão sobre mim. Então, sua permanência de longo prazo sob as escadas está garantida.

Máquina de sucos

Essa compra é anterior à do liquidificador para sopas, e há muito tempo eu a doei para um amigo que considerava atraentes uma vida e uma dieta de sucos intermináveis. Nem sei por que a comprei (embora tenha sido há muito tempo, tempo demais para me lembrar do meu estado de espírito, mas imagino que não fosse bom), pois eu não sei como pode fazer sentido ter todo o açúcar da fruta sem as fibras. (Acho que foi isso que mais tarde me levou ao superliquidificador — todas as fibras ficam.) Além do mais, a bagunça que a máquina de sucos faz é exaustiva: há uma quantidade imensa de casca e polpa que precisa ser limpa entre cada uso. E não é uma máquina que acaba se pagando, por assim dizer: a quantia que você tem de gastar em frutas para manter a besta faminta alimentada é alarmante.

Máquina de iogurte

Acho que essa máquina deve sua curta presença em minha cozinha a uma combinação de nostalgia (minha avó tinha uma) e entusiasmo induzido pela internet em relação aos milagres da bactéria que se encontra no verdadeiro iogurte caseiro. Ela não teve nenhuma chance.

Faca elétrica

Eu não sabia que se você trinchasse mal, você se tornaria um mau trinchador perigoso quando equipado com uma faca elétrica. Ou talvez eu devesse reformular a frase: eu me tornei uma má trinchadora perigosa. Além disso, o horrendo zumbido irritante (eu já tenho uma leve fobia a barulho para começar) garante que a refeição vire uma dor de cabeça. Mesmo assim, soube que essa ferramenta é excelente para fatiar pão congelado...

SEGREDOS DE COZINHA

Este é um compêndio dos meus próprios atalhos e práticas, muitos dos quais herdei de minha mãe e, de resto, inovações próprias, de acordo com uma dupla de características que na maioria dos setores da vida pode ser considerada um defeito, mas que na cozinha é uma inspiração positiva: avidez e impaciência. Essas características também foram herdadas.

ÁGUA FERVENTE

♥ Quando recebo amigos para comer, ou mesmo quando há apenas uma grande panela de massa para ser preparada para o jantar de cada dia, coloco a água para ferver antes de precisar começar a cozinhar, e depois a deixo sobre o fogão, com o fogo desligado, mas tampada, para que quando eu tiver de levar a comida para a mesa não tenha que esperar meia hora para a água ferver; desse jeito, é uma questão de minutos. Também vale a pena ter isso em mente para qualquer tipo de preparação que precise — assim como o macarrão — de água abundante.

♥ Se estou cozinhando apenas uma pequena quantidade de massa — digamos, para um jantar para duas pessoas — ou um rápido ovo cozido com torrada para o lanche noturno, jogo um pouco de água da pia em uma panela, com mais ou menos 1 cm de profundidade, e a coloco no fogão em fogo alto, ficando de olho. Enquanto ela está começando a ferver, encho uma chaleira elétrica e a deixo fazer o mesmo. (É importante ficar na cozinha durante toda essa fervura.) Assim, a panela e seu conteúdo estão quentes quando você joga a água fervendo da chaleira (cuidado para não respingar — é melhor tirar do fogo antes de fazer isso) e você não vai ter de esperar que volte a ferver.

ASSANDO PÃES, BOLOS E AFINS

♥ Sei que falo sem parar sobre o fato de que, quando se está assando pães, bolos e afins, todos os ingredientes devem estar à temperatura ambiente, mas devo acrescentar que também é importante que a tigela não esteja gelada. Para eliminar o frio, encha a tigela que vai usar com água quente da pia e deixe por dez minutos antes de esvaziá-la, secá-la e começar a receita.

♥ Se você não conseguir encontrar spray para untar uma fôrma de bolo, por exemplo, simplesmente despeje um pouquinho de óleo sem sabor, como o de amendoim, em um pedaço de papel-toalha e o esfregue dentro da fôrma, repetindo toda a operação até sentir que está bem untado. Se achar que usou óleo demais e sua fôrma não está untada, mas pingando gordura, forre a bancada da cozinha com um jornal velho, coloque uma grelha sobre ele e vire a fôrma gordurosa sobre a grelha para que o excesso de óleo pingue sobre o jornal.

ESTEIRA DE COZIMENTO EM SILICONE

♥ Se você tem o hábito de assar pães, bolos e afins — e não estou tentando fazer isso parecer um crime — é aconselhável comprar um "forro" reutilizável e antiaderente (na verdade, é feito de silicone). Corte círculos nos diâmetros de suas diferentes fôrmas de bolo e deixe-os sempre dentro delas, de maneira que esteja tudo pronto — exceto por ter que untar as laterais levemente — quando sentir que o impulso de preparar esse tipo de receita se abateu sobre você. Eu também corto algumas formas retangulares para encaixar nos tabuleiros de cookies. Depois de cada uso, lavo apenas o forro, coloco-o no forno desligado para secar e depois o devolvo à sua forma de origem, pronto para a próxima vez.

♥ Eu não me preocupo em ter farinha de trigo comum e farinha com fermento em casa; afinal, se você não usa a variedade com fermento regularmente, é provável que ela perca o poder de crescimento antes de a embalagem chegar ao fim. E também vale a pena ficar de olho nas datas de validade dos frascos dos agentes de fermentação. Se um bolo não cresce, o culpado habitual é o fermento em pó ou o bicarbonato de sódio fora da validade. Minhas receitas normalmente estipulam farinha comum (que também é a farinha que se usa para molho branco, por exemplo) além da quantidade necessária de um agente de fermentação; mas uma regra geral útil para transformar farinha comum em farinha com fermento é acrescentar 2 colheres de chá de fermento para cada 150 g de farinha comum. Mas isso não passa de uma regra geral; o processo químico é afetado pelos outros ingredientes da receita. Se a receita tiver chocolate, iogurte ou leitelho, acrescento ¼ de colher de chá de bicarbonato de sódio para cada 150 g de farinha comum juntamente com o fermento (que em si contém bicarbonato na fórmula, mas nesse caso precisa de um pouco mais de potência).

FERMENTO

BICARBONATO DE SÓDIO

♥ Não só o bicarbonato é o melhor limpador para uso geral e para geladeira (dissolva em um pouco d'água e esfregue conforme a situação ou mancha pedir, ou encha um terço de um ramequim de bicarbonato e deixe na geladeira para eliminar odores), como também é a primeira coisa que você deve tomar se sentir que pode estar ficando com cistite. Dissolva 1 ½ colher de chá em um copo de água quente e engula, estremecendo. Isso pode ajudar até você ir ao médico.

♥ Mesmo que não tenha o hábito de assar pães, bolos e afins, compre um pincel de cozinha. Você pode pincelar manteiga amolecida ou derretida em vez de óleo para untar uma fôrma, mas também é uma boa ferramenta para untar bifes e ajudar um frango a ficar crocante enquanto assa, mergulhando o pincel nos sucos da assadeira e pincelando com eles a parte de cima do frango. Aconselho um pincel de silicone em vez de um de cerdas: pode ser lavado na lava-louças e não vai soltar fiapos no que você estiver cozinhando.

PINCEL DE COZINHA

♥ O leitelho tem uma vida útil longa na geladeira, então vale a pena estocar alguns frascos quando comprar, mas se você não conseguir encontrar leitelho, pode transformar leite fresco em um substituto: despeje em uma jarra 250 ml de leite, acrescente 1 colher de sopa de suco de limão (ou vinagre), e deixe descansar por cinco minutos antes de usar como indicado na receita. Ou use, para fazer a mesma quantidade, 200 ml de iogurte natural líquido e 50 ml de leite; eu nunca me importo muito se é integral, semi ou totalmente desnatado nesse caso, mas supostamente o semidesnatado funciona melhor.

LEITELHO

♥ Sempre congele fatias de pão e tiras de bacon em pares (embalados individualmente), pois você pode precisar quando não tiver tempo para uma longa sessão de descongelamento. E já que estamos falando de pão, se você tem um pouco de pão — neste caso, não fatiado — que esteja amanhecido, fatie-o, despedace e processe para fazer farinha de rosca. Encha sacos com fecho hermético com a farinha de rosca e feche-os antes de guardá-los no freezer; eles não precisam ser descongelados antes de usar.

PÃO E BACON

SEGREDOS DE COZINHA

PICAR COM TESOURA ♥ Quando estiver cozinhando com pressa, use suas tesouras. Elas não só tornam a vida mais fácil do que pegar uma tábua de cortar e uma faca ou mezzaluna para picar ervas, mas são a melhor maneira de cortar as extremidades de vagens (e também a melhor maneira de ensinar crianças a fazer isso) assim como de picar legumes. Mas às vezes faz sentido usar a tesoura depois que os legumes foram cozidos e estão no escorredor. Tenho uma lembrança duradoura de minha mãe diante de uma pilha fumegante de espinafre, atacando-a furiosamente com suas tesouras. Bem Hitchcock. (Talvez seja o frenesi materno que me atraia tanto para essa ferramenta primitiva, mas ameaçadora.) Na verdade, uso tesouras para muitas outras coisas: cortar bacon em tirinhas e deixá-las cair na panela quente; cortar frango frio ou presunto para acrescentar a uma salada; transformar tomates de lata em purê mergulhando nela minha tesoura depois retalhando como uma louca.

VERMUTE ♥ Não gosto de abrir uma garrafa de vinho quando só preciso de uma taça para cozinhar, então sempre tenho uma garrafa de vermute branco seco (de preferência Noilly Prat) perto do fogão para acrescentar à panela em vez do vinho branco. Se eu precisar de mais do que o equivalente a uma xícara de espresso, por exemplo, normalmente o diluo um pouco, porque ele é mais forte que o vinho. Fico igualmente satisfeita em usar vinho do Porto tinto, diluído para torná-lo menos pungente, em vez do vinho tinto, embora com mais frequência eu substitua por Marsala seco, cuja garrafa também mantenho à mão perto do fogão.

♥ Por falar nisso, uma vez li no *New York Times* um chef norte-americano dizendo que nenhum cozinheiro sério manteria frascos de óleo ou de qualquer outra coisa perto do fogão, pois o calor destruiria suas melhores qualidades. Devo concluir, portanto, que não sou uma cozinheira séria. Acho que ter os ingredientes à mão é o que me faz usá-los, o que torna o que estou cozinhando mais gostoso. Assim, juntamente com meu azeite de oliva, meus azeites com manjericão, pimenta e alho, tenho frascos de molho de soja, molho inglês, molho de peixe, vermute branco seco, xerez amontillado, Marsala, vinho chinês culinário, saquê e mirin. Se eu não puder cozinhar com espontaneidade, muito da diversão e do interesse se perdem para mim. Então, dessa forma cozinho o suficiente para que o conteúdo dos citados frascos que cercam o fogão termine antes de estragar.

ÓLEO DE COLZA PRENSADO A FRIO ♥ Muito tem se falado sobre o uso de óleo de colza local (bem, local se você é britânico) como biocombustível, mas não é sempre que ser britânico faz alguém se sentir culinariamente superior. Então é hora de comemorar o óleo de colza prensado a frio, que tem um sabor maravilhosamente semelhante a mostarda e nozes e uma linda cor dourada. Eu o utilizo quase exclusivamente em vez do azeite extravirgem: é muito mais barato e, estou começando a achar, ainda mais delicioso. Faço molhos para salada com ele, pingo sobre a torrada em vez da manteiga, tempero vegetais e levo frascos para a casa das pessoas (de tão missionário que é meu fervor) em vez de vinho. Meu óleo de colza preferido é o Farrington's Mellow Yellow, mas existem outros muito bons. Qualquer mecanismo de busca vai lhe dizer que óleo de colza é o equivalente ao óleo de canola, mas o óleo prensado a frio, dourado e viscoso é completamente diferente do óleo de cozinha pálido, líquido e sem gosto que é o óleo de canola. Experimentei um óleo de canola prensado a frio da América do Norte, mas mesmo assim para mim nada chega perto daquele feito das sementes amarelas da minha terra natal.

SEGREDOS DE COZINHA

♥ Eu não conseguiria viver em uma casa sem limões-sicilianos, então estou sempre usando a casca ou o suco enquanto cozinho sem muita, se é que existe alguma, premeditação. Os limões Tahiti são outro assunto: não só normalmente são duros e difíceis no início, mas depois de um período na geladeira, mesmo que curto, e menos tempo ainda fora dela, eles se transformam em duras bolas de golfe. Hoje em dia, não deixo de ter em casa um estoque de suco de limão, que vem em um frasco de apertar violentamente verde (em geral em forma de limão). Essa tem sido minha prática há tanto tempo que me sinto totalmente tranquila e não tenho remorsos em relação a ela.

LIMÕES-SICILIANOS E LIMÕES TAHITI

Por curiosidade, fiz algumas comparações entre receitas usando limão recém-espremido e limão de plástico: não dá para notar a diferença. Bem, posso ter tido sorte com a marca que usei, mas vale a pena fazer uma tentativa para julgar por si mesmo.

♥ Quando bato claras em neve, para garantir que a tigela esteja totalmente livre de gordura, divido um limão ao meio e esfrego a metade na tigela. O ácido elimina a gordura e ajuda as claras a ficarem volumosas.

♥ Gosto de ter um pacote de luvas de silicone descartáveis (normalmente chamadas nestas páginas de luvas CSI) perto da minha parafernália de lavagem. Você pode vesti-las antes de verificar o ponto de peças quentes de carne ou de desmembrar frango assado, assim como para desfiar carne fria à mão. Eu as uso para descascar tomates escaldados e também enquanto os pico, pois as luvas impedem que o ácido deixe minhas mãos doloridas. E elas são necessárias para qualquer preparação de beterraba, a não ser que queira um toque de Lady Macbeth. Depois que começar a usá-las, você vai se surpreender com a quantidade de vezes que vai considerá-las inestimáveis, sem falar necessárias.

LUVAS CSI

♥ Sem as citadas luvas, se estiver trabalhando com alguma coisa pegajosa — tanto almôndegas quanto cookies —, mantenha as mãos cobertas com um filme de água fria: apenas molhe as mãos em intervalos regulares sob a torneira. Se estiver lidando com algo muito, muito pegajoso (como, por exemplo, os Brownies com Flocos de Arroz da **p. 312**), coloque um pouco de óleo sem sabor nas mãos como se fosse um creme caro, tornando-as utensílios de cozinha antiaderentes. Da mesma maneira, se estiver usando mel ou xarope na receita, meça primeiro o óleo (se a receita pedir) ou unte de óleo uma colher ou uma xícara para que o ingrediente pegajoso não grude quando for medido. Também gosto de untar o que quer que esteja usando para moldar cookies.

♥ Bebo chá compulsivamente, e gosto de chá bem forte; para me livrar do marrom que inevitavelmente mancha minhas canecas, deixo cada uma de molho em água quente à qual adicionei uma colher de sopa de suco de limão ou — mais barato — de vinagre.

MANCHAS DE CHÁ

♥ Se você costuma fazer pão, guarde a água que usou para cozinhar batatas (ou até mesmo macarrão), pois o amido na água ajuda o fermento de seu pão a crescer. Embora você possa simplesmente dissolver 1 colher de chá de purê de batatas instantâneo granulado em uma caneca de água para obter o mesmo efeito.

AMIDO

♥ Se você cozinhou um presunto e não sabe quando vai usar o caldo para uma sopa, deixe o líquido esfriar e refrigere-o o quanto antes, depois o congele em porções de 500 ml (em

CALDO

SEGREDOS DE COZINHA

um recipiente bem fechado por até três meses). O mesmo vale para qualquer outro caldo que você tenha. É terrível deixar qualquer caldo na geladeira por tempo demais e depois ter de jogar fora o precioso líquido.

♥ Da mesma forma, se você tiver vinho, cerveja escura ou sidra sobrando em uma garrafa aberta, congele-os (em um recipiente bem fechado por até três meses), e use para cozinhar em outra ocasião. O álcool não se solidifica ao congelar, tornando-se viscoso. Normalmente, deixo qualquer coisa borbulhante perder o gás antes de congelar. E se tiver Coca-Cola sem gás, deixada por filhos adolescentes demais para se lembrar de recolocar a tampa, use-a (congelando antes, se quiser) para cozinhar presunto.

FLORES ♥ Esta é uma velha lição de minha mãe, mas vale repetir, espero: nunca coloque nada na mesa que interfira na visão das pessoas. Então, nenhum grande arranjo de flores, mas pense em colocar uma tigela de limões ou berinjelas, algo bonito que depois vai ser útil e ainda custa menos que as flores. E se quiser flores, que sejam baixas. Até mesmo flores singelas ficam bonitas em um ou dois velhos potes de mostarda.

MOLHO PARA SALADAS ♥ Por falar em potes de mostarda, acho que acabei de contar sete vazios perto do meu fogão. Quando eles estão quase no fim, eu não os lavo antes de fazer molho para salada neles, usando a mostarda que ficou no fundo do pote para acrescentar sabor ao molho. É difícil superar um molho feito jogando óleo de colza (veja na **p. 16**) em um pouco de mostarda inglesa, com uma pitada de sal e um pouco de suco de limão antes de agitar, formando um denso molho dourado para jogar sobre uma salada. Se estiver fazendo um molho com as sobras de um pote de mostarda Dijon ou em grãos, use azeite de oliva e acrescente um pouco de mel junto com o limão e o sal.

♥ Eu também faço molhos com os resíduos dos frascos de molho de soja: acrescente um fio de óleo de gergelim, de molho de peixe, um pouquinho de mirin e agite antes de usar. Se seu frasco de molho de soja tiver uma abertura estreita demais, jogue tudo em um pote de geleia velho para agitar.

ARROZ PARA SUSHI ♥ Talvez por ter uma panela elétrica de arroz (veja na **p. 8**) eu faça muito arroz, e meu mais recente entusiasmo (embora não seja mais estimado do que o favorito diário, o arroz basmati integral) é o arroz para sushi. Eu, assim como meus filhos, adoro sua delicada textura pegajosa, então sempre tenho um pacote em casa. Bom, não acho que eu seria capaz de fazer sushi — simplesmente não tenho a paciência ou a destreza —, embora um dia talvez tente. Até lá, fico muito satisfeita em usar arroz para sushi como acompanhamento de teriyaki de frango ou frango agridoce (veja nas **pp. 36 e 38**, respectivamente) e para qualquer outra coisa. Para prepará-lo uso minha panela elétrica de arroz, mas se você estiver cozinhando manualmente, por assim dizer, siga as instruções da embalagem. E se suas instruções estiverem em japonês, deixe-me dizer que você precisa de (como de hábito) 75-100 g de arroz por pessoa. E como o arroz é mais fácil de cozinhar por volume do que por peso (no sentido de que é a proporção de arroz e água que conta), na prática eu uso 1 xícara de medida (que comporta cerca de 175 g de arroz para sushi, veja a seguir) para duas pessoas. Você precisa lavar o arroz até a água sair limpa e depois colocá-lo em uma panela com 1 ¼ xícara de água. Deixe ferver, depois tampe, abaixe o fogo para o mínimo e deixe

SEGREDOS DE COZINHA

por 20 minutos ou até a água ser absorvida. Solte com um garfo (arroz de qualquer tipo nunca deve ser mexido com uma colher, e sim com um garfo) e sirva.

Adoro arroz para sushi no jantar apenas com molho de soja e sementes sortidas, embora se torne um prato especial se houver sobras de frango que eu possa adicionar, aquecidas em um pouco de caldo de galinha.

♥ Eu não conseguiria viver sem conjuntos de colheres e de xícaras de medida. As colheres de medida — ¼ de colher de chá (1,25 ml), ½ colher de chá (2,5 ml), 1 colher de chá (5 ml) e 1 colher de sopa (15 ml) — são necessárias para preparar pães, bolos e afins no forno, pois nesse tipo de receita as medidas são precisas e não se referem ao tamanho dos talheres, e considero as xícaras de medida muito úteis para líquidos. Essa é, por assim dizer, uma liberdade que tomo, já que nos Estados Unidos elas são usadas para legumes picados, queijo ralado e ingredientes secos. Você vai notar que as medidas de líquidos em minhas receitas tendem a seguir as quantidades de 60 ml, 80 ml, 125 ml ou 250 ml: essas são as capacidades de ¼ de xícara, ⅓ de xícara, ½ xícara e 1 xícara respectivamente.

XÍCARAS E COLHERES DE MEDIDA

♥ Eu peso massas longas, como espaguete ou linguine, colocando uma caneca, um copo alto ou recipiente similar em minha balança de cozinha digital (não tão bonita quanto as de aparência antiga, mas mais eficiente), apertando o botão para zerar, depois colocando a massa no recipiente como se estivesse colocando flores em um vaso.

MASSA LONGA

♥ Desaconselho a usar palitos para testar se bolos estão cozidos por dentro, mas se você não tiver um testador de bolos, faça como os italianos e use um pedaço de espaguete cru.

TESTANDO BOLOS

♥ Nunca deixo faltar um estoque de assadeiras de alumínio supostamente descartáveis em meu armário. Digo supostamente só porque é provável que elas sobrevivessem a alguns usos com uma lavagem entre eles; certamente, quando as uso para colocar a polenta da **p. 336**, lavo e reutilizo. Mas elas são úteis quando você está assando alguma coisa grudenta e tem medo de tirar da fôrma ou não se sente entusiasmado para lavar depois, ou ambos. Na verdade, hoje em dia substituo as assadeiras de metal de verdade em todas as receitas que consigo: as linguiças grudentas da **p. 418** são um exemplo.

Qualquer coisa que couber em uma assadeira de alumínio retangular de 30 x 20 cm também pode ser preparada em uma fôrma ou assadeira de 25 cm. Também é útil ter assadeiras de alumínio um pouco maiores, ou mais fundas, para carnes. Ao cozinhar para uma festa durante um final de semana especialmente exaustivo, você não imagina como é reconfortante ter uma fôrma que não precisa ser lavada. E quanto às preocupações ecológicas, sempre achei que se fosse preciso fazer uma escolha entre salvar o meio ambiente ou sua sanidade, a sanidade seria a escolhida, mas desde que um amigo ativamente verde me contou como o alumínio é ecológico (fácil de reciclar e não usa detergentes prejudiciais), você pode se deleitar tranquilamente em sua preguiça assim como em sua virtude. Isso é o que se pode chamar de resultado positivo.

ASSADEIRAS DE ALUMÍNIO

19

♥ Eu sou uma espécie de rainha das sobras — jogar fora o menor pedacinho que seja é uma agonia para mim —, mas não posso viver bem com aqueles potinhos estilo Tupperware com suas tampas de encaixar que enchiam nossa geladeira quando eu era criança. O problema é inteiramente meu: nunca consegui passar mais de um mês sem perder uma

POTES DE PLÁSTICO

SEGREDOS DE COZINHA

tampa. Agora passei às embalagens para viagem de bufê comercial, que me fazem sentir não apenas gloriosamente eficiente enquanto as empilho na geladeira ou no freezer, mas também como se eu tivesse minha própria delicatéssen. E podem ir ao micro-ondas, o que é útil; elas não são reutilizáveis, mas às vezes as uso duas vezes. Como só são vendidas por atacado, eu compro as minhas pela internet; a unidade não sai muito caro, mas você precisa comprar em grande quantidade, o que pode ser um problema. Meu conselho para contornar isso é se juntar com amigos: vocês podem pedir a quantidade mínima e dividir as embalagens quando a enorme caixa chegar.

SAL MARINHO ♥ Tenho uma preferência absoluta por sal marinho em flocos (Maldon, em especial) quando cozinho ou como, e por causa de seu volume (uma colher de mesma capacidade pode conter o dobro da quantidade de sal refinado) é menos salgado do que o refinado. Portanto, se for substituí-lo por sal refinado, use a metade. Mas eu preferiria que você não fizesse isso...

FRITANDO ♥ Se você não quer que as cebolas queimem quando as fritar, polvilhe com sal; o sal faz a cebola soltar água, o que por sua vez impede que ela frite rápido demais.

♥ Quando estiver cozinhando em manteiga, acrescente uma gota de óleo para impedir que a manteiga queime.

CHAPAS ♥ Se estiver usando uma chapa, sempre unte a carne, o peixe ou os legumes, não a superfície, ou vai fazer muita fumaça.

E FINALMENTE ♥ Isso é muito mais fácil de dizer do que de fazer, mas tente, quando estiver cozinhando para outras pessoas, não pedir desculpas nervosamente pelo que fez, alertando-as para alguma falha da qual talvez só você esteja a par ou que, na verdade, tenha inventado. Além do mais, isso só cria tensão, e embora eu acredite que comida é importante, a atmosfera importa muito mais.

PÓS-ESCRITO ♥ Sempre compro um pano de prato em todos os lugares onde vou passar férias, não importa quão vergonhosamente turístico seja (ou me pareça), e os benefícios são triplos: a lembrança é leve (para dizer o mínimo) e cabe na mala até se você só tiver bagagem de mão; todas as vezes que usá-lo você irá se lembrar quando e onde o comprou; e a miscelânea de panos de pratos impede qualquer cozinha de parecer arrumada ou planejada demais. Uma cozinha nunca pode parecer decorada; deve parecer habitada.

SEGREDOS DE COZINHA

Parte I

DILEMAS DA COZINHA

O QUE TEM PARA O JANTAR?

RÁPIDO, ESTOU COM FOME!

VÁ COM CALMA

COZINHE MELHOR

MINHA DOCE SOLUÇÃO

DE IMPROVISO

O QUE TEM PARA O JANTAR?

Às vezes eu, uma obcecada por comida, até mesmo uma viciada em comida, acho difícil pensar no que fazer para comer. Isso não acontece com muita frequência, e recobro a gulodice rapidamente, mas devo admitir que minha área mais fraca, a mais provável de fazer com que eu me dê por vencida, é o jantar das crianças. Se eu não me concentrar no começo da semana, percebo que quando a hora do jantar se aproxima, o que acontece rápida e diariamente (e acho que minha energia está no nível mais baixo perto das 16h30), começo a desanimar e a abrir e fechar as portas do freezer e da geladeira com mais frenesi do que entusiasmo.

Hoje em dia meus filhos estão naquela idade em que voltam da escola, beliscam tudo o que tem na geladeira, não comem o jantar todo e depois beliscam outra vez na hora de dormir. Entenda, isso pode tornar a hora das refeições um tormento. Além do mais, as crianças têm muito mais dever de casa agora, o que pode dificultar muito as coisas.

Também acho que eu — assim como muitos pais, imagino — considero esse assunto bastante delicado. Todos nós alimentamos aquela fantasia de uma agradável refeição em família, quando todos conversam sobre o seu dia e a mesa ressoa com conversa e risadas afetuosas. Ah, meu Deus, por favor, diga que isso *é* uma fantasia.

Mas as coisas são como são, segundo a sabedoria contemporânea, e desde meu primeiro livro, que dedicou um capítulo inteiro a desmamar e alimentar bebês e crianças pequenas, minhas receitas para crianças tomaram uma via estritamente autobiográfica. Existe outra maneira de escrever sobre comida? Meus livros só podem ser um registro do que cozinho. Lembro que quando minha filha era pequena — com 16 anos na época em que escrevo este livro — me pediu "comida de criança". Eu era — e continuo sendo — bastante inflexível em relação à ideia de que não existe comida de criança, que comida é comida, e ponto final. Não estou dizendo que não satisfaço o gosto infantil às vezes ou preparo alguma coisa na qual não pensaria ou que não faria se fosse comer sozinha, mas as receitas que se seguem não se aplicam apenas a pais que precisam preparar refeições para os filhos.

Sim, pode parece um pouco excêntrico servir a Pizza sem Crosta para visitas adultas, mas meus amigos provavelmente adorariam. As Fajitas de Frango são um jantar perfeito e a Pasta à Genovesa certamente tem um lugar no cardápio da minha Última Refeição. Mas, antes de continuar, preciso falar da questão do sal e do açúcar. Admito que, conforme meus filhos ficavam mais velhos, me tornei mais relaxada. Mas quem quiser limitar o consumo dos filhos pode reduzir as quantidades livremente; e eu mesma acabei de descobrir as alegrias do néctar de agave, um xarope natural e não processado com um índice glicêmico baixo, que se pode usar no lugar do açúcar. Na verdade, eu o acho mais doce, então uso cerca de 25 por cento a menos. Mas, como sempre, você deve usar a gosto.

Acho que meu desejo é que meus filhos aprendam a alegria da verdadeira comida, não se restrinjam demais pelo que não podem ou não devem comer, e cresçam entendendo que comer é algo para dar prazer, não para causar culpa.

Fritada de mortadela e muçarela

Nas grandes cozinhas profissionais de antigamente um chef francês verificava a habilidade de um novato pedindo que preparasse para ele (e, sim, era sempre ele) uma omelete. Para verificar a leveza de toque e a rapidez ao fogão necessárias para manter a omelete suficientemente *baveuse*, o chef fazia questão de que a panela ficasse no queimador de trás, enquanto o da frente fritava ferozmente o pulso do candidato. Sim, é por isso que digo fritada, e não omelete. A versão italiana é muito menos estressante: não precisa virar a panela nem a cabeça; você simplesmente preaquece o grill do forno e transfere para ele o gordo bolo de ovos na metade do cozimento no fogão.

Este é um exemplo particularmente voluptuoso da versão italiana, a Marilyn Monroe (de acordo com os dois Ms dos ingredientes principais) do mundo das fritadas.

Serve 4 a 8 pessoas, *dependendo da idade e do apetite*

6 ovos	1 colher de sopa de queijo parmesão ralado na hora
125 g de mortadela, picada	
125 g de muçarela fresca em bola, picada	Sal marinho em flocos e pimenta a gosto
1 colher de sopa de salsinha picada, e mais um pouco para salpicar	1 colher de sopa (15 g) de manteiga
	Um fio de azeite de alho

♥ Ligue o forno para esquentar; bata os ovos em uma tigela, depois acrescente a mortadela e a muçarela picadas ou fatiadas.

♥ Adicione a colher de sopa de salsinha juntamente com o parmesão, o sal e a pimenta, lembrando que tanto a mortadela quanto o parmesão já vão dar um toque salgado.

♥ Aqueça a manteiga e o óleo em uma frigideira (com cabo que possa ir ao forno) ou em uma caçarola de ferro fundido com aproximadamente 25 cm de diâmetro e, quando estiverem quentes e espumando, adicione a mistura da omelete.

♥ Cozinhe por cerca de 5 minutos em fogo baixo, *sem mexer*, até que a fritada esteja firme e dourada por baixo.

♥ Transfira a panela para o forno quente (mantendo o cabo longe do calor) e cozinhe a fritada até ficar firme por cima — *não* deixe a panela sem supervisão, pois isso pode acontecer bem rápido, e use luvas de cozinha para retirar a panela.

♥ Deixe descansar por alguns minutos, depois passe uma faca ou uma espátula ao redor da borda da fritada e a retire da panela, com o mesmo lado para cima, transferindo-a para uma tábua ou um prato. Corte em 8 triângulos como um bolo, depois salpique com a salsinha extra e sirva com vagem ou salada.

Usando bem as sobras

As sobras devem ser cobertas e refrigeradas o quanto antes, e consumidas em 1 ou 2 dias. Da mesma forma que com os Empanados Crocantes de Frango da **p. 28**, não hesite em colocar um pedaço — frio — em um pão ou brioche para fazer um sanduíche como aqueles oferecidos sob balcões de vidro em bares de toda a Itália.

SANDUÍCHE DE FRITADA

Pizza sem crosta

Eu não sairia alardeando o nome desta receita em Nápoles, mas é assim que a chamo. Se for ajudar, pense nela como um queijo quente, só que sem o pão. Seja como for, é um jantar rápido e fácil nos dias em que você está cansado demais para pensar no que cozinhar. Ela fica pronta — praticamente se prepara sozinha — antes mesmo de você perceber que entrou na cozinha.

Minha sugestão é usar pepperoni fatiado como cobertura, mas você pode tranquilamente salpicar um pouco de milho-verde, presunto picado, ou praticamente qualquer coisa que imaginar e puder usar. Mas fique tranquilo, muitas vezes preparei esta receita sem qualquer acréscimo final: apenas ovo, farinha, sal, leite e queijo. Isto é conforto: rapidez.

Serve 2 a 4 pessoas, *dependendo da idade e do apetite*

1 ovo

100 g de farinha

Sal marinho em flocos ou sal refinado, a gosto

250 ml de leite integral

Manteiga para untar

100 g de queijo Cheddar ralado

50 g de fatias de pepperoni ou de chouriço fino com aproximadamente 2 cm de diâmetro (opcional)

1 fôrma refratária redonda com aproximadamente 20 cm de diâmetro

♥ Preaqueça o forno a 200°. Bata o ovo com a farinha, o sal e o leite para formar uma massa lisa.

♥ Unte a fôrma refratária, depois misture metade do queijo à massa antes de despejá-la na fôrma.

♥ Asse por 30 minutos. Retire a fôrma do forno, salpique com o queijo restante e acrescente o pepperoni ou o chouriço (caso esteja usando) — ou qualquer outra coisa. Retorne para o forno e asse por mais 2 ou 3 minutos.

♥ Quando o queijo da cobertura estiver derretido e dourado na pizza sem crosta, tire-a do forno e sirva cortada em fatias. Uma salada verde ou de tomates como acompanhamento não seria má ideia...

O QUE TEM PARA O JANTAR? | DILEMAS DA COZINHA

Empanados crocantes de filé de frango
com acompanhamento de salada

Suponho que estes empanados sejam nuggets de frango adultos, embora talvez você se sinta melhor se pensar como os italianos e considerá-los *scaloppine di pollo*. Mas quando estou comendo algo assim — com cobertura crocante e carne macia por dentro — não me importo com o nome.

Não estou tentando forçá-lo a fazer a salada que adoro comer com este prato — folhas de espinafre novo, ou às vezes rúcula, com tomates em cubos e parmesão —, mas meu fervor é tamanho que sinto que preciso incluir a receita (como ela é).

Como sempre, a farinha de rosca fresca que especifico é feita com migalhas de pão amanhecido, e acho que ela deve vir de algo que foi comprovadamente um pão, e não de uma embalagem. Meu freezer é cheio de farinha de rosca que moí e guardei ali, mas se o seu não é, você pode usar farinha de rosca comum. Embora vá ter de duplicar a quantidade; é tão fina — mesmo as mais grossas — em relação à fresca, que vai ser preciso aumentar as quantidades para garantir uma carapaça firme e crocante. Se você não conseguir encontrar leitelho facilmente, pode usar uma mistura de 4/1 de iogurte natural líquido/leite integral, ou misturar 250 ml de leite semidesnatado com 1 colher de sopa de suco de limão ou vinagre de vinho branco.

Serve 4 pessoas

4 filés de peito de frango, sem pele
  e sem osso
284 ml de leitelho (ou veja a
  introdução desta receita)
1 colher de sopa de molho inglês
125 g de farinha de rosca fresca
  (veja introdução desta receita)
1 colher de chá de sal de aipo, ou ½
  colher de chá para crianças mais
  novas
¼ de colher de chá de pimenta
  caiena
1 colher de chá de tomilho seco
50 g de queijo parmesão, ralado
Óleo para fritar, como óleo de
  amendoim
4 colheres de sopa de salsinha
  fresca picada

❤ Estique um pedaço grande de filme plástico, depois abra os peitos de frango e os coloque sobre o filme plástico. Cubra os peitos de frango abertos com outro pedaço de filme plástico e bata com um rolo de macarrão até ficarem finos, mas ainda inteiros. (Se as partes inferiores se soltarem, não se preocupe.)

❤ Misture o leitelho com o molho inglês em uma tigela rasa, ou coloque-os em um saco com fecho hermético e misture. Então acrescente o frango batido à tigela ou ao saco e reserve por cerca de 30 minutos — ou refrigere de um dia para o outro se tiver tempo — para marinar.

❤ Preaqueça o forno a 150° se estiver usando uma frigideira pequena e quiser manter os filés aquecidos enquanto frita. Misture a farinha de rosca, o sal de aipo, a caiena, o tomilho e o parmesão em um prato largo e raso. Então, quando o frango estiver marinado, retire os pedaços do leitelho e passe um de cada vez pela mistura de farinha de rosca.

❤ Cubra os filés de ambos os lados com a farinha de rosca temperada e depois coloque-os sobre uma grelha do tipo usado para esfriar bolos.

❤ Aqueça o óleo em uma frigideira — apenas o suficiente para cobrir a base com cerca de 5 mm de óleo.

❤ Quando o óleo estiver quente, frite os pedaços maiores de frango por cerca de 3 minutos de cada lado, e os pedaços menores da parte inferior do peito por cerca de 2 minutos de cada lado. Quando remover os pedaços prontos de frango, seque-os sobre papel-toalha e, se quiser, mantenha-os aquecidos no forno baixo (em um tabuleiro) como indicado anteriormente, ou sirva-os de imediato. Independentemente de como preferir servir, salpique esses crocantes empanados de frango com salsinha picada. Você também pode considerar um pedaço de limão-siciliano ao lado, e a salada a seguir.

PREPARO ANTECIPADO
O frango pode ser marinado com 1 dia de antecedência na mistura de leitelho. Deixe na geladeira até a hora de empanar e usar. As sobras devem ser refrigeradas o quanto antes e consumidas em 1 ou 2 dias.

CONGELAMENTO
Para escalopes de 2 a 3 mm de grossura: o frango marinado e empanado pode ser colocado em tabuleiros forrados, coberto do filme plástico congelado. Quando estiver sólido, transfira para sacos com fecho hermético e armazene por até 3 meses. Frite ainda congelado em fogo médio a baixo por 4 a 5 minutos de cada lado. Verifique se o frango está totalmente cozido antes de servir.

Acompanhamento de salada

2 colheres de sopa de azeite de oliva extravirgem
2 colheres de chá de vinagre de vinho tinto
Sal e pimenta a gosto
2 tomates de bom tamanho, sem sementes e cortados em cubos pequenos
180 g de espinafre, rúcula ou outra folha de sua preferência
50 g de lascas de parmesão

♥ Misture o azeite e o vinagre em uma tigela e tempere com sal e pimenta, depois acrescente os cubos de tomate.

♥ Na hora de comer, acrescente o espinafre e o parmesão e misture.

PREPARO ANTECIPADO
O tomate pode ser cortado com 1 dia de antecedência. Cubra bem e refrigere.

Usando bem as sobras

SANDUÍCHE DE ESCALOPE DE FRANGO

Não existe maneira melhor de comer sobras de escalope empanado — seja qual for a carne, sinceramente — do que all'Italiana, ou seja, frio com algumas folhas de rúcula dentro de um pão ciabatta, que pode ou não estar com maionese: pense em um sanduíche mediterrâneo do Subway. Fico com água na boca só de pensar. Tomates como acompanhamento, assim como um copo de cerveja geladíssima, formam um jantar rápido simplesmente divino.

Chili com queijo

Perco a conta de quantas vezes me pego mexendo uma panela com carne moída no dia a dia. Não que seja necessário pedir desculpas por isso: é fácil, rápido e reconfortante. Provavelmente, eu poderia medir minha vida em tigelas de chili, o que também não é um problema. Esta receita tira proveito de um de meus hábitos para poupar tempo, que é começar a preparação com um pouco de chouriço com páprica picante, que solta um óleo alaranjado ardente para dourar e temperar a carne moída.

    O costume Tex-Mex decreta que o chili seja comido com — entre outros acompanhamentos — um punhado de queijo ralado por cima. Esta é meramente uma interpretação impaciente da mesma prática, na qual você simplesmente pica ou despedaça um pouco de muçarela e a mistura ao chili na panela, deixando apenas pelo tempo suficiente para o queijo derreter em meio à carne.

    Se tiver tempo, e tiver conseguido planejar com antecedência, você pode colocar algumas batatas no forno para fornecer um recipiente substancial para o chili com queijo (isso também faz o chili render mais), mas não acho que alguém reclamaria de uma tigela de tortilhas como acompanhamento ou mesmo de um belo pão recém-fatiado para mergulhar. Eu só acrescentaria uma crocante salada verde, bem temperada, e um potinho com coentro fresco picado para salpicar sobre tudo. Entretanto, meu filho prefere comer este prato com cevada no vapor.

O QUE TEM PARA O JANTAR? | DILEMAS DA COZINHA

Serve 4 *garotos adolescentes famintos ou 6 pessoas normais*

110 g de chouriço, cortado em círculos grossos e pela metade

500 g de carne moída, de preferência orgânica

½ colher de chá de cacau em pó

1 colher de chá de orégano seco

1 colher de sopa de pasta de tomate seco ou purê de tomate

1 lata (400 g) de tomates picados

125 ml de água, passada na lata de tomates vazia

2 colheres de chá de molho inglês

1 lata (400 g) de feijões-vermelhos, escorridos e lavados

250 g de muçarela fresca em bola, picada

Sal marinho em flocos e pimenta a gosto

1 punhado de coentro fresco picado para servir (opcional)

❤ Coloque uma caçarola de ferro fundido relativamente pequena ou uma panela de fundo grosso (que tenha tampa) no fogo e acrescente os semicírculos de chouriço, cozinhando apenas tempo suficiente para que eles comecem a soltar um brilhante óleo laranja.

❤ Acrescente a carne moída, tentando despedaçá-la um pouco com um garfo de madeira e jogue-a no óleo para misturá-la com o chouriço.

❤ Quando a carne tiver começado a perder sua cor de crua, salpique o chocolate e o orégano, despeje a pasta ou o purê e mexa bem antes de acrescentar os tomates enlatados. Passe os 125 ml de água por dentro da lata vazia e despeje-os na panela, seguidos pelo molho inglês e pelos feijões escorridos e lavados, depois deixe levantar fervura.

❤ Abaixe o fogo, coloque a tampa e deixe o chili ferver suavemente por 20 minutos. Em geral, eu o transfiro para uma travessa quando está pronto (para esfriar melhor), para reaquecer e comer mais tarde. (Foi o que fiz aqui, e reaqueci em uma frigideira, por isso você está vendo o chili no que pode parecer uma panela inadequada.)

❤ Caso não vá fazer nenhuma interrupção, retire a tampa neste momento, aumente o fogo até o chili começar a borbulhar com vigor novamente, depois desligue o fogo e acrescente a muçarela, mexendo. Tempere e sirva imediatamente, salpicando com coentro, se desejar.

PREPARO ANTECIPADO

O chili, sem o queijo, pode ser preparado com 2 dias de antecedência. Deixe esfriar, cubra e refrigere o mais rápido possível. Reaqueça lentamente em uma frigideira ou panela grande até estar bem quente, depois acrescente o queijo como indicado na receita.

CONGELAMENTO

O chili frio, sem o queijo, pode ficar congelado em um recipiente bem fechado por até 3 meses. Descongele de um dia para o outro e reaqueça como indicado anteriormente.

Carne moída ao molho barbecue

Para nós, ingleses, este é um molho barbecue ao estilo caubói (bom, todos temos direito aos nossos delírios; na verdade, contamos com eles), ou seja, é um molho de carne para colocar dentro de um pãozinho branco macio e fazer um Sloppy Joe, ou Sloppy José, ou para comer puro, em tigelas individuais, com um tabuleiro de tortilhas tostadas com queijo como acompanhamento, aumentando o prazer de forma geral. Há muitos dias de semana em que esta receita é o fator crucial para impedir um colapso materno. Nunca a servi com massa, mas é uma possibilidade — e caso você queira fazer isso, aconselho uma massa pequena e robusta, como chifferi rigati ou ditalini.

Serve 4 a 8 pessoas, *dependendo da idade e do apetite*

1 talo de aipo, cortado em pedaços
3 dentes de alho, descascados
2 cebolas, descascadas e cortadas ao meio
150 g de bacon defumado sem pele
2 cenouras, descascadas e cortadas em pedaços
2 colheres de sopa de óleo vegetal
1 colher de sopa de açúcar mascavo
1 pitada de cravo em pó
½ colher de chá de pimenta-da-jamaica em pó
500 g de carne moída, de preferência orgânica

Para preparar em uma jarra:
1 lata de tomates picados (400 g) mais uma lata cheia de água
3 colheres de sopa de molho inglês
3 colheres de sopa de uísque
2 colheres de sopa de açúcar mascavo
2 colheres de sopa de purê de tomate ou pasta de tomate seco

Para servir:
6 pãezinhos brancos ou 400 g de tortilhas sem sal
175 g de Red Leicester ou queijo Cheddar, ralado na hora (para as tortilhas)

♥ Para começar o molho, coloque o aipo, o alho, as cebolas, o bacon e as cenouras em um processador de alimentos e processe até virar uma papa alaranjada.

♥ Aqueça o óleo em uma panela de fundo grosso ou em uma caçarola de ferro fundido (com tampa) e acrescente os ingredientes processados. Cozinhe por 15 a 20 minutos em fogo baixo, mexendo de vez em quando até ficar macio.

♥ Enquanto os legumes estiverem cozinhando, misture os ingredientes líquidos (e as 2 colheres de sopa de açúcar mascavo) em uma jarra.

♥ Depois acrescente à panela dos legumes 1 colher de sopa de açúcar mascavo juntamente com o cravo e a pimenta-da-jamaica, e mexa. Então adicione a carne moída, desfazendo-a com um garfo de madeira enquanto a mescla na panela aos vegetais macios e temperados, mexendo até a carne começar a perder a cor de crua.

♥ Despeje a jarra de ingredientes líquidos e misture suavemente com a carne. Coloque a tampa e abaixe o fogo. Deixe ferver por 25 minutos.

♥ Se for fazer sanduíches com esta receita, para comer sem medo de fazer sujeira (sinto muito, mas não existe outro jeito), você só precisa cortar os macios pãezinhos brancos ao meio. Se preferir a opção das tortilhas tostadas, preaqueça o forno a 200°, depois espalhe as tortilhas em um tabuleiro (forrado com papel-alumínio para facilitar a lavagem depois) e salpique o queijo ralado antes de colocá-las para tostar e o queijo começar a derreter no forno quente; 5 minutos devem bastar, mas talvez leve 10. Esta receita é forte concorrente a comida favorita para assistir futebol em casa, na televisão, não nas arquibancadas: o melhor amigo do futebol.

PREPARO ANTECIPADO
O molho de carne pode ser preparado com 2 dias de antecedência. Transfira para um recipiente não metálico, deixe esfriar, cubra e refrigere o mais rápido possível. Reaqueça lentamente em uma panela grande até estar bem quente.

CONGELAMENTO
O molho frio pode ficar congelado em um recipiente bem fechado por até 3 meses. Descongele de um dia para o outro na geladeira e reaqueça como indicado anteriormente.

Frango agridoce

Sei que este registro das receitas que sirvo aos meus filhos pode não estar muito de acordo com os critérios alimentares de hoje em dia, mas devo dizer que fico contente por eles não estarem comendo alguma coisa fedorenta saída de uma embalagem. Conseguir que filhos adolescentes comam algo que se assemelha a uma refeição é, até onde sei, uma conquista a ser celebrada. E sendo este um prato que eles chegam a pedir... bem, não me preocupo com um pouco de açúcar e sal. Comida fresca com a adição consciente de um pouco de sal e açúcar me parece melhor do que comida processada repleta de ingredientes que eu nem sequer reconheço (entretanto, se você estiver cozinhando para crianças mais novas, pode diminuir a quantidade de molho de soja desta receita). E agora que sabemos que o ketchup pode fazer bem, acrescento alegremente um pouco quando cozinho, por mais que ainda seja rigorosamente contra a aplicação universal à mesa. Seu característico sabor doce e avinagrado é a base deste prato.

Sirva com arroz e um pouco de couve-chinesa para obter o mais evasivo dos sons: a aprovação dos seus filhos.

Serve 4 a 8 pessoas, *dependendo da idade e do apetite*

2 colheres de sopa de azeite de alho
1 cebola roxa, descascada e picada
2 pimentões vermelhos, com os talos removidos, sem sementes e cortados em quadrados de 4 cm
500 g de filés de coxa de frango (sem pele e sem osso)
1 colher de chá de tempero chinês cinco especiarias em pó
300 g de broto de feijão
150 g de castanhas d'água (opcional)

Para o molho:
2 colheres de sopa de geleia de damasco
2 colheres de sopa de molho de soja
250 ml de suco de abacaxi
3 colheres de sopa de ketchup
2 colheres de sopa de vinagre branco de arroz (ou o bastante para dar o toque ácido)
Sal e pimenta a gosto

♥ Aqueça o óleo em uma wok ou frigideira grande que tenha tampa, e cozinhe as cebolas picadas, mexendo de vez em quando, por cerca de 5 minutos. Acrescente os pimentões e cozinhe por mais 5 minutos até ficarem macios.

♥ Corte cada filé de coxa em 4 pedaços (acho mais fácil usar uma tesoura) e acrescente à panela de cebolas e pimentões, juntamente com o tempero chinês. Cozinhe, mexendo com frequência, por mais 5 minutos.

♥ Misture os ingredientes do molho em uma jarra (provando para verificar se está agridoce), despeje na panela com o frango e os outros ingredientes e deixe ferver. Tampe e continue cozinhando em fogo baixo, fervento lentamente por 15 minutos, até que o frango esteja totalmente cozido.

♥ Acrescente os brotos de feijão e as castanhas d'água (caso esteja usando), verifique o tempero e deixe ferver outra vez. Quando tudo estiver bem quente, sirva com arroz.

PREPARO ANTECIPADO
O prato pode ser feito com 1 dia de antecedência. Transfira o frango e o molho para um recipiente não metálico para esfriar, cubra e refrigere o quanto antes. Reaqueça lentamente em uma panela, mexendo de vez em quando, até que o frango e o molho estejam bem quentes.

CONGELAMENTO
O frango e o molho frios podem ficar congelados em um recipiente bem fechado por até 3 meses. Descongele de um dia para o outro na geladeira e reaqueça como indicado anteriormente.

Teriyaki de frango

Sei que o mundo está cheio de bons pais que nunca dão comida com sal ou açúcar aos filhos, e esta receita (entre outras) é a prova definitiva de que não sou um deles. Ah, e além dessas falhas alimentares, a receita que se segue ainda contém álcool. Se essas infrações forem ofensivas, não tenho muito a dizer. Faz diferença o fato de ser uma refeição tanto deliciosa quanto fácil? Se a resposta for sim, vá em frente. Entretanto, se for prepará-la para os mais novos, use metade da quantidade de molho de soja para crianças com menos de 10 anos e ¼ para crianças com menos de 5 anos, se quiser.

O QUE TEM PARA O JANTAR? | DILEMAS DA COZINHA

Serve 4 a 6 pessoas, *dependendo da idade e do apetite*

2 colheres de sopa de saquê (vinho de arroz japonês)

4 colheres de sopa de mirin (vinho de arroz japonês doce)

4 colheres de sopa de molho de soja

2 colheres de sopa de açúcar mascavo claro

2 colheres de sopa de gengibre fresco ralado

Um fio de óleo de gergelim

750 g de filés de coxa de frango (sem pele e sem osso), de preferência orgânicos, cortados com faca ou tesoura em pedaços pequenos

1 colher de chá de óleo de amendoim

300 g a 450 g de arroz para sushi, preparado de acordo com as instruções da embalagem (veja na **p. 18**)

♥ Misture o saquê, o mirin, o molho de soja, o açúcar, o gengibre e o óleo de gergelim em um prato no qual o frango possa ser mergulhado. Eu uso um pirex quadrado de 23 cm, mas qualquer coisa semelhante serve.

♥ Acrescente os pedaços de frango e deixe por 15 minutos.

♥ Aqueça o óleo de amendoim em uma frigideira ou caçarola larga e rasa (que tenha tampa) e, usando uma escumadeira, transfira os pedaços de frango de sua escura marinada para a panela e salteie até que pareçam cozidos por fora.

♥ Jogue a marinada sobre os pedaços de frango na panela e deixe ferver, depois abaixe o fogo e deixe fervilhar lentamente, coloque a tampa e cozinhe por cerca de 5 minutos — abra um dos pedaços de frango para ter certeza de que está totalmente cozido.

♥ Remova os pedaços cozidos com uma escumadeira (você pode mantê-los aquecidos em uma tigela coberta com papel-alumínio) e aumente o fogo sob a panela para deixar o líquido ferver até formar um xarope grosso e escuro.

♥ Recoloque os pedaços de frango na panela, mexa bem para que todos fiquem cobertos pelo saboroso xarope espesso, depois sirva com uma reconfortante pilha de arroz para sushi e talvez um pouco de couve-chinesa no vapor ou verduras de sua escolha.

Pasta à genovesa
com batatas, vagem e pesto

As crianças — que talvez sejam mais honestas em relação a seus gostos do que o restante de nós — parecem ter um extravagante preferência por carboidratos, e fico mais do que feliz em explorá-la. Se trabalhei até tarde, estou com preguiça, me esqueci de fazer compras ou repentinamente descubro que os amigos deles vão dormir aqui e eu não sei o que eles comem ou não comem, recorro agradecida a um pacote de macarrão. Digo honestamente que não sei como os pais conseguiam dar de comer aos filhos antes de a massa se tornar uma moeda culinária universal. Ah, sim, na verdade eu sei: eles não se importavam se gostávamos ou não do que eles preparavam; simplesmente comíamos o que nos davam.

Meus filhos não se importariam se tudo o que eu lhes desse fosse massa com molho enlatado por cima, e não nego que às vezes é o que eles comem; mas para agradar a mim mesma, e a eles, é esta receita que preparo quando consigo. Esta receita não é trabalhosa; as batatas cozinham na água da massa — precisando de pouco tempo a mais, só isso — e o pesto sem pinoli é batido facilmente no processador.

E se vai preparar esta receita, faça você mesmo o pesto. Eu nunca me sentiria culpada por usar pesto comprado pronto, mas este é um prato único e deve manter suas características. Para aqueles que acham que cozinhar batatas com massa é ceder demais à mania infantil por carboidratos, saibam que é uma tradição liguriana. E realmente funciona: as batatas se transformam em uma bela pasta à qual o pesto adere, formando um molho fantástica e elegantemente reconfortante e perfumado. As vagens intensificam o glorioso verde do todo, fazendo você se sentir bem por estar conseguindo que as crianças comam legumes.

Serve 6 a 8 pessoas, *dependendo da idade e do apetite*

500 g de batatas grandes e maçudas, descascadas e cortadas em fatias de 1,5 cm, cada fatia cortada em 4 pedaços

500 g de linguine

200 g de vagens finas, limpas e cortadas ao meio

Para o pesto:

100 g de folhas de manjericão

100 g de parmesão ralado

1 dente de alho, descascado

100 ml de azeite de oliva comum

100 ml de azeite de oliva extravirgem

♥ Coloque os pedaços de batata em uma panela com água salgada que seja grande o suficiente para a massa caber depois, e deixe ferver.

♥ Cozinhe as batatas até ficarem macias, cerca de 20 minutos, depois acrescente o macarrão. Verifique as instruções de cozimento na embalagem, e cerca de 4 minutos antes do tempo de cozimento especificado, acrescente a vagem. Se estiver usando linguine artesanal com ovos, que cozinha mais rápido, precisará alterar sua estratégia.

♥ Enquanto estiver fervendo, bata os ingredientes do pesto em um processador de alimentos. Antes de escorrer a panela, remova e reserve cerca de ½ xícara do líquido do cozimento. Despeje as batatas, as vagens e a massa em uma panela vazia.

♥ Acrescente o pesto do processador e água do cozimento suficiente para formar um molho fino que cubra o macarrão enquanto você o mistura com um garfo ou pegador de massa. Sirva imediatamente.

PREPARO ANTECIPADO

O pesto pode ser preparado com 2 ou 3 dias de antecedência. Faça o pesto usando apenas 50 ml de azeite e transfira para um pote de geleia ou para um recipiente bem fechado. Despeje cuidadosamente o restante do azeite por cima para que a superfície do pesto fique completamente coberta. Guarde na geladeira. Deixe em temperatura ambiente por cerca de 30 minutos antes de misturar e usar.

CONGELAMENTO

O pesto pode ficar congelado por aproximadamente 3 meses em um recipiente bem fechado. Prepare o pesto e cubra com uma camada de azeite, como indicado anteriormente. Descongele por 2 a 3 horas em temperatura ambiente e misture antes de usar.

O QUE TEM PARA O JANTAR? | DILEMAS DA COZINHA

Almôndegas de peru com molho de tomate

Eu preparo almôndegas desde que meus filhos começaram a comer comida sólida. Mas desculpe: comida sólida é um termo muito desagradável; além do mais, não chega nem perto de evocar a suave maciez dessas almôndegas. Pois elas são estranhamente deliciosas. Digo estranhamente porque a primeira vez em que as preparei foi com carne de peru moída, em vez da minha preferida carne moída habitual, quando eu repentina e atipicamente fui vitimada pelo etos da idade e resolvi satisfazer a brigada do baixo teor de gordura. É claro, meu subconsciente sabia o que estava fazendo e teve suas razões para me conduzir nessa direção. O fato é que a carne de peru produz almôndegas leves e suculentas que meus filhos adoram, apesar da mudança repentina em relação ao que estavam acostumados (o que é notável, pois crianças tendem ao conservadorismo e são, via de regra, avessas a mudanças), e que também foi exuberantemente acolhida por italianos, cuja valorização da tradição sobre a novidade não é menos veemente, pelo menos à mesa.

No geral, esta receita é uma favorita na casa dos Lawson hoje em dia, e é fácil me encontrar preparando uma porção — metade para o jantar e metade para ser congelada para usos futuros — regular e prazerosamente.

Serve 4 a 8 pessoas, *dependendo da idade e do apetite*

Para o molho:
1 cebola, descascada
1 talo de aipo
2 colheres de sopa de azeite de alho
1 colher de chá de tomilho seco
2 latas (400 g cada) de tomates
   italianos picados, mais
   aproximadamente 800 ml (2 latas
   cheias) de água
1 colher de chá de açúcar
1 colher de chá de sal marinho em
   flocos ou ½ colher de chá de sal
   refinado
Pimenta a gosto

Para as almôndegas:
500 g de carne de peru moída
1 ovo
3 colheres de sopa de farinha de
   rosca
3 colheres de sopa de queijo
   parmesão ralado
2 colheres de sopa de cebola e
   aipo finamente picados (dos
   ingredientes do molho de
   tomate)
1 colher de chá de molho inglês
½ colher de chá de tomilho seco

♥ Coloque a cebola descascada e o aipo em um processador de alimentos e bata até virar um purê. Ou pode picá-los à mão o mais fino que for humanamente possível. Reserve 2 colheres de sopa para a massa das almôndegas.

♥ Aqueça o azeite de alho em uma frigideira ou caçarola grande e de fundo grosso, acrescente a mistura de cebola e aipo juntamente com o tomilho, e cozinhe em um fogo moderado a baixo, mexendo de vez em quando, por cerca de 10 minutos.

♥ Acrescente as latas de tomate, enchendo cada lata vazia com água para adicionar à panela. Tempere com o açúcar, o sal e a pimenta, mexa e deixe levantar fervura, depois abaixe o fogo para ferver lentamente enquanto prepara as almôndegas.

♥ Coloque todos os ingredientes das almôndegas, incluindo a cebola e o aipo picados, e sal a gosto, em uma tigela grande e misture levemente com as mãos, usando luvas CSI (veja na **p. 17**) se quiser. Não misture demais, pois isso deixaria as almôndegas densas e pesadas.

♥ Quando todos os ingredientes das almôndegas estiverem levemente amalgamados, comece a enrolar. A maneira mais fácil é pegar uma quantidade mais ou menos do tamanho de uma colher de chá bem cheia e formar uma bola entre as palmas de suas mãos. Vá colocando as almôndegas em um tabuleiro forrado com uma esteira de cozimento em silicone ou com papel-vegetal. Você deve obter cerca de 50 almôndegas pequenas.

♥ Jogue-as com cuidado no molho fervilhante; tento deixá-las cair em círculos concêntricos, de fora para dentro da panela, da maneira mais vaga possível.

♥ Deixe as almôndegas ferverem lentamente por 30 minutos, até estarem totalmente cozidas. Sirva com arroz, massa, ou com o que quiser. Às vezes eu lhes dou um upgrade automático servindo-as com o Cuscuz com Rúcula e Limão-siciliano da **p. 90**.

PREPARO ANTECIPADO
As almôndegas e o molho podem ser preparados com 2 dias de antecedência. Transfira as almôndegas e o molho para um recipiente não metálico para esfriar, cubra e refrigere o mais rápido possível. Reaqueça lentamente em uma panela, mexendo de vez em quando (tome cuidado para não despedaçar as almôndegas), até que as almôndegas e o molho estejam bem quentes.

CONGELAMENTO
As almôndegas e o molho frios podem ficar congelados em um recipiente bem fechado por até 3 meses. Talvez seja útil congelar em porções individuais se você fizer uma grande quantidade. Descongele de um dia para o outro na geladeira e reaqueça como indicado anteriormente.

Coxas africanas

A primeira vez que comi este prato, de uma maneira um pouco diferente, foi na casa de uma amiga sul-africana. O molho era o mesmo, mas a carne marinada e cozida era de porco. Eu prefiro assim — a gordura do porco deixou o molho um pouco oleoso demais para dar um conforto absoluto, e eu não tenho fobia de gordura, como você sabe — e meus filhos ainda menos.

Minha amiga, que desde então cedeu à soberania da coxa, diz que a geleia de damasco é um traço onipresente na culinária de sua terra natal, e espero não causar uma ofensa ao admitir que só fiz mais uma alteração na receita dela, que foi diminuir a quantidade desse ingrediente. Assim, não fica tão doce e mantém calor e tempero bastantes para deixar os adultos felizes sem alienar o paladar mais infantil, embora para crianças mais novas você possa usar menos mostarda em pó.

Se quiser ser realmente autêntico, sugiro que coloque em seu prato um brilhante monte castanho de chutney Mrs Ball's — *o* condimento do continente.

Serve 4 a 8, *dependendo da idade e do apetite*

80 ml de molho inglês

4 colheres de sopa de ketchup

2 colheres de chá de mostarda inglesa em pó, ou a gosto

1 colher de chá de gengibre em pó

1 colher de sopa de geleia de damasco

1 cebola, descascada e finamente picada

8 coxas de frango, de preferência orgânicas

1 colher de sopa de azeite de alho

♥ Preaqueça o forno a 200°. Misture o molho inglês, o ketchup, a mostarda em pó, o gengibre em pó, a geleia de damasco e a cebola picada em um prato raso.

♥ Mergulhe as coxas nessa marinada, cobrindo-as completamente. (Se quiser, neste estágio você pode deixá-las cobertas na geladeira, marinando de um dia para o outro.) Coloque o óleo em uma assadeira ou pirex não muito grande, no qual as coxas caibam sem folga, e vá virando-a de forma que o óleo cubra todo o fundo. Arranje as coxas na assadeira e jogue sobre elas a marinada restante.

♥ Asse por 45 minutos a 1 hora, regando com o molho uma ou duas vezes: quanto mais funda for a assadeira, mais as coxas vão demorar para dourar e assar completamente.

PREPARO ANTECIPADO
O frango pode ser marinado de um dia para o outro em uma tigela coberta na geladeira.

CONGELAMENTO
O frango pode ficar congelado na marinada em um saco com fecho hermético por até 3 meses. Descongele de um dia para o outro na geladeira (coloque o saco dentro de uma tigela para pegar os respingos) e asse como indicado na receita.

O QUE TEM PARA O JANTAR? | DILEMAS DA COZINHA

O QUE TEM PARA O JANTAR? | DILEMAS DA COZINHA

Espaguete com Marmite

Descobri esta receita na autobiografia de Anna Del Conte, *Risotto with Nettles*. Bem, são muitas as receitas que eu poderia pegar emprestadas dela, o que fiz, mas esta eu preciso mostrar a vocês aqui. Ela a apresenta como algo que "mal chega a ser uma receita, mas eu quis incluí-la porque ainda não encontrei uma criança que não gostasse dela". No instante em que li isso — depois de superar minha irritação por ela não ter me falado deste prato durante anos de amizade —, fiquei encantada. É claro que, sendo uma viciada em Marmite, eu sabia que ia dar certo. E como dá. Recentemente, me tornei uma traidora e me bandeei para o lado Vegemite do mundo, e a receita também funciona, o que não é uma surpresa, com a pasta oposta.

Sei que a combinação de massa e Marmite é estranha a ponto de parecer impossível, mas espere um pouco. Existe um prato de massa tradicional para o dia seguinte a um assado, no qual o espaguete é jogado no caldo de frango, e eu comi versões simplificadas dele na Itália (recriadas livremente em minha própria cozinha) que usam um cubo de caldo despedaçado, juntamente com manteiga, azeite de oliva, alecrim picado e um pouco da água do cozimento do macarrão para preparar um saboroso molho de espaguete. Se você pensar bem, o Marmite oferece sal e sabor da mesma forma que o cubo de caldo.

Estou feliz por ter esta receita aqui, e agradeço a Anna por isso. Mas mesmo quando não é uma receita da Anna, penso nela sempre que preparo massa, lembrando-me de suas duas leis: 1) que a água na qual você cozinha a massa deve ser salgada como o Mediterrâneo; e 2) que a massa não deve ser escorrida demais, mas "*con la goccia*", ou seja, deixando um pouco da água do cozimento, pois isso torna mais fácil incorporar o molho. Foi ela quem me ensinou a retirar um pouco da água do cozimento logo antes de escorrer o macarrão, para ajudar a misturar o molho depois, se necessário.

Serve 4 a 6 pessoas, *dependendo da idade e do apetite*

375 g de espaguete seco
50 g de manteiga sem sal
1 colher de chá ou mais de
  Marmite, a gosto

Queijo parmesão ralado na hora
  para servir

♥ Cozinhe o espaguete em bastante água salgada e fervente, segundo as instruções da embalagem.

♥ Quando a massa estiver quase cozida, derreta a manteiga em uma panela pequena e acrescente o Marmite e 1 colher de sopa da água do cozimento, mexendo bem para dissolver. Reserve ½ xícara da água do macarrão, depois escorra-o e despeje a mistura de Marmite sobre ele, acrescentando um pouco da água da massa reservada para misturar, se for necessário. Sirva com bastante queijo parmesão ralado.

Fajitas de frango

Não sei se é meu lado masculino ou meu lado infantil (embora a superposição seja desconcertante, então é natural que haja confusão), mas adoro um pouco de "faça você mesmo" à mesa. Fajitas — cuja pronúncia é "farritas" para dar autenticidade Tex-Mex — oferecem ocupação, mas não concentração, e isso vale tanto para o preparo quanto para o jantar. Acho que elas são a resposta Tex-Mex às panquecas de pato chinesas, mas são mais fáceis de fazer em casa. Por exemplo, você pode comprar as tortilhas (e aconselho a comprar dois pacotes em vez de apenas um, como especificado, pois normalmente percebo que gostaria de mais uma ou duas tortilhas — o que não for usado pode ficar congelado até a próxima vez), e o frango demora minutos para ficar pronto.

Admito que esta é uma versão gringa pouco autêntica. Vai saber. Bom, o fato é que é um jantar divertido — repito, tanto para quem prepara quanto para quem come —, e para mim o gosto não é muito diferente do das fajitas que provei em minhas viagens. Aqui, fiz uma espécie de salteado, uma suculenta mistura de cebolas, pimentões e frango temperado; outras vezes, preparo as cebolas e os pimentões juntos, e o frango separadamente. E quando tenho sobras de frango, frequentemente uso esta receita como um levanta-defunto, acrescentando o frango frio e desfiado aos pimentões e às cebolas e sacudindo na panela até tudo estar bem quente.

Não gosto muito da salsa tradicional que deveria ser parte dos acompanhamentos, pois ela tende a ser avinagrada demais, então sirvo Molho de Pimenta Jumbo (veja na **p. 121**), que sempre tenho na geladeira (embora se você não tiver cebolas e os pimentões, sugiro que faça a salsa de tomate que indico na Lasanha Mexicana da **p. 105**). Devo acrescentar que não importa se não tiver orégano mexicano; use orégano comum. Eu por acaso comprei um pouco do primeiro na última vez em que estive nos Estados Unidos, e adoro seu toque terroso. Mas suspeito de que esteja tudo na minha cabeça.

Uma nota final: para um jantar rápido e que satisfaça a todas as gerações, você pode preparar os pedaços de frango como é indicado a seguir, mas em vez transformá-los em fajitas, misturá-los com o Arroz com Ervilhas da **p. 344.**

O QUE TEM PARA O JANTAR? | DILEMAS DA COZINHA

Serve 4, *mas alimenta 8 crianças pequenas*

2 filés de peito de frango sem pele, de preferência orgânicos

1 colher de chá de orégano mexicano seco, ou orégano comum

1 colher de chá de cominho em pó

1 colher de chá de sal marinho em flocos ou ½ colher de chá de sal refinado

½ colher de chá de açúcar

1 colher de sopa de azeite de alho, mais 2 colheres de chá

2 colheres de sopa de suco de limão

2 colheres de sopa de óleo de amendoim ou azeite de oliva

2 cebolas, descascadas e cortadas em meias-luas finas

1 pimentão vermelho, sem sementes e sem miolo, cortado em tiras

1 pimentão laranja, sem sementes e sem miolo, cortado em tiras

1 pimentão amarelo, sem sementes e sem miolo, cortado em tiras

8 tortilhas macias de farinha (ver introdução)

Acompanhamentos opcionais:

100 g de queijo Cheddar ou Monterey Jack ralado

125 ml de crème fraîche ou creme azedo

1 lata de milho (168 g) escorrida

1 abacate grande (ou 2 pequenos), finamente picado e temperado com ½ colher de chá de sal marinho em flocos e 2 colheres de chá de suco de limão

¼ a ½ alface americana, rasgada

1 ramequim de coentro fresco picado

Molho de pimenta, para servir (opcional)

♥ Sobre uma tigela rasa, corte o frango com uma tesoura em tiras finas (1 a 2 cm) no sentido do comprimento, depois corte ao meio as tiras longas em duas tiras mais curtas (para ficar do mesmo tamanho que as tiras do pimentão). Mas não se preocupe demais com a precisão; tente apenas cortar as coisas em tamanhos que facilitem enrolar e comer.

♥ Quando terminar o frango, acrescente o orégano, o cominho, o sal, o açúcar, 1 colher de sopa de azeite de alho e o suco de limão. Misture tudo e deixe marinando enquanto prepara as cebolas e os pimentões. E preaqueça o forno a 125° se quiser esquentar as tortilhas.

♥ Aqueça o óleo de amendoim ou o azeite de oliva em uma frigideira ou wok grande e frite as fatias de cebola em fogo médio, mexendo ocasionalmente por 5 minutos.

♥ Espalhe as tortilhas em um tabuleiro e coloque-as no forno para esquentar.

♥ Acrescente as tiras de pimentão à panela de cebolas e cozinhe por mais 10 minutos. Quando as cebolas e os pimentões estiverem macios, remova para uma tigela.

♥ Aqueça as 2 colheres de chá restantes de azeite de alho em uma panela e despeje o frango com sua marinada. Cozinhe, mexendo frequentemente, por 5 minutos. Verifique se o frango está bem quente e totalmente cozido, acrescente as cebolas e os pimentões, misture e depois transfira para uma travessa.

O QUE TEM PARA O JANTAR? | DILEMAS DA COZINHA

♥ Retire do forno as tortilhas quentes e leve à mesa juntamente com o frango misturado às cebolas e aos pimentões e todos os outros acompanhamentos. Enrole o que quiser com as tortilhas para comer imediatamente.

PREPARO ANTECIPADO
As cebolas e os pimentões podem ser cortados 1 dia antes. Cubra bem com filme plástico e refrigere. O frango pode ser cortado com 1 dia de antecedência e temperado com orégano, cominho e azeite de alho. Cubra bem com filme plástico e refrigere. Acrescente o limão e o sal pouco antes de preparar.

RÁPIDO, ESTOU COM FOME!

Muitas vezes, parece terrivelmente injusto que as ocasiões em que precisamos com mais urgência da comida tendam a ser aquelas em que temos menos tempo para prepará-la. No meio da semana, quando as tarefas se acumulam, as exigências dos meus prazos e das obrigações dos meus filhos (o dever de casa tem sido um problema muito maior na minha vida como mãe do que como aluna) consomem as horas e os níveis de estresse podem ser medidos em um contador Geiger, preciso ter certeza de que vou conseguir colocar a comida na mesa antes que os baixos níveis de açúcar no sangue transformem o que já é um momento tenso em algo traumático. Sei que pareço estar à beira da histeria — ou simplesmente exagerando para conseguir um efeito dramático — quando digo que ficar tempo demais sem comer faz eu me sentir tanto suicida quanto assassina, mas é um fato que aprendi a aceitar em mim mesma e a reconhecer nos outros. Consequentemente, tenho uma estratégia preventiva para evitar essa indesejável eventualidade: as receitas deste capítulo, assim como outras espalhadas pelo livro (veja o Índice Expresso na **p. 486**).

Como já escrevi um livro inteiro dedicado a pratos rápidos e gostosos, essa não é uma abordagem nova para mim, mas não sou menos enfática ou missionária em relação ao assunto. Ainda sinto que muita gente evita cozinhar porque imagina que é mais difícil do que realmente é. Recentemente, eu estava preparando o jantar, apenas para mim e uma amiga (o Bloody Maria da **p. 441**) e estávamos conversando, reclamando, tagarelando e matando o tempo, como de costume. Eu estava ao fogão, batendo papo e trabalhando distraidamente, ocasionalmente empurrando e cutucando com uma pinça o que estava diante de mim; ela estava virada para mim, na mesa da cozinha. Depois de uns dez minutos, se tanto, eu lhe ofereci um prato e ela pareceu surpresa, pois tinha certeza de que não me vira cozinhar. De certa forma, entendo o que ela quis dizer: não era Cozinhar-com-C-maiúsculo, mas com letra minúscula, que é sempre como eu começo, e em dias cheios não penso em ir além. Coloca-se algo no fogo, tira-se do fogo.

Talvez eu esteja simplificando demais — mas não muito. A maioria dos jantares e almoços rápidos que se seguem é variação desse tema: cubos quentes e crocantes de bacon viram a base do tempero; suco de limão jogado nos sucos da panela quando a carne foi retirada se torna um molho vibrante; é só seguir o saboroso fluxo.

Salada de ovos e bacon

Eu tomaria café da manhã a qualquer hora do dia, e muitas vezes é o que faço, mas esta é uma variação do tema que vale a pena. Sei que estou revelando minha idade — salada, ovos e bacon era um sucesso nas festas do final dos anos 1980 —, mas não me envergonho. Não que seja hora de um revival, mas algo tão delicioso jamais deveria cair em desgraça.

Serve 4, *como um almoço leve ou entrada*

4 ovos	1 colher de chá de mostarda Dijon
1 cabeça de escarola comum ou frisê ou outra verdura amarga de sua preferência	4 colheres de chá de vinagre de sidra
	Algumas gotas de molho inglês
1 colher de chá de azeite de alho	1 molho pequeno de salsa lisa,
200 g de bacon defumado em cubos	picada

♥ Coloque os ovos em uma panela com água, deixe ferver, espere 1 minuto, depois desligue o fogo e deixe-os dentro da panela com água durante 10 minutos. Eu cozinho ovos assim, pois adoro quando as gemas ficam quase duras, apenas com a lembrança do líquido dourado ainda evidente no centro; isso também mantém as claras maravilhosamente sedosas. Mas se você prefere o bom e velho ovo duro, cozido até as gemas ficarem compactas e esfarelando, mantenha o fogo ligado sob a panela por 10 minutos (e o mesmo vale se você estiver preparando esta receita para alguém com o sistema imunológico comprometido, como pessoas idosas e frágeis, crianças muito novas e mulheres grávidas).

♥ Enquanto isso, rasgue as folhas da salada em pedaços generosos e jogue-as em uma tigela.

♥ Aqueça o azeite de alho em uma frigideira e frite o bacon até ficar crocante, por cerca de 5 minutos.

♥ Jogue fora a água da panela dos ovos e deixe correr água fria sobre eles. Quando estiverem frios o bastante para tocar, descasque-os.

♥ Desligue o fogo da frigideira e use uma escumadeira para transferir o bacon para algumas folhas de papel-toalha. Deixe por um minuto enquanto prepara o molho.

♥ Acrescente a mostarda Dijon aos sujos do bacon que ficaram na panela e misture, depois acrescente o vinagre e algumas gotas de molho inglês, mexa novamente e despeje o molho sobre as folhas da salada, sacuda para misturar.

♥ Depois acrescente o bacon e sacuda outra vez, então corte os ovos em 4 e os adicione juntamente com a salsa picada, antes de misturar delicadamente a salada toda, sem despedaçar.

PREPARO ANTECIPADO
Os ovos podem ser cozidos com até 4 dias de antecedência. Deixe esfriar, mantenha as cascas, depois guarde em um recipiente bem fechado na geladeira. Retire as cascas pouco antes de servir.

Mexilhões com sidra

O título da receita explica de forma simples quais são seus principais ingredientes, mas nem chega perto de transmitir o glorioso luxo-em-pouco-tempo deste banquete. Se você quiser, pode acrescentar um punhado de cubos de pancetta juntamente com a cebola para dar um toque crocante e saturar o prato com sucos salgados, mas eu adoro o contraste entre a doçura simples dos mexilhões e a acidez da sidra.

Serve 2 pessoas, *como prato principal ou 4 como entrada*

2 kg de mexilhões
2 a 3 colheres de sopa de azeite
1 cebola descascada e finamente picada, ou 3 cebolas-pérola fatiadas

2 dentes de alho, descascados e cortados em fatias finas
3 a 4 colheres de sopa de salsa fresca picada
500 ml de sidra seca

♥ Deixe os mexilhões de molho em uma pia ou tigela cheia de água fria. Limpe os mexilhões com uma faca, raspando as cracas e retirando qualquer barba. Isso pode não ser necessário se você os tiver comprado pré-embalados, mas é melhor estar preparado. Descarte qualquer mexilhão quebrado. Bata os que estiverem abertos na lateral da pia e, se continuarem abertos, jogue-os fora também.

♥ Coloque o azeite de oliva em uma panela com tampa que seja grande o bastante para comportar os mexilhões mais tarde, coloque em fogo médio e acrescente a cebola picada (ou as 3 cebolas-pérola fatiadas), o alho fatiado e cerca de 1 colher de sopa de salsa. Mexa, cozinhando, por 1 ou 2 minutos até que comecem a ficar macios.

♥ Acrescente a sidra, depois aumente o fogo, despeje os mexilhões limpos e tampe. Cozinhe por alguns minutos, balançando a panela ocasionalmente.

♥ Verifique se os mexilhões se abriram. Se não, cozinhe por mais um minuto; se estiverem abertos, tire a panela do fogo e deixe descansar por um momento, para que os sucos se acomodem e qualquer grão que estivesse nos mexilhões vá para o fundo.

♥ Divida os mexilhões entre as tigelas e despeje o suco sobre eles, evitando os sedimentos arenosos. Salpique-os com a salsa restante e sirva com uma tigela extra para colocar as cascas vazias, e um pão para mergulhar no líquido indutor de êxtase. Não force para abrir nem coma qualquer mexilhão que não tenha se aberto durante o cozimento ou que esteja com a casca danificada — esses devem ser descartados.

RÁPIDO, ESTOU COM FOME! | DILEMAS DA COZINHA

Cordeiro com alecrim e vinho do Porto

Adoro o tipo de jantar que é preparado sem qualquer esforço especial, mas sem sacrificar a satisfação. A verdade é a seguinte: cozinhar é simples; você pode escolher complicar, mas não há necessidade. Mesmo quando estamos sem energia, este é um jantar viável e ideal para nos tirar da fossa. E também é reconfortantemente retrô: acho que é a quantidade generosa de... bem... molho que os sucos e o deglaciamento produzem. Uma ou duas batatas pequenas no vapor para ajudar a absorver cairiam bem, mas fico satisfeita com feijões-brancos ou flageolet enlatados escorridos, aquecidos com azeite de alho e um pouco de água e sal no fogão, ou uma pilha de orzo, aquela massa em formato de arroz (embora devesse se assemelhar a grãos de cevada) usada com mais frequência em sopas e, nos Estados Unidos, em saladas. Mas um bom pedaço de pão para molhar e vagens rápidas também são um bom acompanhamento.

Serve 2 pessoas

1 colher de sopa de azeite de oliva
2 colheres de chá de molho inglês
2 bifes de pernil de cordeiro sem
  osso

Para o molho:
1 colher de sopa (15 g) de
  manteiga
1 ramo de alecrim
1 dente de alho grande
4 colheres de sopa de vinho do
  Porto tinto

♥ Misture o azeite e o molho inglês em uma tigela, depois passe essa mistura nos bifes, usando um pincel de cozinha ou mergulhando-os diretamente na tigela.

♥ Aqueça uma frigideira de fundo grosso e doure a carne por cerca de 3 minutos de cada lado, dependendo da espessura do bife e do ponto que você quiser. Caso prefira utilizar filés ou medalhões de cordeiro, aconselho 2 por pessoa, e menos tempo de cozimento.

♥ Envolva-os em papel-alumínio para descansar em um prato quente ou local aquecido enquanto prepara o molho. Com a panela ainda no fogão, mas agora em fogo baixo, acrescente a manteiga e deixe derreter, depois pique finamente as folhas do ramo de alecrim e acrescente-as à panela.

♥ Descasque e esmague, ou pique finamente, o dente de alho e acrescente à panela, depois despeje o vinho do Porto, deixando-o ferver e reduzir levemente. Desembrulhe os bifes e acrescente qualquer suco do pacote de papel-alumínio ao molho. Depois coloque os bifes em pratos e jogue o molho sobre eles.

RÁPIDO, ESTOU COM FOME! | DILEMAS DA COZINHA

RÁPIDO, ESTOU COM FOME! | DILEMAS DA COZINHA

Frango ao estragão

Esta é uma versão rápida do clássico francês *poulet à l'estragon* (embora você possa torná-la ainda mais rápida afinando o frango com um batedor de carne ou usando um escalope de peru no lugar dele), e é um lembrete imediato dos confortos da cozinha à moda antiga. Frango macio (é o cozimento em líquido que garante isso), estragão fresco e insistentemente herbóreo, uma quantidade generosa de vermute, tudo envolvido por um creme claro e denso: a receita tem o charme nostálgico, embora robusto, daquele bistrô francês das boas lembranças ou de sonhos alegres. Se não conseguir estragão fresco, não se desespere: simplesmente dobre a quantidade de estragão seco no começo e acrescente um pouco de salsa fresca picada no final. E asseguro que vale a pena considerar uma colher de chá de mostarda com estragão também, juntamente com o creme. Por falar nisso, por favor, não seja covarde: esta é uma culinária à moda antiga que não pode ser banida pelas preocupações alimentares da nova era. Mas, se você fizer questão, corte a quantidade de creme pela metade, e adicione mais 30 ml (ou 2 colheres de sopa) de vermute quando estiver acrescentando o restante depois que o frango tiver cozinhado por 5 minutos.

Coma com uma mistura de vagens finas e pontas de aspargos juntamente com batatinhas no vapor ou, difícil de superar para mim, arroz basmati branco com um pouquinho de manteiga e pimenta branca moída na hora.

Serve 2 pessoas

2 colheres de chá de azeite de alho

2 cebolas-pérola grandes ou 4 pequenas, cortadas em fatias finas

½ colher de chá de estragão seco

2 filés de peito de frango, sem pele e sem osso

80 ml de vermute ou de vinho branco

½ colher de chá de sal marinho em flocos ou ¼ de colher de chá de sal refinado

60 ml de creme de leite fresco

Pimenta branca fresca, para moer por cima

2 colheres de chá de estragão fresco picado, mais uma pitada para salpicar

♥ Aqueça o azeite de alho em uma frigideira ou caçarola com tampa na qual os peitos de frango caibam sem folga. Acrescente as cebolas-pérola, mexa, depois salpique com o estragão seco, misture novamente e cozinhe-os no azeite de alho por um minuto, mexendo um pouco mais.

♥ Coloque os filés de frango na panela, com o lado curvado para baixo, e cozinhe por 5 minutos. Se as cebolinhas começarem a queimar, raspe-as do fundo e coloque-as sobre os pedaços de frango.

RÁPIDO, ESTOU COM FOME! | DILEMAS DA COZINHA

❤ Vire os peitos de frango e adicione o vermute (ou o vinho branco). Deixe o vermute ferver, depois acrescente o sal. Tampe, abaixe o fogo e deixe cozinhar lentamente por 10 minutos. Cerifique-se se o frango está totalmente cozido fazendo um pequeno corte na parte mais grossa e certificando-se de que os sucos estão transparentes — se não, cozinhe por mais alguns minutos e verifique outra vez.

❤ Remova os peitos de frango para pratos aquecidos. Deixe o líquido restante ferver, acrescente o creme de leite e mexa bem, depois salpique com o estragão fresco, mexa novamente e jogue uma boa quantidade de pimenta branca moída.

❤ Jogue o molho sobre os peitos de frango e salpique com estragão para servir.

RÁPIDO, ESTOU COM FOME! | DILEMAS DA COZINHA

Costeletas de cordeiro com groselha e hortelã

Minha mãe sempre fazia uma espécie de falso molho Cumberland para servir com costeletas de cordeiro: ela colocava geleia de groselha em uma tigela, acrescentava casca de laranja raspada e espremia um pouco do suco, depois adicionava hortelã fresca picada na hora, ou hortelã seca se não tivesse da fresca. De alguma maneira, dava certo, e a receita a seguir é simplesmente um incremento daquela. A impaciência, aprendi com ela e com a comida que como, pode ser uma inspiração para o cozinheiro. Por sorte, a preguiça é justificada e a avidez, recompensada.

Adoro este prato com meu Rostini Rápido (veja a seguir) e uma mistura de folhas picantes.

Serve 2 pessoas

1 colher de sopa de azeite de alho	Algumas gotas de molho inglês
6 costeletas de cordeiro	Algumas gotas de vinagre de
Suco de 1 tangerina (aprox. 75 ml)	vinho tinto ou de xerez
1 colher de sopa de geleia de	Sal e pimenta a gosto
groselha	1 molho pequeno ou um pacote de
	hortelã fresca finamente picada

♥ Aqueça o óleo em uma frigideira e cozinhe o cordeiro por 2 a 4 minutos de cada lado, dependendo do ponto que você quiser e da espessura das costeletas.

♥ Remoca a carne para um pedaço grande de papel-alumínio e faça um pacote folgado, mas sele-o bem e mantenha em um prato aquecido.

♥ Abaixe o fogo, depois adicione o suco de tangerina, a geleia de groselha, o molho inglês, o vinagre o sal e a pimenta. Retire a panela do fogo.

♥ Desembrulhe o pacote de papel-alumínio, distribua as costeletas entre dois pratos aquecidos e despeje na panela quaisquer sucos que tenham se acumulado sob elas enquanto esperavam. Mexa bem, depois jogue o molho sobre a carne.

♥ Salpique com cerca de 2 colheres de sopa de hortelã picada e ofereça mais à mesa.

RÁPIDO, ESTOU COM FOME! | DILEMAS DA COZINHA

Escalopinho ligeiro
com rostini rápido

Bom, eu sei que um escalope nunca pode cozinhar por muito tempo, mas quando faço este prato para o jantar nunca consigo acreditar na satisfação praticamente instantânea que ele fornece. Os escalopinhos são preparados à maneira dos italianos, apenas beijados com um pouco de farinha temperada e condimentados com os sucos da panela deglaciados com um limão-siciliano. Na Itália, é de se esperar que a carne seja vitela; aqui, uso carne de porco ou — talvez com mais frequência — peru.

Serve 2 pessoas

2 colheres de sopa de farinha de trigo

1 pitada de especiarias mistas (canela, sementes de coentro, noz-moscada, gengibre, cravo, erva-doce) em pó

1 pitada de pimenta-caiena

4 escalopes pequenos de peru ou de porco, com cerca de 350 g no total

2 colheres de sopa de azeite de alho

Casca e suco de 1 limão-siciliano

Sal a gosto

♥ Coloque a farinha e os temperos em um saco com fecho hermético, depois adicione os escalopes, agitando para cobri-los.

♥ Aqueça o óleo em uma frigideira de fundo grosso e coloque a carne enfarinhada, dourando por 2 minutos de cada lado até que os escalopes fiquem cozidos.

♥ Transfira os escalopes para pratos aquecidos e tire a panela do fogo.

♥ Rale a casca do limão-siciliano na panela (ainda quente) e esprema o suco. Mexa até que os sucos estejam dourados e levemente espessos. Tempere a gosto, despeje o molho sobre os escalopes e sirva com o Rostini Rápido a seguir.

Rostini Rápido

Acredito muito em instinto: sempre que me desvio do que acho certo, me arrependo; seja em minha cozinha ou fora dela. Mas aqui, na cozinha, aconteceu o seguinte: de madrugada, tive uma de minhas revelações repentinas de que se eu fritasse o nhoque, ele ficaria parecido com as batatas sauté do livro *Nigella Express*. Mencionei isso aos outros e como resposta recebi caretas no máximo educadas. Insisti, experimentei, e me deleitei ao perceber quanto estava certa. Eles ficam crocantes por fora, fofos por dentro e absolutamente deliciosos. E, na verdade, em vez de ficarem parecidos com batatas sauté, assemelham-se mais a minibatatas rosti, daí o nome da receita. Se quiser, pode até assá-los, por 10 minutos de cada lado em um forno preaquecido a 200°. Acho difícil fritar uma quantidade maior que 250 g, então o forno é uma boa opção (ainda que um pouco lenta) em refeições para muitas pessoas. Eu preparo 250 g, que é meio pacote (a outra metade se conserva, bem fechada, na geladeira por até 3 dias e no freezer por até 1 mês) de nhoque para duas pessoas. Tenho uma escala: 100 g por criança, 125 g por pessoa normal e 150 g para homens e garotos adolescentes. E preciso dizer como são bons servindo como canapé rápido, pelando, deslumbrantemente dourados e pulverizados com sal em flocos juntamente com uma cerveja muito gelada.

Serve 2 pessoas

2 colheres de sopa de azeite de oliva   250 g de nhoque

♥ Aqueça o óleo em uma frigideira grande.

♥ Acrescente o nhoque, certificando-se de que os separou, e frite por 4 minutos. Depois vire-os e frite por mais 4 minutos.

♥ Ou, se preferir assá-los, despeje o nhoque em uma assadeira, acrescente o óleo e coloque em forno preaquecido a 200° por 20 minutos, mexendo-os após 10 minutos.

Linguado dourado
com molho tártaro picante

Sim, esta receita é preparada com linguado, mas a cor vem — triunfantemente — dos grãos dourados de polenta que cobrem o peixe, em vez de farinha de rosca, antes de uma breve passada na panela. Se sobrar, deixe um filé para comer frio — sim — em um sanduíche com a sobra do molho tártaro.

Se houver tempo para preparar no vapor algumas batatinhas novas, faça-o. Caso não haja, saiba que esses filés crocantes são um jantar incrível somente com o molho tártaro levemente picante, uma salada verde e talvez um ou dois ovos de codorna em conserva. Bem, eu encontrei um pote deles, e me pareceram um par perfeito...

Serve 2 pessoas

1 ovo
Um fio de azeite de alho
Uma pitada de sal e um bom
  bocado de pimenta moída
125 g de polenta instantânea
2 filés de linguado, ou de outro
  peixe branco
Óleo de amendoim ou de milho,
  para fritar

Para o molho tártaro picante:
Casca e suco de ½ limão-siciliano
½ colher de chá de sal marinho em
  flocos ou ¼ de colher de chá de
  sal refinado

100 g de crème fraîche
2 colheres de chá de alcaparras
  escorridas
1 pepino (ou 50 g) em conserva
  agridoce
3 anéis picados de pimenta
  jalapeño em conserva
1 colher de sopa de estragão
  fresco picado, e mais para
  salpicar
2 colheres de sopa de salsa fresca
  picada, e mais para salpicar

♥ Bata o ovo juntamente com o azeite de alho, o sal e a pimenta, em um prato raso no qual caiba 1 filé de peixe, e reserve por um instante.

♥ Coloque a polenta em outro prato similar.

♥ Mergulhe os filés de peixe, um lado de cada vez, na mistura de ovos, depois passe os dois lados no prato de polenta para cobrir completamente antes de deixá-los em uma grelha para secar um pouco enquanto você faz o molho.

♥ Para preparar o molho, raspe a casca e esprema o suco do limão em uma tigela. Acrescente o sal ao suco e mexa, para ajudar a dissolvê-lo.

♥ Junte o crème fraîche, as alcaparras, o pepino em conserva picado, a pimenta jalapeño, o estragão e a salsa e mexa com um garfo para combinar. Transfira para um ramequim ou para uma tigela pequena e salpique com ervas.

♥ Aqueça em uma frigideira uma quantidade de óleo suficiente para cobrir o fundo com aproximadamente 2 a 3 mm, e frite os filés cobertos pelos grãos de 1 a 2 minutos de cada lado, até que o exterior esteja crocante e o peixe, cozido. Depois transfira o peixe para uma tábua ou bandeja forrada com algumas folhas de papel-toalha antes de colocar no prato. Sirva com molho tártaro, alguns ovos em conserva e uma salada com limão.

PREPARO ANTECIPADO
O peixe empanado pode ser preparado com antecedência, mas deve ser congelado imediatamente, como indicado a seguir, e frito sem descongelar.

CONGELAMENTO
Não congele se já foi previamente congelado. Cubra o peixe com a polenta e coloque em um tabuleiro forrado com filme plástico. Cubra com uma camada de filme plástico e deixe no freezer até ficar sólido. Transfira para um saco com fecho hermético e mantenha congelado por até 3 meses. Frite os filés sem descongelar, como indicado na receita, acrescentando 1 a 2 minutos ao tempo de cozimento e verificando se o peixe está bem cozido antes de servir.

Vieiras com purê de ervilha com aroma tailandês

Adoro a delicada e flexível textura das vieiras, e, embora você possa achar que a delicadeza equivalente das ervilhas seria demais, o sabor profundo do coentro e a acidez do capim-limão miraculosamente fornecida pela apimentada pasta de curry verde tailandesa as tornam um acompanhamento vigoroso e mesmo assim reconfortante. Este jantar é uma verdadeira delícia, tanto para quem come quanto para quem prepara.

Serve 2 pessoas

500 g de ervilhas congeladas
1 a 2 colheres de sopa de pasta de curry verde tailandesa
75 g de crème fraîche
Sal marinho em flocos ou sal refinado, a gosto
2 colheres de chá de óleo de amendoim ou outro óleo sem sabor
2 colheres de chá de manteiga

6 vieiras grandes (como as vendidas com casca pelos peixeiros) ou 10 a 12 pequenas (como as vendidas embaladas nos supermercados), de preferência coletadas à mão
Suco de 1 limão
1 a 2 colheres de sopa de coentro fresco picado ou manjericão tailandês

♥ Cozinhe as ervilhas em água fervente levemente salgada até ficarem macias, depois escorra e despeje em um liquidificador, acrescentando 1 colher de sopa da pasta de curry e o crème fraîche. Tempere a gosto com sal e se quiser adicione mais pasta de curry, dependendo de quão forte esteja.

♥ Aqueça o óleo e a manteiga em uma frigideira até estarem espumando, então frite as vieiras por cerca de 2 minutos de cada lado. Se estiver usando vieiras grandes, às vezes é mais fácil cortá-las ao meio de um lado ao outro. Quando estiverem cozidas, elas terão perdido a aparência crua e estarão deliciosamente macias no meio, e ao mesmo tempo douradas e quase caramelizadas por fora.

♥ Transfira as vieiras para 2 pratos aquecidos e depois deglaceie a panela quente espremendo o suco do limão. Mexa bem e raspe todos os restos de sabor, depois despeje esse molho sobre as vieiras em cada prato.

♥ Sirva o purê de ervilhas juntamente com as vieiras, e salpique com o coentro ou o manjericão tailandês picado. Sirva com mais uma fatia de limão, se quiser.

PREPARO ANTECIPADO
O purê de ervilhas pode ser feito com 2 a 3 horas de antecedência. Escorra as ervilhas e as enxague imediatamente com bastante água fria. Faça o purê quando estiverem frias, com 1 colher de sopa da pasta de curry e o crème fraîche. Coloque em uma tigela, cubra e deixe em um local fresco ou na geladeira. Reaqueça lentamente em uma panela, prove e acerte o tempero antes de servir.

RÁPIDO, ESTOU COM FOME! | DILEMAS DA COZINHA

RÁPIDO, ESTOU COM FOME! | DILEMAS DA COZINHA

Lulas coreanas

Nunca uma refeição rápida teve um sabor tão espetacular. Sim, você precisa caçar essa pasta de gosto fabuloso — pense em pimenta com um toque doce e defumado de uma intensidade quase de alcaçuz —, mas quando consegui-la, o reino culinário será seu. No lugar dela, acho que se poderia usar qualquer pasta de pimenta, mas eu nunca me permitiria ficar sem minha exuberantemente colorida gochujang — também rotulada "pasta de pimenta (Chal)" — então não posso falar por experiência.

Na verdade, estou sempre disposta a preparar esse prato sem planejamento: as cebolas-pérola ficam na geladeira; a lula está congelada; todo o resto está à mão; e se eu não tiver minimilho, fico mais do que satisfeita em acrescentar qualquer legume que tiver.

Serve 2 pessoas

150 g de arroz para sushi
150-175 g de lula (6 pequenas)
2 colheres de sopa de vinho de arroz
2 colheres de sopa de pasta coreana gochujang
2 colheres de sopa de molho de soja
2 colheres de chá de açúcar
Um fio de óleo de gergelim
2 colheres de chá de óleo de amendoim ou outro óleo sem sabor
75 g de minimilho, cortado em pedaços de 1 cm
6 cebolas-pérola pequenas ou 3 grandes, fatiadas

♥ Cozinhe o arroz para sushi segundo as instruções da embalagem ou em uma panela elétrica de arroz seguindo as recomendações do fabricante.

♥ Retire quaisquer tentáculos de dentro do corpo das lulas, depois fatie-as em anéis e coloque-os em uma tigela com os tentáculos e 2 colheres de sopa de vinho de arroz. Deixe por 15 minutos, depois escorra, reservando o líquido em uma tigela.

♥ A essa tigela acrescente a pasta de pimenta coreana, o molho de soja e um fio de óleo de gergelim, e mexa para combinar.

♥ Coloque uma wok ou uma frigideira grande de fundo grosso no fogo e, quando estiver quente, acrescente 2 colheres de sopa de óleo de amendoim ou outro sem sabor.

♥ Adicione o milho e as cebolas-pérola fatiadas e salteie por 2 minutos.

♥ Acrescente a lula escorrida e salteie por mais 1 ou 2 minutos, até que a lula fique opaca.

♥ Despeje o molho na panela quente, salteie por mais ou menos 30 segundos, até estar bem quente, e depois divida entre duas tigelas com arroz para sushi.

CONGELAMENTO
As lulas frescas podem ser cortadas em anéis e depois congeladas com os tentáculos por até 3 meses, em um saco com fecho hermético com o mínimo possível de ar. Mas, primeiro, verifique com o peixeiro ou com o supermercado se a lula não foi previamente congelada. Descongele de um dia para o outro na geladeira sobre um prato, para aparar os respingos.

Keema coreano

O keema é um prato de carne moída (normalmente de cordeiro) picante, fantástico para aliviar a ressaca; esta versão usa carne de peru moída e, sobretudo, seu sabor picante é fornecido pela gochujang, a pasta de pimenta coreana que sempre tenho à mão (veja as Lulas Coreanas da **p. 74**) para reavivar um palato saturado ou um ingrediente com pouco sabor. Normalmente, a carne de peru não fica muito boa moída, mas a densidade aromática da pasta a favorece. O jantar vai para a mesa em questão de minutos; se você quiser tornar esta receita mais rápida, pode usar arroz pronto que só precisa ir ao micro-ondas para aquecer.

Serve 2 pessoas, *generosamente*

150 g de arroz basmati ou arroz
  para sushi
250 g de carne de peru moída
6 cebolas-pérola pequenas ou 3
  grandes, fatiadas
125 g de ervilhas congeladas
1 colher de chá de óleo vegetal ou
  de amendoim
2 colheres de sopa de vinho de arroz

1 a 2 colheres de sopa de coentro
  fresco picado

Para o molho:
2 colheres de sopa de gochujang
1 colher de sopa de mel
1 colher de sopa de vinho de arroz
2 colheres de sopa de molho de
  soja

❤ Prepare o arroz segundo as instruções da embalagem, ou em uma panela elétrica de arroz segundo as recomendações do fabricante. E coloque água para ferver em uma chaleira para cozinhar as ervilhas mais tarde.

❤ Misture os ingredientes do molho e acrescente o peru moído. Deixe marinar por cerca de 5 minutos ou enquanto cuida das próximas tarefas, como fatiar as cebolas e escaldar as ervilhas.

❤ Aqueça uma wok ou uma frigideira de fundo grosso no fogão. Enquanto estiver esquentando, despeje a água fervente da chaleira sobre as ervilhas congeladas em uma peneira ou um escorredor, deixando a água quente escorrer, descongelando as ervilhas. Quando a wok estiver quente, adicione o óleo, depois as ervilhas descongeladas e as cebolas fatiadas. Salteie por 3 a 4 minutos.

❤ Acrescente o peru em seu molho e salteie por 3 a 4 minutos até estar cozido.

❤ Adicione as 2 colheres de sopa de vinho de arroz e 4 colheres de sopa de água à tigela onde a carne marinou para soltar os resíduos do molho (para que nada seja desperdiçado), raspe, despeje na panela e salteie por cerca de 30 segundos, até ficar bem quente.

♥ Sirva sobre arroz e salpique com bastante coentro picado.

PREPARO ANTECIPADO
Tanto as ervilhas podem ser descongeladas quanto as cebolas-pérola podem ser fatiadas com antecedência. O peru pode ser colocado no molho cerca de 1 hora antes (não mais do que isso, por causa do sal do molho de soja e a acidez do vinho de arroz). As sobras podem ser cobertas e refrigeradas o quanto antes, depois reaqueça em uma panela ou no micro-ondas até ficar bem quente — mas o verde das ervilhas e das cebolas ficará mais oliva do que vibrante.

Sopa luz do sol

Havia um conjunto vocal britânico nos anos 1970 chamado Instant Sunshine,★ e esta receita é isso em forma de sopa. A suavidade vem dos pimentões, que são rapidamente assados no forno quente, depois batidos com milho-verde cozido em caldo. É só isso, e é saudável e revigorante — fornecendo luz do sol em um dia chuvoso.

Gosto desta sopa suave e aveludada pontuada por grãos de milho-verde, mas você pode deixá-la mais líquida ou pedaçuda se quiser. Quanto aos pimentões: não faz diferença usar 2 amarelos ou 2 laranjas.

Serve 4 pessoas, *como entrada, ou 2 como jantar*

1 pimentão amarelo
1 pimentão laranja
2 colheres de chá de azeite de alho

1 litro de caldo de legumes ou
  de galinha (em pó, cubo ou
  concentrado de boa qualidade),
  de preferência orgânico.
500 g de milho-verde congelado
Sal e pimenta a gosto

♥ Preaqueça o forno a 250° e cubra um tabuleiro não muito grande com papel-alumínio.

♥ Remova o miolo, as sementes e a membrana branca dos pimentões, depois corte-os em tiras e coloque no tabuleiro preparado com o lado da pele para baixo. Salpique com azeite e esfregue-os de um lado para o outro para que fiquem levemente cobertos de óleo, depois vire-os com o lado da pele para cima. Asse-os no forno por 25 minutos.

♥ Despeje 1 litro de água fervente em uma panela, acrescentando o caldo de vegetais ou de galinha suficiente para deixar com a concentração necessária. Acrescente o milho congelado, deixe ferver novamente, reduza o fogo, tampe e deixe cozinhar por cerca de 20 minutos.

♥ Com uma escumadeira, remova cerca de 1 xícara de milho e reserve enquanto bate no liquidificador o resto do milho juntamente com todo o líquido do cozimento e os pimentões assados; depois despeje o milho reservado dentro da sopa batida, mas não homogênea demais, e tempere a gosto.

PREPARO ANTECIPADO
A sopa pode ser preparada com até 3 dias de antecedência: transfira para um recipiente não metálico, deixe esfriar, cubra e refrigere o mais rápido possível. Reaqueça lentamente em uma panela, mexendo de vez em quando, até estar bem quente.

CONGELAMENTO
A sopa fria pode ficar congelada em um recipiente bem fechado por até 3 meses. Descongele de um dia para o outro e reaqueça como indicado anteriormente.

★ Luz do sol instantânea (*N. da T.*)

RÁPIDO, ESTOU COM FOME! | DILEMAS DA COZINHA

RÁPIDO, ESTOU COM FOME! | DILEMAS DA COZINHA

Linguine solitário com óleo de trufa branca

Quando as noites estão frias e a época me tenta, às vezes acabo comprando uma preciosa trufa branca: guardada enterrada em arroz, ela o impregna todo antes de ser transformado em risoto com raspas de trufa branca por cima. O que sobra, mantenho entre os ovos e depois os transformo em ovos mexidos ridiculamente extravagantes, mas com um aroma divino, ou em um rápido tagliolini com ovo mole, manteiga derretida e as sobras de minha trufa branca. É melhor desfrutar esses pratos quando se tem companhia — não estou sugerindo que você saia e esbanje em uma trufa branca para esta receita —, mas quando vou comer sozinha e quero me sentir maravilhosamente mimada e quase criminalmente indulgente, preparo meu linguine solitário, embebido em manteiga derretida e ovos batidos com parmesão ralado, e algumas inebriantes gotas de óleo de trufa branca.

Serve 1 pessoa, *alegremente*

125 g de linguine
Sal a gosto
1 ovo
3 colheres de sopa de creme de leite fresco
3 colheres de sopa de queijo parmesão ralado

Algumas gotas de óleo de trufa branca, ou a gosto
Pimenta branca moída na hora
1 colher de sopa (15 g) de manteiga

♥ Coloque a água para a massa no fogo e, quando levantar fervura, salgue-a generosamente antes de acrescentar o linguine e cozinhar por 2 minutos a menos do que o tempo indicado nas instruções da embalagem.

♥ Em uma tigela, bata o ovo com o creme de leite fresco e o parmesão, algumas gotas de óleo de trufa branca e uma boa pitada de pimenta branca moída.

♥ Quando o macarrão tiver cozinhado pelo tempo que você determinou, verifique se está al dente. Antes de escorrê-lo, remova uma xícara de espresso de líquido do cozimento.

♥ Recoloque a massa escorrida na panela e, sobre o fogão, mas com o fogo desligado, acrescente a manteiga e cerca de 1 colher de sopa da água do cozimento e misture.

♥ Agora, acrescente a mistura de ovos e não pare de mexer, para que a massa fique leve e suavemente coberta. Prove para ver se precisa de mais sal ou de mais óleo de trufa, e corrija se for preciso.

♥ Coloque em uma tigela aquecida e coma sozinho, e animadamente.

RÁPIDO, ESTOU COM FOME! | DILEMAS DA COZINHA

Sopa vietnamita de porco e macarrão instantâneo

Eu não poderia imaginar uma seção de jantares rápidos sem uma sopa de macarrão instantâneo. Nada oferece um alívio tão rápido como uma tigela de macarrão em um caldo saboroso. Esse prato é bom para comer, tomar e manter corpo e alma em equilíbrio quando seu estômago está vazio e seu dia foi cheio.

In extremis, fico mais do que satisfeita em usar gengibre e pimenta picados e congelados, que são mantidos em meu freezer para uma eventualidade como essa (não tão rara).

Serve 2 a 4 pessoas, *dependendo da sua fome*

275 g de lombo de porco, cortado em fatias, depois em tiras finas
2 colheres de sopa de suco de limão
2 colheres de sopa de molho de soja
½ colher de chá de páprica
2 colheres de sopa de molho de peixe
250 g de macarrão instantâneo
1 colher de sopa de azeite de alho
6 cebolas-pérola pequenas ou 3 grandes, em fatias finas

1 colher de sopa de gengibre fresco (ou congelado) picado
1 litro de caldo de galinha (em cubo ou concentrado de boa qualidade), de preferência orgânico
300 g de brotos de feijão
175 g de minicouve chinesa, rasgada
2 colheres de chá de pimenta malagueta picada

♥ Coloque as tiras de porco em uma tigela e acrescente o suco de limão, o molho de soja, a páprica e o molho de peixe, mas não deixe marinar por mais de 15 minutos.

♥ Cozinhe o macarrão instantâneo seguindo as instruções da embalagem, depois passe-o em água fria.

♥ Aqueça uma wok ou uma frigideira funda com fundo grosso, depois adicione o azeite de alho e frite as cebolas-pérola e o gengibre por cerca de um minuto. Acrescente a carne de porco e seu líquido à wok, mexendo.

♥ Cozinhe a carne na panela por mais 2 minutos, depois prepare o caldo de galinha com água fervente, acrescente-o à panela e deixe ferver.

♥ Verifique se a carne de porco está completamente cozida, depois junte os brotos de feijão e a minicouve chinesa; adicione água se a base da sopa tiver evaporado demais — cerca de 125 ml de água fervendo devem resolver, mas talvez não precise.

♥ Divida igualmente o macarrão instantâneo escorrido entre duas tigelas grandes aquecidas, ou 4 pequenas, coloque sobre ele a carne de porco e os legumes e, finalmente, o caldo da sopa. Salpique a pimenta picada por cima e sirva.

RÁPIDO, ESTOU COM FOME! | DILEMAS DA COZINHA

RÁPIDO, ESTOU COM FOME! | DILEMAS DA COZINHA

VÁ COM CALMA

Nada que alguém possa me dizer me enfurece mais do que "Relaxe!". Quanto mais suavemente for dito, mais eu fico tensa. Então, agora preciso ter cuidado, pois sei como pode ser irritante ouvir alguém lhe dizendo para se acalmar e parar de se preocupar. Não vou fazer isso — não exatamente. Primeiro, juro que não existe um ser vivente que não sinta uma pontada de aflição quando vai receber convidados para o jantar. E, segundo, acho que reconhecer os pontos de tensão, por assim dizer, lhe permite traçar um plano para evitá-los.

Hoje em dia, sei o que fazer para que receber pessoas no meio da semana pareça uma mudança agradável e não uma ameaça perigosa. É claro, tenho meus deslizes e meus maus dias, quando quero ir para a cama e me pergunto por que fiz o convite, ou começo a chiar e retirar pratos das prateleiras com níveis quase adolescentes de agressiva petulância. Mas pelo menos consigo relaxar (sim, relaxar) por saber que não será a comida ou sua preparação o que vai me afligir.

Não estou falando de jantares formais. Mas enfim, nunca falo de jantares formais em lugar algum. Mesmo assim, preciso saber que posso receber um grupo de amigos para o jantar, mesmo quando estiver atolada na habitual confusão do meio da semana, de uma maneira que me faça sentir que a vida é algo para levar com calma e para aproveitar. Não se trata de cozinhar, mas de viver.

É claro que se a preparação da comida for fácil, ajuda, e eu não aceitaria que fosse de outra forma. Ou, mais exatamente, não *conseguiria* aceitar que fosse de outra forma. Como não tenho as habilidades de um chef, também não espero que você as possua. Além do mais, é muito importante lembrar que você não está em algum tipo de reality show de cozinha: não há necessidade de receitas complicadas, técnicas ostensivas e ingredientes bravamente inovadores; seus amigos não estão indo à sua casa para julgar sua comida, mas para comê-la.

E em casa, na minha cozinha, escolho cozinhar o que me apraz. Sim, quero agradar aos outros, mas não vou conseguir se transformar minha vida em um inferno. Em certos dias, isso significa que vou descongelar Almôndegas de Peru caseiras que planejei para o jantar das crianças e servi-las com cuscuz com rúcula e limão-siciliano. Em outros, pode significar Frango Espanhol, Molho Grego de Ervas, Lasanha Mexicana, Cordeiro com Tempero Indiano, Pãezinhos de Aveia Irlandeses: para mim, a cozinha é um ótimo destino de viagem.

Mas, acima de tudo, deve ser um destino de viagem seguro. Já existe turbulência suficiente fora da cozinha. As receitas deste capítulo, embora eu lhes dê títulos muito exóticos, são exatamente o que preparo quando quero que o jantar seja especial sem ser estressante.

Pãezinhos de aveia irlandeses

Esta receita começou como um pão de soda irlandês com aveia, e pode voltar a ser (veja a seguir), mas acho que quando não tenho muito tempo para cozinhar e quero tornar um jantar reconfortante e especial, esses pãezinhos são ideais. Você não precisa de mais de 20 minutos para preparar e assar esta receita, espalhando pela casa seu aroma doce e acolhedor. Eles certamente permeiam minha frenética cozinha urbana com todo o calor tranquilizante da lareira de fazenda que minha imaginação deseja.

Se conseguir encontrar boa farinha e aveia orgânicas, melhor ainda: elas fazem diferença. Você pode ser menos exigente com a cerveja preta: eu guardo qualquer Guinness aberta para isso, já que sou tão impaciente que não gosto muito de esperar para a espuma se desfazer quando estou medindo a quantidade.

O único problema (e não precisa ser necessariamente um problema) com esses pãezinhos de preparo rápido é que eles não ficam no forno o bastante para formar uma crosta grossa; mas se você estiver com tempo, pode transformar a massa em uma broa dando-lhe uma fôrma grande e redonda e assando por 10 minutos a 220° antes de diminuir o forno para 190° e deixar por mais 25 minutos; quando estiver pronta, ela vai produzir um som levemente oco quando você bater com os nós dos dedos na parte de baixo.

Esse pão, seja moldado em uma grande broa ou em 12 pãezinhos, fica perfeito com qualquer coisa, mas sobretudo ainda quente, com uma boa manteiga derretendo por cima. Mas você tem de torcer para sobrar algum, pois também são quase insuperáveis quando estão frios, com uma camada grossa de manteiga e geleia.

VÁ COM CALMA | DILEMAS DA COZINHA

Faz 12 pãezinhos

400 gramas de farinha integral, de preferência orgânica e feita em moinho de pedra

100 g de aveia (não instantânea), de preferência orgânica, mais 2 colheres de chá

2 colheres de chá de sal marinho em flocos ou 1 colher de chá de sal refinado

2 colheres de chá de bicarbonato de sódio

300 ml de cerveja preta (ou cerveja choca)

150 ml de leitelho ou iogurte natural líquido

4 colheres de sopa de óleo de amendoim ou outro óleo vegetal

4 colheres de sopa de mel fino

♥ Preaqueça o forno a 220°.

♥ Forre um tabuleiro com papel vegetal ou com um pedaço de esteira de cozimento em silicone.

♥ Em uma tigela, misture a farinha, a aveia, o sal e o bicarbonato.

♥ Em uma jarra, misture a cerveja preta, o leitelho (ou o iogurte natural líquido), o óleo e o mel. Para facilitar, dose o óleo e uma medida de ¼ em uma xícara medidora (60 ml) ou em uma xícara de café espresso, e depois faça o mesmo com o mel, pois a cobertura de óleo impedirá que o mel grude. Misture os líquidos com uma colher de pau.

♥ Adicione os ingredientes líquidos aos secos e mexa com a colher de pau para combinar — você obterá um mingau heterogêneo, e não uma massa: a princípio, vai parecer mole demais, mas quando o bicarbonato agir, ele se tornará fofo, e depois pesado como areia úmida.

♥ Pegue pequenos punhados e transforme em 12 montinhos no tabuleiro forrado; não se preocupe em dar forma até que os 12 estejam no lugar e você possa ver qual pãozinho precisa de menos massa e qual precisa de mais, para que fiquem todos mais ou menos do mesmo tamanho. Quando terminar, deixe cada um com uma forma redonda de pãozinho com cerca de 7 cm de diâmetro por 2 a 3 cm de altura.

♥ Salpique as 2 colheres de chá de aveia restantes sobre os pãezinhos (uma pitada grande em cada) e os coloque no forno por 15 minutos, depois transfira um por um para uma grelha para esfriar um pouco. Coma quente, ou deixe ficar à temperatura ambiente. O pão de soda irlandês sempre fica mais gostoso no mesmo dia, embora reaquecer ou torrar possa reviver um pãozinho ou fatia de broa um ou dois dias depois.

PREPARO ANTECIPADO

É melhor comer no dia em que assar, mas os pãezinhos se mantêm por 1 ou 2 dias, enrolados em um pano de prato limpo em um porta-pão ou um recipiente bem fechado em local fresco. Reaqueça em forno preaquecido a 180° por 5 a 10 minutos (melhor no dia seguinte). Os pãezinhos também podem ser cortados ao meio e torrados (melhor 2 dias depois de feitos).

CONGELAMENTO

Os pãezinhos podem ser congelados por até 1 mês em um saco com fecho hermético. Descongele por 2 a 3 horas em temperatura ambiente e reaqueça como indicado anteriormente. Os pãezinhos podem esfarelar levemente depois de descongelar.

Cuscuz com rúcula e limão-siciliano

Esta receita é o que uso para transformar a porção de almôndegas do jantar (veja na **p. 44**) ou, para dizer a verdade, qualquer coisa desde costeletas de cordeiro a ensopado de frango, em um jantar primaveril, simples e chique. E, assim como em outras receitas (veja na **p. 119**), eu tomo o caminho do cuscuz rápido, em vez de qualquer molho lento e vapor.

Serve 4 a 6 pessoas

800 ml de caldo de galinha ou de legumes (concentrado, cubo ou granulado), de preferência orgânico.
3 colheres de sopa de azeite de alho
500 g de cuscuz

Casca e suco de 1 limão-siciliano
4 cebolinhas, finamente picadas
100 g de folhas de rúcula
Sal e pimenta a gosto

♥ Prepare o caldo com água fervente.

♥ Aqueça o óleo em uma panela média com tampa, depois acrescente o cuscuz e frite, mexendo o tempo todo, por 2 a 3 minutos.

♥ Despeje o caldo quente, ainda mexendo, e continue mexendo em fogo bem baixo até que o caldo seja absorvido pelo cuscuz, cerca de 5 minutos.

♥ Desligue o fogo, deixando a panela onde está, bem tampada, por mais 10 minutos. (Caso seu fogão seja a gás, você pode deixar no fogo mais baixo com um difusor de calor sob a panela, se tiver um.)

♥ Solte o cuscuz com um garfo, despejando-o em uma tigela grande. Continue soltando o cuscuz com o garfo para não deixar nenhum caroço. Adicione o suco e a casca do limão-siciliano, as cebolinhas fatiadas, o sal e a pimenta a gosto, antes de adicionar as folhas de rúcula e misturar cuidadosamente.

VÁ COM CALMA | DILEMAS DA COZINHA

VÁ COM CALMA | DILEMAS DA COZINHA

Costeletas de cordeiro com tempero indiano
com salada de abóbora, rúcula e pinolis

Algo no calor perfumado dos temperos desse prato intensifica a delicadeza suculenta do cordeiro, e como só são temperadas rapidamente, e as próprias costeletas precisam apenas de um leve cozimento, esta receita é tão simples de preparar quanto gratificante de comer. Além disso, enquanto você cozinha, sua fragrância terrosa proporciona todos os efeitos de uma vela perfumada de um spa sofisticado sem a despesa extra. Esta receita só tem qualidades. Com uma condição: não deixe minha impaciência passar para você. Se cozinhar essas costeletas em fogo alto demais, o ar vai ficar acre e enfumaçado, e não aromático.

A salada de abóbora não é um acompanhamento obrigatório, mas é adequado, sobretudo por causa de sua radiante cor estilo Bollywood. Se quiser, pode cozinhar os cubos de abóbora com antecedência, só não se esqueça de verificar se estão à temperatura ambiente antes de montar sua salada. Cá entre nós, eu nem sequer os colocaria na geladeira, mas sei que as restrições de Saúde e Segurança ditam que eu não lhe aconselhe a fazer o mesmo. Você é quem sabe.

Mas se estiver com muita pressa, uma salada feita com uma mistura de folhas coloridas de qualquer tipo ficará deliciosa; e saiba que pode fazer um tempero ainda mais rápido para as costeletas simplesmente misturando o sal especificado na receita com 3 colheres de chá de curry de Madras em pó.

Serve 4 pessoas, *com a salada a seguir*

1 colher de chá de sementes de coentro em pó	3 colheres de chá de sal marinho em flocos ou 1 ½ colher de chá de sal refinado
1 colher de chá de cominho em pó	
1 colher de chá de gengibre em pó	12 costeletas de cordeiro pequenas ou 8 grandes cortadas à francesa
¼ de colher de chá de cravo moído	
½ colher de chá de pimenta caiena	2 colheres de sopa de azeite de alho
½ colher de chá de canela em pó	

♥ Coloque os temperos em um prato largo e raso, juntamente com o sal, e misture.

♥ Passe as costeletas de cordeiro na mistura de temperos, cobrindo-as bem de ambos os lados.

♥ Aqueça o óleo em uma frigideira, depois frite as costeletas por cerca de 2 a 3 minutos de cada lado, dependendo da espessura, em fogo médio. Elas devem ficar com uma cor escura por fora — mas ainda suculentamente cor-de-rosa por dentro — quando estiverem prontas.

VÁ COM CALMA | DILEMAS DA COZINHA

PREPARO ANTECIPADO
O tempero pode ser misturado com até 1 mês de antecedência. Guarde em um recipiente bem fechado ou pote de geleia em um local fresco e protegido da luz.

NOTA ADICIONAL
As sobras do cordeiro podem ser guardadas na geladeira, bem enroladas em papel-alumínio, por até 3 dias, e podem ficar congeladas em um recipiente bem fechado por até 2 meses.

VÁ COM CALMA | DILEMAS DA COZINHA

Salada de abóbora, rúcula e pinolis

Sei que toda essa coisa da tigela que virá a seguir faz parecer que estou tentando minimizar a lavagem de louça ao máximo. Embora seja parcialmente verdade, também não tolero desperdiçar nenhum desses ingredientes gloriosos enquanto cozinho.

Embora eu não me importe de temperar as costeletas com as mãos nuas, acho que as luvas CSI são necessárias para a salada. Se manipular demais a abóbora sem proteção, acabo ficando com mãos de quem fuma sessenta cigarros por dia, e sem filtro.

1 abóbora, aproximadamente 1 kg
1 colher de chá de sal marinho em flocos ou ½ colher de chá de sal refinado
1 colher de chá de cúrcuma em pó
1 colher de chá de gengibre em pó
2 colheres de sopa de óleo de colza prensado a frio (veja Segredos de Cozinha na **p. 16**) ou azeite de oliva, mais 2 colheres de sopa para temperar

50 g de passas brancas
60 ml de água fervente
1 colher de chá de vinagre de xerez
100 g de rúcula e outras folhas para salada
50 g de pinolis, tostados

♥ Preaqueça o forno a 200°. Não precisa descascar, mas corte ao meio e retire as sementes da abóbora, corte em fatias de 1,5 cm e depois corte cada fatia em quatro.

♥ Coloque os pedaços de abóbora em uma tigela com o sal, os temperos e 2 colheres de sopa de óleo e misture, depois despeje em um tabuleiro (forrado com esteira de cozimento silicone ou papel-alumínio). Não lave a tigela ainda.

♥ Asse a abóbora por 30 a 40 minutos. Verifique se está totalmente cozida depois de meia hora, espetando com um garfo; algumas abóboras cozinham mais rápido do que outras.

♥ Acrescente as passas à tigela suja de temperos e cubra com a água fervente; quando esfriar, adicione o vinagre e as 2 colheres de sopa de óleo que sobraram.

♥ Coloque metade das folhas da salada em um prato ou tigela grande e arranje os pedaços de abóbora sobre elas. Acrescente as folhas remanescentes e os pinolis tostados. Raspe a tigela com o molho salpicado de passas para despejar sobre tudo e misture delicadamente antes de servir.

PREPARO ANTECIPADO
Os cubos de abóbora podem ser assados com 1 dia de antecedência. Deixe esfriar completamente, depois cubra e refrigere até a hora de usar. Retire da geladeira cerca de 1 hora antes de servir para que fique à temperatura ambiente.

Usando bem as sobras

Pode ser que você acabe com um pouquinho de salada sobrando. Sinceramente, ela pode ser comida sozinha (talvez com um pouco de suco de limão por cima para renová-la) ou acrescentada ao fim do cozimento de um arroz para ser aquecida.

Frango à primavera

Esta é, na verdade, a adaptação de uma receita de coelho muito tradicional, e caso você se considere um assador de coelhinhos, sinta-se à vontade para substituir as coxas de frango por pedaços de coelho. Entretanto, o frango é mais fácil de encontrar em supermercados e tem mais chances de agradar a todos. A pele das coxas pode ser deixada ou retirada, à vontade, mas acho importante que o osso fique. É apenas minha preferência (acho que acentua o sabor), mas tenha em mente que esta é uma receita bastante fácil, e você pode usar filés de coxa se for mais fácil, ou até — ao contrário — um frango inteiro em pedaços.

Se houver uma sobremesa planejada para depois, acho que 2 coxas para cada pessoa, embora seja uma porção modesta, não seria cruel; se você está planejando um jantar com um só prato, eu consideraria as 12 coxas uma aposta mais segura para 4 em vez de para 6 pessoas. E quanto ao que servir com elas: eu vario entre arroz e batatinhas novas (no vapor em ambos os casos) e de vez em quando escolho algum outro grão: espelta, cevada ou outro parecido, todos deliciosos para oferecer o conforto do carboidrato e absorver os saborosos sucos.

Serve 4 a 6 pessoas

1 colher de chá de óleo vegetal

140 g de cubos de pancetta ou de bacon em pedaços

12 coxas de frango (com osso, com ou sem pele), de preferência orgânicas

1 alho-poró, limpo, cortado em quatro no sentido do comprimento, depois cortado em fatias finas

1 talo de aipo, cortado em quatro no sentido do comprimento, depois cortado em fatias finas

3 dentes de alho, descascados e picados

2 colheres de chá de estragão seco

1 colher de chá de sal marinho em flocos ou ½ colher de chá de sal refinado

Uma boa pitada de pimenta branca moída

500 ml de sidra seca

300 g de ervilhas congeladas

1 colher de sopa de mostarda Dijon

2 alfaces romanas cortadas em tiras ou rasgadas grosseiramente

2 colheres de sopa de estragão fresco picado

♥ Aqueça o óleo em uma caçarola grande e larga com tampa (e que possa ser levada à mesa) e acrescente os cubos de pancetta (ou pedaços de bacon), cozinhando-os até começarem a soltar seus sucos e a dourar.

VÁ COM CALMA | DILEMAS DA COZINHA

♥ Adicione as coxas de frango (com a pele para baixo, caso as suas tenham pele), jogando os cubos de pancetta sobre a carne (para impedir que a pancetta queime e para abrir espaço) enquanto coloca o frango na panela, e cozinhe por cerca de 5 minutos em fogo médio.

♥ Vire as coxas e despeje o alho-poró, o aipo e o alho. Tempere com estragão seco, sal e pimenta, depois mexa um pouco, deixando cozinhar por mais 5 minutos.

♥ Despeje a sidra, depois adicione as ervilhas congeladas. Deixe levantar fervura e tampe, coloque em fogo bem baixo e cozinhe por 40 minutos. Mas, após 30 minutos, verifique se o frango está completamente cozido. E se você estiver me desobedecendo e usando frango sem osso, 20 minutos devem bastar.

♥ Tire a tampa, adicione a mostarda, e depois jogue a alface rasgada sobre o frango, deixando-a murchar no molho quente por alguns minutos.

♥ Salpique o estragão picado sobre a caçarola e leve a panela vaporosamente perfumada para a mesa com um orgulho secreto.

PREPARO ANTECIPADO

O frango, sem o alface, pode ser preparado com 1 dia de antecedência. Transfira para um recipiente não metálico, deixe esfriar, cubra e refrigere o mais rápido possível. Para reaquecer, recoloque na caçarola, tampe e aqueça lentamente, por cerca de 20 minutos, até que o frango esteja todo bem quente. Acrescente um pouco de água ou caldo de galinha se a panela ficar seca demais. Junte a alface e prossiga como indicado na receita.

CONGELAMENTO

Cozinhe o frango e deixe-o esfriar como indicado anteriormente, depois congele em um recipiente bem fechado por até 3 meses. Descongele de um dia para o outro na geladeira e reaqueça como indicado anteriormente.

Usando bem as sobras

MOLHO DE
MACARRÃO

Se houver sobras, remova os ossos do frango, desfie a carne e refrigere o mais rápido possível. Reaqueça em uma panela até estar bem quente e despeje dentro de um molho para macarrão, acrescentando um pouco de caldo de galinha, água ou de creme de leite enquanto reaquece. Mesmo que você só tenha uma concha de ervilhas com sabor de sidra e bacon, vale a pena guardar para reaquecer da mesma maneira. Mas use quaisquer sobras em até 2 dias.

VÁ COM CALMA | DILEMAS DA COZINHA

Frango espanhol com chouriço e batatas

Por mais que eu adore ter uma panela borbulhando no fogão, muitas vezes sinto que a maneira menos estressante de preparar uma refeição para as pessoas é tomando a rota do forno. Quando estou exausta, acredito firmemente que assar em um tabuleiro é a opção mais segura. Aproveite a tranquilidade do forno: você simplesmente enfia tudo lá dentro e pronto. Acho que eu faria o supremo esforço de preparar também uma salada verde, mas, tirando isso, você pode relaxar e aproveitar a *fiesta*.

Serve 6 pessoas

2 colheres de sopa de azeite de oliva
12 coxas de frango (com pele e osso)
750 g de chouriços, inteiros se forem pequenos, ou cortados em pedaços de 4 cm se forem de tamanho normal

1 kg de batatas pequenas, cortadas ao meio
2 cebolas roxas, descascadas e picadas grosseiramente
2 colheres de chá de orégano seco
Casca de 1 laranja ralada

♥ Preaqueça o forno a 220°. Coloque o azeite no fundo de duas assadeiras rasas, 1 colher de sopa em cada uma. Esfregue a pele do frango no óleo, depois vire o lado da pele para cima, 6 pedaços em cada assadeira.

♥ Divida os chouriços e as batatas entre as duas assadeiras. Salpique a cebola e o orégano por cima, depois rale a casca de laranja sobre as duas assadeiras.

♥ Asse por 1 hora, mas depois de 30 minutos inverta a posição das assadeiras e regue o conteúdo com os sucos alaranjados.

Usando bem as sobras

TORTILHAS DE FRANGO

*Você pode reaquecer as sobras (depois de remover os ossos do frango) em até 2 dias, talvez com um pouco de tomates picados enlatados, xerez e suco de laranja, mas meu destino final favorito para este prato é uma quesadilla. Da última vez que estive no Kansas, aquela cidade iluminada, comi no café da manhã uma quesadilla de frango, queijo pepperjack e batata (como é costume), e isso me inspirou. Então, pegue tantas tortilhas macias de farinha quanto suas sobras precisarem, retire os ossos do frango, corte a carne juntamente com o chouriço e as batatas e adicione um pouco de queijo (cheddar, muçarela, Monterey Jack, tudo é possível) cortado em cubos, despedaçado ou ralado, despeje um pouco da mistura dentro de cada tortilha, dobre, depois coloque na chapa ou frite. Certifique-se de que o frango esteja bem quente. E veja a **p. 433** para instruções mais detalhadas. Esta receita é um esplêndido café da manhã para espantar a ressaca ou um jantar praticamente instantâneo, do tipo que se come assistindo a algo arrebatadoramente ruim na TV.*

VÁ COM CALMA | DILEMAS DA COZINHA

VÁ COM CALMA | DILEMAS DA COZINHA

Frango com molho grego de ervas

Esta é, muitos anos depois, uma variante de uma receita publicada em meu primeiro livro e preparada regularmente desde então. A cozinha também segue a lei da seleção natural, e esta versão evoluiu para se tornar um prato recorrente. Não é muito diferente da receita original, mas tem dois fatores a seu favor: esta usa coxas de frango em vez de peito, que custam, como não consigo me impedir de repetir, cerca de metade do preço, mas têm duas vezes mais sabor; e é preparada no forno em vez de no fogão.

E se houver tempo, acenda o forno com antecedência e asse algumas batatas por 45 minutos a 1 hora antes de colocar o frango. Sim, é fácil, mas não é só isso: não tenho como lhe dizer como uma batata assada fica divina quando banhada com esse iogurte salpicado de ervas.

Serve 4 a 6 pessoas

12 coxas de frango (com osso, com ou sem pele), de preferência orgânicas
Suco de 1 limão-siciliano
4 colheres de sopa de azeite de oliva
Sal e pimenta

Para o molho grego de ervas:
500 ml de iogurte grego natural
4 cebolinhas grandes ou 6 pequenas

1 pimenta malagueta verde, sem sementes
1 dente de alho, descascado
½ pepino, descascado e finamente picado
3 colheres de sopa de coentro fresco picado e 3 colheres de sopa de hortelã picada, ou 2 colheres de sopa de cada mais 2 colheres de sopa de endro
Sal e pimenta a gosto

♥ Preaqueça o forno a 200º. Coloque as coxas de frango (com a pele para cima, se tiverem pele) em uma assadeira ou pirex raso, depois regue-as com o suco de limão-siciliano e o azeite e tempere com um pouco de sal e pimenta.

♥ Quando o forno estiver quente, coloque o frango e asse por 45 minutos.

♥ Enquanto isso, prepare o molho. Despeje o iogurte em uma tigela grande e acrescente as cebolinhas e a pimenta sem sementes, cortando-as com uma tesoura o mais fino que conseguir.

♥ Então acrescente ao iogurte o alho picado, o pepino picado e a maior parte das ervas picadas, reservando um pouco para salpicar por cima mais tarde. Misture todos esses ingredientes.

♥ Retire os pedaços de frango do forno e os transfira para uma travessa. Tempere o molho a gosto, raspe-o para uma tigela menor, salpicando o restante das ervas por cima e coloque uma colher na tigela para servir à mesa.

VÁ COM CALMA | DILEMAS DA COZINHA

Lasanha mexicana
com salsa de abacate

Parece que estou sem rumo como um viajante leviano com milhas aéreas de sobra. A questão é que eu cozinho em vez de viajar — uma turista culinária, e não de sofá —, o que é menos cansativo, então é natural que eu consiga ir mais longe.

Mesmo assim, a ideia de uma lasanha mexicana pode parecer uma viagem fantástica e distante demais; deixe-me apenas dizer que esta receita é uma abreviação para ingredientes inspirados na culinária mexicana empilhados em estilo de lasanha. Em vez de camadas de massa, há tortilhas macias, e entre elas uma exuberante reunião de tomate, pimentão vermelho, cebola, pimenta, milho e queijo.

Gosto de preparar uma salsa de abacate de última hora (ver a seguir), que não é mais do que uma espécie de guacamole com pedaços inteiros, mas é mais um acompanhamento do que uma necessidade.

Pela foto, dá para perceber que a "lasanha" fica apertada em seu prato. Se você conseguir it até o forno sem derramar, já é meio caminho andado; mas aconselho a colocar um tabuleiro no forno enquanto preaquece para aparar quaisquer respingos que possam cair mais tarde.

E por falar em mais tarde, uma das alegrias desta receita é que suas fatias se reaquecem maravilhosamente nos dias seguintes. Então, considere preparar este prato mesmo quando não houver muita gente para comer.

Serve 8 pessoas

Para o molho:
1 colher de sopa de azeite de alho
1 cebola, descascada e picada
1 pimentão vermelho, sem
   sementes e picado
2 pimentas malaguetas verdes,
   picadas com as sementes
1 colher de chá de sal marinho em
   flocos ou ½ colher de chá de sal
   refinado
2 colheres de sopa de talos de
   coentro finamente picados
2 latas (400 g) de tomates picados,
   mais 400 ml de água passada
   pelas latas vazias

1 colher de sopa de ketchup

Para o recheio:
2 latas (400 g cada) de feijão preto,
   escorrido e enxaguado
2 latas (250 g cada) de milho-
   verde escorrido
250 g de queijo Cheddar de cabra
   maturado ralado, ou o queijo de
   sua preferência
8 tortilhas macias
1 pirex redondo com
   aproximadamente 26 cm
   de diâmetro e 6 cm de
   profundidade

♥ Preaqueça o forno a 200°, colocando dentro dele um tabuleiro.

♥ **Para fazer o molho**, esquente o óleo em uma panela no fogão e frite a cebola, o pimentão e a pimenta. Acrescente o sal e cozinhe lentamente por 15 minutos, e quando os ingredientes estiverem macios, adicione os talos de coentro picados.

♥ Acrescente os tomates enlatados, depois lave as latas com água e a adicione também. Junte o ketchup e deixe levantar fervura, deixando o molho (ou salsa, para manter o charme mexicano) cozinhar enquanto você prepara o recheio — cerca de 10 minutos.

♥ **Para fazer o recheio**, misture os feijões e o milho-verde escorrido em uma tigela. Acrescente a maior parte do queijo ralado, reservando um pouco para salpicar por cima no final, e misture.

♥ Comece a montar a lasanha despejando cerca de 1/3 da salsa no fundo do pirex e espalhando-o, depois faça uma camada com 2 tortilhas de forma que elas cubram o molho sobrepondo-se levemente, como um diagrama de Venn.

♥ Adicione 1/3 da mistura de feijões e queijo, cobrindo as tortilhas, e depois aproximadamente ¼ do molho restante e mais 2 tortilhas.

♥ Repita com mais 1/3 dos feijões com queijo e um pouco mais de molho antes de colocar outra camada de tortilhas.

♥ Por fim, acrescente a última camada de feijões com queijo, praticamente todo o molho restante e cubra com as últimas 2 tortilhas. Espalhe o finzinho do molho sobre as tortilhas e salpique com o queijo que sobrou.

♥ Asse no forno por 30 minutos e deixe descansar por uns bons 10 a 15 minutos antes de fatiar como uma pizza e comer com a salsa de abacate.

PREPARO ANTECIPADO
A lasanha pode ser montada 1 dia antes. Deixe o molho de tomate esfriar antes de montar. Cubra firmemente o pirex com filme plástico e refrigere até a hora de assar. Asse como indicado na receita, aumentando em 5 a 10 minutos o tempo de cozimento e verificando se a lasanha está bem quente no centro antes de tirar do forno.

CONGELAMENTO
A lasanha montada, mas ainda crua, pode ficar congelada por até 3 meses. Cubra firmemente o pirex com filme plástico e uma camada de papel-alumínio. Descongele de um dia para o outro e asse como indicado anteriormente.

NOTA ADICIONAL
As sobras devem ser cobertas e refrigeradas o mais rápido possível. Para reaquecer, coloque fatias individuais em um pirex, cubra com papel-alumínio e esquente em forno preaquecido a 180° por 15 a 20 minutos. Verifique se a lasanha está bem quente antes de servir. As fatias de lasanha que sobrarem podem ficar congeladas por até 2 meses, bem envolvidas em filme plástico e depois em papel-alumínio ou em um saco com fecho hermético. Descongele de um dia para o outro na geladeira e reaqueça como indicado anteriormente.

Salsa de abacate

Agora que comecei a fazer salsas, não consigo mais parar, mas aqui estou falando não tanto de um molho, mas de uma pilha de cubos bem temperados. A ardência avinagrada das pimentas jalapeño em conserva combina perfeitamente com a polpa macia e suave do abacate, e a combinação canta a melodia de um grupo de mariachis ao lado da lasanha de tortilhas pontilhada de feijões e cheia de queijo.

Serve 8 pessoas, *como um condimento para comer com a lasanha mexicana*

2 abacates
1 cebolinha em fatias finas
3 colheres de sopa de pimenta jalapeño em conserva picada
Sal a gosto
1 colher de sopa de suco de limão
4 colheres de sopa de coentro fresco picado grosseiramente

♥ Corte os abacates ao meio, remova as sementes e depois, usando a ponta de uma faca afiada, corte linhas na polpa de um lado a outro, com cerca de 1 cm de distância, e faça o mesmo de cima a baixo.

♥ Vire as metades do abacate pelo avesso, ou solte os cubos verde-claros dentro de uma tigela de outra maneira, então acrescente a cebolinha fatiada, os jalapeños picados, sal a gosto, suco de limão e a maior parte do coentro e sacuda, com toda a delicadeza, para misturar.

♥ Prove o sal antes de salpicar o restante do coentro e levar à mesa.

Curry de tomate
com arroz de coco

Como não sou vegetariana, tenho uma falta de fé bastante indelicada em pratos principais sem carne; fico logo preocupada se vai ser capaz de saciar o suficiente. Acho que é um hábito que, por sua vez, é um condicionamento em grande parte cultural. Além disso, meu medo tem a ver com equilíbrio: preciso ter certeza de que tudo o que está na mesa tem sabores e texturas que verdadeiramente combinam; não tolero refeições monótonas. Esta receita me satisfaz: a vivacidade ácida dos tomates é contrastada com a delicadeza das ervilhas e a cremosidade densa do arroz de coco, intensificado pela acidez do limão, enquanto sua brancura de Carrara é pontuada pelos grãos negros das sementes (que não estão ali apenas para satisfazer um egocentrismo culinário).

Serve 4 pessoas, *como prato principal com o arroz de coco que se segue*

2 colheres de sopa de óleo de colza prensado a frio (ver **Segredos de Cozinha** na **p. 16**) ou azeite de oliva

2 cebolas grandes (aprox. 250 g no total), descascadas e picadas

1 colher de chá de sal marinho em flocos ou ½ colher de chá de sal refinado

4 dentes de alho, descascados e picados

1 kg de tomates-cereja, cortados ao meio

2 colheres de chá de cúrcuma

1 colher de chá de mostarda inglesa em pó

1 colher de chá de pimenta ardida em pó

1 colher de chá de garam masala

200 g de ervilhas congeladas

♥ Aqueça o óleo em uma caçarola ou panela larga com tampa e acrescente as cebolas picadas, polvilhando com sal e mexendo frequentemente enquanto cozinham em fogo baixo a médio por cerca de 7 minutos.

♥ Junte o alho picado, depois os tomates cortados ao meio antes de acrescentar os temperos e mexer, cozinhando por 20 minutos com tampa em fogo baixo.

♥ Cozinhe as ervilhas em outra panela (em água salgada fervente, como sempre), escorra e acrescente ao curry de tomate nos últimos 5 minutos de cozimento.

PREPARO ANTECIPADO

A base de tomates (não as ervilhas) pode ser preparada 1 dia antes. Transfira para um recipiente não metálico, deixe esfriar, cubra e refrigere o mais rápido possível. Para reaquecer, recoloque na panela e esquente lentamente até estar bem quente. Cozinhe as ervilhas e acrescente-as como indicado anteriormente.

CONGELAMENTO

Cozinhe e deixe os tomates esfriarem como indicado anteriormente, depois congele em um recipiente bem fechado por até 3 meses. Descongele de um dia para o outro na geladeira e reaqueça, adicionando as ervilhas, como indicado.

VÁ COM CALMA | DILEMAS DA COZINHA

VÁ COM CALMA | DILEMAS DA COZINHA

Arroz de coco

Serve 4 pessoas, *com o curry de tomates*

1 colher de sopa de azeite de alho
4 cebolinhas em fatias finas
2 colheres de chá de sementes de nigela ou sementes de mostarda preta
300 g de arroz tailandês ou basmati
400 ml de leite de coco
600 ml de água fervente
1 colher de chá de sal marinho em flocos ou ½ colher de chá de sal refinado
Suco de 1 limão, ou a gosto

♥ Aqueça o óleo em uma panela de fundo grosso com tampa, acrescente as cebolinhas e as sementes de nigela (ou sementes de mostarda preta) e cozinhe por cerca de 1 minuto, empurrando para lá e para cá com uma colher de pau.

♥ Acrescente o arroz e mexa, deixando-o ser coberto pelo óleo e ficar bem misturado com os pedaços verdes salpicados de preto.

♥ Despeje o leite de coco em um copo medidor e complete até 1 litro com a água fervida, depois acrescente ao arroz, mexendo, juntamente com o sal.

♥ Deixe ferver, depois abaixe o fogo e tampe. Cozinhe por 15 minutos. Depois desse tempo, o arroz deve estar cozido e o líquido, absorvido.

♥ Solte com um garfo enquanto despeja o suco de limão, e prove para ver se precisa de mais sal ou de mais limão.

VÁ COM CALMA | DILEMAS DA COZINHA

Massa rápida com lulas

Em uma das minhas partes favoritas da Toscana, não as colinas pontilhadas de ciprestes da região do Chianti, mas perto da costa, em um caminho íngreme e serpeante atrás de Porto Santo Stefano, existe um restaurante chamado La Fontanina. E lá eu comi esse prato, ou melhor, a inspiração para esse prato: um prato fundo de massa em formato de lula, quase indistinguível — até a primeira suculenta mordida — dos verdadeiros anéis de lula que, reluzindo de vinho temperado com alho, formavam o molho. Pensei nisso quando voltei, mas foi só quando, em uma ótima delicatéssen (alguns anos depois de provar pela primeira vez), vi um pacote de massa chamado "i calamari" — em uma embalagem de papel azul-claro da Voiello, no. 142 — que decidi preparar a receita. Na verdade é simples, pois o gosto divino não depende da habilidade culinária, mas o deleite que obtemos da comida é complexo. Desde então, encontrei uma fonte online da massa em forma de lula, mas a De Cecco, mais universalmente disponível, tem a forma mezzi rigatoni que a substitui respeitavelmente; e, é claro, sinta-se à vontade para usar qualquer formato de massa — às vezes sinto uma atração insensata pelo fusilli.

Serve 4 a 6 pessoas, *como prato principal*

500 g de massa, o mais parecida possível com anéis de lula

Sal a gosto

500 g de lulas pequenas (já limpas), fatiadas, com os tentáculos inteiros

2 colheres de sopa de azeite de oliva

4 cebolinhas em fatias finas

1 dente de alho descascado

1 pimenta fresca, sem sementes e picada

125 ml de vermute branco seco ou vinho branco seco

60 ml da água do cozimento da massa

1 colher de sopa (15 g) de manteiga sem sal

Um punhado de salsinha picada

♥ Coloque uma panela grande para ferver com água para a massa. Quando estiver fervendo, salgue e acrescente a massa para cozinhar de acordo com as instruções da embalagem. Depois comece a preparar o molho de lulas.

♥ Corte as lulas em anéis de aproximadamente 1 cm. Aqueça o azeite em uma panela e frite as cebolinhas por 1 minuto, depois rale o alho dentro da panela e acrescente a pimenta picada, mexendo bem.

♥ Adicione os anéis de lula e cozinhe, mexendo, por cerca de 2 minutos. Despeje o vermute (ou o vinho branco) e cozinhe por mais 2 a 3 minutos, ou até que a lula esteja macia e o vinho tenha reduzido bastante. Com uma xícara, retire da panela um pouco da água do cozimento da massa e adicione cerca de 60 ml à panela das lulas, juntamente com a manteiga; vai parecer líquido, mas não entre em pânico.

♥ Escorra a massa e junte-a à lula, sacudindo tudo. Salpique com salsa e misture-a, depois sirva.

VÁ COM CALMA | DILEMAS DA COZINHA

VÁ COM CALMA | DILEMAS DA COZINHA

Mariscos com chouriço

Frutos do mar, carne de porco e xerez: três ingredientes formando um prato fantástico, mas simples, de inspiração espanhola. Adoro a delicadeza simples de um acompanhamento de batatinhas novas no vapor — cada pequena e redonda batata espetada com um garfo e mergulhada no líquido aromático —, mas também fico satisfeita com nada mais do que um pouco de pão para rasgar e molhar no suco denso.

Serve 2 a 4 pessoas, *dependendo se é parte ou uma refeição inteira*

1 kg de mariscos

500 g de chouriço, cortado em
  rodelas grossas

125 ml de xerez amontillado

3 colheres de sopa de cebolinhas
  cortadas com tesoura

♥ Coloque os mariscos de molho em uma tigela grande com água fria, ou diretamente na pia.

♥ Frite o chouriço fatiado em uma panela grande de ferro fundido ou wok de fundo grosso que tenha tampa, sem óleo.

♥ Quando o chouriço tiver começado a dourar e a soltar um pouco do óleo incrivelmente alaranjado, transfira as moedas crocantes para um pedaço de papel-alumínio e envolva-as para mantê-las aquecidas.

♥ Escorra os vôngoles — jogando fora qualquer um que permaneça aberto ou cuja casca esteja quebrada —, depois acrescente os vôngoles fechados à camada de óleo de chouriço da panela. Aumente o fogo, acrescente o xerez e tampe.

♥ Cozinhe por 2 a 3 minutos. Depois desse tempo, todos os vôngoles devem estar abertos. Descarte qualquer um que não estiver. Retire a panela do fogo.

♥ Recoloque as rodelas de chouriço na panela com as cebolinhas picadas e mexa bem.

Salmão com arroz para sushi
com molho asiático agridoce picante

Esta começou como uma receita de inspiração japonesa, daí o arroz para sushi, o saquê e o mirin. Mas depois ela se deslocou um pouco para o sudoeste, quando eu incorporei a ideia do molhinho vietnamita, usando — para ficar picante — a pimenta tailandesa. Então, acho que de forma geral é mais seguro encarar esta receita como pan-asiática, graças a um ímpeto que é, em parte, saque à geladeira e, em parte, culinária fusion.

Talvez por ter uma panela elétrica de arroz (veja na **p. 8** uma apologia completa à sua existência na minha cozinha) estou sempre prontamente inclinada a basear o jantar em torno de uma tigela ou três de arroz para sushi (ver, também, a **p. 18**). Adoro sua reconfortante consistência pegajosa e a maneira como ele se oferece docemente à acidez e ao calor e até mesmo — quando o mais simples dos molhos parece ser demais — apenas ao profundo sabor salgado do molho de soja. Mas para mim a verdadeira alegria desse prato é que ele satisfaz e tranquiliza ao mesmo tempo.

Serve 4 a 6 pessoas

425 g de arroz para sushi
500 g de filé de salmão sem pele
  (em um único pedaço)
2 dentes de alho, descascados e
  amassados
2 pimentas vermelhas tailandesas
  finamente picadas
2 colheres de sopa de gengibre
  amassado

4 colheres de sopa de molho de
  peixe
2 colheres de sopa de saquê (vinho
  de arroz japonês)
2 colheres de sopa de mirin (vinho
  de arroz japonês doce)
2 colheres de sopa de suco de
  limão
2 colheres de sopa de água

♥ Cozinhe o arroz de acordo com as instruções da embalagem, ou segundo as recomendações da panela elétrica, se você tiver a sorte de possuir uma. As quantidades podem ser reduzidas para servir 4 pessoas em vez de 6.

♥ Sele um dos lados do salmão em uma chapa ou frigideira por 4 a 5 minutos em fogo médio, depois vire e deixe mais 1 minuto do outro lado. O salmão deve ficar pouco opaco e cozido no meio. Retire-o, coloque sobre um pedaço grande de papel-alumínio e faça um pacote folgado bem fechado para manter o peixe aquecido.

♥ Misture todos os outros ingredientes, e coloque em uma tigela para servir com o salmão e o arroz; depois desembrulhe o peixe e coloque-o em um prato.

♥ Gosto de usar tigelas pequenas e deixar as próprias pessoas despedaçarem o peixe sobre o arroz, antes de despejar por cima o molho de saquê com chili.

PREPARO ANTECIPADO
Os ingredientes do molho podem ser misturados 1 dia antes. Guarde em um pote de geleia na geladeira e agite bem antes de usar.

VÁ COM CALMA | DILEMAS DA COZINHA

VÁ COM CALMA | DILEMAS DA COZINHA

Salmão ao limão-siciliano com cuscuz de tomate-cereja

Esta é uma daquelas receitas mais fáceis de fazer do que de descrever: ou seja, há muitas tigelas envolvidas, o que pode fazê-la parecer difícil e trabalhosa, mas o verdadeiro processo envolvido é quase ofensivamente simples.

Bom, sei que não é estritamente correto aconselhar que você jogue água fervente sobre o cuscuz para prepará-lo. Admito que em um mundo ideal os grãos deveriam ser deixados de molho em água fria antes de ser colocados no vapor, mas eu tomo um atalho, muitas vezes (veja também na **p. 90**), e peço desculpas àqueles que ofendo com isso.

Serve 4 pessoas

200 g de cuscuz

3 colheres de chá de sal marinho em flocos ou 1 ½ colher de chá de sal refinado

½ colher de chá de páprica

1 colher de sopa de gengibre fresco ralado

250 ml de água fervente

½ cebola roxa pequena, finamente picada (cerca de 4 colheres de sopa)

Casca e suco de 1 limão-siciliano

1 colher de sopa de azeite de alho, mais 1 colher de chá

300 g de tomates-cereja

4 filés de salmão

4 colheres de sopa de coentro fresco picado

♥ Coloque o cuscuz em uma tigela ou em outro recipiente refratário, com 2 colheres de chá de sal marinho em flocos (ou 1 colher de chá de sal refinado), ¼ de colher de chá de páprica e todo o gengibre ralado. Misture tudo antes de despejar a água fervente. Cubra o recipiente com filme plástico ou com um prato e reserve.

♥ Em outra tigela, coloque a cebola finamente picada.

♥ Agora pegue um prato largo e raso, grande o bastante para comportar os filés de salmão depois, e rale a casca do limão-siciliano dentro dele.

♥ Volte à tigela de cebolas e esprema o suco do limão-siciliano.

♥ No prato da "casca" acrescente o sal e a páprica restantes e junte 1 colher de sopa de azeite de alho, mexendo.

♥ Corte ao meio os tomates-cereja e coloque-os em outra tigela; despeje sobre eles a colher de chá extra de azeite de alho, misture um pouco, depois reserve.

♥ Aqueça uma frigideira grande para os filés de salmão. Enquanto a panela estiver esquentando, passe-os de ambos os lados no prato da "casca" para cobri-los com a casca, a páprica e o sal oleosos.

♥ Coloque os filés na frigideira quente e cozinhe por 2 a 3 minutos de cada lado — dependendo da espessura: eles devem ficar ainda suculentos e com uma cor coral viva no centro, então verifique conforme cozinha.

♥ Enquanto isso, descubra e afofe o cuscuz, que deve ter absorvido toda a água, depois despeje os tomates com a cebola e o suco do limão sobre o cuscuz, misturando com um garfo.

♥ Acrescente quase todo o coentro ao cuscuz e misture bem, depois prove o tempero, acrescentando mais sal se for necessário.

♥ Arrume um pouco de cuscuz em cada prato e coloque o salmão ao lado, salpicando com um pouco mais de coentro quando servir cada prato.

VÁ COM CALMA | DILEMAS DA COZINHA

A solução do salmoriglio e outros molhos rápidos

Sempre vale a pena ter na manga alguns molhos de preparo rápido que possam transformar um frango, costeleta ou peixe simples em algo especial. Aqui está um trio dos meus favoritos:

MOLHO SALMORIGLIO

Este é um molho incrivelmente vigoroso com aroma de ervas, que pode ser despejado sobre costeletas de cordeiro grelhadas, peito de frango cozido ou usado para dar vida a um filé de linguado ou de salmão. E quando chegar ao fim da tigela (eu a deixo na geladeira entre os usos), coloque um pouco mais de azeite dentro e faça um molho glorioso para couve-flor cozida ou no vapor.

Faz 200 ml

2 dentes de alho descascados
1 colher de chá de sal marinho em flocos ou ½ colher de chá de sal refinado
1 molho de 15 g de orégano

1 molho de 20 g de salsa lisa
4 colheres de sopa de suco de limão-siciliano
125 ml de azeite de oliva extravirgem

❤ Coloque os dentes de alho descascados em uma tigela com o sal, as folhas retiradas do molho de orégano, as folhas de salsa e depois o suco de limão-siciliano.

❤ Processe esses ingredientes até virarem uma pasta, com um mixer ou no processador, e depois despeje o azeite, processando até que se torne um molho vivamente verde e levemente líquido, semelhante a um pesto.

PREPARO ANTECIPADO
O molho pode ficar na geladeira em um recipiente fechado por até 1 semana. Mexa antes de usar.

MOLHO DE PIMENTA JUMBO

Este molho de pimenta é grande — grande sabor, grande vigor, grande recompensa. O nome, entretanto, deriva-se do fato de que a receita me foi dada por meu cunhado, Jim, Jimbo para mim, mas normalmente chamado de Jumbo devido a seu tamanho compacto.
Meu filho é totalmente viciado neste molho, e eu também. Adoro comê-lo com camarões, com frango frio, com tudo.

Faz 450 ml

1 frasco de 290 g de pimentões assados (190 g de peso drenado)
3 pimentas-malaguetas
1 dente de alho pequeno descascado
Casca de 1 limão e 1 colher de sopa de suco

1 molho de 80 g de coentro
2 a 3 colheres de chá de sal marinho em flocos ou 1 ½ colher de chá de sal refinado, a gosto
125 ml de óleo de amendoim ou outro óleo sem sabor

❤ Escorra o frasco de pimentões assados e coloque-os em um processador de alimentos ou em uma tigela.

VÁ COM CALMA | DILEMAS DA COZINHA

♥ Retire os cabos das pimentas e descarte as sementes se não quiser um molho muito picante. Acrescente-as ao processador ou à tigela.

♥ Adicione o dente de alho e a casca e o suco do limão. Corte os talos do coentro e também adicione-os. Processe ou bata com um mixer até que fique semelhante a uma pasta.

♥ Adicione as folhas de coentro e o sal, e processe ou bata novamente, depois despeje o óleo pelo funil do processador enquanto o motor estiver funcionando, ou despeje o óleo na tigela e bata novamente com o mixer. Ficará um molho mais líquido que uma salsa, mas com uma consistência que permite pegar com uma colher, e não necessariamente despejar sobre a comida.

PREPARO ANTECIPADO
O molho pode ficar na geladeira em um recipiente tampado por até 1 semana. Mexa ou agite antes de usar.

PESTO DE SALSA

Existem duas maneiras fundamentais de comer este molho: uma é sobre um filé de peru ou de frango rápida e simplesmente frito, ou para dar um quê a uma batata doce assada; a outra é, como você deve imaginar, como molho para massas. E para fazê-lo render no final acrescento um pouco mais de azeite e de suco de limão-siciliano e uso-o para temperar uma salada de alface romana. Também fica delicioso com sardinhas grelhadas, mas não as preparo com frequência por causa das reclamações internas sobre o cheiro. Se você tem um jardim e uma churrasqueira, está feito.

Embora eu use salsa lisa italiana, penso neste molho como um pesto inglês: para mim, ele tem cheiro do campo em uma tarde ensolarada de vento.

Faz 325 ml

40 g de queijo parmesão ralado
25 g de folhas de salsa
1 dente de alho descascado
50 g de nozes em pedaços
250 ml de azeite extravirgem
½ colher de chá de sal marinho em flocos ou ¼ de colher de chá de sal refinado (opcional)

♥ Coloque o parmesão, as folhas de salsa, o alho e as nozes em um processador e, com o motor funcionando, despeje lentamente o azeite pelo funil até que a perfumada mistura esteja emulsionada, ou coloque os ingredientes em uma tigela e bata com um mixer, acrescentando o azeite aos poucos.

♥ Prove para ver se precisa de sal, e acrescente-o se for o caso, dando ao molho uma rápida batida final.

PREPARO ANTECIPADO
O pesto pode ficar na geladeira em um recipiente fechado por até 1 semana. Cubra a superfície do molho com uma fina camada de azeite para impedir que ele escureça muito.

CONGELAMENTO
O pesto pode ficar congelado por até 3 meses, de preferência com uma fina camada de azeite sobre a superfície. Descongele de um dia para o outro na geladeira antes de usar.

E mais um para dar sorte

MOLHO DE ROQUEFORT UNIVERSALMENTE ÚTIL

Prometi um trio de molhos, mas tive de incluir este na última hora. Se você gosta de roquefort — como eu, extaticamente, gosto —, saiba que este molho sobre tomates fatiados junto com um pedaço de baguete é em si um jantar perfeito. E você pode preparar uma entrada fabulosamente retrô ao estilo steakhouse norte-americana, cortando uma alface americana em quatro e cobrindo cada quarto com este molho, além de, talvez, salpicar um pouco de crocante bacon frito esmigalhado. E é um molho fabuloso para jogar sobre sobras de rosbife malpassado.

Faz 250 ml

150 g de roquefort despedaçado
1 colher de chá de molho inglês
1 colher de chá de molho para carnes (como A1 ou HP)
75 ml de leitelho ou iogurte natural líquido
45 ml de leite integral
1 colher de chá de vinagre de sidra, vinagre de vinho branco ou vinagre balsâmico de boa qualidade

♥ Coloque o queijo despedaçado em uma tigela, acrescente o molho inglês, o molho para carnes, o leitelho, o leite e o vinagre e misture delicadamente até estar bem homogêneo. Se for necessário, afine com um pouco de água gelada. Deixe na geladeira até a hora de usar.

PREPARO ANTECIPADO
O molho pode ficar na geladeira por 3 a 4 dias em um recipiente fechado — guarde em uma parte mais fria da geladeira, e não na porta.

COZINHE MELHOR

Estou sempre repetindo algumas frases para meus filhos. Para dizer a verdade, faço isso há anos, e aparentemente não consigo me controlar, mesmo que os veja revirando os olhos quando abro a boca e digo as conhecidas palavras. "Quando eu era criança, só ganhávamos presentes no aniversário e no Natal" é uma das frases que mais saem da minha boca; outra é "As crianças não podiam responder à mãe desse jeito na minha época". E enquanto escrevo fico envergonhada pela petulância que de alguma forma não ouço em meu tom quando digo essas palavras em voz alta.

Percebo que talvez você sinta compaixão pelos meus filhos, pois me ocorre que provavelmente nunca escrevi um livro no qual em algum momento não confesse "embora eu seja extravagante, nunca sou esbanjadora". Leitor, revire os olhos quanto quiser, este momento está chegando novamente. Não quero ser uma chata repetitiva (e temo, talvez com razão, me transformar em minha avó materna, que parecia ter histórias e anedotas em moto-perpétuo), mas este mantra, se quiser chamar assim, está no cerne da minha prática culinária.

Evidentemente, é um assunto questionável. Algumas pessoas diriam que jogar no lixo um pão dormido é menos desperdício do que acrescentar leite, creme de leite fresco, gotas de chocolate e outros ingredientes suntuosos antes de gastar gás para transformá-lo em um pudim no forno. Embora faça algum sentido — mesmo que puritano — diminuir o desperdício na cozinha, não sou geneticamente preparada para jogar comida no lixo. Já tentei. Não consegui. Mas, enfim, essa forma de reciclagem, ou seja, de transformar os restos das compras da semana passada no petisco desta semana, me parece estar no âmago do que é ser um cozinheiro — ao contrário de ser chef.

É claro que não estou dizendo que espero encontrar tempo para fazer um cheesecake banoffee surgir das tristes cinzas de um cacho de bananas escurecido com muita frequência, mas quando o faço, a sensação de gloriosa satisfação que acompanha esse feito e a alegria do prazer simples e honesto de utilizar alguma coisa até o fim são tão deliciosas quanto o próprio cheesecake. Isso não é afetação, embora eu admita que possa haver confusão. É uma alegria inocente, aquela que proporciona calma e contentamento, sensações não muito presentes na maior parte de nossas vidas cotidianas.

E tudo isso é, por sinal, comparável aos benefícios puramente práticos. Por que ir às compras e gastar dinheiro desnecessariamente quando uma rápida incursão à geladeira pode render um reconfortante minestrone ou um Curry de Legumes ao estilo do Sul da Índia que pode até ser servido em jantares para os amigos? Livre-se do legado de racionamento dos tempos de guerra que teima em permear a noção de economia doméstica. Esta é a moderna culinária de reaproveitamento, que significa Crumble de Morango com Amêndoas, Pandowdy de Peras e os sabores exuberantes da Panzanella, aquela salada de pão com um toque de tomate e manjericão da Toscana. Sinceramente: seria um desperdício não fazer isso...

COZINHE MELHOR | DILEMAS DA COZINHA

Muffins de maçã e canela

Sei que isso pode parecer desnecessariamente controverso, ou simplesmente confuso, mas acho que a enorme popularidade do muffin lhe fez um grande desfavor. É o seguinte: a ideia que muitas pessoas fazem de um muffin remete ao tipo que se compra em lojas ou cafés. Bom, eu preferiria comer serragem à maioria dos muffins que se debruçam ameaçadoramente das prateleiras das cafeterias. Mas vejo muffins sendo comprados e comidos, e presumo que sejam passáveis: não é muito a minha praia. Os muffins que vêm de fábricas de muffins não são iguais aos muffins que saem dos fornos domésticos: os primeiros são insubstanciais demais e aerados demais. Portanto, todas as pessoas que fazem muffins em casa se sentem fracassadas por oferecer algo com um topo modestamente abobadado (ou até mesmo reto).

Não é um fracasso — é um muffin, cara. E um muffin também não deve ser meramente um cupcake sem glacê. Sei que o açúcar vende, mas para alguma comida ser digna da minha atenção no café da manhã, sua doçura precisa ser moderada. Esta delícia de maçã e canela é um exemplo. É densa, saborosa e parece que deveria ser uma contradição: uma delícia saudável. A farinha de espelta confere um sabor rústico de nozes — em vez da aspereza da farinha integral —, mas se você não conseguir encontrar farinha de espelta ou não quiser se dar o trabalho de procurar, saiba que pode usar farinha de trigo comum no lugar dela. Sua criação terá apenas um miolo mais claro.

Você pode preparar esta receita sempre que quiser, mas para mim o impulso surge quando vejo um par de maçãs murchando em minha fruteira. Uma maçã com a casca enrugada é desagradável em vários sentidos, incluindo o fato de que as únicas maçãs que gosto de comer são aquelas tão frescas e crocantes que é quase doloroso mordê-las; o pior é que a visão da fruta, com sua triste pele enrugada, se não chega a ser exatamente um *memento mori*, certamente é uma impiedosa lembrança da devastação causada pelo tempo. Algumas pessoas veem a eternidade em um grão de areia; eu vejo a fragilidade de uma vida finita em uma fruteira — não é bom. Mas, ah! E daí, quando há comida para comer? E maçãs passadas se transformam em muffins magníficos. Além do mais, ao contrário da maioria dos muffins, esses também são bons frios e velhos (bem, com um ou dois dias).

COZINHE MELHOR | DILEMAS DA COZINHA

Faz 12 muffins

2 maçãs
250 g de farinha de espelta (ou use
  farinha de trigo)
2 colheres de chá de fermento em pó
2 colheres de chá de canela em pó
125 g de açúcar mascavo claro,
  mais 4 colheres de chá para
  salpicar
125 ml de mel

60 ml de iogurte natural líquido
125 ml de óleo vegetal sem sabor
2 ovos
75 g de amêndoas naturais (com
  pele)

1 fôrma para 12 muffins

♥ Preaqueça o forno a 200° e forre sua fôrma de muffins com forminhas de papel.

♥ Descasque e tire o miolo das maçãs, depois corte em pedaços pequenos (com cerca de 1 cm, mas, por favor, não meça) e reserve.

♥ Coloque a farinha de trigo, o fermento em pó e 1 colher de chá de canela em pó em uma tigela.

♥ Misture os 125 g de açúcar mascavo, o mel, o iogurte, o óleo vegetal e os ovos em outra tigela ou jarra.

♥ Pique grosseiramente as amêndoas e acrescente metade delas à mistura de farinha, e coloque a outra metade em uma tigela pequena com a segunda colher de chá de canela em pó e as 4 colheres de chá extras de açúcar mascavo. Essa será a cobertura dos muffins.

♥ Incorpore os ingredientes líquidos aos secos. Acrescente as maçãs picadas e misture, mas não mexa demais. Para lembrá-lo: uma massa grumosa faz muffins mais leves.

♥ Coloque essa massa heterogênea nas forminhas de muffin, depois salpique com a cobertura.

♥ Coloque a fôrma no forno preaquecido e asse por cerca de 20 minutos. Depois desse tempo, os muffins terão crescido e dourado.

♥ Tire a fôrma do forno e deixe descansar por 5 minutos antes de retirar os muffins cuidadosamente e colocá-los em uma grelha para esfriar.

PREPARO ANTECIPADO
Na noite anterior, você pode medir os ingredientes secos em uma tigela, e misturar os ingredientes líquidos e deixá-los cobertos na geladeira durante a noite. De manhã, prepare e corte as maçãs, pique as amêndoas e continue a receita a partir do quinto passo. O ideal é consumir no mesmo dia, mas os muffins podem ser assados com 1 dia de antecedência e armazenados em um recipiente bem fechado, forrado com papel vegetal. Reaqueça em forno quente por 5 a 8 minutos antes de servir. Mantêm a qualidade por 2 a 3 dias.

CONGELAMENTO
Os muffins podem ficar congelados em um recipiente bem fechado, forrado com papel vegetal, por até 2 meses. Descongele por 3 a 4 horas sobre uma grelha à temperatura ambiente e reaqueça como indicado anteriormente.

COZINHE MELHOR | DILEMAS DA COZINHA

Crumble de morango com amêndoas

Se eu precisasse escolher um ingrediente que não melhora ao ser cozido, apostaria nos morangos ruins (verdes e sem gosto). Eu teria vergonha de sequer admitir que tentei melhorá-los se não fosse pelo fato de que li um artigo do santo Simon Hopkinson no qual ele aconselhava a usar os tais morangos em uma torta. Então foi o que fiz. Bom, não é bem verdade: sou mais preguiçosa que ele, então preparei um crumble. Não sei o que, como e por que aconteceu, mas este é o crumble dos sonhos. Ao contrário do que pode parecer, o forno não transforma os morangos em uma papa vermelha, mas em intensas explosões de macia suculência. Isso nada menos é do que alquimia: você pega os piores e mais duros morangos de supermercado, cobre-os com uma farofa de amêndoas e manteiga, assa-os e, em um dia frio, transforma-os no sabor do verão inglês. Naturalmente, sirva com muito creme de leite fresco. Eu o considero obrigatório, não opcional.

Serve 6 pessoas

500 g de morangos, sem os talos
50 g de açúcar
25 g de amêndoas moídas
4 colheres de chá de extrato de
  baunilha

75 g de manteiga gelada, cortada
  em cubos
100 g de amêndoas em lascas
75 g de açúcar demerara
Creme de leite fresco, para servir

Para a cobertura:
110 g de farinha de trigo
1 colher de chá de fermento em pó

1 fôrma redonda com aprox.
  21 cm de diâmetro e 4 cm de
  profundidade (cerca de 1,25 l de
  capacidade)

♥ Preaqueça o forno a 200°. Coloque os morangos sem talos na fôrma e salpique sobre eles o açúcar, as amêndoas e o extrato de baunilha. Agite bem a fôrma uma ou duas vezes para misturar os ingredientes.

♥ Para a cobertura do crumble: coloque a farinha de trigo e o fermento em pó em uma tigela e incorpore a manteiga gelada em cubos, esfregando os ingredientes entre os dedos (ou com uma batedeira de mão). A cobertura deve ficar semelhante a uma aveia grossa e clara. Acrescente as lascas de amêndoas e o açúcar, misturando com um garfo.

♥ Despeje essa cobertura sobre a mistura de morangos, cobrindo-os com uma camada homogênea e fazendo uma leve pressão nas bordas da fôrma. Coloque a fôrma sobre um tabuleiro e asse por 30 minutos. A cobertura deve ficar dourado-clara e um pouco dos sucos avermelhados devem vazar e borbulhar pelas bordas.

COZINHE MELHOR | DILEMAS DA COZINHA

♥ Deixe descansar por 10 minutos antes de servir, e não se esqueça de colocar uma jarra de creme de leite fresco gelado na mesa.

PREPARO ANTECIPADO
O crumble pode ser montado com 1 dia de antecedência. Cubra com filme plástico e guarde na geladeira até a hora de assar. Asse como indicado na receita, mas acrescente mais 5 a 10 minutos ao tempo de cozimento, e verifique se o crumble está bem quente no meio.

CONGELAMENTO
A cobertura do crumble pode ser preparada e ficar congelada em sacos com fecho hermético por até 3 meses. Salpique a cobertura congelada sobre a fruta, quebrando caroços grandes com as mãos. O crumble cru montado pode ficar congelado, envolvido com uma camada dupla de filme plástico e uma camada de papel-alumínio, por até 3 meses. Descongele durante 24 horas na geladeira e asse como indicado.

Cheesecake Banoffee

Eu poderia escrever um livro inteiro sobre receitas com bananas, tamanha é a frequência com que acabo com um cacho escuro de bananas amolecidas acenando de um canto da cozinha. Jogá-las fora? Nunca. Não consigo tolerar desperdício, embora o que eu normalmente faça seja misturar ingredientes caros com elas e arranjar maneiras ainda mais esbanjadoras de não descartá-las. Algumas dessas receitas estão espalhadas por meus outros livros, mas consegui me controlar aqui, e gosto desse desafio: usar a comida até o fim não é lúgubre ou meramente econômico; pode ser uma forma muito libertadora e inspiradora de cozinhar. Adoro o fato de que um punhado de bananas deploravelmente passadas e definitivamente feias tenha dado origem a esse vulgarmente triunfante chá-chá-chá em forma de cheesecake. Bom, é um cheesecake, mas a textura não é a do creme suave — que às vezes é pesado ou até mesmo gruda no palato —, é aerado e macio, e sua leveza é um contraste ao aroma, sedutoramente inebriante.

Você pode preparar a calda de caramelo enquanto o cheesecake estiver assando ou esfriando. De um jeito ou de outro, ela precisa estar completamente fria, mas não deve ir para a geladeira; não tem problema ficar do lado de fora, coberta, de um dia para o outro, ou por alguns dias em um lugar fresco. O cheesecake é outro assunto: precisa ficar de um dia para o outro na geladeira, e pode ficar até mais tempo.

Quando preparar estar receita, deixe o cream cheese em temperatura ambiente antes de começar a misturá-lo ou processá-lo. Se estiver gelado, nunca terá — não importa quanto for mexido ou batido — a indispensável suntuosidade depois de assar.

Serve 10 pessoas

Para a base:
250 g de biscoitos maizena
75 g de manteiga sem sal em
   temperatura ambiente

Para o cheesecake:
4 bananas médias passadas
60 ml de suco de limão-siciliano
700 g de cream cheese, em
   temperatura ambiente
6 ovos

150 g de açúcar mascavo claro

Para a calda de caramelo:
100 g manteiga sem sal em
   temperatura ambiente
125 g de melado de cana
75 g de açúcar mascavo claro

1 fôrma com fundo removível de
   23 cm
1 assadeira, para o banho-maria

♥ Preaqueça o forno a 170° e coloque uma chaleira cheia de água para ferver. Envolva a parte de fora (por baixo e nas laterais) da fôrma de fundo removível com duas camadas de filme plástico, depois cubra tudo com duas camadas de papel-alumínio. A ideia é criar uma proteção à prova d'água para quando o cheesecake assar em banho-maria.

♥ Processe os biscoitos maizena com a manteiga até obter uma farofa começando a se aglomerar, e pressione no fundo da fôrma preparada. Coloque na geladeira e limpe o processador, com o cuidado de não deixar nenhuma massa.

♥ Amasse bem as bananas com um garfo, acrescente o suco de limão e reserve por um momento.

♥ Bata o cream cheese no processador até ficar macio, depois acrescente os ovos e o açúcar. Por fim, junte a banana amassada e o suco de limão, batendo até obter uma mistura com textura lisa.

♥ Pegue a fôrma de fundo removível bem embrulhada e forrada com a massa de biscoito, coloque-a dentro de uma assadeira e despeje o recheio do cheesecake dentro dela.

♥ Coloque a assadeira e a fôrma no forno e despeje a água fervente dentro da assadeira até chegar na metade da fôrma. Asse por 1 hora e 10 minutos, verificando após 1 hora. O centro do cheesecake ainda deve ficar levemente mole, mas firme por cima.

♥ Retire do forno e, ainda usando as luvas de cozinha, tire a fôrma do banho-maria e a coloque sobre uma grelha. Com cuidado e delicadeza, remova as camadas de filme plástico e papel-alumínio e deixe o cheesecake continuar esfriando sobre a grelha.

♥ Coloque o cheesecake na geladeira, mas não cubra até estar completamente gelado. Deixe de um dia para o outro — e lembre-se de retirar da geladeira cerca de ½ hora antes de comer.

♥ Para preparar a calda, derreta a manteiga com o melado de cana e o açúcar em uma panela em fogo baixo até começar a borbulhar, depois deixe ferver, vigiando, por 1 a 2 minutos. Ficará uma espumante mistura cor de âmbar, como um favo de mel líquido. Depois deixe esfriar um pouco antes de despejar em uma jarra pequena e deixar esfriar mais; vai engrossar quando estiver fria.

♥ Para ajudar a desenformar o cheesecake, passe uma espátula ao redor da borda antes de destacar a lateral, depois coloque em uma travessa, de preferência com uma aba. Misture a calda de caramelo na jarra e derrame um pouco sobre o cheesecake, deixando o restante para as pessoas acrescentarem vorazmente enquanto comem.

PREPARO ANTECIPADO
Prepare o cheesecake com até 2 dias de antecedência e deixe esfriar como indicado. Cubra quando estiver completamente frio com um prato ou filme plástico, tomando o cuidado para não tocar a superfície. Desenforme e sirva como indicado na receita. A calda pode ser feita com 2 a 3 dias de antecedência e mantida em um recipiente bem fechado em um local fresco. Também pode ser coberta e mantida na geladeira por até 1 mês.

COZINHE MELHOR | DILEMAS DA COZINHA

Pão de banana com coco e cereja

O nome deste bolo evoca algo muito mais pomposo do que é o caso. As cerejas — que, na verdade, poderiam ser em calda — são secas e, quando assada, a banana produz um pão levemente escuro com cor de papel pardo. Admito que não é uma criação agradável para os olhos, mas seu sabor úmido e delicioso é ainda mais intensificado por ser imprevisto. Eu gosto disso. Aqueles que olham para a vida em vez de mordê-la não merecem os prazeres que negam a si mesmos.

Rende 10 a 12 fatias

125 g de manteiga sem sal em temperatura ambiente, mais um pouco para untar
4 bananas pequenas a médias (aprox. 500 g com casca)
150 g de açúcar
2 ovos
175 g de farinha de trigo

2 colheres de chá de fermento em pó
½ colher de chá de bicarbonato de sódio
100 g de cerejas secas
100 g de coco ralado

1 fôrma de bolo inglês com 900 g de capacidade

♥ Preaqueça o forno a 170°. Coloque uma forminha de papel na fôrma de bolo inglês, ou forre o fundo com papel vegetal e unte as laterais.

♥ Derreta a manteiga em uma panela e retire-a do fogo. Descasque e amasse as bananas em outra tigela.

♥ Bata o açúcar com a manteiga derretida já fria, depois acrescente as bananas amassadas e os ovos. Junte a farinha de trigo, o fermento em pó e o bicarbonato de sódio. Finalmente, adicione as cerejas secas e o coco.

♥ Misture bem para que todos os ingredientes sejam incorporados, depois despeje na fôrma de bolo inglês forrada e alise a parte de cima.

♥ Asse por cerca de 50 minutos, mas comece a verificar aos 45. Quando estiver pronto, o pão sairá pelos lados da fôrma e estará macio no topo.

♥ Quando retirar do forno, deixe na fôrma por 10 minutos. Depois desenforme o pão cuidadosamente (ainda com a forminha de papel) e transfira para uma grelha para esfriar.

PREPARO ANTECIPADO
O pão pode ser preparado com 2 dias de antecedência. Envolva em papel vegetal e guarde em um recipiente bem fechado. Pode ser mantido por 3 a 4 dias em um local fresco.

CONGELAMENTO
O pão pode ficar congelado, bem envolvido em duas camadas de filme plástico e uma camada de papel-alumínio, por até 3 meses. Descongele de um dia para o outro em temperatura ambiente.

COZINHE MELHOR | DILEMAS DA COZINHA

Muffins de chocolate e banana

Acho que muffins são um delicioso café da manhã de final de semana, mas estes são tão elegantemente escuros, sobretudo em seus vestidos de festa marrons com saias-tulipa, que sem dúvida imploram para ser oferecidos com café após o jantar.

Embora a maioria dos muffins seja mais gostosa quando sai do forno, as bananas da massa garantem que estas belezas mantenham a textura úmida e apetitosa muito depois que outros com menos sabor já estariam duros e sem encanto.

Faz 12 muffins

3 bananas muito maduras ou passadas
125 ml de óleo vegetal
2 ovos
100 g de açúcar mascavo claro
225 g de farinha de trigo

3 colheres de sopa de cacau em pó de boa qualidade, peneirado
1 colher de chá de bicarbonato de sódio

1 fôrma com capacidade para 12 muffins

♥ Preaqueça o forno a 200° e forre a fôrma de muffins com papel. Não se preocupe em usar papéis especiais: forminhas comuns para muffin servem. Amasse as bananas a mão ou na batedeira.

♥ Ainda batendo ou amassando, acrescente o óleo, seguido dos ovos e do açúcar.

♥ Combine a farinha de trigo, o cacau em pó e o bicarbonato de sódio e acrescente-os, batendo suavemente, à mistura das bananas, depois despeje a massa nas forminhas.

♥ Asse em forno preaquecido por 15 a 20 minutos. Os muffins devem ficar escuros, redondos e espiar orgulhosamente para fora de suas forminhas. Deixe esfriar um pouco na fôrma antes de transferir para uma grelha.

PREPARO ANTECIPADO
Prepare os muffins com até 1 dia de antecedência. Guarde em um recipiente bem fechado, forrado com papel vegetal. Reaqueça em forno aquecido por 5 a 8 minutos. Podem ficar guardados por 2 a 3 dias em um recipiente bem fechado em local fresco.

CONGELAMENTO
Os muffins podem ficar congelados em um recipiente bem fechado, forrado com papel vegetal, por até 2 meses. Descongele por 3 a 4 horas sobre uma grelha em temperatura ambiente e reaqueça como indicado.

COZINHE MELHOR | DILEMAS DA COZINHA

Ameixas com canela e torradas francesas

Esta é uma receita duplamente gratificante para os avessos ao desperdício: as torradas francesas (uma versão um pouco mais sofisticada que as da minha infância) são feitas com sobras de um pão duro demais para comer, e a compota com cranberries ácidos e aroma de canela utiliza ameixas que foram compradas mais no espírito do otimismo do que do bom-senso. Se o peso das ameixas parecer exagerado para o que é uma receita de aproveitamento de ingredientes, é porque as ameixas que usei para fazer este prato pela primeira vez eram grandes e brilhantes como bolas de sinuca, e quase tão duras quanto (se esse também for o tipo de animal com o qual você estiver lidando, corte as frutas em quatro, e não pela metade, para cozinhá-las); e se você tem a sorte de possuir uma ameixeira, a receita usaria bem essa abundância.

Embora eu adore ameixas com polpa vermelha, que o suco do cranberry brilhantemente intensifica, qualquer ameixa serve, e você pode usar suco de maçã se quiser um toque menos ácido nos sucos cozidos da fruta.

Igualmente, não pense que deve considerar esta compota apenas para comer com a torrada francesa: coma com iogurte grego e granola no café da manhã, com pudim, como sobremesa de um almoço no final de semana, com o Bolo de Gengibre com Guinness (**p. 305**) ou, para ser sincera, a qualquer momento.

Serve 4 pessoas, *com compota sobrando*

Para as ameixas:
250 ml de suco de cranberry
100 g de açúcar

1 pau de canela
500 g de ameixas

♥ Despeje o suco de cranberry e o açúcar em uma panela grande e mexa para ajudar a começar a dissolver o açúcar. Depois coloque a panela em fogo baixo até o açúcar se dissolver completamente.

♥ Corte as ameixas ao meio e remova o caroço, depois corte-as ao meio novamente se forem grandes e brutas.

♥ Quando o açúcar estiver dissolvido no líquido vermelho, acrescente o pau de canela. Depois aumente o fogo, deixe levantar fervura e cozinhe por alguns minutos até que a mistura comece a engrossar.

♥ Abaixe o fogo do xarope e acrescente as metades ou os quartos de ameixa, cozinhando-as lentamente por 10 minutos, mas não se esqueça de que esse tempo é baseado em frutas extremamente verdes, então talvez você precise de menos tempo.

COZINHE MELHOR | DILEMAS DA COZINHA

♥ Quando as ameixas estiverem macias, mas não se desfazendo, remova a panela do fogo, cubra e reserve para manter aquecida. Você pode preparar as ameixas com antecedência e servi-las em temperatura ambiente com as torradas francesas, ou reaquecê-las.

Para as torradas francesas:
2 ovos
60 ml de leite integral
½ colher de chá de canela em pó
1 colher de sopa de açúcar
4 fatias grandes de pão branco dormido
2 colheres de sopa (30 g) de manteiga sem sal em temperatura ambiente

♥ Misture os ovos, o leite, a canela em pó e o açúcar em uma fôrma.

♥ Coloque 2 pedaços de pão na mistura de ovos, virando quando tiverem absorvido líquido suficiente para ficar amarelos, mas não estejam se despedaçando.

♥ Derreta metade da manteiga em uma frigideira e frite os dois pedaços embebidos de pão por alguns minutos de cada lado. Transfira o pão amarelado, torrado em alguns pontos, para pratos aquecidos. Enquanto isso, embeba as outras duas fatias.

♥ Derreta a manteiga restante para fritar as 2 últimas fatias da mesma maneira.

♥ Sirva com a linda compota de ameixas escarlate.

PREPARO ANTECIPADO
A compota pode ser preparada com 1 dia de antecedência. Coloque em uma tigela para esfriar, depois cubra e refrigere. Aqueça a compota levemente em uma panela antes de servir.

CONGELAMENTO
A compota fria pode ficar congelada em um recipiente bem fechado por até 3 meses. Descongele de um dia para o outro na geladeira e reaqueça como indicado.

Pudim de pão com gotas de chocolate

Não existe nenhuma versão do pudim de pão de que eu não goste, embora as variantes britânicas — a que utiliza pão dormido como recheio de um bolo úmido de frutas e a outra, uma pilha cremosa de sanduíches amanteigados com creme — tenham óbvio apelo nostálgico. Esta receita baseia-se em uma versão norte-americana, na qual o pão dormido é simplesmente cortado em cubos antes de ser embebido em creme de ovos depois assado lentamente. Bem, essa é a variante americana básica: esta é mais sofisticada, mas não no sentido de ser complicada — mesmo assim, a adição de gotas de chocolate, rum e creme de leite fresco torna um triunfo a transformação de pão dormido em iguaria para um jantar formal. Pense neste prato como o equivalente culinário a usar um vestido de festa confortável: um prazer raro, mas precioso.

Nota: Costumo congelar pão dormido em sacos de migalhas ou de cubos e guardar para usar quando precisar.

Serve 4 a 6 pessoas

250 g de pão dormido, cortado em cubos de 3 cm

100 g de gotas ou pedacinhos de chocolate

3 ovos

40 g de açúcar mascavo claro

2 colheres de sopa de rum escuro

125 ml de creme de leite fresco

500 ml de leite integral

4 colheres de chá de açúcar demerara

1 refratário redondo com aprox. 23 cm de diâmetro e 6 cm de profundidade (aprox. 1,5 l de capacidade)

♥ Preaqueça o forno a 170°. Unte levemente um refratário redondo com manteiga. Despeje dentro dele os cubos de pão dormido; se seu pão não estiver dormido, deixe as fatias secarem primeiro, por algum tempo, sobre uma grelha, antes de cortar em cubos e usar.

♥ Espalhe as gotas de chocolate homogeneamente entre os cubos de pão.

♥ Misture os ovos, o açúcar mascavo claro, o rum, o creme de leite fresco e o leite. Despeje essa mistura sobre o pão e pressione os cubos para baixo de forma a cobri-los com o líquido.

♥ Deixe embeber por 20 minutos, depois salpique com o açúcar demerara e coloque imediatamente no forno por 40 a 50 minutos. Caso seu forno doure de forma desigual, gire o refratário na metade do cozimento.

♥ Deixe a fôrma descansar um pouco antes de servir — se conseguir. Enquanto está assando, o cheiro é quase irresistível, e pode ser difícil esperar depois que fica pronto.

COZINHE MELHOR | DILEMAS DA COZINHA

PREPARO ANTECIPADO
Monte o pudim de pão com 1 dia de antecedência, mas não salpique o açúcar demerara. Cubra e coloque na geladeira. Tire da geladeira e deixe em temperatura ambiente por 15 minutos, depois salpique com o açúcar demerara e asse como indicado na receita.

Pandowdy de pera

Pandowdy é um daqueles maravilhosos termos rurais norte-americanos para um tipo de torta desmazelada e caseira, e isso é algo que sempre gosto de apoiar. É fácil descobrir que as peras que compramos nunca estão no ponto certo para ser comidas com prazer, e esta torta de panela, com sua cobertura solta de massa simples, é o melhor do que elas merecem. Eu incremento essas peras sortidas com algumas maçãs — a culinária é o único uso adequado para uma maçã Golden Delicious no mundo dos adultos —, mas um pandowdy simples de maçãs, sem peras e com o dobro da quantidade de maçãs, também é ótimo. Na verdade, muitas frutas podem ser consideradas nesta receita, mas mantenha a base de maçãs se estiver pensando em incluir quaisquer frutas que podem ficar moles ou aguadas quando tocadas pelo calor.

Serve 6 pessoas

4 peras Williams
2 maçãs Golden Delicious
50 g de manteiga sem sal em temperatura ambiente
50 g de açúcar, mais ½ colher de chá para salpicar
Casca finamente ralada de 1 limão-siciliano

1 pitada de sal
75 g de manteiga gelada, cortada em cubos de 1 cm
35 g de gordura vegetal hidrogenada gelada
125 ml de leite integral gelado
Creme de leite fresco para servir (opcional)

Para a massa:
225 g de farinha, mais extra para polvilhar

1 frigideira de ferro fundido ou outra frigideira que possa ir ao forno, com aprox. 25 cm de diâmetro

♥ Preaqueça o forno a 200°.

♥ Descasque as peras e as maçãs, depois corte-as em quatro, retire os miolos e corte as peras em pedaços de 2 cm e as maçãs em pedaços de 3 cm, colocando-as em uma tigela.

♥ Em uma frigideira que possa ir ao forno, derreta 50 g de manteiga em temperatura ambiente em fogo médio, depois acrescente as frutas picadas, o açúcar e a casca de limão-siciliano e cozinhe em fogo médio a baixo, mexendo de vez em quando, por 10 minutos, quando algumas das frutas terão começado a caramelizar levemente. Retire do fogo enquanto prepara a massa.

♥ Coloque a farinha de trigo e o sal na tigela de uma batedeira com o batedor folha, acrescente a manteiga gelada em cubos e, com uma colher de chá, junte pequenos pedaços de gordura vegetal gelada enquanto bate lentamente para mesclar a gordura à farinha; ou simplesmente faça isso à mão.

COZINHE MELHOR | DILEMAS DA COZINHA

♥ Com a batedeira ainda ligada na velocidade lenta, adicione o leite pouco a pouco, até que a massa dê liga, depois retire da tigela, amasse com as mãos e coloque em uma superfície enfarinhada para abrir.

♥ Aproxime a frigideira com as frutas cozidas (mas não tão perto que esquente a massa), e abra a massa até ter um círculo com mais ou menos o diâmetro da frigideira. Coloque o círculo de massa sobre as frutas, firmando um pouco as bordas, e lembre-se de que a aparência desmazelada deste prato é o objetivo. Faça três talhos com a ponta de uma faca afiada, salpique com ½ colher de chá de açúcar e deixe no forno por 25 minutos. A massa ficará dourado-clara.

♥ Não se esqueça de que o cabo da frigideira estará muito quente, então transfira para a mesa cuidadosamente, e de preferência cubra o cabo com um protetor. Sirva com creme de leite fresco.

PREPARO ANTECIPADO
A torta pode ser montada com 2 dias de antecedência. Deixe as frutas e a frigideira esfriarem completamente antes de colocar a cobertura de massa. Cubra com filme plástico e refrigere. Asse como indicado na receita, acrescentando mais 10 a 15 minutos ao tempo estipulado. Verifique se o recheio está bem quente antes de tirar do forno (enfie um espeto de metal ou a ponta de uma faca afiada por um dos talhos para vapor. Ele deve sair quente).

CONGELAMENTO
O recheio e a massa podem ser preparados com 1 mês de antecedência. Congele o recheio em um recipiente bem fechado, enrole a massa em duas camadas de filme plástico e depois coloque dentro de um saco com fecho hermético. Descongele de um dia para o outro na geladeira. Tire a massa da geladeira 30 minutos antes de abrir. Monte a torta e asse como indicado na receita, deixando mais 10 minutos além do tempo de cozimento.

Panzanella

Panzanella, que provavelmente deveria ser o nome de uma linda heroína em um balé ou em um conto de fadas, é o nome de uma salada italiana de pão, úmida e cheia de tomates, que conheci quando morei na Toscana; e também era muito útil para dar um final feliz à breve vida daquele pão estranhamente sem sal que ficava dormido em um piscar de olhos. Mas, enfim, como qualquer um que já fez o próprio pão (mesmo que só uma vez) sabe, o fato de que o pão comprado não fica dormido rapidamente é simplesmente assustador.

Eu já vi versões deste prato na qual nós, os desafortunados cozinheiros, somos instruídos a tirar a casca do pão antes de usar. Eu ignoro tais afetações (ou imbecilidade, depende de como você queira interpretar a instrução), pois o objetivo da receita é aproveitar o pão — por que você jogaria metade fora antes mesmo de começar? Mesmo assim, eu sei que, assim como acontece com muitos pratos rústicos, este se tornou um favorito dos restaurantes caros, então imagino de onde deve vir essa frescura. E não quero parecer arrogante demais: não é que eu ache errado tirar a casca do pão, sou apenas preguiçosa demais.

Meu filho Bruno adora tanto este prato que já comprei pão especialmente para prepará-lo no começo do final de semana. Isso não é tão patético quanto pode parecer (espero), pois mesmo uma tigela enorme, feita com um pão italiano fresco inteiro (cortado e deixado exposto para ficar dormido perversamente de propósito) não dura muito em uma casa com garotos adolescentes. Mas, sinceramente, dá mais satisfação preparar quando é feito com o pão que temos à mão. Certamente, você ainda precisa sair e comprar um monte de manjericão fresco, mas acho que me sinto melhor em relação ao fato de que a receita não é apenas uma boa maneira de usar pão que já passou de seu macio auge, mas também um fim triunfante para um punhado de tomates tão velhos que estão passando da fase madura para a idade de ficar com a casca enrugada e rasgada.

Serve cerca de 4 pessoas, *como acompanhamento*

250 g de pão italiano dormido cortado em cubos de 2 cm ou rasgado em pedaços

1 cebola roxa pequena, cortada em meias-luas ou finamente picada

60 ml de vinagre de vinho tinto

500 g de tomates maduros

½ dente de alho

2 colheres de chá de sal marinho em flocos ou 1 colher de chá de sal refinado

1 pitada de açúcar

125 ml de azeite de oliva extravirgem

COZINHE MELHOR | DILEMAS DA COZINHA

♥ Coloque os cubos de pão sobre uma grelha para mantê-los secos.

♥ Coloque as cebolas cortadas em meia-lua ou picadas em uma tigela bem grande para receber todos os ingredientes restantes mais tarde, despeje o vinagre de vinho tinto sobre elas e deixe marinando por no mínimo 10 minutos.

♥ Enquanto a cebola estiver marinando, coloque os tomates em uma tigela grande e cubra-os com a água fervente da chaleira, deixando por 5 minutos.

♥ Rale ou pique o alho sobre as cebolas com vinagre. Costumo usar 1 dente de alho, mas paro de ralar na metade.

♥ Escorra os tomates, depois descasque, remova as sementes e pique a polpa, adicionando os pedaços à tigela de cebolas com vinagre. (Às vezes, não me dou o trabalho de escaldar e descascar os tomates, mas sempre tiro as sementes.)

♥ Adicione o sal e uma pitada de açúcar, depois rasgue ou esmigalhe o pão dentro da tigela. Jogue o azeite sobre ele e acrescente metade das folhas de manjericão. Com as mãos (usando luvas descartáveis CSI se sua pele for sensível), agite e misture tudo.

♥ O ideal é que os ingredientes descansem de um dia para o outro para marinar e pegar o tempero. Nesse caso, deixe as folhas e talos restantes de manjericão por cima, depois cubra com filme plástico; se for servir imediatamente, acrescente as folhas de manjericão remanescentes e verifique o tempero.

PREPARO ANTECIPADO
Prepare a salada com 1 dia de antecedência, cubra e refrigere. Retire da geladeira cerca de 1 hora antes de servir, para que fique em temperatura ambiente. Acrescente o manjericão reservado pouco antes de levar à mesa.

Minestrone

Este é um maravilhoso jantar de segunda-feira, facilmente preparado depois de um assalto à geladeira. Qualquer sopa de legumes é uma ótima maneira de transformar as sobras de alho-poró ou de abobrinha que já passaram um pouco, juntamente com outros ingredientes em quantidade insuficiente para usar puros, mas esta versão italianada é minha favorita. Também vale a pena ressaltar que se você tiver uma variedade aleatória de massas, cada tipo não sendo suficiente para um prato, pode colocar todas dentro de um saco com fecho hermético e batê-las breve, mas brutalmente, com um rolo de macarrão, para obter uma *pastina mista* feita em casa para acrescentar à sopa se precisar. E sempre que chegar ao fim de um pedaço de parmesão, coloque a casca em um saco com fecho hermético, congele-a e reserve-a (por até 3 meses) até fazer uma sopa, quando pode adicioná-la, ainda congelada, à panela para impregnar o minestrone, enquanto cozinha, com sua saborosa intensidade.

Considero os legumes frescos com massa bastante satisfatórios, mas se você precisar incrementar a sopa, acrescente uma lata escorrida de grãos ou legumes congelados, o que tiver ou precisar. Obviamente, não espero que você tenha exatamente as mesmas sobras de legumes depois de um final de semana, ou seja quando for, então, por favor, use as quantidades e variedades indicados a seguir apenas como um guia.

Serve 4 pessoas

2 colheres de sopa de azeite de manjericão ou azeite comum
1 alho-poró, limpo, cortado no sentido do comprimento, depois finamente fatiado
1 abobrinha descascada, cortada em 4 no sentido do comprimento, depois picada
225 g (aprox.) de repolho da variedade preferida, rasgado
50 a 75 g de vagens finas, limpas e cortadas na metade

1 litro de caldo de legumes (em pó ou cubo), de preferência orgânico
100 g de macarrão para sopa, como ditalini
1 colher de sopa de vermute branco seco ou vinho branco (opcional)
Sal e pimenta a gosto
Queijo parmesão ralado para servir

♥ Aqueça o óleo em uma panela com fundo grosso, depois acrescente os pedacinhos de alho-poró e abobrinha e cozinhe em fogo médio por cerca de 5 minutos, mexendo e empurrando os pedaços com sua colher de pau de vez em quando.

♥ Adicione o repolho rasgado e pedaços pequenos de vagem e deixe cozinhar por mais 5 minutos, mexendo ocasionalmente.

COZINHE MELHOR | DILEMAS DA COZINHA

♥ Prepare o caldo em água fervente, depois despeje-o ainda quente dentro da panela (e acrescente qualquer casca de parmesão que tiver), deixe ferver, abaixe o fogo, tampe e cozinhe lentamente por 20 minutos, depois retire as cascas se quiser.

♥ Tire a tampa, deixe levantar fervura novamente e acrescente a massa, deixando cozinhar por cerca de 10 minutos, ou segundo as instruções da embalagem. Mas, ao contrário da massa comum, o macarrão da sopa, na minha opinião, nunca deve ficar al dente.

♥ Quando a massa estiver cozida, adicione o vermute ou o vinho branco (Federico Fellini espargia uísque em seu minestrone), deixe-o ferver com a sopa por alguns segundos, depois retire a panela do fogo, tempere a gosto e deixe esfriar por 10 a 40 minutos, para que quando você comer o minestrone, coberto com um pouco de parmesão ralado, esteja confortavelmente aquecido, e não pelando. Adoro deixar pelo máximo de tempo, quando o minestrone se torna uma sopa grossa com massa quase à temperatura ambiente. O paraíso. Ou *paradiso*.

PREPARO ANTECIPADO
A sopa pode ser preparada com 1 a 2 dias de antecedência. Transfira-a para um recipiente não metálico para esfriar, depois cubra e refrigere. Reaqueça lentamente em uma panela, mexendo de vez em quando, até estar bem quente, depois deixe esfriar um pouco antes de servir.

CONGELAMENTO
A sopa fria pode ficar congelada em um recipiente bem fechado por até 3 meses. Descongele de um dia para o outro na geladeira e reaqueça como indicado.

Curry de legumes ao estilo do sul da Índia

Esta é outra maneira de garantir que o punhado de feijões ou outros fragmentos de legumes que sobraram sejam consumidos quando nenhum deles individualmente poderia constituir uma refeição. Você pode variar os legumes de acordo com o que tiver.

Serve 4 pessoas

2 colheres de sopa de azeite de alho
1 cebola, descascada, cortada ao meio e depois em meias-luas
1 pitada de sal marinho em flocos
1 pimenta-verde, sem sementes e finamente picada
1 pedaço de gengibre fresco de 2 cm, descascado e cortado em tiras finas
¼ de colher de chá de pimenta calabresa
1 colher de chá de cúrcuma
1 colher de chá de cominho em pó
1 colher de chá de sementes de coentro em pó
1 colher de chá de gengibre em pó
400 ml de leite de coco

600 ml de caldo de legumes
1 colher de chá de açúcar
1 colher de sopa de pasta de tamarindo
350 g de couve-flor, dividida em floretes
350 g de brócolis, divididos em floretes
100 g de vagens finas, limpas e cortadas ao meio
125 g de minimilhos, cortados ao meio
150 g de ervilhas-tortas
2 colheres de sopa de endro ou coentro picado, ou uma mistura dos dois

♥ Aqueça o óleo em uma caçarola ou panela grande de fundo grosso e frite a cebola fatiada com um pouco de sal até que comece a amolecer, depois acrescente a pimenta fresca picada e as tiras de gengibre e mexa de vez em quanto ao cozinhar por 1 minuto.

♥ Depois acrescente a pimenta calabresa, a cúrcuma, o cominho, as sementes de coentro e o gengibre em pó. Mexa bem e cozinhe por mais ou menos 1 minuto antes de despejar o leite de coco, o caldo, o açúcar e a pasta de tamarindo. Mexa para combinar os ingredientes.

♥ Deixe levantar fervura, acrescente primeiro os floretes de couve-flor, depois os de brócolis. Cozinhe por 10 minutos, depois adicione as vagens e os minimilhos. Verifique o ponto dos legumes após cerca de 5 minutos, deixando-os cozinhar mais se for necessário.

♥ Quando os legumes estiverem macios, acrescente as ervilhas-tortas e tempere a gosto. Depois, quando as ervilhas estiverem quentes, sirva, generosamente salpicado com as ervas de sua escolha, em uma tigela sobre arroz simples ou com um pouco de pão indiano chapati aquecido para mergulhar.

PREPARO ANTECIPADO

O molho de curry pode ser feito com 1 dia de antecedência. Transfira para um recipiente não metálico para esfriar, depois cubra e refrigere. Coloque em uma caçarola ou panela grande e reaqueça lentamente até levantar fervura, depois acrescente os legumes segundo as instruções da receita.

CONGELAMENTO

O molho frio pode ficar congelado em um recipiente bem fechado por até 1 mês. Descongele de um dia para o outro na geladeira e use como indicado.

Usando bem as sobras

Embora possa parecer estranho sugerir usos para as sobras de uma receita feita com sobras, se você tiver uma pequena quantidade deste curry sobrando, deve saber que ele é um molho maravilhoso — apenas aqueça-o em uma panela até estar bem quente e sirva sobre um ou dois filés de linguado, rapidamente cozidos no vapor de uma mistura de água com saquê.

MOLHO PARA LINGUADO

MINHA DOCE SOLUÇÃO

Ninguém é obrigado a fazer sobremesa. Quero deixar isso bem claro. Acho que também se pode dizer que ninguém é obrigado a comer sobremesa. Mas — distorcendo a conhecida frase dos apaixonados — o estômago quer o que o estômago quer. Órgão diferente, mesma urgência. Enfim, dizer que não é necessário preparar sobremesas (os franceses e os italianos, ambos povos apegados às respectivas tradições culinárias de seus países, em geral compram as suas em pâtisseries e sorveterias) não quer dizer que isso seja o ideal. Também não estou falando do ponto de vista de quem come.

Você sabe que não sou o tipo de pessoa que cozinha para impressionar. Imagino que produzir comida ansiosamente com um olho no aplausômetro seja o caminho mais curto para a falta de alegria na cozinha. A imagem do cozinheiro nervoso em busca de atenção não é atraente. (Espero que meu desconforto nesse caso não seja uma evidência de reconhecimento reprimido.) Mesmo assim, não seria sincero dizer que o prazer de nossos convidados é irrelevante. Nem deve ser. Quando convidamos amigos para comer, esse convite, essa comida, tem um significado. Evidentemente, fico feliz em me sentar em minha cozinha com um pão, um pedaço de queijo e alguns amigos. Eu não os consideraria amigos se não me sentisse assim. E também não vejo mal em ligar e pedir uma pizza. Entretanto, às vezes são feitos planos para algo mais semelhante a uma soirée de verdade, mas a vida interferiu e houve pouco tempo para cozinhar; ou talvez a noite que estava sendo planejada é o que os consultores de administração chamam de um Elefante Distante. É uma analogia simples: um elefante ao longe no horizonte parece minúsculo, irrelevante, inofensivo. Quando se aproxima, você percebe seu erro, tarde demais: esqueça o minúsculo, é um elefante enorme que está a ponto de pisotear você. Agora, aplique esse conceito em compromissos que você marcou alegremente — como pontos ao longe — muito à frente em sua agenda.

Mesmo que esteja esperando seus convidados com entusiasmo irrestrito, você pode repentinamente descobrir que não conseguirá preparar um jantar a tempo. Talvez você tenha achado que um capítulo dedicado a sobremesas ia apenas complicar sua vida; mas, não, ele está aqui exatamente para torná-la mais fácil. A questão é: nem sequer é preciso cozinhar para criar magicamente a Torta de Chocolate e Limão, um tiramisu de Frangelico, uma Torta de Frutas que parece ter vindo de uma doceria francesa, Sorvete de Piña Colada e outras sobremesas deliciosamente recompensadoras. Com exceção dos Potinhos de Brownie, que demoram cerca de 20 minutos do começo ao fim, tudo é preparado com antecedência, seu trabalho, terminado e o pânico, eliminado. E, sinceramente, pode servir pão e água antes, e no final do jantar todos ficarão maravilhados e animados com o esforço que você fez.

MINHA DOCE SOLUÇÃO | DILEMAS DA COZINHA

Torta de chocolate e limão

O poder da confeitaria barata é extraordinário. Proust pode ter comido suas madeleines, mas minhas memórias gustativas são desavergonhadamente ordinárias; parece que estou sempre tentando recriar as delícias há muito saboreadas, tiradas de um pote de balas. Esta receita é mais uma evocação das balas de chocolate com limão de minha infância. Felizmente, a torta tem o gosto impossível de que me lembro, não como as balas realmente seriam se eu comesse uma hoje em dia.

Minha versão dessa clássica torta americana não tem a tradicional cobertura de merengue, nem, é claro, requer limões-galegos — qualquer limão serve para mim.

MINHA DOCE SOLUÇÃO | DILEMAS DA COZINHA

Serve 6 a 8 pessoas

300 g de biscoitos maizena
1 colher de sopa de cacau em pó
50 g de manteiga sem sal em
  temperatura ambiente
50 g de gotas de chocolate amargo
1 lata de leite condensado, de
  preferência gelado
4 limões, para dar
  aproximadamente 2 colheres de
  sopa de casca finamente ralada e
  175 ml de suco

300 ml de creme de leite fresco
30 g de chocolate amargo de boa
  qualidade

1 fôrma redonda com 23
  cm de diâmetro e 5 cm de
  profundidade, com fundo
  removível

♥ Coloque os biscoitos, o cacau em pó e as gotas de chocolate no processador de alimentos e bata até obter uma consistência escura, úmida e arenosa. Despeje na fôrma e pressione contra a base e as laterais. Coloque na geladeira enquanto prepara o recheio.

♥ Despeje o leite condensado em uma tigela. Rale a casca dos limões em outra tigela e reserve para decorar mais tarde. Acrescente o suco dos limões ao leite condensado, misturando.

♥ Despeje o creme de leite fresco e misture — em uma batedeira comum ou de mão — até engrossar, depois transfira a mistura para a massa gelada de biscoito e use a parte de trás da colher para fazer uma finalização em formato ondulante por cima, deixando o macio recheio rodeado pela massa escura.

♥ Deixe a torta na geladeira por 4 horas (se o leite condensado estiver gelado), até estar firme, ou, como é ideal, coberta de um dia para o outro. Quando for servir, retire a torta da fôrma, mas deixe a base.

♥ Rale o chocolate para polvilhar levemente sobre a torta e depois salpique com a casca de limão. Isso é importante porque, sem o corante culinário, a torta fica pálida demais para invocar os limões que lhe dão o sabor. Sirva imediatamente, pois ela amolece se ficar fora da geladeira tempo demais.

PREPARO ANTECIPADO
A torta pode ser preparada com 1 dia de antecedência. Quando estiver gelada e firme, cubra com papel-alumínio (tente não encostar na superfície da torta com o papel-alumínio, pois vai deixar marcas) e guarde na geladeira. Guarde a casca em uma tigela, bem coberta com filme plástico. Decore com a casca antes de servir. A torta pode ficar de 2 a 3 dias na geladeira.

CONGELAMENTO
A torta *pode* ficar congelada por até 3 meses, mas saiba que pode dessorar quando for descongelada, então não é uma receita ideal para o congelamento. Deixe a torta sem decoração descoberta no freezer até ficar sólida, depois envolva-a (ainda na fôrma) em duas camadas de papel-alumínio. Para descongelar, desembrulhe a torta e cubra com papel-alumínio (tente não tocar a superfície do recheio, pois ficará com marcas), depois descongele de um dia para o outro na geladeira. Decore com casca fresca.

MINHA DOCE SOLUÇÃO | DILEMAS DA COZINHA

Potinhos de brownie de chocolate

Embora eu compreenda que fazer algo que precise de uma fôrma específica não tenha muito espírito comunitário, prometo que você achará essa fôrma com reentrâncias tão útil quanto a de bolo inglês que as receitas destas páginas tanto solicitam. O que essa fôrma proporciona são lindos bolinhos que, quando retirados, têm uma reentrância; assim, tornam-se tigelas comestíveis para sorvete, chantili ou qualquer cobertura que você escolher. Se não conseguir essa fôrma, prepare a massa do brownie usando apenas 80 ml de água fervente e asse por 8 minutos em fôrmas de muffin; quando estiverem esfriando, pressione com uma xícara para formar uma leve reentrância.

E não há razão para não fazer uma tigela comestível com o bolo que você quiser: mas, para mim, a melhor é a de brownie. A massa do brownie desta receita não foi criada para produzir os bolinhos pegajosos que normalmente prefiro, pois quero poder desenformá-los sem o medo de grudar, e eles precisam ser um pouco mais semelhantes a um bolo para sustentar o recheio.

Esta receita é um final perfeito para qualquer jantar, mas saber que eles são facílimos de fazer (só usam uma panela) e que levam pouco mais de 10 minutos para assar é ainda mais perfeito. Você pode prepará-los com antecedência, guardar e servir reaquecidos e mornos, ou simplesmente como estão; mas sempre que possível eu gosto de prepará-los, assá-los e deixar que esfriem um pouco enquanto estamos comendo o prato principal, depois acrescentar bolas de sorvete. Adoro a maneira como o sorvete começa a derreter com o calor dos potinhos de brownie de chocolate.

Você pode recheá-los ou cobri-los com o que quiser. Mas faço algumas sugestões:

Chantilly, morangos e calda de morango *Sorvete de chocolate com menta e calda de chocolate*
Sorvete de baunilha com calda de chocolate *Sorvete de morango com granulados cor-de-rosa*
Sorvete de café, xarope de bordo e pecãs *Sorvete de caramelo e calda de caramelo*

MINHA DOCE SOLUÇÃO | DILEMAS DA COZINHA

Serve 6 pessoas

125 g de manteiga sem sal em temperatura ambiente, mais um pouco para untar
125 g de açúcar
15 g de leite maltado em pó
15 g de cacau em pó de boa qualidade
125 ml de água fervente, de uma chaleira
125 ml de leitelho ou iogurte natural líquido
1 ovo

1 colher de chá de extrato de baunilha
150 g de farinha
½ colher de chá de bicarbonato de sódio

Para servir:
Chantili, granulado, frutas, sorvete, caldas, castanhas, à sua escolha
1 fôrma com reentrâncias para 6 bolinhos

♥ Preaqueça o forno a 200° e unte levemente as reentrâncias da fôrma.

♥ Derreta a manteiga em uma panela de fundo grosso em fogo baixo e acrescente o açúcar, mexendo com uma colher de pau para ajudá-lo a se dissolver na manteiga. Desligue o fogo.

♥ Adicione o leite maltado em pó e o cacau em um jarro ou copo medidor e junte a água fervente, misturando até ficar homogêneo. Acrescente esse líquido à panela aquecida de manteiga e açúcar, mexendo com uma colher de pau.

♥ Ao jarro ou copo medidor vazio (não precisa lavar) acrescente o leitelho (ou iogurte), o ovo, a baunilha e mexa antes de também acrescentar essa mistura à panela.

♥ Finalmente, junte a farinha, o bicarbonato e — usando um concha com 100 ml de capacidade para facilitar — encha as 6 forminhas. Você terá massa suficiente para encher ¾ de cada uma, que é o correto.

♥ Coloque no forno preaquecido por cerca de 12 minutos. Quando estiverem prontos — eles vão estar levemente flexíveis se você pressionar a superfície —, deixe a fôrma em uma grelha por 5 minutos antes de retirar os potinhos de brownie. Recheie quando estiver morno ou frio, como quiser.

PREPARO ANTECIPADO
Os potinhos podem ser assados 1 dia antes e guardados em um recipiente bem fechado, forrado com papel vegetal. Reaqueça em forno morno por 5 a 8 minutos antes de servir.

CONGELAMENTO
Os potinhos podem ficar congelados em um recipiente bem fechado, forrado com papel vegetal, por até 2 meses. Descongele por 3 a 4 horas em uma grelha em temperatura ambiente e reaqueça como indicado.

Acima, à esquerda: sorvete de caramelo com calda de caramelo; *acima à direita*: sorvete de baunilha com calda de chocolate; *centro, à esquerda*: sorvete de café, xarope de bordo e pecãs; *centro, à direita*: sorvete de chocolate com menta e calda de chocolate; *abaixo, à esquerda*: sorvete de morango com granulados cor-de-rosa; *abaixo, à direita*: chantilly, morangos e calda de morango

MINHA DOCE SOLUÇÃO | DILEMAS DA COZINHA

Tiramisu de Frangelico

Eu fico ruborizada quando me lembro de meu antigo desdém arrogante pelo tiramisu. Mesmo assim, acho que meu desprezo contra o prato foi totalmente compensado, e mais um pouco. Esta versão ficou pairando em minha mente por bastante tempo antes que eu a preparasse pela primeira vez. Agora tente me impedir. Frangelico é um dos meus licores doces preferidos. Eu adoro a garrafa, que parece estar vestindo uma batina; adoro o gosto e o cheiro intenso de avelã. Ele tem uma densidade quase amanteigada, mas — e isso é o que corta a doçura — um profundo sabor defumado, muito mais profundo do que seria de esperar de um toque de avelã.

Em bares da Itália, especialmente no noroeste, pode-se pedir um *caffè correto* com Frangelico. Em outras palavras, um espresso fortificado (literalmente, "corrigido") com uma dose do licor. É claro, você pode "corrigir" seu café com diversos licores, mas esse é meu favorito (também adoro um pouquinho de licor de espresso com uma ou duas gotas de Frangelico), e é exatamente essa mistura de sabores que quero nesta receita.

A receita que se segue é de um tiramisu bem grande, suficiente para preencher um pirex quadrado de 24 cm e servir 12 pessoas. Eu enlouqueci completamente durante a sessão de fotos e dobrei as quantidades para preencher o enorme coração da foto. Antes disso, eu nunca tinha acreditado que mesmo o que é bom pode ser demais. Imagine você, isso não me desanimou por muito tempo: estou sempre disposta a preparar uma tigela dessa delícia alcoólica e cremosa, e acho que vocês vão descobrir que não estou sozinha.

Nota: Como esse prato contém ovos crus, não é adequado para pessoas com o sistema imunológico fraco ou comprometido, como crianças pequenas, pessoas mais velhas e mulheres grávidas.

Serve 12 pessoas, *embora não seja necessário*

250 ml de café espresso ou 8 colheres de chá (15 g) de pó para espresso dissolvido em 250 ml de água fervente

250 ml de licor de avelã Frangelico, mais um pouco para o recheio (abaixo)

Para o recheio:
2 ovos, separados
75 g de açúcar

60 ml de licor de avelã Frangelico

500 g de mascarpone

30 biscoitos savoiardi (biscoitos fino esponjoso), aprox. 375 g

100 g de avelãs assadas picadas

3 colheres de chá de cacau em pó

1 pirex quadrado de 24 cm

MINHA DOCE SOLUÇÃO | DILEMAS DA COZINHA

MINHA DOCE SOLUÇÃO | DILEMAS DA COZINHA

♥ Misture o café e 250 ml de Frangelico em um jarro, e deixe esfriar se o café estiver quente.

♥ Bata as claras até ficarem espumantes. Em outra tigela, bata as gemas e o açúcar com os 60 ml de Frangelico do recheio.

♥ Acrescente o mascarpone à mistura de açúcar e gemas, batendo bem para misturar. Acrescente com cuidado as claras espumantes e misture outra vez.

♥ Despeje metade da mistura de café e Frangelico em uma tigela larga e rasa e mergulhe biscoitos suficientes para fazer uma camada, cerca de 4 de cada vez, no líquido, cobrindo ambos os lados.

♥ Forre o pirex do tiramisu com uma camada de biscoitos embebidos: eles devem estar molhados, mas não se despedaçando (ainda que não tenha problema se estiverem). Despeje qualquer sobra do líquido no qual embebeu os biscoitos sobre a camada que fez.

♥ Coloque metade da mistura de mascarpone sobre os biscoitos embebidos e espalhe para formar uma camada homogênea.

♥ Despeje o café com Frangelico remanescente da jarra na tigela rasa e ampla e faça a segunda e última camada de biscoitos, mergulhando como anteriormente e fazendo uma camada sobre a do mascarpone no pirex.

♥ Despeje qualquer líquido que tenha sobrado sobre a camada de biscoitos e cubra com a camada final de mascarpone. Cubra o pirex com filme plástico e deixe de um dia para o outro, ou ao menos por 6 horas, na geladeira.

♥ Na hora de servir, retire o tiramisu da geladeira e remova o filme plástico. Misture as avelãs assadas picadas com 2 colheres de chá de cacau em pó e salpique por cima da camada de mascarpone. Depois polvilhe a colher final de cacau em pó, através de uma peneira, para formar uma cobertura mais leve, sobre o tiramisu coberto de avelãs.

PREPARO ANTECIPADO
O tiramisu pode ser feito com 1 ou 2 dias de antecedência e guardado na geladeira. Mantém a qualidade por 4 dias no total, e as sobras devem ser refrigeradas imediatamente.

CONGELAMENTO
O tiramisu pode ficar congelado por até 3 meses. Envolva-o (sem a cobertura de avelãs com cacau em pó) em duas camadas de filme plástico e uma de papel-alumínio. Descongele de um dia para o outro na geladeira e cubra com as avelãs e o cacau como indicado na receita.

MINHA DOCE SOLUÇÃO | DILEMAS DA COZINHA

Gelado de merengue e limão-siciliano

Eu sou louca por gelados: é aquele contraste entre a suavidade do creme e a acidez da fruta. Esta versão não é meramente rápida e simples, mas é também uma torta de merengue com limão-siciliano sem a necessidade de mastigar. Ele derrete na boca com leveza celestial e um toque de limão-siciliano.

Faz o suficiente para encher 4 taças pequenas de Martíni ou dois cálices para pessoas gulosas

150 g de creme de limão-siciliano,*
  mais um pouco para decorar
1 a 2 colheres de chá de limoncello
  (licor de limão-siciliano) ou suco
  de limão-siciliano

250 ml de creme de leite fresco
1 ninho de merengue (pode ser
  comprado em uma loja)
Casca de limão-siciliano, para
  servir

❤ Coloque o creme de limão-siciliano em uma tigela e acrescente o limoncello (ou suco de limão-siciliano), mexendo, acrescentando mais se estiver grosso demais para permitir que o creme batido seja incorporado logo depois.

❤ Despeje o creme de leite fresco em outra tigela e bata até engrossar. Ele deve manter a forma, mas não ficar batido a ponto de parecer seco: vai engrossar mais quando o creme de limão-siciliano for acrescentado.

❤ Despeje metade da mistura do creme de limão-siciliano sobre o creme batido e combine com uma espátula de borracha, depois faça o mesmo com a metade que sobrou. Não misture completamente: creme batido entremeado com limão é o objetivo.

❤ Despedace o ninho de merengue com os dedos dentro do gelado, e incorpore delicadamente a maior parte dele na mistura. Transfira para 4 taças pequenas de Martíni (ou 2 cálices maiores) e decore com um pouco de tiras de casca de limão-siciliano e um pouco de creme de limão-siciliano, raspado do fundo da tigela onde foi misturado, ou tirado diretamente do pote. Se tiver algum biscoito fino — como biscoito língua de gato — para comer junto, coloque-o na mesa quando servir.

PREPARO ANTECIPADO
O gelado pode ser preparado 2 a 3 horas antes. Coloque nas taças, cubra e deixe na geladeira. Decore como indicado na receita.

CONGELAMENTO
O gelado pode ficar congelado por até 3 meses, embora o merengue vá amolecer. Coloque em taças que possam ir ao freezer e envolva cada uma delas com duas camadas de filme plástico. Descongele de um dia para o outro na geladeira e decore como indicado na receita.

---

* O lemon curd é um creme tradicional inglês feito com limões, ovos, açúcar e manteiga. (*N. da T.*)

MINHA DOCE SOLUÇÃO | DILEMAS DA COZINHA

MINHA DOCE SOLUÇÃO | DILEMAS DA COZINHA

Trifle de laranja e amoras-pretas

Sei que eu poderia ter simplesmente colocado esta receita na seção Usando Bem as Sobras do Bolo Úmido de Geleia de Laranja da **p. 269**, mas tendo feito uma vez com essas sobras, percebi — como a experiência agora alegremente comprova — que o trifle, com suas deslumbrantes cores azeviche e coral dos anos 1920, pode ser feito com um bolo novo. Eu diria que pode ser preparado a partir do zero, mas você pode começar com um bolo de geleia de laranja ou de laranja comprado pronto — em outras palavras, você não precisa usar sobras —, seguindo a receita. Ou pode usar qualquer bolo simples, depois intercalar camadas com geleia de laranja e usar como base para o trifle. Um pouco de geleia de laranja extra seria bem-vinda em qualquer substituo comprado pronto, pois seu aroma fragrantemente amargo é mais intenso na versão feita em casa.

Adoro esta receita do jeito que é, apoiada majestosamente sobre um suporte ou travessa, mas também ficaria linda em copos ou taças, espiando pelas bordas. As últimas lhe dariam uma aparência de trifle mais convencional, mas, desde que fiz meu primeiro, tenho me sentido atraída por essa aparência empilhada casual, mas indulgente. Em qualquer evento, este é o tipo de sobremesa que pode ter um estilo livre: faça com ela o que quiser.

Serve 4 a 6 pessoas

350 g de bolo úmido de geleia de laranja
50 ml de Cointreau ou outro licor de laranja
Casca e suco de 1 laranja ou de 2 tangerinas (aprox. 100 ml)

250 ml de creme de leite fresco
300 g de amoras-pretas (ou mirtilos, se não encontrar amoras-pretas)

♥ Corte o bolo em fatias e arrume-as em um prato ou suporte largo e raso. Salpique com o licor de laranja.

♥ Coloque a casca ralada da laranja ou das tangerinas em uma tigela e reserve. Depois esprema o suco da laranja ou das tangerinas, despejando-o sobre o bolo embebido em licor.

♥ Bata o creme até engrossar, mas não muito, e deposite sem arrumar muito sobre o bolo saturado, para não dizer gloriosamente encharcado.

♥ Arrume as amoras-pretas por cima do creme batido, depois salpique a casca reservada.

PREPARO ANTECIPADO
A base pode ser preparada com algumas horas de antecedência, depois finalizada com o creme batido, as frutas e a casca como indicado na receita.

MINHA DOCE SOLUÇÃO | DILEMAS DA COZINHA

MINHA DOCE SOLUÇÃO | DILEMAS DA COZINHA

Cheesecake à moda antiga

Já preparei muitos cheesecakes, e conforme o tempo passa parece que me distancio de suas — e minhas — origens da Europa Oriental. Sabe como é, modificar a receita é parte do prazer, mas não é menos alegre retornar ao início de tudo, e esta receita é verdadeiramente o que o cheesecake era — um grande bloco sólido —, quando chegou aqui. Ocasionalmente, ainda é possível encontrar esta variedade em delicatéssens, mas é raro. Adoro sua densidade e seu sabor de limão-siciliano, e o fato de me lembrar o chá de minha avó, com sua porcelana austera e amor indulgente.

Faz 6 pedaços retangulares

Os ingredientes devem estar em temperatura ambiente

Para a base:
225 g de farinha de trigo
1 colher de chá de fermento em pó
50 g de açúcar refinado
25 g de manteiga sem sal em
  temperatura ambiente
1 ovo
45 ml de leite integral

Para o recheio:
725 g de queijo cottage

150 g de açúcar refinado
4 ovos, separados
50 g de maisena (ou farinha de
  batata)
3 colheres de sopa de suco de limão-
  siciliano
1 colher de chá de extrato de
  baunilha
½ colher de chá de sal
250 ml de creme de leite fresco,
  levemente batido

2 assadeiras de alumínio ou uma
  fôrma de aprox. 30 x 20 x 5 cm
  forrada com alumínio

♥ Preaqueça o forno a 170°, e se for usar assadeiras de alumínio coloque uma dentro da outra — para mais tarde poder levar com mais firmeza o cheesecake cru para o forno — e posicione um tabuleiro no forno para apoiá-las.

♥ Para a base, coloque a farinha de trigo e o fermento em pó em um **processador de alimentos** juntamente com os 50 g de açúcar, 25 g de manteiga em temperatura ambiente e 1 ovo. Bata e, sem desligar, acrescente o leite. Quando a mistura começar a tomar liga, desligue. **Ou, se estiver batendo à mão**, esfregue a manteiga com a farinha entre os dedos dentro de uma tigela e depois bata os demais ingredientes com uma colher de pau.

MINHA DOCE SOLUÇÃO | DILEMAS DA COZINHA

♥ Despeje a mistura em uma assadeira de alumínio ou fôrma forrada com papel-alumínio. Usando as mãos ou a parte de trás de uma colher, pressione a massa contra o fundo para formar uma camada o mais homogênea possível. Asse por 10 minutos. Deixe esfriar um pouco antes de derramar a mistura de queijo.

♥ Coloque o queijo cottage em uma tigela e bata com o açúcar, seguido pelas gemas. Junte a maisena (ou farinha de batata, que é a escolha mais antiquada e autêntica, mas o gosto não muda em nada) e depois o suco de limão-siciliano, o extrato de baunilha e o sal, e então adicione o creme de leite levemente batido.

♥ Em outra tigela, bata as claras até o ponto de picos suaves e depois acrescente um pouco à mistura do queijo e misture vigorosamente. Junte o restante das claras, misturando com mais delicadeza, em 3 a 4 porções.

♥ Despeje o recheio sobre a fôrma coberta de massa, depois transfira cuidadosamente para o forno e deixe assar por 1 hora. Depois desse tempo ele deve estar firme no topo e, embora não vá parecer completamente cozido por baixo, a superfície deve estar levemente chamuscada em alguns pontos. Adoro isso.

♥ Coloque sobre uma grelha para esfriar, ainda na fôrma, e aceite o fato de que a superfície provavelmente vai rachar um pouco enquanto esfria. Considere isso o selo de autenticidade. Deixe o cheesecake, coberto, de um dia para o outro na geladeira antes de servir.

PREPARO ANTECIPADO
Faça o cheesecake até 2 dias antes, deixe esfriar e refrigere como indicado. Não tampe até estar completamente frio, depois cubra com filme plástico, com cuidado para não encostar na superfície. O cheesecake pode ser mantido na geladeira por até 4 dias no total.

CONGELAMENTO
O cheesecake pode ficar congelado por até 1 mês. Quando estiver totalmente gelado, envolva-o, ainda na fôrma, em 2 camadas de filme plástico e 1 camada de papel-alumínio, com cuidado para que esse invólucro não encoste na superfície. Descongele de um dia para o outro na geladeira e consuma em até 2 dias.

Cheesecake de chocolate e manteiga de amendoim

Como estabeleci minha autenticidade com a receita anterior, sinto um pouco menos de necessidade de me desculpar pela vulgaridade excessivamente indulgente deste cheesecake. Mas, honestamente, por que eu deveria me sentir culpada? Você não vai se sentir depois de comer; mas talvez eu deva avisar que esta receita não é para aqueles de coração fraco. Ela baseia-se em uma indulgência descarada, e satisfeita: pense em um Copinho de Manteiga de Amendoim da Reese's em forma de cheesecake. Por isso, não asso esta receita em banho-maria, como faço com o Cheesecake Banoffee da **p. 133**. O banho-maria é excelente quando queremos obter uma textura sedosa, mas para mim a manteiga de amendoim exige que ele grude um pouco no céu da boca. Além disso, assada dessa maneira a parte de cima ganha uma leve crosta quando fica pronta, tornando mais fácil espalhar a cobertura de chocolate.

Serve 10 a 12 pessoas

Os ingredientes devem estar em temperatura ambiente

Para a base:
200 g de biscoitos maizena
50 g de amendoins salgados
100 g de gotas de chocolate amargo
50 g de manteiga sem sal em
  temperatura ambiente

3 gemas (congele as claras para
  preparar os merengues da **p. 262**)
200 g de açúcar refinado
125 ml de creme azedo
250 g de manteiga de amendoim
  cremosa

Para o recheio:
500 g de cream cheese
3 ovos

Para a cobertura:
250 ml de creme azedo
100 g de gotas de chocolate ao leite
30 g de açúcar mascavo

1 fôrma de fundo removível com 23 cm

♥ Preaqueça o forno a 170°, depois bata os biscoitos, os amendoins, as gotas de chocolate amargo e a manteiga para a base em um processador de alimentos. Quando a massa formar um bolo, coloque-a na fôrma e pressione-a contra o fundo e as laterais para fazer a crosta crocante. Coloque na geladeira enquanto prepara o recheio.

♥ Bata o recheio no processador lavado e enxuto, colocando o cream cheese, os ovos e as gemas, o açúcar, o creme azedo e a manteiga de amendoim e batendo até formar uma mistura homogênea.

♥ Despeje o recheio sobre a massa gelada na fôrma gelada e asse por 1 hora, mas cheque depois de 50 minutos. A parte de cima — apenas — deve estar firme e seca.

♥ Retire o cheesecake do forno enquanto prepara a cobertura. Em uma panela pequena, em fogo baixo, aqueça lentamente o creme azedo, o chocolate e o açúcar mascavo, mexendo para misturar o chocolate conforme for derretendo, e depois retire do fogo.

♥ Espalhe a cobertura sobre o cheesecake, tomando o máximo de cuidado possível para não rachar a superfície (não que vá acontecer nada de mau. O cheesecake apenas ficaria um pouco mesclado ao chocolate). Recoloque no forno e deixe por mais 10 minutos.

♥ Quando sair do forno, deixe o cheesecake esfriar na fôrma e depois cubra e guarde na geladeira de um dia para o outro. Na hora de comer, retire da geladeira, apenas para não deixá-lo tão gelado: isso tornará mais fácil desenformar. Mas não deixe chegar à temperatura ambiente, pois fica um pouco pegajoso e será difícil fatiar.

PREPARO ANTECIPADO
Faça o cheesecake até 2 dias antes. Deixe esfriar e refrigere como indicado. Não tampe até estar completamente frio, depois cubra com um prato ou com filme plástico, com cuidado para não encostar na superfície. Desenforme e sirva como recomendado na receita. Pode ser mantido na geladeira por um total de 4 dias.

CONGELAMENTO
O cheesecake pode ficar congelado por 1 mês. Deixe ficar totalmente gelado, depois envolva, ainda na fôrma, em 2 camadas de filme plástico e 1 camada de papel-alumínio. Descongele de um dia para o outro na geladeira e consuma em até 2 dias. Um pouco de condensação pode se formar na superfície, mas isso não impede o consumo.

Torta de frutas fácil

Talvez esta seja uma das sobremesas mais úteis que se podem ter no repertório. Não que uma sobremesa tenha a obrigação de ser útil: uma sobremesa existe unicamente para deleitar. Mas é preciso fazer o jantar, mesmo quando há pouco e precioso tempo e a comida precise ficar deliciosa ainda assim. Então, o negócio é o seguinte: o trabalho para fazer esta deslumbrante torta de frutas é ínfimo, e o prazer que se obtém ao comê-la é enorme.

Só é preciso esmagar alguns biscoitos com mais ou menos um dia de antecedência e preparar a base — tirando um obstáculo do caminho mais cedo, na minha visão — depois misturar creme de limão-siciliano e cream cheese, e usar esse creme para cobrir a massa na fôrma. Eu uso creme de limão-siciliano comprado pronto, mas mesmo assim deve ser de boa qualidade. E quando for batido com o cream cheese, esse cream cheese deve estar em temperatura ambiente, assim como o creme de limão-siciliano. A combinação produz uma camada com gosto de creme de cheesecake: leve, deliciosa e com sabor de limão.

Eu colocava as frutas sobre o creme na última hora, mas depois descobri que uma fatia que sobrou depois de uma festa estava convidativa depois de passar a noite na geladeira, então agora termino de montar a torta com antecedência. Mas se preferir adicionar as frutas antes de servir, entendo perfeitamente.

Não ache que precisa obedecer a ordem das frutas literalmente: qualquer mistura de frutas silvestres (ou de qualquer outra fruta) serve, e você pode muito bem usar uma quantidade menor e cobrir a torta de forma menos extravagante.

MINHA DOCE SOLUÇÃO | DILEMAS DA COZINHA

Serve 8 a 10 pessoas

375 g de biscoitos maizena

75 g de manteiga sem sal em temperatura ambiente

400 g de cream cheese em temperatura ambiente

240 g de creme de limão-siciliano, em temperatura ambiente

125 g de mirtilos

125 g de amoras-pretas

125 g de framboesas

125 g de groselha ou sementes de romã

125 g de morangos pequenos

1 fôrma ondulada para torta com aprox. 25 cm diâmetro x 4 a 5 cm de profundidade, com fundo removível

♥ Bata no processador os biscoitos e a manteiga até virarem uma farofa e pressione contra o fundo e as laterais da fôrma. Coloque no freezer (ou na geladeira, se não for possível) por 10 a 15 minutos.

♥ Com o **processador** limpo, bata o creme cheese e o creme de limão-siciliano (ou **misture à mão**) e espalhe sobre o fundo da fôrma gelada, cobrindo homogeneamente a massa.

♥ Arrume as frutas cuidadosamente (para que não afundem demais) sobre o creme cheese com limão de um jeito decorativo (veja a foto), deixando alguns dos morangos com os pitorescos cabinhos.

♥ Deixe a torta na geladeira, de preferência de um dia para o outro, mas pelo menos por 4 horas. Ela precisa ficar gelada para ficar bem firme e poder ser cortada com facilidade.

PREPARO ANTECIPADO

A torta pode ser preparada 1 dia antes. Cubra levemente com filme plástico ou papel-alumínio, tomando cuidado para não pressionar o recheio, e refrigere. Mantém a qualidade por cerca de 4 dias.

CONGELAMENTO

A torta, sem a cobertura de frutas, pode ficar congelada por até 3 meses se for preparada com cream cheese integral, mas saiba que ela pode dessorar quando for descongelada, de forma que não é uma receita ideal para o congelamento. Deixe a torta descoberta no freezer até ficar firme, depois envolva (ainda na fôrma) em 2 camadas de filme plástico e 1 camada de papel-alumínio. Para descongelar, desembrulhe e cubra levemente com filme plástico, depois deixe na geladeira de um dia para o outro. Decore e sirva como indicado na receita.

MINHA DOCE SOLUÇÃO | DILEMAS DA COZINHA

Sorvete de piña colada

Orgulhosa por causa do sucesso de uma criação anterior, um sorvete de margarita que não precisava ser batido, trago o sorvete de piña colada com o mesmo modo de preparo. Coco intenso, abacaxi ácido, creme suave... pronto! Você não precisa compartilhar da minha fraqueza por bebidas kitsch para gostar desta receita. Certamente ajuda, mas o benefício é psicológico, não gastronômico.

Asseguro que o coco ralado tostado para espalhar por cima não é mera decoração: é necessário para controlar a acidez. Sem essa cobertura o doce sabor do coco do sorvete é predominante. Não faz muito sentido, mas é verdade. Se não conseguir encontrar o coco ralado úmido adoçado, sugiro que, em vez de substituir por coco ralado comum, procure coco fresco sem casca no supermercado. É possível passá-lo por um ralador grosso ou fatiador e colocar sobre o sorvete.

Serve 8 a 10 pessoas

125 ml de suco de abacaxi	2 colheres de chá de suco de limão
80 ml de Malibu (rum aromatizado com coco)	100 g de açúcar de confeiteiro
	500 ml de creme de leite fresco
Algumas gotas generosas de essência de coco	75 g de coco ralado úmido adoçado, para servir

♥ Despeje o suco de abacaxi e o Malibu em uma tigela grande, e acrescente a essência de coco e o suco de limão.

♥ Adicione o açúcar de confeiteiro e mexa para dissolver.

♥ Acrescente o creme de leite e continue batendo até que se formem picos suaves.

♥ Prove para ver se precisa de mais essência de coco ou suco de limão (e lembre-se de que não vai ficar tão forte quando estiver congelado), depois transfira e ajeite o sorvete em um recipiente hermético e congele.

♥ Ao servir — e, ah, como esta receita pede tantas cascas de coco como pede potes — toste o coco ralado em uma panela seca e quente até começar a dourar e transfira para uma tigela. Salpique um pouco sobre cada porção e deixe o resto para as pessoas adicionarem enquanto comem.

CONGELAMENTO
O sorvete pode ficar por até 3 meses no freezer, mas vai ficar duro, então é melhor manter por até 1 mês, e o ideal é consumir até 1 semana depois do preparo.

MINHA DOCE SOLUÇÃO | DILEMAS DA COZINHA

MINHA DOCE SOLUÇÃO | DILEMAS DA COZINHA

Torta gafanhoto

Eu estava assistindo a um episódio de *Glee* na TV, e um dos personagens comeu umas 4 fatias de Torta Gafanhoto. Qualquer cena de comida em filmes ou na televisão me faz perder partes importantes da trama, de tão envolvida que fico com o que está sendo preparado ou comido, mas eu enlouqueci completamente com essa receita. Soube que tinha de preparar aquela torta, mesmo antes de ter a mínima ideia de seus ingredientes. E — sejamos francos — se você ainda fizer a receita *depois* de saber, não há desculpa. Não que eu esteja tentando desanimá-lo. Pelo contrário: considero-a um exemplo de sorte milagrosa. Se tivesse lido sobre ela, teria feito um trejeito horrorizado com a boca e virado a página rapidamente — e nunca saberia como esta receita é inexplicavelmente divina, e talvez nem você. Fico grata por minha sorte e meus maus hábitos: se eu não estivesse debruçada diante da TV, teria continuado ignorante.

Já usei marshmallows para cozinhar antes, e não vejo qualquer razão para me desculpar por isso. Mas lhe digo que o que eles proporcionam à criação é uma consistência única, aerada e inacreditavelmente leve: na boca, parece sorvete que não está congelado, mas mesmo assim é firme.

Por mais improváveis que sejam todos os ingredientes separados, que dirá juntos, preciso dizer que os mantenho sempre à mão para as muitas ocasiões em que preciso fazer uma Gafanhoto. Acho que é uma das minhas sobremesas mais populares — e, na minha opinião, maravilhosamente versátil. É quase como se parecesse não combinar com nada, então combina com tudo. Dito isso, é especialmente gostosa e docemente refrescante depois de qualquer receita apimentada.

Uma nota final: para obter todo o efeito, o creme de menta tem de ser verde e o creme de cacau, transparente.

Serve 8 a 10 pessoas

Para a base:
300 g de biscoitos de chocolate recheados
50 g de chocolate amargo de boa qualidade picado
50 g de manteiga sem sal em temperatura ambiente

Para o recheio:
150 g de minimarshmallows
125 ml de leite integral

4 colheres de sopa de creme de menta
4 colheres de sopa de creme de cacau blanc
375 ml de creme de leite fresco
Algumas gotas de corante culinário verde (opcional)

1 fôrma redonda ondulada com fundo removível, de 25 cm

MINHA DOCE SOLUÇÃO | DILEMAS DA COZINHA

♥ Separe e reserve um biscoito. Bata o restante dos biscoitos e do chocolate em um processador de alimentos até virar uma farofa, depois acrescente a manteiga e continue batendo até começar a formar um bolo.

♥ Pressione a massa na fôrma de laterais altas, criando a base e laterais homogêneas com as mãos ou a parte de trás de uma colher. Coloque na geladeira para gelar e endurecer.

♥ Derreta os marshmallows em uma panela com o leite, em fogo baixo, e quando o leite começar a espumar (não a ferver), tire do fogo e continue mexendo, até que os marshmallows se combinem ao leite formando uma mistura homogênea.

♥ Despeje a mistura da panela em um refratário, depois incorpore o creme de menta e o creme de cacau. Reserve até esfriar.

♥ Bata o creme até começar a formar picos suaves, então, ainda batendo, acrescente a mistura de marshmallow fria. Esse recheio deve ficar grosso, mas ainda macio, não duro ou seco, para que eventualmente possa ser despejado facilmente da tigela sobre a massa gelada da torta.

♥ Quando a mistura de marshmallow com creme estiver bem incorporada, acrescente algumas gotas de corante culinário (a não ser que prefira não usá-lo) e misture-o.

♥ Espalhe o recheio sobre a base gelada, fazendo movimentos ondulantes com uma faca sem ponta ou uma espátula para preencher homogeneamente o espaço, depois recoloque a torta na geladeira, coberta, para gelar de um dia para o outro ou por pelo menos 4 horas, até estar firme.

♥ Triture o biscoito reservado e espalhe-o sobre a torta antes de servir.

PREPARO ANTECIPADO
A torta pode ser feita com 1 a 2 dias de antecedência. Quando estiver gelada e firme, cubra com papel-alumínio (tente não deixar o papel encostar na superfície, pois vai deixar marcas) e guarde na geladeira. Decore pouco antes de servir. A torta mantém a qualidade por um total de 3 a 4 dias.

CONGELAMENTO
A torta pode ficar congelada por até 3 meses. Congele a torta sem decoração descoberta só até ficar sólida, depois envolva (ainda na fôrma) em 2 camadas de filme plástico e 2 camadas de papel-alumínio. Para descongelar, desembrulhe a torta e cubra com papel-alumínio (tente não deixar o papel encostar na superfície, pois vai deixar marcas), depois deixe na geladeira de um dia para o outro. Decore antes de servir.

DE IMPROVISO

Não sei se você quer realmente saber o que acho necessário ter em seus armários, geladeira e freezer. Embora eu não seja exatamente uma acumuladora, chego muito perto. Quando faço compras, não consigo colocar qualquer item em minha cesta sem incluir um a mais para dar sorte. Talvez se deva a alguma mentalidade atávica de refugiados (tenho antepassados que foram de barco da Holanda até a Inglaterra), mas nenhuma cozinha minha chegaria perto de uma escassez de suprimentos.

Não se preocupe: não vou enviá-lo em uma loucura de compras compulsivas ou fazê-lo, assim como eu, acabar com um freezer tão cheio que se arrisca a conseguir uma queimadura de frio ao retirar tudo lá de dentro só para desenterrar um pacote de ervilhas congeladas. A sabedoria, dizem, está em aprender com os erros alheios, e certamente seria sensato tomar cuidado com os meus. E como nem o estoque mais ganancioso garante que estaremos preparados para todas as eventualidades — eu que o diga —, faz sentido ter um sistema para saber que o que está armazenando um dia se tornará uma refeição.

Não estou dizendo que é necessário contar com esses ingredientes para fornecer uma refeição inteira (embora haja receitas aqui que façam exatamente isso), mas você pode simplificar muito sua vida na cozinha tendo um estoque de ingredientes menos cotidianos, para que na hora de comprar o jantar em uma rápida incursão às lojas locais não fique procurando em vão por alguma pasta ou condimento incomum. Mas, além disso, é possível se preparar confortavelmente para aqueles dias em que convidados inesperados aparecem ou você simplesmente não pode fazer compras.

Preciso saber que não apenas tenho massa à mão (e o que era o armário de massas hoje em dia se transformou em uma enorme cesta conhecida como O Festival da Colheita), mas também os ingredientes para preparar molhos. E enquanto meu Espaguete das Vadias é o principal entre eles, existem também outros competidores. A leitura de qualquer das receitas a seguir lhe dará uma indicação dos ingredientes necessários.

Quanto aos camarões e lulas congelados (as últimas compro em pacotes de 1 kg com o peixeiro), podem ser verdadeiros salva-vidas, e recentemente descobri diversas misturas de frutos do mar no supermercado que incrementam um pouco meu repertório. Na geladeira, sempre tenho chouriços, pacotes de queijo feta ou halloumi, assim como cubos de pancetta ou de bacon. Todos esses ingredientes duram bastante na geladeira e servem para refeições em cima da hora, e gosto do luxo de poder contar com eles.

Não sei se seria útil listar tudo o que tenho na cozinha (até porque se tornaria um exercício vergonhoso demais para mim), mas gostaria de delinear alguns — no mínimo para mostrar que fazer um jantar com pouca ou nenhuma antecedência não é uma habilidade ou talento, mas uma questão de compras inteligentes. Vá em frente!

Espaguete das vadias

Bom, como eu poderia resistir a tentação de traduzir assim a *pasta alla puttanesca*, pasta das prostitutas, como normalmente é descrita na tradução literal? O consenso geral parecer ser de que este é o tipo de prato preparado por mulheres à toa que não vão ao mercado para comprar ingredientes frescos, mas se satisfazem usando coisas que vêm em potes e latas. Eu me identifico. Ou será que o nome deveria ser atribuído ao sabor ardente e robustamente salgado do prato? Mas, enfim, que receita melhor para começar esta seção devotada aos frutos da despensa?

Por favor, use quanta pimenta quiser, mas saiba que mesmo que a primeira mordida possa não parecer muito picante, a ardência aumenta enquanto comemos. Às vezes dou um toque intercultural e uso pimentas jalapeños em conserva.

Serve 4 a 6 pessoas

3 colheres de sopa de azeite de oliva

8 filés de anchova, escorridos e finamente picados

2 dentes de alho, descascados e cortados em fatias finas, esmagados ou ralados

½ colher de chá de pimenta calabresa, ou 1 a 2 colheres de sopa de pimentas jalapeño vermelhas em conserva (escorridas, fatiadas e picadas), ou a gosto

500 g de espaguete

1 lata (400 g) de tomates picados

150 g de azeitonas pretas sem caroço, levemente picadas

2 colheres de sopa de alcaparras, bem lavadas e escorridas

2 a 3 colheres de sopa de salsa fresca picada, para servir (opcional)

Sal e pimenta a gosto

♥ Coloque água para ferver para o macarrão, embora não precise começar a preparar o molho até que esteja fervendo.

♥ Despeje o azeite em uma frigideira caçarola ou wok larga e relativamente rasa, e coloque em fogo médio.

♥ Acrescente as anchovas finamente picadas e cozinhe por cerca de 3 minutos, pressionando e empurrando com uma colher de pau, até que estejam quase totalmente "derretidas", depois acrescente o alho e a pimenta calabresa (ou os jalapeños fatiados, depois picados) e cozinhe, mexendo por mais um minuto.

♥ Nesse estágio, salgue a água da massa e acrescente o espaguete para cozinhar de acordo com as instruções da embalagem.

♥ Voltando ao molho, acrescente os tomates, as azeitonas e as alcaparras e cozinhe por cerca de 10 minutos, mexendo de vez em quando, até começar a engrossar. Prove o tempero.

♥ Quando a massa estiver quase pronta, retire aproximadamente uma xícara de espresso da água do cozimento, e reserve. Quando estiver no ponto desejado, escorra e acrescente o espaguete ao molho da panela ou wok, adicionando um pouco da água do cozimento reservada, se for necessário, para ajudar a amalgamar o molho. Salpique com salsa picada, se esse ingrediente estiver à mão, e sirva em um estilo relaxado, de preferência com um cigarro sem filtro enfiado entre lábios pintados de vermelho.

PREPARO ANTECIPADO
O molho pode ser feito com 2 dias de antecedência. Transfira para um recipiente não metálico para esfriar, depois cubra e refrigere o mais rápido possível. Reaqueça lentamente em uma panela, frigideira ou wok grande, mexendo ocasionalmente, até estar bem quente.

CONGELAMENTO
O molho frio pode ficar congelado em um recipiente fechado por até 3 meses. Descongele de um dia para o outro na geladeira e reaqueça como indicado.

Camarões japoneses

Chamo esta receita de Camarões japoneses por respeito ao saquê e à raiz-forte nos quais os cozinho, mas não estou dizendo que este prato é parte do repertório culinário do Japão. Seja qual for sua origem, devo dizer que este é o prato que preparo para mim mesma com mais frequência. É praticamente instantâneo, definitivamente fabuloso e faz eu me sentir divina e satisfeita comigo mesma. Dito isso, devo admitir que não preparo meia receita quando como sozinha.

Para manter a virtude, mas também porque é mais fácil, como os camarões com salada, deixando o saboroso líquido temperar e banhar as folhas. Também fica bom, e mais robusto, com arroz basmati integral ou macarrão integral. É claro, o máximo da perfeição seria preparar esta receita com camarões orgânicos crus que gosto de ter na geladeira, mas não posso contar em tê-los, enquanto que para usar os congelados é só abrir a porta do freezer. Às vezes, estou com tanta pressa que jogo um pouco de azeite de alho na wok e acrescento gengibre e pimenta previamente picados direto do freezer (comprados assim, não o resultado de planejamento eficiente), ou em conserva, seguidos pelos camarões, depois um pouco de saquê com raiz-forte, suco de limão e água e cozinho como indicado na receita. Jantar preparado confortavelmente em menos de 5 minutos é a salvação dos dias de semana.

Serve 2 pessoas

2 colheres de sopa de água
2 colheres de sopa de saquê
½ colher de chá de sal marinho em flocos ou ¼ de colher de chá de sal refinado, ou a gosto
1 colher de sopa de suco de limão
½ colher de sopa de raiz-forte em pó (ou 1 colher de chá de pasta)
2 colheres de chá de azeite de alho

2 cebolinhas, cortadas em fatias finas
200 g de camarões grandes congelados crus
Folhas de salada, arroz ou macarrão para servir
2 a 3 colheres de sopa de coentro fresco picado, para servir (opcional)

♥ Em um jarro, xícara ou tigela, misture a água, o saquê, o sal o suco de limão e a raiz-forte.

♥ Aqueça uma wok ou uma frigideira funda com fundo grosso e, quando estiver quente, acrescente o azeite de alho e as cebolinhas e salteie por mais ou menos 1 minuto, depois junte os camarões congelados e cozinhe por mais cerca de 3 minutos ou até que eles comecem a ficar rosados e a descongelar.

♥ Adicione os líquidos à panela, deixe levantar fervura e cozinhe por mais 2 minutos, misturando os camarões com o molho.

♥ Quando os camarões estiverem completamente cozidos, sirva sobre salada, arroz ou macarrão, salpicando com coentro fresco, se tiver.

DE IMPROVISO | DILEMAS DA COZINHA

DE IMPROVISO | DILEMAS DA COZINHA

DE IMPROVISO | DILEMAS DA COZINHA

Jantar rápido de frutos do mar

Esta receita é outro exemplo de como seu freezer pode ser seu amigo nas horas de esquecimento. Se não se lembrou de fazer compras ou não teve tempo, energia ou vontade, esta é para você. Obviamente, é preciso ter um variado estoque de frutos do mar no freezer; eu guardo camarões e lulas separadamente, e também compro uma seleção pronta contendo também mexilhões. E não esnobe essa ideia a não ser que queira sair perdendo. Fui apresentada ao mix de frutos do mar congelados por um amigo que é um dos obcecados por comida mais ensandecidos que conheço. Se eu tiver em casa tomates em casa que precise consumir, retiro as sementes e os pico finamente em vez de abrir uma lata.

Minha maneira preferida de comer este prato é apenas com um pouco de pão com casca grossa para mergulhar nos sucos. Se você só tiver pão dormido em casa, salpique-o com água fria e coloque-o no forno preaquecido a 200° por 6 a 10 minutos. Se for uma pessoa precavida, é claro, terá pães semiprontos em casa.

Serve 2 a 4 pessoas, *com pão, e pode render para 6 se for servido sobre massa*

1 pitada de estames de açafrão
250 ml de água fervente
4 colheres de chá de azeite de alho
6 cebolinhas, cortadas em fatias finas
½ colher de chá de estragão seco
125 ml de vermute seco ou vinho branco seco
½ lata de tomates picados
1 colher de chá de sal marinho em flocos ou ½ colher de chá de sal refinado, ou a gosto
400 g de mix de frutos do mar congelados
Pimenta, a gosto
Ervas frescas, para servir (opcional)

♥ Coloque os estames de açafrão em uma tigela e acrescente 250 ml de água fervente.

♥ Aqueça o azeite de alho em uma panela larga, rasa, com fundo grosso, em fogo médio, e frite as cebolinhas e o estragão seco por cerca de 1 minuto.

♥ Adicione o vermute (ou o vinho) e deixe ferver por 1 minuto, depois acrescente o açafrão em sua água amarela, seguido dos tomates, e deixe levantar fervura. Junte metade do sal especificado na receita.

♥ Aumente o fogo, acrescente os frutos do mar e deixe a panela levantar fervura novamente, depois baixe para o fogo médio e ferva robustamente até que os frutos do mar estejam quentes e totalmente cozidos, o que deve levar de 3 a 4 minutos (ou de acordo com as instruções da embalagem).

♥ Tempere com pimenta a gosto e acrescente o restante do sal se for necessário, salpique com qualquer erva disponível, se quiser, e sirva com um pouco de pão de casca grossa para absorver agradavelmente o líquido.

Massa com pancetta, salsa e pimentões

Sempre tenho um estoque de cubos de pancetta na geladeira para incrementar o que mais estiver à mão, mas nesta receita eles são a atração principal. Se quiser usar bacon em cubos em vez de pancetta, vá em frente.

Esta receita pode ser um improviso constante, mas é um ótimo jantar. O sal do bacon, cortado seja como for, é equilibrado pela doce suavidade dos pimentões chamuscados. Contra o ardor da pimenta, temos o frescor vívido do limão-siciliano, embora, se quiser, você pode substituí-lo por avinagradas alcaparras.

Para mim, esta é a comida perfeita para uma ressaca, melhor ainda que o mais picante Espaguete das Vadias da **p. 188**; o álcool me faz desejar não apenas pimenta e carboidratos, mas também o conforto satisfatório de um pouco de gordura.

Acho que o status de macarrão improvisado não impede a inclusão de salsa fresca, pois esse ingrediente nunca falta na minha cozinha. Mas saiba que pode preparar este prato sem ela. Também devo admitir que quando você fizer esta receita, o molho será mais abundante do que na foto. Durante a sessão de fotos, enquanto esperava a massa cozinhar, estupidamente joguei o molho no escorredor por engano quando o timer apitou. Ainda assim, salvei a maior parte, e essas coisas acontecem com todos nós.

Serve 2 pessoas, *fartamente*

1 colher de chá de azeite de alho	2 colheres de sopa de água fria
150 g de cubos de pancetta ou de bacon	190 g (peso drenado) de pimentões grelhados ou assados em conserva
½ colher de chá de pimenta calabresa	20 g de salsa picada
Casca e suco de 1 limão-siciliano	250 g de espaguete
	Sal e pimenta, a gosto

♥ Coloque para ferver uma panela grande com água para o macarrão.

♥ Aqueça o azeite em uma panela média com fundo grosso (na qual a massa cozida possa ser colocada depois). Frite os cubos de pancetta ou de bacon até começarem a ficar crocantes, então acrescente a pimenta calabresa, a casca ralada e o suco do limão-siciliano, e 2 colheres de sopa de água.

♥ Deixe a mistura ferver por 1 minuto. Corte com uma tesoura os pimentões escorridos (ainda no escorredor) em pedaços pequenos, depois acrescente-os à panela com metade da salsa picada.

DE IMPROVISO | DILEMAS DA COZINHA

♥ Salgue a água quando estiver fervendo e cozinhe o macarrão de acordo com as instruções do pacote. Retire uma xícara pequena de água do cozimento antes de escorrer. Quando a massa estiver pronta, escorra levemente e despeje-a na panela do molho.

♥ Misture bem, e acrescente mais água do cozimento se for preciso, depois tempere e salpique com a salsa restante.

Paella da despensa

Para um prato improvisado que usa o que se tem em casa, esta receita é impressionante. Evidentemente, aqui incluo meu freezer, até porque o freezer é a despensa mais útil de todas. É ali que ficam guardados meus suprimentos não apenas de camarões e lulas, mas também onde armazeno pequenas porções de sobras de carnes assadas (embaladas e congeladas imediatamente após esfriarem, por até 3 meses), a maioria das quais poderiam ser usadas neste prato, assim como no Pilaf da **p. 198**. Mas qualquer sobra de carne de porco sempre acaba, e com honra, nesta paella. E se não houver carne de porco, eu acrescento frango ou (mais autenticamente) um pouco de chouriço em cubos que sempre tenho na geladeira.

Tenho certeza de que os iberófilos de carteirinha considerariam este prato deficiente por diversos motivos — não só porque pronuncio seu nome ao estilo inglês, dizendo os "l"s —, mas os desafio a comê-lo e não querer repetir.

Serve 4 *personas famintas*

1 pitada de estames de açafrão
4 colheres de sopa (ou 60 ml) de xerez oloroso
2 colheres de sopa de azeite de oliva
3 cebolinhas, cortadas em fatias finas
1 dente de alho, descascado e cortado em fatias finas
250 g de arroz Bomba (ou outro arroz próprio para paella), ou arroz arborio
250 g de camarões congelados crus, descongelados
100 g de lulas pequenas congeladas, descongeladas e fatiadas
250 g de carne de porco pronta fria, cortada em pedaços
150 g de ervilhas congeladas
500 ml de caldo de galinha (pronto, concentrando ou em cubo), de preferência orgânico
Sal, a gosto
1 limão-siciliano, cortado em pedaços (para servir)
1 molho pequeno de coentro fresco picado, para servir

♥ Coloque os estames de açafrão em uma panela pequena em fogo médio com o xerez e aqueça-os, sem deixar levantar fervura. Deixe esfriar. Esquente o óleo em uma panela larga, de fundo grosso. Frite as cebolinhas por alguns minutos.

♥ Adicione o alho fatiado à panela e cozinhe por mais aproximadamente 1 minuto. Junte o arroz, cobrindo-o com o óleo, depois os camarões, as lulas fatiadas, a carne de porco e as ervilhas, e mexa.

♥ Aqueça o caldo de galinha, ou prepare-o com o concentrado ou o cubo em água fervente, e adicione o caldo quente à panela, e logo depois o xerez quente com açafrão. Mexa e deixe levantar fervura novamente, depois abaixo o fogo e deixe destampado.

♥ Cozinhe *sem mexer* por 15 a 20 minutos. Ao final desse tempo o arroz deve ter absorvido o líquido e ficado macio.

♥ Nesse estágio você pode separar os grãos de arroz com um garfo e verificar o tempero, acrescentando sal a gosto.

♥ Sirva a paella com pedaços de limão-siciliano nas bordas e salpicada de coentro.

Arroz pilaf com carnes variadas

Este prato é incrivelmente satisfatório, especialmente quando se sabe que é feito das sobras de outras refeições depois de uma rápida busca pela cozinha. É verdade, o coentro, a salsa e as sementes de romã frescos que defino como opcionais elevam o pilaf de um prato saboreado ao comer a um prato saboreado também antes de comer, mas esta é uma receita que permite quaisquer adições e omissões. Simplesmente reviste sua geladeira e sua despensa e proceda de acordo.

Serve 2 a 3 pessoas

1 colher de sopa de óleo vegetal
1 cebola, finamente picada
½ colher de chá de sementes de cominho
½ colher de chá de sementes de coentro
½ colher de chá de tomilho seco
225 g de arroz basmati, ou uma mistura de basmati integral, arroz vermelho e arroz selvagem
500 ml de caldo de galinha (pronto, concentrado ou cubo), de preferência orgânico

150 g (aprox. 2 xícaras) de carne fria desfiada
Sal e pimenta, a gosto
2 a 3 colheres de sopa de pinolis ou lascas de amêndoas tostados, ou uma mistura dos dois
2 colheres de sopa de salsa fresca picada, para servir (opcional)
2 colheres de sopa de coentro fresco picado, para servir (opcional)
2 a 3 colheres de sopa de sementes de romã, para servir (opcional)

♥ Aqueça o óleo em uma panela de fundo grosso que tenha tampa, depois acrescente a cebola picada e cozinhe por 5 minutos em fogo baixo a médio, mexendo frequentemente, antes de juntar as sementes de cominho e de coentro e o tomilho, e continuar cozinhando até a cebola ficar macia; deve levar mais cerca de 5 minutos, dando 10 minutos de tempo de cozimento total.

♥ Adicione o arroz e misture-o ao óleo e à cebola temperada com uma colher de pau ou espátula rígida até que esteja coberto de óleo e brilhante. Aqueça o caldo, ou prepare o caldo concentrado/cubo em água fervente, depois despeje o caldo quente na panela e deixe levantar fervura. Tampe bem e cozinhe no fogo mais baixo possível por 15 minutos para o arroz basmati comum, ou por até 40 minutos para a mistura dos três tipos de arroz.

♥ Junte a carne desfiada e misture com um garfo, depois recoloque a tampa e deixe cozinhar por mais 5 minutos para que a carne esquente completamente e o arroz termine de cozinhar.

♥ Verifique se a carne está bem quente e o arroz, macio. Tempere a gosto, depois tire do fogo e misture com um garfo a maior parte dos pinolis, das ervas e das sementes de romã, caso os esteja usando (ou despeje em uma travessa antes de fazer isso), e decore cada tigela de pilaf com os ingredientes restantes.

DE IMPROVISO | DILEMAS DA COZINHA

DE IMPROVISO | DILEMAS DA COZINHA

Massa pequena com salame

Embora este prato tenha surgido como um jantar de última hora para meus filhos (quando me defrontei inesperadamente com a necessidade de fornecer alimento no meio na noite a adolescentes fazendo uma pilhagem faminta), ele se tornou um especial da casa. Sempre tenho feijões, tomates e massa na despensa, e minha geladeira é bem provida de embalagens de salame, para rechear sanduiches quentes e comer em geral. Se quiser usar um *salame* de verdade (ou seja, inteiro, não pré-fatiado) e cortá-lo em pedaços, vá em frente, mas vai precisar dobrar, no mínimo, o peso indicado na receita. Para ter rapidez e simplicidade (e, propositalmente, esta é uma receita muito fácil) o salame pré-fatiado resolve, e adoro o fato de que as tiras, quando cozidas, parecem a língua de um cachorrinho de madame.

Estou certa de que se pode usar massas pequenas comuns, não o tamanho minúsculo que estipulo aqui, mas eu nunca usei. Sempre que me pedem pra fazer este prato, deixam perfeitamente claro que variações não serão toleradas.

Serve 3 a 4 pessoas

300 g de macarrão ditalini ou mezzi tubetti

75 g (cerca de 15 fatias) de salame Milano, cortado em tiras com a tesoura

1 lata (400 g) de tomates picados, mais ½ lata de água

2 colheres de sopa (30 g) de manteiga

1 bouquet garni

1 lata (400 g) de feijões brancos, escorridos e lavados

♥ Ferva e salgue generosamente — ou a gosto — a água para o macarrão, depois coloque o ditalini ou o mezzi tubetti, que provavelmente levarão cerca de 10 minutos para ficar prontos (mas não deixe de verificar a embalagem), e prepare o molho enquanto a massa cozinha.

♥ Aqueça uma panela larga de fundo grosso — veja a que eu usei na foto — e coloque nela as tiras de salame, sem se preocupar se elas grudarem umas nas ouras. Mexa com uma colher de pau em fogo médio por 1 ou 2 minutos.

♥ Adicione os tomates, encha metade da lata com água e adicione-a também.

♥ Junte 1 colher de sopa de manteiga e mexa bem com a colher de pau, depois coloque o bouquet garni e os feijões escorridos, mexa e deixe ferver — constante, mas lentamente — enquanto o macarrão termina de cozinhar.

♥ Pouco antes de escorrer a massa, retire uma xícara pequena de água do cozimento.

♥ Acrescente a massa escorrida ao molho, mexendo. Retire do fogo, junte a manteiga restante e misture. Se achar necessário, adicione um pouco da água do cozimento da massa, e mexa novamente com a colher de pau. Deixe descansar por 2 minutos antes de servir, removendo o bouquet garni nesse momento.

Ensopado de chouriço e grão-de-bico

Se algum dia existiu uma justificativa para o amor à despensa, é esta receita: um banquete completo preparado com grande efeito, simplesmente com ingredientes que você pode manter em uma permanente reserva. E, como tantas dessas receitas, é praticamente instantânea. Afinal de contas, se você não teve tempo para fazer compras, é muito improvável que possa passar horas ao fogão.

De qualquer maneira, sou grande fã de trigo para quibe — parecido com o cuscuz, só que mais robusto —, mas preparado dessa maneira, com alguns fios de massa jogados em óleo quente antes, realmente tem um quê a mais. Conversando ao lado do fogão, aprendi a fazer este prato com um amigo egípcio quando eu tinha vinte e poucos anos, e nunca encontrei nenhuma razão para modificá-lo. Ele, na verdade, não usava o spaghettini despedaçado, mas lokshen, que são pedacinhos de vermicelli normalmente encontrados na sopa de frango *echt*.

Essa é uma tradição extremamente distante da cultura que usa chouriço para cozinhar, mas o ensopado pontilhado de grãos-de-bico e tomates, e temperado com páprica, combina muito bem com o grão. Sempre tenho tomates-cereja em molho no armário, mas tomates enlatados comuns podem substituí-los tranquilamente.

Serve 4 pessoas

2 colheres de sopa de azeite de oliva

50 g de spaghettini ou vermicelli, quebrados em pedaços de 3 cm

500 g de trigo para quibe

1 colher de chá de canela

2 colheres de chá de sal marinho em flocos ou 1 colher de chá de sal refinado

1 litro de água

2 folhas de louro

350 g de chouriço, cortado em rodelas e depois ao meio

4 colheres de sopa de xerez amontillado

100 g de damascos secos macios, cortados em pedaços com uma tesoura (opcional)

2 latas (400 g cada) de grãos-de-bico ou feijões variados, enxaguados e escorridos em uma peneira

2 latas (400 g cada) de tomates-cereja, mais 1 ½ lata de água

Sal e pimenta, a gosto

Coentro fresco, para servir (opcional)

♥ Aqueça o azeite de oliva em uma panela de fundo grosso em fogo médio.

♥ Frite os pedaços de macarrão no azeite por 1 minuto, mexendo até que fiquem levemente dourados.

♥ Então, acrescente o trigo para quibe e mexa por mais 1 ou 2 minutos.

DE IMPROVISO | DILEMAS DA COZINHA

❤ Junte a canela e o sal, depois despeje a água na panela. Adicione as folhas de louro e deixe levantar fervura, depois abaixe o fogo para o mínimo, tampe e deixe por 15 minutos, até que a água tenha sido absorvida.

❤ Coloque outra panela de fundo grosso em fogo médio, adicione os pedaços de chouriço e frite até soltarem um óleo alaranjado. Depois adicione o xerez e deixe ferver. Acrescente os damascos (se estiver usando), juntamente com os grãos-de-bico (ou feijões) e os tomates enlatados, enchendo com água cada uma das latas de tomate até a metade e despejando-a na panela. Aumente o fogo para ferver por cerca de 5 minutos. Ponha sal e pimenta a gosto.

❤ Sirva com o trigo para quibe e, se tiver à mão, um pouco de coentro picado.

PREPARO ANTECIPADO
O ensopado pode ser preparado com até 2 dias de antecedência. Transfira para um recipiente não metálico para esfriar, depois cubra e refrigere o mais rápido possível; reaqueça lentamente em uma panela grande, mexendo de vez em quando, até estar bem quente.

CONGELAMENTO
O ensopado frio pode ficar congelado em um recipiente bem fechado por até 3 meses. Descongele de um dia para o outro na geladeira e reaqueça como indicado.

Usando bem as sobras

TABULE

Eu ficaria surpresa se sobrasse ensopado de chouriço e grão-de-bico, mas talvez sobre um pouco de trigo para quibe. Faço bastante quantidade por duas razões: primeira: acho irritante não usar o pacote inteiro, e sei que vou acabar com os armários cheios de grãos de trigo para quibe espalhados, por melhor que sele as embalagens; e, segunda: eu me sinto mais feliz em saber que vou poder preparar tabule. Sim, sei que o tabule, com sua base de ervas frescas (e elas devem ter pelo menos o dobro do volume do trigo para quibe, em qualquer tabule de respeito), não é absolutamente uma receita feita com os ingredientes da dispensa. Mas só porque você não teve tempo para ir às compras hoje não quer dizer que não terá tempo amanhã. Além do mais, seria errado separar uma receita-satélite da nave-mãe.

É melhor *medir esta receita em termos de volume, e não de peso, e não estou dizendo isso só porque eu jamais pesaria sobras de trigo para quibe. As xícaras que menciono na receita são as de medida, mas você poderia usar a marca de 250 ml em um copo medidor. Para ser sincera, a melhor forma de preparar esta receita não é por peso nem por volume, mas por gosto.*

Serve 2 a 4 pessoas

- 1 ½ xícara de sobras de trigo cozido para quibe
- 1 molho (40 g ou 2 xícaras) de hortelã picada
- 1 molho (80 g ou 2 xícaras) de salsa lisa picada
- 1 molho (25 g ou ¼ de xícara) de endro picado (opcional)
- 2 a 3 (1 xícara) tomates médios picados e sem sementes
- 3 cebolinhas, finamente picadas
- Casca de 1 limão-siciliano e suco de ½ limão-siciliano, mais a gosto
- 1 colher de chá de sal marinho em flocos ou ½ colher de chá de sal refinado, ou a gosto
- 2 colheres de sopa de azeite de alho (ou 2 colheres de sopa de azeite de oliva comum, mais 1 dente de alho amassado)
- 1 fio de azeite extravirgem
- Sementes de romã (opcional)

♥ Coloque o trigo para quibe pronto e frio, as ervas picadas, os tomates e as cebolas em uma tigela. Adicione a casca ralada de limão-siciliano e misture.

♥ Despeje o suco de ½ limão-siciliano, juntamente com o azeite de alho (ou o azeite comum com um pouco de alho amassado) e o fio de azeite extravirgem e misture com um garfo. Prove para ver se precisa de mais suco de limão-siciliano ou de sal. E se tiver sementes de romã à mão, salpique algumas por cima antes de servir; fica ótimo como acompanhamento de quase qualquer prato, mas considere um pedaço de halloumi, fatiado e frito em uma panela quente sem óleo.

DE IMPROVISO | DILEMAS DA COZINHA

Batatas assadas indianas

Sei que para esta receita é preciso ter muitos temperos no armário, mas essas batatas são um brunch fantástico com um Blood Maria (veja na **p. 441**) e ovos fritos; além do mais, não tenho como explicar quanto esta receita é útil quando se está assando um frango — outra vez — e queremos dar ao jantar um ar menos cotidiano. Bem, você nunca vai me ver reclamando de um frango assado simples, nunca, nunca, nunca, mas isso não me impede de apreciar uma receita que acrescente certa sensação de festa exótica a um favorito reconfortante. Não é pecado querer apimentar as coisas às vezes.

Esta receita não precisa envolver nenhum malabarismo culinário: na verdade, é uma versão vergonhosamente preguiçosa de um original indiano mais trabalhoso.

Serve 6 pessoas

900 g de batatas (4 ou 5 grandes) com casca

2 colheres se sopa de óleo de colza prensado a frio, picante (ver Segredos de Cozinha **p. 16**) ou azeite de oliva

2 colheres de chá de cúrcuma em pó

1 colher de chá de sementes de erva-doce

1 colher de chá de sementes de cominho

1 colher de chá de sementes de nigela

1 colher de chá de sementes de mostarda preta

½ colher de chá de pimenta em pó

1 cabeça de alho

½ cebola roxa, finamente picada

Suco de 1 limão

Sal marinho em flocos ou sal refinado, a gosto

♥ Preaqueça o forno a 200°. Limpe bem as batatas, depois corte-as em cubos de 2 a 3 cm.

♥ Coloque os cubos de batata em um saco com fecho hermético com o azeite e os temperos, sele, depois agite tudo para envolver os cubos.

♥ Despeje-as em um tabuleiro largo e raso — laterais altas impedem que as batatas fiquem crocantes. Abra a cabeça de alho e espalhe os dentes com casca sobre os cubos de batata.

♥ Asse no forno por 1 hora, sem virar. Enquanto isso, coloque a cebola picada em uma tigela, cubra com o suco de limão e sacuda, depois deixe macerando enquanto as batatas assam.

♥ Quando as batatas saírem do forno, transfira-as para uma travessa aquecida e polvilhe com um pouco de sal. Retire a cebola do suco de limão e espalhe-a sobre as batatas.

DE IMPROVISO | DILEMAS DA COZINHA

PREPARO ANTECIPADO
As batatas podem ser cortadas 1 dia antes. Deixe-as de molho em água fria até a hora de usar, depois escorra e seque. As sobras devem ficar na geladeira e podem ser guardadas por 2 dias. Reaqueça em forno a 200° por cerca de 15 minutos, até estarem bem quentes.

Usando bem as sobras

*Qualquer batata fria que sobrar pode ser adicionada às Quesadillas da **p. 433** juntamente com abacate fatiado, com excelentes resultados. Nesse caso, você pode dispensar os jalapeños da receita.*

Massa espiral com feta, espinafre e pinolis

Esta receita pode ser uma salvação quando você repentinamente descobre que sua mesa está cheia de pessoas inesperadas para o jantar, e é ainda mais valiosa se alguma delas for vegetariana. Mas não deve ser considerada apenas em emergências: é boa demais para ser mantida a portas fechadas em prontidão secreta. Enfim, gosto de saber que sempre posso preparar alguma coisa de última hora.

Um pedaço salgado de feta, assim como de halloumi, embrulhado, pode ficar séculos na geladeira, e meu espinafre fica congelado. Como sempre nos disseram na infância, espinafre faz muito bem, por causa de todos os minerais que absorve do solo. Infelizmente, ele também absorve coisas menos saudáveis, e é por isso que vale a pena comprar espinafre orgânico mesmo quando é congelado: é esse que armazeno, e recomendo que você faça o mesmo.

A massa espiral que prefiro nesta receita é chamada cavatappi (literalmente, saca-rolhas) — e, se ajudar, é o nº 87 da marca De Cecco —, mas o fusilli provavelmente é mais fácil de encontrar e também preenche os requisitos.

Serve 6 pessoas, *como prato principal*

50 g de pinolis
2 colheres de sopa de azeite de alho
1 cebola, descascada e fatiada
500 g de cavatappi, fusilli ou outra
  massa curta
¼ de colher de chá de pimenta-da-
  jamaica

500 g de folhas de espinafre
  congeladas, de preferência
  orgânicas
200 g de queijo feta, despedaçado
3 a 4 colheres de sopa de queijo
  parmesão ralado
Sal e pimenta, a gosto

❤ Coloque uma quantidade abundante de água para ferver para o macarrão.

❤ Toste os pinolis, agitando-os, em uma panela de fundo grosso, quente e sem óleo (para facilitar, use uma na qual o molho possa ser preparado mais tarde), até ficarem dourados, depois transfira para um prato.

❤ Aqueça o azeite de alho na panela e adicione as fatias de cebola. Mantenha a panela em fogo baixo a médio, mexendo, por cerca de 8 a 10 minutos, até que a cebola fique macia. Se parecer que está ficando marrom demais, polvilhe um pouco de sal (para ajudar a extrair os sucos e desacelerar o cozimento).

❤ Quando a água ferver, adicione sal e depois a massa.

❤ Quando a cebola estiver pronta, acrescente a pimenta-da-jamaica. Então junte o espinafre congelado: é preciso mexer o tempo todo para ajudar o espinafre congelado a se desfazer completamente.

DE IMPROVISO | DILEMAS DA COZINHA

♥ Pouco antes de escorrer o macarrão, retire cerca de 1 xícara de espresso da água do cozimento e acrescente à mistura do molho de espinafre.

♥ Despedace o queijo feta dentro do molho, mexendo enquanto o verde do espinafre se torna cremoso, conforme o queijo derrete. Junte 3 colheres de sopa de queijo parmesão antes de provar para ver se quer adicionar mais.

♥ Escorra a massa e despeje-a no molho de espinafre e feta, depois tempere a gosto. Coloque em uma travessa, de preferência aquecida, adicione os pinolis tostados e misture antes de servir.

Usando bem as sobras

SALADA DE MACARRÃO

Não gosto muito de salada de macarrão, pelo contrário, mas prometo que esta massa, ainda que apenas as sobras, ainda tem algo a acrescentar. Cubra e refrigere (por até 2 dias) logo depois de servir pela primeira vez. Para preparar uma salada, solte um pouco a massa com um garfo, depois acrescente suco de limão-siciliano e azeite, uma pitada de sal e um pouco de pimenta moída na hora, tudo a gosto; embale e leve para almoçar no trabalho.

Amido de prontidão

Esta receita é exatamente o que diz o nome: uma solução praticamente instantânea para o problema de precisar incrementar uma refeição e não ter tempo de cozinhar batatas ou arroz. É verdade, muitas vezes uso um pacote de nhoque nessas ocasiões, mas ele é menos versátil. Esta receita combina praticamente com tudo: um ensopado, galinha assada, peixe ou carne grelhados; além do mais, pode transformar uma quantidade insignificante de carne fria em um jantar substancial, especialmente se você acrescentar uma lata escorrida e lavada de grãos-de-bico ao cuscuz antes de deixá-lo de molho.

E quanto ao molho, preciso ser franca. Sei que não é a maneira correta e autêntica de preparar cuscuz. Na verdade, deve-se deixá-lo de molho em água fria antes de colocá-lo no vapor sobre uma panela de água fervendo lentamente. Mas acho que isso funciona, e — assim como o revigorante Cuscuz com Rúcula e Limão-siciliano da **p. 90**, que é preparado de maneira diferente, mas mesmo assim não tradicional — melhora a qualidade da minha vida culinária e gastronômica (existe alguma outra?) imensamente.

Serve 4 a 6 pessoas, *como parte de uma refeição*

250 g de cuscuz
¼ de colher de chá de tomilho seco
½ colher de chá de cominho em pó

400 ml de caldo de galinha ou de legumes (pronto, concentrado ou em cubo), de preferência orgânico
Sal e pimenta, a gosto

♥ Coloque o cuscuz em uma tigela com o tomilho e o cominho.

♥ Aqueça o caldo, ou prepare-o com concentrado/cubo em água fervente, depois junte o caldo quente ao cuscuz, mexa e cubra a tigela com filme plástico (ou com um prato grande) e deixe por 10 a 15 minutos.

♥ Remova o filme plástico; todo o líquido deve ter sido absorvido. Afofe o cuscuz com um garfo e tempere bem com sal e pimenta. Se tiver um frango assado ou outra carne para comer com esse prato, acrescente quaisquer sucos da panela ao cuscuz pronto no último minuto, para dar mais sabor. Mas, se eu estiver servindo esse cuscuz com algo que não tenha molho, às vezes pingo um pouco de caldo concentrado puro antes de misturar com o garfo.

Halloumi com beterraba e limão

É quase uma vergonha um jantar ser tão bom quando é apenas uma questão de abrir alguns pacotes. Eu mesma não saberia se não tivesse recebido algumas pessoas para jantar e precisado preparar de última hora uma opção vegetariana. O halloumi, também conhecido na minha casa como "queijo guinchador", é fantástico para ter de reserva: penso nele como um bacon vegetariano, embora não exclusivamente; sou uma carnívora convicta, mas não poderia encarar a vida sem ter sempre um pacote, ou três, na geladeira. Sou mais prudente em relação à beterraba, mas tinha um pacote a vácuo de beterrabas pequenas cozidas no vapor, puras e não envenenadas com vinagre, e repentinamente me senti impelida a misturar o intenso sabor salgado do primeiro com a doçura às vezes opressiva da última.

Não só funcionou: funcionou *de verdade.* Sinceramente, eu bati as beterrabas com um pouco de suco de limão e azeite de oliva, mas se você não tiver um liquidificador, pique a beterraba e despeje sobre o halloumi quente antes de espremer gostas de limão. E quando digo "limão", saiba que estou, como sempre, me referindo ao suco pronto: um frasco de plástico verde vivo em forma de limão para revelar seu conteúdo, o suco da fruta sempre disponível (veja na **p. 17**).

Qualquer salada que você tiver em casa cairá bem com essa mistura de halloumi e beterraba, embora eu prefira folhas mais escuras e picantes sobre as quais colocar o halloumi, com um pouco de pão árabe quente, ou qualquer pão, ao lado. Você também pode fazê-la render como um acompanhamento de salada, preparando um molho com suco de limão, cominho em pó e azeite de oliva e adicionando chips de tortilha picantes quando misturar as folhas e o molho.

Sei que as fatias de halloumi com as manchas de rosa profundo da beterraba ficam um pouco arrogante no prato, mas tente ignorar isso. Uma mordida demonstrará que esse é um prato para o glutão, não para o desagradavelmente melindroso gourmet.

Serve 2 pessoas

250 g de queijo halloumi
150 g de beterraba cozida fria
  (1 beterraba grande ou duas
  pequenas, ou, aprox., ½ pacote a
  vácuo)

2 colheres de chá de suco de limão,
  ou a gosto
2 colheres de sopa de azeite de oliva

❤ Abra a embalagem do queijo na pia, para descartar todo o líquido salgado, depois transfira para uma tábua e fatie. Eu obtenho 8 fatias em 1 pacote, mas sei que se não fosse tão apressada ou tivesse mais destreza (ou qualquer habilidade com a faca) obteria 10 facilmente.

♥ Coloque luvas CSI (para evitar o toque de Lady Macbeth, veja na **p. 17**) e pegue 2 beterrabas pequenas, ou 1 grande, da embalagem, e pique grosseiramente antes de bater com o mixer (ou no liquidificador), acrescentando o suco de limão e o azeite enquanto bate.

♥ Aqueça uma frigideira grande de fundo grosso, sem óleo, em fogo alto, e quando estiver quente, coloque as fatias de halloumi. Mantenha o fogo alto e depois de cerca de 1 minuto o halloumi deve ter marcas chamuscadas por baixo, então vire as fatias (considero as pinças de cozinha perfeitas para isso) e frite do mesmo jeito, antes de transferir para dois pratos com salada.

♥ Divida o purê de beterraba com limão entre os dois pratos, despejando-o sobre as tiras de halloumi, e sirva com pão quente.

PREPARO ANTECIPADO
O purê de beterraba pode ser preparado com 1 dia de antecedência. Cubra e refrigere até a hora de usar. Mexa antes de servir.

Salada de pimentões, anchovas e ovos

Esta é mais uma receita que chegou através de Anna Del Conte; e também, por uma reconfortante coincidência, minha mãe costumava prepará-la. Tenho certeza de que nenhuma das duas aprovaria meu preguiçoso atalho na forma de pimentões já grelhados e sem pele que compro em potes no supermercado ou em uma delicatéssen espanhola: Anna, imagino, desprezaria a queda do padrão, e minha mãe desprezaria ainda mais veementemente a extravagância. Sem dúvida, existe um concerto de desaprovação acontecendo na minha cabeça. Felizmente, ele se dispersa de imediato quando como. Cozinho para agradar aos outros, mas, acima de tudo, para agradar a mim mesma, e este prato me agrada muito.

Serve 4 a 6 pessoas, *dependendo do acompanhamento*

4 ovos
380 g de pimentões vermelhos grelhados ou chamuscados
1 dente de alho descascado
Sal e pimenta, a gosto
4 colheres de sopa (60 ml) de azeite
  de oliva

2 colheres de sopa de salsa fresca picada, mais um pouco para salpicar
  (opcional, mas recomendado)
1 colher de sopa de alcaparras escorridas, em conserva
Cerca de 12 anchovas em conserva

♥ Para preparar um ovo de gema mole, não um ovo cozido duro, coloque ovos em temperatura ambiente em uma panela de água. Quando ferver, desligue o fogo e deixe-os dentro
d'água por 10 minutos. Passe os ovos por água fria e depois descasque-os. Para obter ovos
duros (o que é aconselhável para quem estiver com o sistema imunológico fraco ou comprometido, como pessoas mais velhas e frágeis, crianças muito novas e mulheres grávidas),
deixe o fogo ligado pelos 10 minutos. Depois de descascados, os ovos não vão demorar para
esfriar, embora eu prefira comê-los antes de estarem gelados.

♥ Corte os pimentões escorridos em tiras e arrume-os na travessa.

♥ Cubra o alho descascado com um pouco de sal em uma tigela, depois amasse para formar uma pasta. Acrescente uma boa pitada de pimenta moída na hora e o azeite, salpique
as 2 colheres de sopa de salsa (caso esteja usando) e misture.

♥ Corte os ovos em 4 e arrume com os pimentões, depois salpique com as alcaparras escorridas e adicione os filés de anchova.

♥ Despeje o molho de alho (e salsa) sobre a salada, depois decore com um pouco mais de
salsa e sirva com um bom pão francês.

PREPARO ANTECIPADO
Os ovos cozidos pode ser preparados com até 4 dias de antecedência. Deixe esfriar, mas não retire as cascas, e guarde em um recipiente bem fechado na geladeira. Descasque pouco antes de servir.

Brownies cotidianos

Não sofro exatamente uma escassez de receitas de brownie: ao longo dos anos, eu as preparei no piloto automático; mas não me sinto menos grata por esta versão cotidiana que pode ser preparada a qualquer momento. Eles são menos extravagantes — uso cacau em pó em vez de chocolate de boa qualidade, e espalho pela massa uma ou duas barras de chocolate ao leite compradas no jornaleiro ou no bar da esquina —, embora seja impossível perceber isso ao prová-los.

Esta é a receita certa quando um filho ou um colega informa de última hora que você deve preparar alguma coisa para uma venda de bolos no dia seguinte. Você pode simplesmente sorrir com serenidade e ir até o armário. Se estiver com suprimentos mais restritos e não dispuser de açúcar mascavo, e se não puder sair para comprar o chocolate, use açúcar refinado e aumente a quantidade de manteiga para 175 g e a de cacau em pó para abundantes 100 g.

Uma observação, ou melhor, um puxão de orelha final: quando digo cacau em pó, estou falando de cacau; em nenhuma circunstância substitua por achocolatado.

Faz 16 brownies

150 g de manteiga sem sal
300 g de açúcar mascavo claro
75 g de pó de cacau, peneirado
150 g de farinha de trigo
1 colher de chá de bicarbonato de sódio
1 pitada de sal
4 ovos
1 colher de chá de extrato de baunilha

Aprox. 150 g de chocolate ao leite, cortado em pedacinhos
Açúcar de confeiteiro, para polvilhar (opcional)

1 assadeira quadrada com 25 cm com 5 cm de profundidade, forrada com papel-alumínio, ou uma assadeira de alumínio com aprox. 30 x 20 x 5 cm

♥ Preaqueça o forno a 190°. Derreta a manteiga em fogo baixo em uma panela média.

♥ Quando estiver derretida, acrescente o açúcar, mexendo com uma colher de pau (ainda em fogo baixo) para ajudá-lo a se mesclar com a manteiga derretida.

♥ Peneire o cacau em pó, a farinha de trigo, o bicarbonato de sódio e a pitada de sal juntos, depois acrescente à panela e mexa; quando estiver misturado (será uma mistura bem seca, e não totalmente mesclada neste estágio), retire do fogo.

♥ Em uma tigela ou jarro, bata os ovos com o extrato de baunilha e depois misture com a massa do brownie na panela.

♥ Adicione o chocolate picado, misture e rapidamente despeje a massa em um tabuleiro forrado com papel-alumínio ou assadeira descartável, espalhando a massa com uma espátula, e asse em forno preaquecido por 20 a 25 minutos. Após esse tempo, o brownie vai parecer firme e seco por cima, mas quando você tocar a superfície, sentirá que ainda está mole por baixo, e o testador de bolos vai sair sujo. É assim que deve ser.

♥ Coloque o tabuleiro sobre uma grelha para esfriar um pouco antes de cortar em 16 pedaços e polvilhar com açúcar de confeiteiro. Eu adoro comer esses brownies maravilhosamente quentes. Mas, enfim, eu os adoro frios também. Na verdade, é quando esfriam que eles ficam com mais características de brownie: pegajosamente macios por dentro e mais densos por cima.

CONGELAMENTO
Os brownies podem ficar congelados por até 3 meses em um recipiente bem fechado, forrado com papel vegetal. Descongele de um dia para o outro em um local fresco.

Parte II

CONFORTOS DA COZINHA

O FRANGO E SEU LUGAR NA MINHA COZINHA

O SONHO DO LAR ACOLHEDOR

EM MINHA MESA

O CONFORTO DE MEXER

A COLEÇÃO DE OSSOS

PETISCOS NA COZINHA

A CURA CULINÁRIA PARA A DOMINGUITE À NOITE

O FRANGO E SEU LUGAR NA MINHA COZINHA

Já escrevi sobre o frango assado de minha mãe, nosso ritual do almoço de sábado, e que ela sempre assava dois frangos ao mesmo tempo (um para comer, como ela dizia, e outro para beliscar na geladeira), e o delicioso aroma de limão, intenso e tranquilizador, que enchia o ar enquanto eles assavam. E, para mim, um frango continua sendo a unidade básica do lar. Não sinto que uma cozinha é verdadeiramente minha até ter assado um frango ali.

Mesmo que nem sempre siga a prática de minha mãe de dedicar uma ave inteira ao consumo casual, uma geladeira me parece completamente insatisfatória se não tem um pouco de frango frio, seja para beliscar ou, com alterações mínimas, ser transformado em outro prato. Meus métodos para assar o frango mudaram um pouco ao longo do tempo; hoje em dia não é com tanta frequência que passo uma camada grossa de manteiga sobre o peito pálido antes de colocar no forno, achando que algumas gotas douradas de um óleo saboroso fazem o mesmo efeito. Mas nunca consigo evitar de colocar a metade de um limão-siciliano, seja espremido ou ainda suculento dentro da cavidade.

Entretanto, me tornei cada vez mais exigente em relação ao tipo de frango que asso. Minha mãe teria demonstrado extremo ceticismo diante da ênfase contemporânea no caipira e orgânico, vendo-a como pouco mais que um esquema para obrigar as pessoas a gastar mais dinheiro do que deveriam. Se discordo, pode ser em parte porque sei muito mais sobre as práticas obscenas da avicultura industrial do que ela sabia; mas também admito que ela foi criança em tempos de guerra, e considerava qualquer espécie de desregramento uma vergonha. Justifico minha extravagância (que é como ela teria visto meu comportamento) de uma maneira não muito grandiosa: uma frescura generalizada e pouco característica me toma ao pensar em comer aquela coisa assustadora. Além do mais, o sabor que se obtém de uma ave superior é uma recompensa bastante suculenta. Como não tenho nenhum talento para fazer molhos de carnes, adoro o fato de que o frango orgânico parece criar o próprio: o líquido denso e ambarino que se acumula no fundo da assadeira não precisa de muito mais que algumas gotas de vermute ou limão, ou apenas de um pouco de água de uma chaleira para ajudar a desprender os pedaços saborosos que grudam nela. Além disso, esse sabor realmente vai até o osso, e a carcaça que sobra de uma ave orgânica forma a base de uma sopa no decorrer da semana. Mas sei que tenho sorte de poder fazer essa escolha, e me sinto grata, e não faço campanha nessa questão.

FRANGO ASSADO SIMPLES

Seja qual for a origem do seu frango, ele vai precisar de 20 minutos para cada 500 g a 200°, mais 20 minutos no geral, embora às vezes eu exclua os 20 minutos gerais e asse o frango em um forno mais quente a 220°. Devo acrescentar duas coisas: o frango vai demorar mais para assar se estiver gelado, e você deve verificá-lo quando sair do forno para ter certeza de que está totalmente cozido, cortando a carne entre o corpo e a coxa. O líquido que escorre é límpido quando o frango está pronto; mas vale a pena lembrar que a carne escura de um frango orgânico é mais escura, e mais vermelha do que a carne escura de um frango industrial. A coxa e a sobrecoxa vão manter um tom levemente rosado. Mas se você ficar com alguma dúvida, saiba que a carne mais suculenta da ave orgânica permite um cozimento mais longo, sem ficar seca.

BATATAS ASSADAS

Minha filha prefere o frango assado com acompanhamento de "Entranhas de Torta" (ou seja, o Alho-poró com Molho Branco da **p. 370**) e as tradicionais batatas assadas. Como achei que esta receita não precisava ser publicada por si só em outro ponto destas páginas, me pareceu justo — para tornar a vida na cozinha mais fácil — fazer uma rápida reprise aqui. Eu me guio pelo princípio de 1 batata grande por pessoa e 1 a mais para dar sorte para 4 pessoas. Descasque cada batata e corte um triângulo no meio, formando 1 pedaço com 2 lados oblíquos e 2 pedaços com 1 lado obliquo cada. Coloque todas as batatas cortadas em uma panela com bastante água fria salgada, deixe levantar fervura e depois cozinhe em fogo alto por 4 minutos. Enquanto isso, aqueça uma assadeira grande no forno (220° se você tiver apenas um forno e o frango já estiver assando, mas se você tiver um forno duplo, coloque o forno das batatas em uma temperatura mais quente, a 250°, com cerca de 500 g de gordura de ganso ou 1 litro de óleo de milho por quilo de batatas). Escorra as batatas, deixe-as secar um pouco, depois recoloque-as na panela ainda quente, salpique com um pouco de semolina, usando cerca de 2 colheres de chá por quilo. Tampe e sacuda a panela rapidamente, só para deixar as batatas escaldadas, com as extremidades menos pontiagudas, e depois transfira-as cuidadosamente para a gordura quente e asse por 20 a 30 minutos de cada lado, ou até estarem gloriosamente douradas por fora e fofamente macias por dentro.

FRANGO ASSADO COM ALHO-PORÓ E ABÓBORA

E se você quiser o sabor de um jantar de frango assado sem tanta complicação, sugiro meu frango assado com alho-poró e abóbora inspirado em Oz. Coloque o frango em uma assadeira grande, corte ao meio e retire as sementes de uma abóbora (mas não se dê o trabalho de descascar), corte-a em pedaços de aproximadamente 5 cm e despeje na panela juntamente com 2 ou 3 alhos-poró em fatias grossas (ou 1 alho-poró e algumas batatas cortadas, mas com casca) e um limão-siciliano cortado em 8, antes de regar com azeite de alho, adicionando 1 ou 2 ramos de alecrim ou tomilho e assando em forno a 220° da maneira tradicional.

Um frango assado, preparado de qualquer das formas mencionadas, sempre tem um lugar na minha casa, e com frequência, mas nada consegue ser tão importante para mim como o Frango de Panela da Minha Mãe, que não é meramente uma receita, mas a impressão digital culinária da minha família. Não é exatamente cozido, nem refogado, e para mim tanto cozinhá-lo quanto comê-lo é um ato de devoção.

O frango de panela da minha mãe

Este pode tranquilamente ser — na verdade, é — o cheiro, o gosto, o prato que diz "família" para mim e meus irmãos, e traz nossa mãe há muito ausente de volta à cozinha e à mesa conosco. Mas o fato de que preparei esta receita mais do que qualquer outra ao longo dos anos não torna mais fácil escrevê-la. No mínimo, torna mais difícil, muito mais difícil.

Fique tranquilo: obviamente não é a exatidão da perspectiva prática que está em jogo: eu preparo esta receita com tanta frequência que sei que uma versão escrita não pode levar em conta ou transmitir todas as alterações possíveis. Por exemplo, é possível acrescentar cubos de pancetta antes de colocar o frango e talvez usar sidra como a bebida alcoólica que vai dar sabor; ou pode-se acrescentar gengibre, ralado na hora ou fatiado, juntamente com o óleo, e usar vinho culinário chinês ou saquê em vez de vinho branco ou vermute, e acrescentar talos de coentro juntamente com coentro picado, no final. Os legumes podem ser sempre variados: erva-doce, se você gosta, proporciona uma incrível fragrância de anis, que poderia ser incrementada com um pouco de pastis em vez do vinho; você também pode pensar em adicionar pastinacas e alguns pedaços de abóbora, embora seja melhor acrescentar esses ingredientes na metade do cozimento, ou até depois. E com muita frequência, quando tudo é colocado na panela no começo, pouco antes de deixar o frango cozinhar e se tornar um prato aromático e suculento, ralo e acrescento a casca de 1 limão-siciliano, depois espremo o suco e também junto um pouquinho de hortelã seca. Eu poderia continuar indefinidamente...

Pela própria natureza, este prato simboliza o estilo livre de cozinhar que as receitas escritas contrariam. Então, deixe-me garantir que tudo o que você precisa saber é que simplesmente se doura o frango antes de acrescentar os legumes e líquido suficiente para cobrir, e cozinha lentamente antes de comer com arroz. Eu gosto de arroz basmati integral nesse caso, e calculo 75 a 100 g por pessoa antes de cozinhar, dependendo da idade e do apetite de quem vai comer. No geral, prefiro uma quantidade maior do que menor — o que não é surpresa, aposto —, não porque ache que é necessário, mas porque um dos meus usos preferidos para as sobras de carne é a variação de uma salada que preparo com sobras de peru no Natal: frango frio em pedaços ou desfiado, misturado com arroz basmati frio, com sementes de romã, sementes de girassol ou qualquer mistura de sementes similares, endro fresco, suco de limão-siciliano, sal e 1 a 2 gotas de um óleo com sabor maravilhoso (o de colza prensado a frio, com sua densidade e sua cor de mostarda — ver Segredos de Cozinha, **p. 16** — é meu favorito).

Mas falaremos das sobras depois e, obviamente, se quiser, pode excluir o arroz e pensar em servir com batatas ao vapor. E se você puder cozê-las sobre o vapor do frango, melhor ainda. Mas o arroz é obrigatório em nossa casa. Como tenho uma panela elétrica de arroz, também é a opção mais fácil para mim; embora seja sobretudo parte de um ritual para nós. E, como estou apresentando esta receita como uma das favoritas da família, sempre presente em minha cozinha, sinto que posso ser mais mandona do que o normal, chegando ao ponto de lhe dizer como comê-la: estou falando da prática da família Lawson de adicionar folhas frescas de endro e um pouco de mostarda inglesa — só um pinguinho ou grandes colheres de chá que chegam a descongestionar a respiração — enquanto comemos, gulosos e agradecidos.

Serve 4 a 8 pessoas *(preparado desta forma, parece render muito mais do que frango assado, então você pode comer mais na primeira vez ou deixar sobrar bastante para o resto da semana)*

1 frango grande, de preferência
  orgânico
2 colheres de chá de azeite de alho
100 ml de vinho branco ou
  vermute branco seco
2 a 3 alhos-poró, limpos e cortados
  em pedaços de aprox. 7 cm
2 a 3 cenouras, descascadas e
  cortadas em bastões
1 a 2 talos de aipo, fatiados
2 litros de água, aprox.
1 bouquet garni ou 1 colher de chá
  de ervas secas

Talos de salsa frescos ou alguns
  ramos amarrados
2 colheres de chá de sal marinho
  em flocos ou 1 colher de chá de sal
  refinado
2 colheres de chá de grãos de
  pimenta rosa, ou uma boa pitada
  de pimenta moída na hora

Para servir:
Folhas de salsa picadas, dos talos de
  salsa pedidos na receita
Endro fresco picado
Mostarda inglesa

❤ Pegue uma panela grande (que tenha tampa) na qual o frango caiba sem folga: a minha tem cerca de 28 cm de diâmetro e 10 cm de profundidade.

❤ Em uma tábua lavável, coloque o frango com o peito para baixo e pressione até ouvir o osso do peito quebrar (como você pode imaginar, eu gosto de fazer isso). Depois pressione outra vez, para que o frango fique levemente achatado. Então corte as juntas do tornozelo abaixo da coxa (mas guarde-as); eu acho tesouras de cozinha perfeitas para isso.

❤ Coloque o óleo da panela para esquentar, depois doure o frango por alguns minutos com o peito para baixo. Aumente o fogo e vire o frango, juntando os pés. Ainda em fogo vigoroso, acrescente o vinho ou o vermute à panela e deixe ferver um pouco antes de adicionar o alho-poró, a cenoura e o aipo.

O FRANGO E SEU LUGAR NA MINHA COZINHA | CONFORTOS DA COZINHA

♥ Despeje água fria suficiente para cobrir o frango, embora o topo possa ficar descoberto. Depois adicione o bouquet garni ou as ervas de sua preferência, e os talos de salsa (quando tenho um molho, corto os talos para usar aqui, mas os amarro com um elástico de borracha) ou ramos de salsa juntamente com o sal e a pimenta rosa (adoro essas lindas bolinhas vermelhas) ou uma boa pitada de pimenta-do-reino moída na hora.

♥ O frango deve estar quase completamente submerso nesse estágio, e se não estiver, adicione um pouco mais de água fria. Ele deve ficar praticamente coberto.

♥ Deixe levantar fervura, tampe, abaixe o fogo ao máximo e deixe cozinhando por 1 hora e ½ a 2 horas. Normalmente, cozinho por 1 hora e ½ a 1 hora e 40 minutos, depois deixo descansar na panela com o fogo desligado, mas ainda tampado, pelos 20 a 30 minutos remanescentes.

♥ Sirva o frango e os legumes com arroz basmati integral, adicionando uma ou duas conchas de líquido sobre cada prato fundo enquanto serve e colocando endro fresco e mostarda na mesa para as pessoas acrescentarem como quiserem.

CONGELAMENTO
A carne pronta pode ficar congelada, assim que esfriar, em sacos com fecho hermético ou recipientes bem fechados por até 2 meses.

Usando bem as sobras

Na primeira vez que uso as sobras, normalmente aqueço o líquido que sobrou (lembrando de usar em até 2 dias), juntamente com um pouco do frango frio desfiado, espremo o suco de um limão Tahiti ou siciliano e misturo um pouco de mostarda inglesa, e como puro ou sobre macarrão instantâneo ou arroz, em ambos os casos com endro fresco ou talvez também salsa ou coentro. Certamente, a salada proposta na introdução deve ser considerada, e também as refeições que preparo se apenas nós quatro estávamos à mesa para comer o frango de panela, e portanto temos o bastante para uma refeição depois. O frango preparado dessa maneira não apenas rende: ele fica tão delicioso e suculento que você nunca precisará se preocupar com a síndrome do frango frio e seco. Tanto que eu diria que se você pensar em fazer uma salada de galinha, prepare-a desta maneira primeiro. (Por favor, lembre-se de retirar os ossos e refrigerar o mais rápido possível, bem embalado em papel-alumínio — e use em até 4 dias.)

SALADA DE FRANGO, BACON E ABACATE

Esta é uma das minhas combinações preferidas, e embora eu saiba que, com um bom pão para comer junto, ela possa render para 4 pessoas, poderia tranquilamente comê-la toda sozinha. A combinação entre o suculento frango frio, a suave massa de abacate, a crocância do alface e os pedaços salgados de bacon é viciante.

Gosto de usar um vinagre levemente doce aqui, e especialmente o moscatel, mas sei que não é fácil de encontrar. Acho que vale a pena procurar (normalmente é o que mais uso), mas se não for possível, um vinagre de arroz temperado geralmente se encontra nos supermercados hoje em dia e é um ótimo substituto. A não ser que você goste de um vinagrete muito doce, não recomendo o balsâmico.

Serve 2 a 3 pessoas (*2 muito generosamente, mas pode servir 4 como um almoço modesto com uma baguete ou uma pilha de tortilhas macias*)

1 colher de chá de azeite de alho
4 tiras de bacon defumado sem pele
½ alface americana, rasgada em pedaços pequenos
225 g de frango pronto, desfiado (cerca de 3 xícaras não muito cheias)
2 abacates não muito grandes
2 colheres de chá de mostarda Dijon
1 colher de sopa de vinagre (mais adocicado), como moscatel ou vinagre de arroz temperado
Pimenta a gosto
1 fio de azeite de oliva ou de óleo de colza (opcional)
1 colher de sopa de cebolinhas picadas, para servir

♥ Aqueça o óleo na frigideira e frite o bacon até ficar crocante. Transfira para um pedaço de papel-alumínio ou papel-toalha, mas não lave a panela.

♥ Coloque a alface em uma saladeira grande e adicione o frango desfiado.

♥ Corte os abacates ao meio, removendo as sementes, e retire colheradas da polpa verde-clara, juntando-as à alface e ao frango.

♥ Adicione a mostarda aos sucos oleosos do bacon na panela, mexendo para combinar. Depois adicione o vinagre e a pimenta moída na hora, a gosto, despeje sobre a salada e rápida e habilmente sacuda para misturar, acrescentando um fio de azeite de oliva ou de óleo de colza, se mais óleo for necessário.

♥ Quebre o bacon em pedaços, despedaçando a maior parte na salada, e misture outra vez.

♥ Finalmente, salpique com o bacon remanescente e as cebolinhas.

O FRANGO E SEU LUGAR NA MINHA COZINHA | CONFORTOS DA COZINHA

SALADA DE FRANGO CHINATOWN

Existem muitas versões desta salada, mas eu me especializei em uma que fornece o máximo fator de crocância, não menos porque às vezes excluo esse ingrediente essencial, a massa para wonton. Quando estou em Chinatown, ou em qualquer loja oriental, compro um ou dois pacotes, mas a verdade é que eles só vêm congelados, e não é preciso um pacote inteiro para a salada. (Mesmo assim, ficam deliciosos como uma versão chinesa das tirinhas fritas de massa doce italianas: simplesmente frite como descrito na receita e salpique com um pouco de açúcar de confeiteiro: é bom com café.) Gosto tanto do nome desta salada que não penso em mudá-lo mesmo que, em vez de wontons, eu use um similarmente crocante punhado de chips de tortilha.

O FRANGO E SEU LUGAR NA MINHA COZINHA | CONFORTOS DA COZINHA

Serve 6 pessoas, *como prato principal*

50 g de massa para wonton (ou um punhado de chips de tortilha)
Óleo vegetal (para fritar os wontons)

Para o molho:
1 pimenta malagueta, sem sementes e finamente picada
2 colheres de chá de gengibre fresco picado
4 colheres de chá de suco de limão ou vinagre de arroz
3 colheres de sopa de molho de soja
1 fio de óleo de gergelim
½ colher de chá de açúcar refinado

Para a salada:
50 g de amendoins salgados, picados ou inteiros, conforme a preferência
500 g ou 1 alface americana, rasgada
150 g de brotos de feijão
4 cebolinhas, cortadas em três partes e depois em tiras
1 pimenta malagueta, sem sementes e cortada em tiras finas
300 g de frango desfiado pronto e frio (cerca de 4 xícaras não muito cheias)
1 punhado de coentro fresco picado, para servir

♥ Se for usar a massa para wonton, comece esquentando cerca de 1 cm de óleo em uma panela.

♥ Quando o óleo estiver quente, retire a massa fina da embalagem e frite-a de 3 a 4 pedaços por vez. Tenha cuidado, eles só precisam de alguns segundos de cada lado para ficar dourados, e continuarão a escurecer depois que você transferi-los para um tabuleiro forrado com papel-toalha.

♥ Continue fritando a massa em porções até que tenha um tabuleiro cheio de crocantes quadrados dourados. Deixe esfriar um pouco enquanto prepara a salada que elas vão adornar.

♥ Misture os ingredientes do molho em um jarro, ou em um pote com tampa, misturando ou agitando para combiná-los.

♥ Em uma tigela grande, junte os amendoins, a alface, os brotos de feijão, a cebolinha, o pimentão vermelho e o frango frio desfiado.

♥ Adicione metade da massa para wonton fria ou dos chips de tortilha (se estiver usando), despedaçando-os dentro da tigela, depois misture o molho com a salada, sacudindo novamente para incorporar antes de adicionar a outra metade da crocante massa para wonton (ou os chips de tortilha) e o coentro picado, salpicando ambos por cima. Sirva imediatamente.

PREPARO ANTECIPADO
A massa para wonton pode ser frita 2 a 3 horas antes. Deixe sobre papel-toalha em temperatura ambiente até a hora de usar.

CAESAR RÁPIDA DE FRANGO

Este é outro exemplo das recompensas da reciclagem culinária. É claro que fritar croutons não demora muito, mas minha versão com chips de tortilha parece tranquilizadoramente instantânea. Penso nela como uma variante rápida, principalmente porque em geral preparo minha Caesar com croutons de batatas em cubos assadas com alho — o que também fica ótimo. Se preferir, pode, ao estilo da salada fattoush, substituir os chips de tortilha por pão árabe separado ao meio, torrado e quebrado em pedaços.

Às vezes, as pessoas são terrivelmente cansativas quando o assunto são anchovas (não que as tiras cor de ferrugem de alguma coisa salgada deixadas à mingua em pizzas tenham o sabor que as anchovas deveriam ter) e, de qualquer forma, elas não fazem parte da Caesar original, então não as incluí entre os ingredientes desta receita. Entretanto, para manter a transparência, devo dizer que eu as acrescento à minha Caesar rápida quando estou revirando a cozinha para prepará-la. Amasso um ou dois filés marrom-rosados dentro do molho ou, se tiver algumas das prateadas anchovas marinadas, como sardinhas finas, simplesmente as acrescento, juntamente com o frango.

Nota: Como há ovos crus na receita, não a sirva a ninguém que esteja com o sistema imunológico fraco ou comprometido, como mulheres grávidas, crianças pequenas e pessoas mais velhas.

Serve 2 pessoas

1 ovo
2 colheres de sopa de azeite de
  oliva extravirgem
1 colher de chá de azeite de alho
3 colheres de sopa de queijo
  parmesão ralado
Suco de ½ limão-siciliano
½ colher de chá de sal marinho em
  flocos ou ¼ de colher de chá de
  sal refinado (não use sal algum se
  acrescentar anchovas)

1 alface romana
150 g de frango frio desfiado (aprox.
  2 xícaras não muito cheias)
Pimenta a gosto
1 punhado generoso (aprox. 50 g) de
  chips de tortilha

♥ Quebre o ovo em uma tigela e bata bem enquanto adiciona os óleos, o parmesão e o suco de limão-siciliano. Se não for adicionar uma ou duas anchovas, acrescente o sal e misture.

♥ Rasgue a alface crocante em pedaços pequenos e coloque em uma saladeira. Junte o frango frio desfiado, misture e tempere com pimenta a gosto.

♥ Toste os chips de tortilha por alguns minutos em uma panela sem óleo em fogo médio.

♥ Misture o molho novamente, despeje sobre a salada e sacuda para incorporar. Adicione os chips de tortilha (e algumas anchovas, se quiser) e sacuda de novo antes de devorar.

O FRANGO E SEU LUGAR NA MINHA COZINHA | CONFORTOS DA COZINHA

O FRANGO E SEU LUGAR NA MINHA COZINHA | CONFORTOS DA COZINHA

SOPA TAILANDESA DE FRANGO COM MACARRÃO INSTANTÂNEO

Mesmo que você não tenha muito frango sobrando, deve fazer este prato. Um pouco da carne desfiada é mais que suficiente. (E vale a pena ter esta receita em mente mesmo quando seu ponto de partida não são sobras de frango: se colocar alguns camarões no final, com o cuidado de que estejam totalmente cozidos, fica um jantar improvisado fabuloso.) Esta é uma receita muito laissez-faire, na verdade: quando a preparei para a sessão de fotos, esqueci de acrescentar os legumes, e mesmo assim ficou divina. Tentei compensar minha distração dando aos brotos uma foto só deles, para que você possa ver a mistura de verduras como aspargos finos, couve chinesa, brotos de amendoim e cebolinhas. Mas às vezes também uso outras verduras e uma cebolinha em tirinhas ou em fatias juntamente com um punhado de brotos de feijão. Da mesma maneira, se não conseguir comprar o macarrão vermicelli, não desanime de preparar este prato: udon, soba, macarrão de arroz, espaguete ou linguine podem substituí-lo.

Serve 2 a 3 pessoas, *como prato principal, 4 a 6 pessoas como entrada*

1 litro de caldo de galinha

150 g de macarrão de arroz fino ou vermicelli

200 ml de leite de coco

1 pedaço de gengibre fresco de 3 a 4 cm, descascado e cortado em fatias finas, depois em tirinhas

2 colheres de sopa de molho de peixe

1 pimenta malagueta, sem sementes e cortada em tiras

1 colher de chá de cúrcuma

1 colher de chá de pasta de tamarindo

1 colher de chá de açúcar mascavo

2 colheres de sopa de suco de limão

Sobras do frango, desfiadas — aprox. 150 g (cerca de 2 xícaras não muito cheias)

250 g de verduras e brotos tenros ou outros legumes variados

2 a 3 colheres de sopa de coentro fresco picado, para servir

♥ Coloque o caldo de galinha em uma panela grande para esquentar.

♥ Coloque o macarrão em uma tigela e despeje água fervente sobre ele, ou cozinhe como indicado na embalagem.

♥ Adicione os ingredientes restantes, com exceção das verduras, à panela e deixe levantar fervura.

♥ Quando o frango estiver bem quente, acrescente as verduras, e quando estiverem macias — 1 ou 2 minutos devem bastar se você estiver usando os brotos tenros —, junte o macarrão escorrido. Ou simplesmente divida o macarrão entre as tigelas e despeje a sopa sobre ele.

♥ Sirva com coentro fresco picado por cima.

O FRANGO E SEU LUGAR NA MINHA COZINHA | CONFORTOS DA COZINHA

Frango cozido com bacon e lentilhas

Sei que tenho uma tendência à negatividade quando estou de mau humor ou com fome, mas sinto que esperar que outras pessoas lhe proporcionem conforto neste mundo é querer ter problemas. Talvez esta seja uma maneira melodramática de apresentar meu frango cozido com bacon e lentilhas, mas é para mostrar como me sinto em relação a ele. Por alguma razão, muita gente se surpreende quando alguém prepara uma refeição de verdade só para si, mas acredito firmemente que isso é bom: cuidar de si próprio pode ser muito reconfortante e, sobretudo, acho que cozinhar para mim mesma me impede, paradoxalmente, de comer demais. Se não janto, praticamente fico grudada à geladeira a noite inteira.

Além disso, às vezes simplesmente preciso do tipo de comida que reconforta, satisfaz e faz o mundo parecer um lugar seguro. Esta receita é esse tipo de comida. Na verdade, é o que os jornalistas das revistas norte-americanas chamariam da receita "certeira" em momentos de estresse; nenhuma comida pode afastar a infelicidade, mas se for bem preparada, saudável e feita com amor, pode nos deixar mais fortes. Esta receita também é um jantar reconfortante perfeito para duas pessoas. Nesse caso, é necessário apenas dobrar a quantidade de frango e acrescentar mais 250 ml de água.

Não me entenda mal: você não precisa estar infeliz para querer comer este prato; na verdade, ele pode ser o jantar perfeito em um momento alegre. Se eu estiver indo a uma festa e achar que vou me encher de vinho ou simplesmente voltar faminta, preparo esta receita com antecedência, depois cambaleio em direção à cozinha quando volto, para uma rápida sessão de reaquecimento. Acrescento mais mostarda inglesa (tenho uma fraqueza por coisas fortes), quando como, mas isso é tudo o que preciso adicionar. Entretanto, se houver um pouco de Molho de Pimenta Jumbo (veja na **p. 121**) na geladeira, ele certamente é acrescentado.

Se não quiser usar o bacon, tudo bem, mas para mim tudo fica melhor com bacon. Mesmo assim, entendo que aqueles que estão em busca de bondade e pureza possam querer dispensar aquela deliciosa gordura salgada. Mas não eu...

Serve 1 pessoa

2 colheres de sopa de azeite de alho

100 g de cubos de bacon defumado ou de pancetta (ou bacon em fatias, cortado)

1 cenoura, descascada e cortada ao meio no sentido do comprimento, grosseiramente picada

1 alho-poró, limpo, cortado ao meio no sentido do comprimento e grosseiramente picado

3 colheres de sopa de salsa fresca picada

½ colher de chá de hortelã seca

Casca de 1 limão-siciliano ralada

125 g de lentilhas de Puy

1 colher de chá de mostarda inglesa

1 supremo de frango (ou seja, um peito com pele e com a coxinha da asa), de preferência orgânico

500 ml de água

Sal e pimenta a gosto

O FRANGO E SEU LUGAR NA MINHA COZINHA | CONFORTOS DA COZINHA

♥ Frite o bacon, a cenoura, o alho-poró, a salsa, a hortelã e a casca de limão-siciliano no azeite por cerca de 7 minutos, mexendo com frequência, em uma panela não muito grande, com fundo grosso (grande o bastante para comportar 1 peito de frango), e que tenha tampa.

♥ Acrescente as lentilhas, mexa e cozinhe por mais 1 minuto, antes de adicionar uma colherada amarela de mostarda e também misturar.

♥ Coloque o frango sobre todos os ingredientes na panela, e adicione a água. Deixe levantar fervura, tampa e ferva muito levemente durante 45 minutos, até o frango estar totalmente cozido e as lentilhas estarem macias. Tempere com sal e pimenta, a gosto.

♥ Você pode comer neste estágio, mas o prato fica melhor e mais macio quando é preparado com antecedência e reaquecido. Eu deixo esfriar na panela sem tampa, mas não por mais de 1 hora, então tampo e guardo na geladeira. Depois, aqueço na panela tampada até tudo estar bem quente outra vez. Por que lavar mais louça do que o necessário?

PREPARO ANTECIPADO
Deixe esfriar e refrigere o mais rápido possível (em até 1 hora), depois reaqueça, em até 2 dias, como indicado na receita, até tudo estar bem quente.

O SONHO DO LAR ACOLHEDOR

Por alguma coincidência (embora, depois de Freud, duvido que isso exista de verdade), escrevo a introdução para receitas que me reconfortaram, assim como às pessoas para quem as preparei, exatamente uma década depois de terminar *Como ser uma deusa doméstica* — um livro cujo título pode ter sido intencionalmente malcompreendido, mas cuja mensagem (como gosto de pensar) foi levada a sério sem precisar se desculpar.

Não que aqueles entre nós que aquecem as almas ao fogão precisem se desculpar. Além do mais, repetir os argumentos em defesa do forno — o que poderia ser visto como uma exibição do manifesto pós-moderno que propus há dez longos anos — pode parecer um ato apreensivamente defensivo. Mas quero dizer uma coisa: não sou uma deusa doméstica. Mas essa não era a questão para começo de conversa: o título — aquele título — não era aplicável a mim mesma. O crítico e satirista norte-americano H. L. Mencken disse que deveria existir alguma tipografia — como o itálico, só que inclinada para trás — chamada "irônico", e talvez eu devesse ter escolhido esse tipo. Mas não só a ironia é difícil de transmitir no papel; essa não é a história toda. A visão de uma Madona dos Muffins com avental xadrez, sim, essa parte tinha a intenção de ser levemente irônica, intencionalmente ridícula, mas minha crença no conforto proveniente de estar ao fogão, e a sensação de calorosa realização que preparar pães e bolos pode proporcionar, isso eu estava lhe dizendo claramente.

Ainda sinto que o elemento transformador desse tipo de preparação tem um apelo muito direto para nós; é, afinal de contas, uma crença na possibilidade de mutação e aperfeiçoamento que tanto a cultura oriental quanto a ocidental compartilham. Pode parecer absurdo ligar nosso senso básico e esperançoso de propósito humano ao "humilde" ato de bater um bolo, mas eu sei, eu sinto, que a ligação existe. Sobretudo, por que menosprezar o humilde?

E para mim isso conduz a um último ponto no que corre o risco de se tornar uma *Apologia Pro Vita Mea*: o que sempre me deixou atordoada em relação à vaga alegação de que celebrar a culinária é ser inimiga das mulheres é que parecia essencialmente antifeminista denegrir uma atividade só porque ela sempre fora tradicionalmente feminina.

O subtítulo de *Deusa doméstica* era "O forno e a arte da culinária reconfortante", e a culinária reconfortante é o tema deste capítulo. Considero a cozinha meu lugar de conforto — quando cozinho um ovo, preparo uma xícara de chá ou bato a massa de cupcakes —, mas existe alguma coisa no preparo de pães, bolos e afins que define para mim um momento especial, menos frenético, quando posso me permitir cozinhar por simples prazer. Sei que nem sempre parece ser assim, mas na verdade um bolo não é uma das necessidades básicas da vida. Fazer um bolo é, em si, um tipo de luxo. E eu, apropriadamente, me deleito com isso.

O SONHO DO LAR ACOLHEDOR | CONFORTOS DA COZINHA

Sei que muitos de vocês sentem calafrios diante da ideia. Então, me deixem dizer algumas coisas. Durante anos, pensei que existiam cozinheiro de fogão e outros de forno, e eu, definitivamente, estava no primeiro time. Mas não é verdade. Embora cozinhar seja algo mais livre, menos atrelado a regras — você pode decidir que quer três cenouras em seu ensopado em determinado dia, e duas no outro, mas não pode dizer "estou com vontade de colocar três ovos no meu bolo hoje", se a receita pede dois —, em certo sentido, são as restrições desse tipo de preparação que nos libertam. Não é preciso pensar muito, só *fazer*.

São as certezas dessas receitas que oferecem tão doce conforto, juntamente com o vapor que sai do forno, aromatizando a casa com cheiros tranquilizadores. A vida cotidiana pode ser tão preocupante que, quando minha cabeça está a mil depois de uma semana sobrecarregada, é no forno que consigo começar a relaxar. Misturar e mexer ritmicamente: não rejeite antes de experimentar.

E, como qualquer outra coisa, quanto mais você faz, mais fácil se torna. Mas eu estaria mais próxima da verdade dizendo que nada disso chega a ser difícil. Ou seja, se você consegue ler as instruções a seguir, consegue prepará-las. É simples assim.

- Quando estiver assando pães, bolos e afins, todos os ingredientes devem estar em temperatura ambiente, a não ser que seja especificado o contrário.
- Para congelar ou guardar, bolos e cookies devem esfriar antes. Quando não houver dicas de preparo antecipado ou de congelamento na receita, nenhum dos dois é recomendado.
- O tempo recomendado para guardar visa manter a melhor qualidade, embora bolos e cookies possam tranquilamente ser mantidos por alguns dias ou até mais.

Bolo com xarope de bordo e pecã

Conforme envelheço, percebo quanto somos marcados, inelutavelmente, por caráter e temperamento; e que apenas aceitando esse fato podemos controlar ou modificar padrões de pensamento e comportamento. Talvez você ache que estou me afastando da minha área, mas, como eu disse antes, tudo o que vale fora da cozinha também vale dentro dela. Entretanto, embora eu não tenha dúvida de que a maneira como alguém cozinha está ligada aos tais caráter e temperamento — às vezes acredito que cozinhar pode realmente nos ajudar a fugir de nossa natureza.

Por exemplo, sempre pensei que não havia nada em mim que fosse temperamentalmente adequado para assar bolos: sou impaciente, desajeitada, não gosto de autoridade. Mas quer saber? Eu dei um jeito. Minhas criações sempre terão uma aparência meio desmazelada, e às vezes levo um bolo para alguém e sinto a necessidade de mentir, dizendo à pessoa que meus filhos colocaram a cobertura, mas esse tipo de receita me dá prazer e consigo segui-la tempo suficiente para bater uma massa. E para acomodar minha falta de habilidade, escolho uma fôrma que me favoreça. Vou explicar: preparar a massa de um bolo é sempre simples, mas se despejá-la em uma fôrma sofisticada, fará o bolo parecer uma obra de arte. Você precisa investir em uma fôrma pesada (para o bolo não queimar) e antiaderente (para ele sair como o da foto), mas daí em diante é muito fácil.

Talvez a ideia de escapar à própria natureza seja tristemente falha desde o início. Mas acho que na culinária às vezes posso expressar lados do meu caráter que, de outra maneira, não gostaria de alardear. Penso em mim como o tipo de pessoa que detesta frescuras e melindres, e mesmo assim uma fôrma tradicional que faça um bolo parecido com a catedral de Chartres — OK, deixe passar essa — é algo que me encanta.

Desde que a qualidade da fôrma seja boa, não importa (para mim) a forma. Escolha a forma que mais gostar; felizmente, todas têm o mesmo tamanho, 23 cm de diâmetro e 2,5 litros de capacidade. Como sou uma acumuladora, tenho muitas formas para escolher em meu armário, desde as parecidas com o chapéu da mãe da noiva, passando por castelos torreados até essa beleza decorada com flores-de-lis usada aqui (na foto e na **p. 242**). Minha razão para escolher essa fôrma em especial para este bolo foi que parecia exibir seu recheio pegajoso de nozes ao máximo quando fatiada. Alguns bolos são mais bonitos quando exibidos inteiros; as fatias deste têm um belo e agradável formato.

E este é o bolo que emblematicamente satisfaz aquela ânsia de Deusa Doméstica: é uma comida agradável (para quem prepara e para quem come), feita com uma simples mistura. O recheio viscoso de nozes é simplesmente misturado com um garfo; você pode fazer a massa do bolo sem qualquer equipamento além de uma tigela e uma colher de pau. Mas temo que até mesmo meu alter-ego, a Deusa Doméstica, é preguiçoso, então uso uma batedeira. Mas cuidado com o processador: é fácil bater demais ao usá-lo, e enquanto um bolo denso é bom, um borrachudo — evidentemente — não é.

Não apenas adoro preparar este bolo, mas obtenho uma rara sensação de calmo contentamento simplesmente por vê-lo em seu suporte na bancada da cozinha. Depois vem a hora de comê-lo, uma fatia gulosa com uma caneca de café no meio da tarde, que produz nada menos do que uma onda de alegria no corpo e na alma. Bom, é para isso que serve o final de semana...

Rende facilmente 12 fatias

Para o recheio de xarope de bordo com pecã:
75 g de farinha de trigo
30 g de manteiga sem sal em temperatura ambiente
1 colher de chá de canela em pó
150 g de nozes pecã (ou comuns) grosseiramente picadas
125 g de xarope de bordo

Para o bolo:
300 g de farinha de trigo
1 colher de chá de fermento em pó

1 colher de chá de bicarbonato de sódio
125 g de manteiga sem sal em temperatura ambiente
125 g de açúcar refinado
2 ovos
250 ml de crème fraîche ou creme azedo
1 a 2 colheres de chá de açúcar de confeiteiro, para decorar
Óleo sem sabor, para untar

1 fôrma com buraco no meio com 23 cm de diâmetro

♥ Preaqueça o forno a 180°. Usando óleo sem sabor (ou spray culinário), unte a fôrma e deixe-a de cabeça pra baixo sobre um jornal para que o excesso de óleo escorra.

♥ Prepare o recheio do bolo misturando 75 g de farinha de trigo e 30 g de manteiga com um garfo, até formar uma espécie de mistura semelhante à cobertura de um crumble. Depois, ainda misturando com o garfo, adicione a canela, as nozes pecãs (ou comuns) picadas e o xarope de bordo, criando uma pasta pegajosa e heterogênea. Reserve por um instante.

♥ Para o bolo, coloque os 300 g de farinha de trigo, o fermento em pó e o bicarbonato de sódio em uma tigela.

♥ Depois, bata a manteiga e o açúcar até formar um creme leve e claro, e sem parar de bater adicione 1 colher de sopa da mistura de farinha de trigo, 1 ovo, e, então, outra colher de sopa da mistura de farinha, seguida pelo segundo ovo.

♥ Adicione o restante da mistura de farinha enquanto bate, e finalmente o crème fraîche ou creme azedo. A massa do bolo deve ficar bem firme.

♥ Despeje pouco mais da metade da massa na fôrma untada. Espalhe a mistura pelas laterais e ao redor do funil da fôrma para criar uma borda. O recheio pegajoso não deve vazar pelos lados do bolo.

♥ Despeje o recheio de bordo cuidadosamente na reentrância da massa de bolo, depois cubra o recheio com a massa restante. Alise a parte de cima e coloque a fôrma no forno por 40 minutos, embora seja melhor checar com um testador de bolos depois de 30 minutos.

O SONHO DO LAR ACOLHEDOR | CONFORTOS DA COZINHA

O SONHO DO LAR ACOLHEDOR | CONFORTOS DA COZINHA

♥ Quando estiver pronto, o testador de bolos sairá limpo onde atingir a massa (obviamente, qualquer recheio pegajoso vai grudar no testador), deixe o bolo esfriar sobre uma grelha por 15 minutos na fôrma, depois solte as bordas com uma espátula pequena, incluindo ao redor do funil central, e desenforme o bolo sobre a grelha.

♥ Quando o bolo estiver frio, polvilhe com açúcar de confeiteiro passando mais ou menos uma colher de chá por uma peneira fina.

PREPARO ANTECIPADO
O bolo pode ser assado com 2 dias de antecedência. Embrulhe com filme plástico e guarde em um recipiente bem fechado. Polvilhe com açúcar de confeiteiro antes de servir.

CONGELAMENTO
O bolo pode ficar congelado, bem embrulhado em duas camadas de filme plástico e uma de papel-alumínio, por até 3 meses. Descongele de um dia para o outro em temperatura ambiente e polvilhe com açúcar de confeiteiro antes de servir.

Muffins de mirtilo e fubá

Preparar uma porção de muffins durante a semana, embora seja perfeitamente possível na teoria, nunca vai acontecer. Não é um problema de tempo (é só bater a massa, e com negligência), e os 20 minutos que eles levam para assar poderiam ser facilmente acomodados durante o tempo que você leva para implorar que um filho saia da cama enquanto tenta encontrar os tênis do outro. O problema é que o excesso de irritação acabaria indo para a massa, juntamente com os mirtilos. As manhãs dos dias de semana são inegavelmente tensas, mesmo que as atividades na cozinha sejam a menor parte do problema, e a única coisa que as torna viáveis, mesmo que levemente, é a rotina. Desviar-se um pouco disso destruiria o sistema.

É verdade que nos finais de semana normalmente faço panquecas, mas um muffin também pode ser incluído. Meu amigo e agente, Ed Victor (provedor do bolo de carne da **p. 458** e de muito do sustento em geral), diz que gosta de se exercitar assim que acorda, pois isso lhe permite passar o dia se sentindo superior e convencido. Talvez ele vá longe demais: prefiro chegar lá preparando muffins. Deve contar como exercício para o tronco.

Sempre me sinto um pouco mais diva doméstica quando uso fubá, embora suspeite de que isso se deve à minha fraqueza pela culinária kitsch norte-americana. Mas arranjo meus prazeres onde posso, e aconselho você a fazer o mesmo. Aqueles que se sentem felizes só de olhar para um rústico e saudável pote de fubá ou para uma concha cheia desse grão amarelo-claro quase cintilante, devem ser invejados, não ridicularizados (ou um pouco de cada). Mas não é apenas certo sentimentalismo de criança urbana em relação aos grandes espaços rurais que me faz optar pelo fubá nesta receita. Eu adoro sua textura granulada sutilmente doce — saudável e reconfortante ao mesmo tempo, uma combinação rara — na qual os mirtilos se amontoam e seus sucos vazam para o miolo dourado arenoso.

Na **p. 128**, fui enfática o suficiente para imaginar que não precisaria tocar novamente no assunto aqui, mas, mesmo assim, um lembrete: um muffin feito em casa não é um muffin abobadado. E o peso extra concedido pelo fubá cria um muffin totalmente reto, mas também forma um topo crocante e deliciosamente denso sobre o bolo macio salpicado de frutas.

E, como a maioria dos muffins, o melhor é comer enquanto ainda estão quentes.

Faz 12 muffins

150 g de farinha de trigo
100 g de fubá
2 colheres de chá de fermento em pó
½ colher de chá de bicarbonato de sódio
150 g de açúcar
125 ml de óleo vegetal ou outro óleo sem sabor

125 g de leitelho ou iogurte natural líquido
1 ovo
100 g de mirtilos

1 fôrma para 12 muffins

♥ Preaqueça o forno a 200° e forre a fôrma de muffins com forminhas de papel.

♥ Em uma tigela grande, misture a farinha de trigo, o fubá, o fermento em pó, o bicarbonato de sódio e o açúcar.

♥ Em um copo medidor ou uma tigela, despeje o óleo e o leitelho (ou iogurte) e acrescente um ovo, misturando com um batedor ou com um garfo.

♥ Adicione a mistura de óleo à tigela com os ingredientes secos — lembrando-se de que é desejável ter uma massa um pouco encaroçada quando se preparam muffins — e misture metade dos mirtilos à massa dourada.

♥ Divida essa massa entre cada forminha de muffin (elas ficarão cerca de ⅔ cheias) e coloque os mirtilos remanescentes por cima; cada muffin deve ter cerca de 3 mirtilos por cima.

♥ Asse por 15 a 20 minutos, até o testador de bolos sair praticamente limpo (obviamente, ele ficará manchado se atingir um mirtilo). Deixe os muffins na fôrma sobre uma grelha por 5 minutos, depois transfira-os, em suas forminhas de papel, para a grelha e deixe esfriar um pouco (não muito) antes de servir e comer.

PREPARO ANTECIPADO
São melhores no dia do preparo, mas muffins podem ser assados com 1 dia de antecedência e guardados em um recipiente bem fechado, forrado com papel vegetal. Reaqueça em forno morno por 5 a 8 minutos antes de servir. Mantêm a qualidade por 2 dias em local fresco.

CONGELAMENTO
Pode ficar congelado em um recipiente bem fechado, forrado com papel vegetal, por até 2 meses. Descongele por 3 a 4 horas sobre uma grelha em temperatura ambiente e reaqueça como indicado.

Cupcakes veludo vermelho

A primeira vez que fiz estes cupcakes foi a pedido de minha enteada, Phoebe, há anos, mas sua popularidade foi tanta *chez moi* (não que se deva falar francês perto deles) que nunca mais parei. Aqui não há espaço para contar a história deles, mas sejam quais forem as origens deste bolo, preparar uma massa que inclui uma quantidade tão grande de corante culinário é um ato de fé. Não acho que possa convencê-lo a preparar esta receita se você não estiver pronto, mas creio que é possível usar beterraba ralada como um substituto natural, se fizer questão.

Algumas receitas especificam 6 colheres de sopa (ou seja, 90 ml) de corante culinário vermelho, mas é preciso definir um limite, e eu prefiro corantes culinários em pasta, até porque sempre é preciso menos para obter a mesma intensidade de cor. Mas devo alertá-lo de que a colher de sopa cheia de corante culinário vermelho em pasta especificada na receita é mais ou menos todo o conteúdo de um dos potinhos. Preparo estes cupcakes com tanta frequência (e vermelho-natal, seja qual for a estação, é meu vermelho preferido) que agora consegui uma embalagem jumbo tamanho comercial, e também aprendi a manter um par de luvas CSI (veja na **p. 17**) à mão.

Se quiser fazer esta receita como um bolo grande (embora eu não chegue ao ponto de sugerir um formato de tatu, como o bolo do noivo no filme *Flores de aço*), como fiz para o aniversário de 16 anos de minha filha Mimi (sim, eu engulo em seco quando digo isso; parece que foi ontem que escrevi sobre o bolo da Barbie para seu aniversário de 4 anos), saiba que as quantidades da receita fazem massa suficiente para 2 fôrmas de bolo de 25 cm não muito cheias, e cobertura suficiente para rechear e decorar o topo.

Falando da cobertura, quando preparo esses cupcakes para Mimi tenho de seguir instruções estritas de fazer sem cream cheese, preparando apenas uma cobertura de manteiga; mas a cobertura amanteigada de cream cheese que faço para Phoebe também não é autêntica. O glacê tradicionalmente usado para cobrir esses vibrantes bolinhos é chamado de glacê cozido de farinha. Bom, é... e agora, está contente por eu não ter entrado em detalhes sobre a *fons et origo* da receita?

O SONHO DO LAR ACOLHEDOR | CONFORTOS DA COZINHA

Faz 24 cupcakes

Para os cupcakes:
250 g de farinha de trigo
2 colheres de sopa de cacau em pó, peneirado
2 colheres de chá de fermento em pó
½ colher de sopa de bicarbonato de sódio
100 g de manteiga sem sal em temperatura ambiente
200 g de açúcar refinado

1 colher de sopa cheia de corante culinário vermelho-natal
2 colheres de chá de extrato de baunilha
2 ovos
175 ml de leitelho
1 colher de chá de vinagre de sidra ou outro

2 fôrmas para 12 muffins cada

♥ Preaqueça o forno a 170° e coloque forminhas de papel na fôrma de muffins.

♥ Misture a farinha, o cacau, o fermento em pó e o bicarbonato de sódio em uma tigela.

♥ Em outra tigela, bata bem a manteiga e o açúcar, e quando obtiver uma mistura macia e clara continue batendo enquanto acrescenta o corante culinário — sim, todo — e a baunilha.

♥ À colorida massa, ainda batendo, adicione 1 colher dos ingredientes secos, depois 1 ovo, seguido por um pouco mais de ingredientes secos, depois o outro ovo, seguido pelo restante dos ingredientes secos.

♥ Finalmente, misture o leitelho e o vinagre e divida essa extraordinária massa entre as 24 forminhas de papel. Asse por cerca de 20 minutos, quando a massa com cor de sorbet de groselha terá se transformado em um bolo mais escuro, mas ainda suculentamente colorido — mais acrílico vinho do que veludo vermelho, para ser honesta.

♥ Deixe-os esfriar sobre uma grelha e não coloque a cobertura até que estejam completamente frios.

O SONHO DO LAR ACOLHEDOR | CONFORTOS DA COZINHA

Cobertura amanteigada de cream cheese

Como eu disse, você pode usar apenas manteiga em vez de metade manteiga, metade cream cheese para esta cobertura. E também decore como quiser. Gosto de usar açúcar vermelho para indicar o tom profundo do interior dos cupcakes, e um pouco de chocolate amargo, em uma tentativa vã de fazer algo mais elegante. Para as crianças (cujo gosto estou, de qualquer maneira, favorecendo nesta receita) aconselho, em vez disso, um pouco de granulados de chocolate.

Para a cobertura:
500 g de açúcar de confeiteiro (não é preciso peneirar se for usar o processador)
125 g de cream cheese
125 g de manteiga sem sal em temperatura ambiente

1 colher de chá de vinagre de sidra ou suco de limão-siciliano
Granulados de chocolate e açúcar vermelho, para decorar (opcional)

♥ Coloque o açúcar de confeiteiro no processador e bata para remover caroços.

♥ Acrescente o cream cheese e a manteiga e processe para misturar. Despeje o vinagre de sidra (ou suco de limão-siciliano) e bata outra vez, para formar uma cobertura lisa.

♥ Decore cada cupcake usando uma colher de chá ou espátula pequena.

♥ Enfeite com granulados de chocolate e açúcar vermelho, como preferir.

PREPARO ANTECIPADO
Os cupcakes podem ser assados com 2 dias de antecedência e guardados, sem cobertura, entremeados com papel vegetal em recipientes bem fechados. A cobertura pode ser preparada com 1 dia de antecedência: cubra com filme plástico e refrigere; retire da geladeira 1 a 2 horas antes do uso para deixar chegar em temperatura ambiente, depois bata rapidamente antes de usar. O ideal é decorar e comer no mesmo dia, mas cupcakes decorados podem ficar na geladeira em um recipiente bem fechado por até 1 dia. Deixe ficar em temperatura ambiente antes de servir.

CONGELAMENTO
Os cupcakes sem cobertura podem ficar congelados, entremeados com papel vegetal em recipientes bem fechados por até 2 meses. Descongele por 3 a 4 horas sobre uma grelha em temperatura ambiente. A cobertura pode ficar congelada separadamente em um recipiente bem fechado por até 3 meses; descongele de um dia para o outro na geladeira depois deixe chegar à temperatura ambiente e bata rapidamente antes de usar.

Crumble de uva-crispa e flor de sabugueiro

Nunca me sinto tão serena como quando tenho um crumble assando no forno. É verdade, tudo é relativo, e a serenidade não é uma das minhas virtudes, mas a atividade lenta, rítmica e repetitiva de esfregar a farinha e a manteiga — pressionar os dedos indicador e médio vivamente contra o dedão, mais calejado — é em si calmante. Mais tranquilizador ainda é aquele aroma antiquado de almoço de domingo, com sua doce promessa de sobremesa. Para mim, não existe crumble ruim, mas alguns são melhores que outros. O que busco é o suculento contraste entre a fruta levemente ácida e a massa amanteigada por cima, desmantelando-se e afundando um pouco no recheio. Para mim isso significa ruibarbo — o que já foi feito no passado — ou uva-crispa. Ambos têm razão para reivindicar a coroa, mas a uva-crispa talvez seja a verdadeira rainha dos crumbles.

Sem dúvida, a uva-crispa, com seu aspecto quase sobrenatural, aquele estranho verde ácido fluorescente, tem uma temporada muito curta, mas isso é o que aumenta minha compulsão de cozinhar com ela quando a fruta está disponível. Claro, é sempre possível congelá-las — primeiro descobertas, em um tabuleiro, depois em sacos com fecho hermético — e preparar este crumble à vontade o ano inteiro, mas não é a mesma coisa (embora eu diga isso como alguém que compra morangos importados no inverno).

Então, por favor, use a receita a seguir como uma orientação, aumentando a quantidade de qualquer fruta que for usar em vez da uva-crispa para 1 quilo se tiver muitas sementes, talos e casca para tirar. Quanto mais ácida for a fruta substituta, melhor, e reduza o açúcar se o bom-senso pedir. O xarope de flor de sabugueiro é para perfumar as uvas-crispas — ele é, afinal de contas, o acompanhamento tradicional —, e com outras frutas eu o trocaria por algumas gotas de extrato de baunilha.

Uma observação final: por favor, não ache que se não fizer a massa do crumble à mão você não merece fazê-la. Em dias em que o tempo ou o humor não me permitem ficar nem 5 minutos com as mãos dentro de uma tigela, normalmente uso minha batedeira para fazer o trabalho.

Serve 8 pessoas

850 g de uvas-crispas
50 g de açúcar refinado
1 colher de sopa de manteiga sem sal
1 colher de sopa de xarope de flor de sabugueiro

Para a massa do crumble:
200 g de farinha de trigo
2 colheres de chá de fermento em pó

150 g de manteiga sem sal, gelada, cortada em cubos
100 g de açúcar demerara, mais 1 colher de sopa para salpicar

1 fôrma redonda com aproximadamente 21 cm de diâmetro x 6 cm de profundidade

♥ Preaqueça o forno a 190° e coloque dentro dele um tabuleiro.

♥ Descasque e retire os talos das uvas-crispas e coloque-as em uma panela grande em fogo baixo com o açúcar, 1 colher de sopa de manteiga e o xarope de flor de sabugueiro por cerca de 5 minutos, sacudindo a panela de vez em quando, até a manteiga estar derretida e as uvas-crispas estarem cobertas com os brilhantes e aromáticos sucos cor de jade.

♥ Despeje essa mistura na fôrma redonda e reserve enquanto prepara a massa.

♥ Caso vá **preparar a massa à mão**, coloque a farinha e o fermento em pó em uma tigela grande, agite ou misture com um garfo, depois acrescente a manteiga gelada em cubos e esfregue-a levemente com os outros ingredientes entre os dedos. Ou apenas misture usando a pá folha de uma **batedeira**. Pare quando obtiver uma mistura macia e granulada com alguns caroços maiores, aproximadamente do tamanho de favas.

♥ Adicione os 100 g de açúcar demerara e misture levemente com um garfo — uma colher, uma batedeira ou até mesmo seus dedos podem fazer a manteiga começar a se aglomerar.

♥ Cubra com a massa as frutas reservadas, tomando cuidado para distribuí-la uniformemente até as bordas da fôrma. É inevitável — e até desejável — que o recheio vaze para a superfície durante o cozimento, mas é bom se prevenir para não transbordar.

♥ Espalhe a colher de chá restante de açúcar demerara por cima depois coloque o crumble no forno sobre o tabuleiro aquecido, e asse por 35 a 45 minutos até o topo estar levemente dourado. O ideal é servir depois de deixar esfriando por 10 minutos, e comer com creme de leite fresco, gelado e grosso, mas ainda líquido.

PREPARO ANTECIPADO
O crumble pode ser montado com 1 dia de antecedência. Cubra com filme plástico e guarde na geladeira até a hora de assar. Asse como indicado, mas acrescente de 5 a 10 minutos ao tempo de cozimento e verifique se está bem quente no centro.

CONGELAMENTO
A massa do crumble pronta pode ficar congelada em sacos plásticos com fecho hermético por até 3 meses. Espalhe a massa sobre o recheio sem descongelar, desfazendo caroços grandes com as mãos. O crumble montado, mas cru, pode ficar congelado, envolvido em 2 camadas de filme plástico e 1 camada de papel-alumínio, por até 3 meses. Descongele por 24 horas na geladeira e asse como indicado.

Bolo manjar do diabo

Esqueça o nome, este bolo é divino. O miolo é macio, o recheio e a cobertura são deliciosos. Quando o preparei em uma sexta-feira, imaginei que meus filhos, os cruéis críticos gastronômicos residentes, achariam escuro demais, pesado demais, ou doce de menos: você sabe como é. Pelo contrário, eu desci no sábado pela manhã e não encontrei nada além de um suporte de bolo vazio e sujo de chocolate, e uma trilha de migalhas.

Talvez você prefira inverter minha forma de preparo desta receita, fazendo a cobertura antes do bolo. De qualquer forma, leia a receita toda antes de começar a cozinhar (eu não deveria ter de lembrá-lo disso) para entender as coisas, e também porque a cobertura é mais mole e pegajosa do que você pode estar acostumado. Quando prepará-la, não entre em pânico. A mistura vai parecer muito líquida durante um bom tempo enquanto o chocolate estiver derretido, e você vai pensar que acabou com uma glacê brilhante e líquida, linda, mas inadequada para o uso. Mas reserve por cerca de 1 hora, como estipulado, e ela ficará perfeita e espalhável. Nunca fica completamente seca, mas em parte é isso o que torna o bolo tão sombriamente bom. O viscoso, neste caso, é delicioso.

Serve 10 a 20 pessoas

Para o bolo:
50 g de cacau em pó de boa qualidade, peneirado
100 g de açúcar mascavo escuro
250 ml de água fervente
125 g de manteiga sem sal em temperatura ambiente, mais um pouco para untar
150 g de açúcar refinado
225 g de farinha de trigo
½ colher de chá de fermento em pó
½ colher de chá de bicarbonato de sódio
2 colheres de chá de extrato de baunilha
2 ovos

Para a cobertura:
125 ml de água
30 g de açúcar mascavo escuro
175 g de manteiga sem sal, em cubos
300 g de chocolate amargo de boa qualidade, finamente picado

2 fôrmas redondas de 20 cm

♥ Preaqueça o forno a 180°. Forre o fundo de ambas as fôrmas com papel vegetal e unte as laterais.

♥ Coloque o cacau em pó e 100 g de açúcar mascavo escuro em uma tigela com um pouco de espaço sobrando, e despeje a água fervente. Misture e reserve.

♥ Bata bem a manteiga com o açúcar até virarem um creme claro e macio; eu acho mais fácil fazer isso na batedeira, mas fazer à mão não é nada de mais.

♥ Enquanto isso está acontecendo — ou assim que você terminar, se estiver batendo à mão —, misture a farinha de trigo, o fermento em pó e o bicarbonato de sódio em outra tigela, e reserve por um momento.

♥ Despeje o extrato de baunilha no creme de açúcar e manteiga — sem parar de mexer —, depois coloque 1 ovo, rapidamente seguido por uma colherada da mistura de farinha de trigo, depois o segundo ovo.

♥ Continue batendo e incorpore o restante dos ingredientes secos do bolo, depois finalmente junte a mistura de cacau, raspando bem a tigela com uma espátula.

♥ Divida essa massa fabulosamente achocolatada entre as duas fôrmas preparadas e deixe no forno por cerca de 30 minutos, ou até o testador de bolos sair limpo. Retire as fôrmas e deixe-as sobre uma grelha por 5 a 10 minutos, antes de desenformar os bolos e deixar esfriar.

♥ Mas assim que os bolos forem para o forno, comece a preparar a cobertura: coloque a água, 30 g de açúcar mascavo e 175 g de manteiga em uma panela em fogo baixo para derreter.

♥ Quando essa mistura começar a borbulhar, retire a panela do fogo e adicione o chocolate picado, agitando a panela para que todo o chocolate seja atingido pelo calor, e reserve por 1 minuto para derreter antes de bater até ficar lisa e brilhante.

♥ Deixe descansar por cerca de 1 hora, mexendo de vez em quando — quando passar pela panela —, depois os bolos já estarão frios e prontos para decorar.

♥ Coloque um dos bolos frios, com a parte de cima virada para baixo, em um suporte ou prato para bolos, e espalhe por cima cerca de 1/3 da cobertura, depois cubra-o com o segundo bolo, na posição normal, e espalhe a cobertura restante sobre o topo e as laterais, ondulando-a com a espátula. Você pode criar uma aparência lisa, mas eu nunca faço isso, e provavelmente não conseguiria.

PREPARO ANTECIPADO
Os bolos podem ser assados com 1 dia de antecedência e montados antes de servir: envolva bem com filme plástico e guarde em um recipiente bem fechado. O bolo decorado mantém a qualidade por 2 a 3 dias em um recipiente fechado, em local fresco.

CONGELAMENTO
Os bolos sem a cobertura podem ser congelados no dia em que forem assados, cada um enrolado em 2 camadas de filme plástico e 1 camada de papel-alumínio, por até 3 meses. Descongele por 3 a 4 horas sobre uma grelha em temperatura ambiente.

O SONHO DO LAR ACOLHEDOR | CONFORTOS DA COZINHA

Cookies com gotas de chocolate

É estranho que eu tenha conseguido escrever sete livros (não estou contando este, pois incluí-lo enquanto ainda não está pronto pode dar azar) sem um simples cookie com gotas de chocolate (ou seja, um cookie simples com gotas de chocolate). É verdade que o Cookie Totalmente Achocolatado com Gotas de Chocolate apareceu uma vez, e foi apenas por causa de seu sucesso que me senti suficientemente confiante para criar este. Pois a questão é a seguinte: seria de pensar que um cookie simples com algumas gotas de chocolate misturadas à massa é algo fácil. Não é. Não é difícil de preparar, só difícil de acertar. Posso ser chata, mas na minha cabeça, ou na minha boca, um cookie crocante demais é seco e decepcionante, e um cookie denso demais tem gosto de massa. Quero um pouco da densidade macia e pegajosa, mas também algumas partes crocantes.

Eu tentei. Nem tenho como dizer quanto tentei. Muitos cookies foram assados, e muitos, comidos. Como é que se diz? É um trabalho sujo, mas alguém tem de fazê-lo. E a receita de cookie a seguir é a feliz evidência de que meu trabalho duro não foi em vão.

Faz aprox. 14 cookies

150 g de manteiga sem sal em
  temperatura ambiente
125 g de açúcar mascavo claro
100 g de açúcar refinado
2 colheres de chá de extrato de
  baunilha
1 ovo gelado

1 gema de ovo gelada
300 g de farinha de trigo
½ colher de chá de bicarbonato de
  sódio
325 g de pedacinhos ou gotas de
  chocolate ao leite

1 tabuleiro grande

♥ Preaqueça o forno a 170°. Forre o tabuleiro com papel vegetal.

♥ Derreta a manteiga e deixe-a esfriar um pouco. Coloque os açúcares mascavo e refinado em uma tigela, despeje a manteiga derretida levemente mais fria sobre eles e bata.

♥ Ainda batendo, junte a baunilha, o ovo e a gema gelados, até a massa estar leve e cremosa.

♥ Incorpore lentamente a farinha de trigo e o bicarbonato de sódio, só até estarem combinados, depois misture as gotas de chocolate.

♥ Pegue a massa de cookie com uma xícara de medida de ¼ ou com uma colher de sorvete de 60 ml e deixe cair no tabuleiro forrado, depositando os cookie a cerca de 8 cm um do outro. Será necessário assar em duas porções, mantendo a tigela com a massa dos cookies na geladeira enquanto a primeira fornada assa.

♥ Asse por 15 a 17 minutos no forno preaquecido, ou até que as bordas estejam levemente tostadas. Deixe esfriar no tabuleiro por 5 minutos antes de transferir para uma grelha.

PREPARO ANTECIPADO
Os cookies podem ser preparados com até 3 dias de antecedência e armazenados em um recipiente bem fechado. Mantêm a qualidade por 5 dias no total.

CONGELAMENTO
Os cookies prontos podem ficar congelados em um recipiente bem fechado ou em um saco com fecho hermético por até 3 meses. Descongele por 2 a 3 horas em temperatura ambiente. Porções da massa crua dos cookies podem ser colocadas sobre tabuleiros forrados com papel vegetal e deixadas no freezer até ficarem sólidas. Transfira a massa congelada para sacos com fecho hermético e mantenha no freezer por até 3 meses. Asse sem descongelar, mas acrescente 2 a 3 minutos ao tempo de cozimento. E você pode congelar a clara que sobrou (coloque em um saco, rotule e mantenha congelada por até 3 meses) para fazer merengues (veja na **p. 262**) em outra ocasião. Use até 24 horas depois de descongelar.

Pudim de ovos

Existem alguns aromas que quase me fazem chorar de gratidão. Este pudim, ao assar suavemente no forno, enchendo a casa com o cheiro da noz-moscada, da baunilha e dos ovos, é um exemplo, espalhando pelo ar um conforto instantâneo.

Comida com esse sabor — como uma infância ideal, suave e encorajadora — deve ser de preparo simples, e esta é. Talvez você ache estranhos dois dos passos, não por que algum deles seja complicado, mas porque podem ser considerados — erroneamente — dispensáveis. Estou me referindo a coar a mistura de ovo, açúcar e leite, e colocar o pirex em banho-maria. Nem pense em pular uma das duas, pois esses dois passos são o que confere ao pudim sua capacidade de derreter na boca.

Acho que o ideal é preparar este prato em uma pirex pequeno (com cerca de 17 cm de diâmetro), mas sei que esse não é um tamanho padrão de fôrmas para tortas. Você pode usar um maior, mas em um pirex mais largo (com, por exemplo, 22 cm de diâmetro) o pudim fica mais baixo e precisará assar por ½ hora a menos do que o tempo estipulado na receita. Não posso prometer que a versão menos profunda ficará tão gostosa, mas mesmo assim vale o esforço, tanto para quem cozinha quanto para quem come.

Uma última observação: especifico 568 ml de leite integral (nem pense em usar semidesnatado) porque ainda é — em um regresso aos tempos do império — como a velha medida de 1 pinta é vendida no Reino Unido. Se você tiver cerca de 1 litro de leite em casa, meça 600 ml; e eu já preparei esta receita com 500 ml com o mesmo sucesso...

Serve 4 pessoas, *ou duas pessoas gulosas comendo quente uma vez e depois frio*

Manteiga, para untar
568 ml (ou 1 pinta) de leite integral
4 ovos
50 g de açúcar refinado
2 colheres de chá de extrato de
  baunilha

Noz-moscada fresca

1 pirex com aprox. 17 cm de
  profundidade e 6 cm de altura

♥ Preaqueça o forno a 140° e unte o pirex redondo. Despeje o leite em uma panela e aqueça até ficar quente, mas não deixe ferver. Ou, se quiser, pode despejar em um jarro e colocar no micro-ondas.

♥ Em uma tigela que seja bem grande para também receber o leite, bata os ovos, o açúcar e a baunilha. Depois, ainda batendo, despeje o leite quente.

♥ Coloque o pirex untado em uma assadeira para fazer o *bain marie* — seu banho-maria (veja o próximo passo). Coe a mistura do pudim em uma peneira diretamente sobre o pirex untado, depois rale generosamente a noz-moscada por cima.

♥ Despeje a água fervente na assadeira até chegar mais ou menos à metade da lateral do pirex, e cuidadosamente (sem fazer sujeira nem derramar) coloque no forno e asse por 1 hora e meia. O pudim deve ficar firme, mas não exageradamente. Retire a assadeira do forno e o pirex da assadeira, e deixe o pudim esfriar um pouco antes de comer. Acho que um pudim atinge seu ponto mais sedutor quando está morno, não quente. Também gosto frio, especialmente com algumas framboesas, mas não o coloque na geladeira: isso o arruinaria. Ou pelo menos arruína para mim.

Merengues de café com caramelo

É difícil acreditar que uma criação tão espetacular quanto um merengue possa derivar de nada mais que açúcar e claras de ovo. Parece milagroso, mas não sou especialista em química culinária. Meu negócio é comer, e simplesmente fico feliz em me deliciar com a textura-sensação que é o contraste entre a casquinha crocante e o centro que ainda é um pouco mole. Simples e servido com frutas ácidas e um pouco de chantilly, é difícil superar um merengue. Mas não quer dizer que não devamos tentar.

A rota do café com caramelo foi feita praticamente no piloto-automático: tanto o som das palavras quanto o sabor da combinação me agradam, e para mim eles tinham de se unir em forma de merengue. Acrescento um pouco de açúcar mascavo à mistura do merengue, tanto pela doçura quanto para aprofundar o tom pardo, e a calda de caramelo também é escura. Não exagere na calda: o ideal são apenas algumas gotas. Mesmo assim, embora os merengues sejam obviamente doces, o gosto do café corta o açúcar e permite a absurda adição de uma calda de caramelo.

Não é necessário acrescentar o licor à calda ou cobrir os merengues com avelãs picadas, mas eu gosto.

Faz 8 a 10 merengues

Para os merengues:
200 g de açúcar refinado
50 g de açúcar mascavo claro
2 colheres de chá de pó de café
  espresso instantâneo
1 pitada de cremor tártaro
4 claras
100 g de avelãs tostadas e picadas,
  para colocar por cima (opcional)

Para a calda de caramelo:
1 colher de sopa (15 g) de manteiga
75 g de melado de cana
25 g de açúcar mascavo
60 ml de creme de leite fresco
2 colheres de chá de licor de avelã
  Frangelico (opcional)

Para o recheio:
600 ml de creme de leite fresco

1 tabuleiro grande

♥ Para fazer os merengues: preaqueça o forno a 140° e misture as 200 g de açúcar refinado e 50 g de açúcar mascavo claro, o pó de café e o cremor tártaro em uma tigela. Reserve.

♥ Bata as claras em uma tigela sem gordura (a escolha dos puristas é cobre, mas eu me satisfaço com aço inoxidável) até que passem do ponto de espuma e comecem a formar picos suaves.

O SONHO DO LAR ACOLHEDOR | CONFORTOS DA COZINHA

♥ Comece a acrescentar a mistura de açúcares, 1 colher de sopa de cada vez, sem parar de bater, até obter um merengue brilhante e denso da cor de uma lingerie de seda bege-acinzentada.

♥ Forre um tabuleiro com papel vegetal ou uma esteira de cozimento em silicone, e coloque montinhos de merengue (cerca de 2 colheres de sobremesa cheias), formando círculos com aproximadamente 6 cm de diâmetro.

♥ Dê textura à parte de cima, deixando-a pontuda ou fofa; você deve obter 8 a 10 merengues.

♥ Espalhe por cima de cada merengue cerca de ½ colher de chá de avelãs picadas, reservando o restante para depois.

♥ Deixe no forno preaquecido por cerca de 45 minutos. Quando prontos, os merengues devem estar secos por fora, mas ainda pegajosos no centro, e levemente frágeis ao toque. Retire do forno, mas não os remova do tabuleiro.

♥ Para fazer a calda de caramelo: derreta a manteiga, o melado de cana e o açúcar mascavo claro em uma panela, em fogo baixo, agitando levemente de vez em quando (mas sem mexer), depois deixe levantar fervura e cozinhe por 2 minutos.

♥ Retire a panela do fogo e acrescente os 60 ml de creme de leite fresco e o licor (caso for usar); despeje em um jarro refratário — você não terá mais de 150 ml de calda — para esfriar.

♥ Na hora de montar os merengues, bata os 600 ml de creme de leite fresco até ficarem firmes, mas não duros. Abra um buraco — não tenha medo de espalhar migalhas — na parte de cima de cada merengue, depois abra-os um pouco e recheie com um pouco de chantilly. Despeje um fio da calda e espalhe mais algumas avelãs picadas.

PREPARO ANTECIPADO
Os merengues podem ser preparados com 1 dia de antecedência e armazenados em um recipiente bem fechado. A calda pode ser feita 1 dia antes: guarde na geladeira em uma tigela ou um jarro coberto com filme plástico. Retire da geladeira 1 a 2 horas antes de servir para deixar na temperatura ambiente.

O SONHO DO LAR ACOLHEDOR | CONFORTOS DA COZINHA

Bolo de verão sueco

Minha gula não se resume a comer comida. Também adoro ler sobre ela. Minha coleção de livros de culinária hoje se aproxima de 4 mil títulos, o que é um indício de minha mania, mas não conta a história toda. Além dos livros que compro compulsivamente — quando se tem uma coleção, não existe um bom argumento, jamais, para *não* aumentá-la —, há páginas que arranco de revistas e notas rabiscadas que tomo quando como na casa de amigos. E meu maior tesouro são receitas de família que as pessoas me dão. Quando digo "dão", deveria ser um pouco mais honesta: eu intimido e atormento, especialmente se acho que a pessoa pode ter uma receita com significado especial para mim.

Assim como morar na Itália no final da adolescência me iniciou em uma vida de amor pela culinária do país, passar os verões na Escandinávia entre os 8 e os 12 anos me deixou com uma profunda nostalgia pela comida escandinava. Quando mencionei isso certa vez (e até me atrevi a tentar falar um sueco há muito esquecido) para Anna Engbrink, que trabalhava no Scott's, um restaurante em Londres ao qual eu ia com muita frequência (meu marido era um fumante compulsivo e aquele era um dos poucos lugares com um espaço externo onde era permitido fumar), ela me contou sobre a culinária da avó. Eu a pressionei, semana após semana, para que me desse a receita da avó para um bolo que se faz por toda a Escandinávia para celebrar o Solstício de Verão, e depois de muito implorar, ela me forneceu esta receita. Ou melhor, uma versão desta receita. A avó de Anna, não é de surpreender, era sueca; mas aqueles meus verões com céus enormes de muito tempo atrás eram passados quase todos na Noruega, então instintivamente modifiquei um pouco a receita para dar a ela um gosto do *bløtkake* de verão norueguês do qual eu me lembro. *Bløtkake* significa simplesmente "bolo úmido", e meu creme é muito mais líquido que o da avó de Anna, ou que de qualquer outro cozinheiro sueco (ou dinamarquês, pelo que sei). Não apenas eu prefiro este, mas é muito mais rápido e simples.

Não que algo nesta receita seja realmente complicado, mas não nego que a montagem pode ser trabalhosa, ou que quando lemos a receita o preparo pareça mais difícil do que realmente é. É sempre assim com receitas que têm muitos passos, mesmo que os passos em si não sejam nada de mais. Fiz uma lista de ingredientes para cada parte — bolo, creme, montagem — porque é mais fácil preparar dessa forma; mas para tornar as compras mais simples aconselho ler as três partes da receita antes e anotar o que precisa.

Quando li a receita original que a Anna me deu, fiquei tocada sobretudo pela observação que dizia "minha avó nos fazia colher os morangos frescos do seu jardim enquanto ela preparava as bases". Muito Elvira Madigan, eu sei, mas sobretudo me lembrou de entrar no bosque atrás da casa onde ficávamos na Noruega para colher mirtilos para o café da manhã.

Fique tranquilo que se você, como eu, não tem morangos crescendo no jardim, ou nem tem jardim, este bolo levará o doce aroma do verão escandinavo diretamente para a sua cozinha.

O SONHO DO LAR ACOLHEDOR | CONFORTOS DA COZINHA

O bolo rende 8 a 10 fatias generosas

Para o creme de baunilha
Faço esta parte primeiro, na verdade 1 dia antes de preparar o bolo, porque dividir o processo ameniza o trabalho geral, e este creme precisa estar totalmente frio antes de ser usado. Como leva menos de 5 minutos para fazer, faça quando quiser — desde que reserve tempo para deixar esfriar, cerca de 3 horas —, pois não vai ser muito difícil.

    Se você detesta desperdício tanto quanto eu, congele as claras (por até 3 meses), escrevendo no saco que ali dentro há 2 claras (ou você pode esquecer a quantidade), depois descongele na geladeira e use em até 24 horas, para preparar merengues em outra ocasião. (Você pode preparar meia porção, ou seja 4 a 5 dos Merengues de Café com Caramelo da **p. 262**, sempre que estiver com vontade ou quando houver ocasião.)

CREME DE BAUNILHA

O SONHO DO LAR ACOLHEDOR | CONFORTOS DA COZINHA

2 gemas
2 colheres de sopa de açúcar
  refinado
2 colheres de chá de maisena ou
  farinha de batata

250 ml de leite integral
½ fava de baunilha ou 1 colher de
  chá de extrato de baunilha

♥ Se for usar uma fava de baunilha, coloque todos os ingredientes em uma panela em fogo médio, mexendo sem parar até começar a engrossar. *Não deixe ferver.* Se for usar o extrato de baunilha, como costumo fazer, coloque na panela todos os ingredientes, menos o extrato, e prepare como indicado anteriormente.

♥ Quando começar a engrossar — em apenas uns 3 minutos em fogo médio, mas menos de 5 se você mantiver a chama cuidadosamente baixa —, retire do fogo. Remova a fava de baunilha, se estiver usando.

♥ Transfira para uma tigela fria, acrescente o extrato de baunilha, se estiver usando, e continue mexendo até estar um pouco mais frio, depois cubra com filme plástico — tocando a superfície do creme para impedir que se forme uma película sobre o creme quando esfriar. Ou umedeça um pedaço de papel vegetal e coloque diretamente sobre o creme.

BOLO *Para o bolo*

Este bolo fica muito mais fácil quando é preparado com a ajuda de aparelhos, seja uma batedeira comum ou de mão, mas como a existência do bolo é anterior à intenção de ambas, obviamente, ele pode ser feito com um batedor de arame e força no braço.

3 ovos
250 g de açúcar refinado
90 ml de água quente de uma
  chaleira recentemente fervida
1 ½ colher de chá de fermento em
  pó

150 g de farinha de trigo
Manteiga, para untar

1 fôrma de fundo removível de
  23 cm ou outra fôrma redonda
  para bolos

♥ Preaqueça o forno a 180°, forre o fundo da fôrma com papel vegetal e unte as laterais.

♥ Bata os ovos com o açúcar rapidamente até ficarem claros e aerados e terem mais que dobrado de volume, depois, ainda batendo, mas agora um pouco mais devagar, adicione a água quente.

♥ Misture o fermento em pó e a farinha em uma tigela à parte e gradualmente incorpore essa mistura, com cuidado para não formar caroços. Talvez seja preciso parar de bater uma ou duas vezes para raspar as laterais.

♥ Despeje a massa na fôrma preparada e asse no forno preaquecido por aproximadamente 30 minutos, ou até estar dourado, bem crescido, e o testador de bolos sair limpo.

♥ Deixe o bolo descansar na fôrma sobre uma grelha por 5 a 10 minutos antes de desenformar — cuidadosamente — e deixá-lo esfriar sobre a grelha.

O SONHO DO LAR ACOLHEDOR | CONFORTOS DA COZINHA

MONTAGEM   *Para montar o bolo*

Se você é desajeitado como eu, esta é a parte mais difícil. Por outro lado, qualquer falta de jeito é facilmente escondida ou acrescenta um charme caseiro à receita. Vale a pena ser positivo aqui. Estou dizendo que se você não tem habilidades excelentes com a faca ou uma mão firme, pode achar difícil cortar este bolo horizontalmente em 3 camadas iguais. Não se preocupe. Eu quebrei uma das camadas enquanto cortava o bolo da foto, mas quando ele é montado com as frutas e o creme, isso não aparece. Talvez ele se incline um pouco em uma direção, fazendo o creme vazar mais por um lado do que pelo outro, mas adoro essa aparência. Não quero que o bolo fique certinho, o que é ótimo.

750 g de morangos

2 a 3 colheres de chá de açúcar refinado, dependendo da doçura dos morangos

500 ml de creme de leite fresco

2 colheres de chá de extrato de baunilha

♥ Reserve 250 g de morangos e comece a preparar os 500 g restantes. Retire o cabinho desses, corte ao meio os menores e em quatro os maiores, colocando-os em uma tigela. Polvilhe com açúcar — a quantidade depende da acidez ou doçura das frutas —, sacuda e reserve até eles ficarem brilhantes: 10 minutos são o suficiente, embora 1 hora os deixe mais suculentos e brilhantes.

♥ Bata o creme de leite fresco até que mantenha a forma de picos quando os batedores forem levantados.

♥ Misture $1/3$ do creme batido no creme de baunilha totalmente frio preparado antes.

♥ Quando o bolo também estiver completamente frio, pegue uma faca de pão e, corajosamente, corte-o em três camadas horizontais. Não seria o fim do mundo se você simplesmente cortasse em duas camadas, creio eu.

♥ Coloque o bolo em um prato ou suporte, e cubra-o com o creme de baunilha, depois arrume metade dos morangos macerados por cima, concentrando-se mais nas bordas do que no centro. Cubra com a segunda camada de bolo e repita a operação com o restante do creme de baunilha e dos morangos.

♥ Por último, posicione a terceira camada de bolo por cima e cubra com o creme batido, arrumando a seu gosto os 250 g de morangos que haviam sido reservados: eu corto os cabinhos da maioria deles, e corto alguns, mas gosto de deixar alguns inteiros, frutas inteiras deixadas suculenta e decorativamente aqui e ali.

PREPARO ANTECIPADO
O creme pode ser preparado com 1 dia de antecedência, esfriado e levado imediatamente à geladeira. Os morangos podem ser cortados 1 dia antes e guardados em uma tigela coberta na geladeira; retire da geladeira e polvilhe com açúcar 1 hora antes de servir.

CONGELAMENTO
O bolo puro pode ser congelado no dia em que for assado, por até 1 mês. Fatie o bolo e torne a montá-lo com um círculo de papel vegetal entre cada camada. Enrole o bolo com duas camadas de filme plástico e 1 camada de papel-alumínio. Descongele por 3 a 4 horas sobre uma grelha em temperatura ambiente e use no mesmo dia.

O SONHO DO LAR ACOLHEDOR | CONFORTOS DA COZINHA

Bolo úmido de geleia de laranja

Bom, este bolo é uma beleza. Não estou dizendo que é vistoso ou sofisticado — pelo contrário; sua aparência tem algo austeramente belo, e mesmo assim o sabor é maravilhosamente acolhedor. Mas, enfim, essa sobremesa simples para um almoço de domingo é a essência da comida caseira. Não me incomodo de deixar a sobremesa linda e decorada para o chefe e o confeiteiro profissionais. Quando quero comer uma dessas, vou a um restaurante. Assim, todos ficam felizes.

Não quero ser rígida demais em relação a este bolo úmido de geleia de laranja — que tem a surpreendente textura leve de um bolo feito no vapor — e não me parece adequado. Adoro o toque amargo da geleia de laranja escura e pedaçuda, de forma que para esta receita em geral escolho as que são glamourosamente castanho-avermelhadas; se isso for intenso demais para você. Escolha uma geleia mais fina.

Serve 6 a 8 pessoas

250 g de manteiga sem sal, mais
  um pouco para untar
75 g de açúcar refinado
75 g de açúcar mascavo claro
150 g de geleia de laranja, mais
  75 g para o glacê
225 g de farinha de trigo
½ colher de chá de bicarbonato de
  sódio

1 colher de chá de fermento em pó
4 ovos
Casca e suco de 1 laranja (reserve
  o suco de ½ laranja para o glacê)

1 pirex quadrado de 24 cm

♥ Preaqueça o forno a 180° e unte o pirex.

♥ Misture os 75 g de geleia de laranja e o suco de ½ laranja em uma panela pequena e reserve para fazer o glacê mais tarde.

♥ Coloque todos os outros ingredientes da massa em um processador de alimentos, bata e depois despeje no pirex untado, alisando o topo. Se **não for usar um processador**, bata a manteiga e os dois açúcares à mão ou em uma batedeira, incorpore a geleia de laranja e então os ingredientes secos, depois os ovos e, finalmente, a casca e o suco de laranja.

♥ Asse no forno por cerca de 40 minutos — mas verifique depois de ½ hora. Ao fim desse tempo, a massa terá crescido e o testador de bolos sairá praticamente limpo. Retire do forno e deixe no pirex.

O SONHO DO LAR ACOLHEDOR | CONFORTOS DA COZINHA

O SONHO DO LAR ACOLHEDOR | CONFORTOS DA COZINHA

❤ Aqueça a mistura do glacê na panela até que os ingredientes tenham derretido e combinado, depois passe sobre o bolo com um pincel, deixando os pedaços ou lascas de casca serem a única decoração sobre o bolo discretamente brilhante. Saiba que este bolo vai manter seu calor com aroma de laranja por bastante tempo depois de sair do forno, então você pode prepará-lo antes de se sentar para o prato principal.

❤ Use uma colher grande ou fatiador de bolos (ou ambos) para servir, e coloque um jarro de creme de ovos ou de leite na mesa para comer com o bolo.

Usando bem as sobras

*Acho que você deve tentar guardar um pouco deste bolo e, quando estiver frio, envolver bem e guardar no freezer (em um recipiente bem fechado por até 1 mês) até o dia em que precisar de algo simples para um jantar. Tudo o que precisa fazer (na **p. 171** estão as medidas exatas e o passo a passo da receita) é descongelar por 3 a 4 horas em temperatura ambiente, arrumar algumas fatias em um prato, umedecer com suco de laranja e licor e cobrir com amoras-pretas e casca de laranja. Mas admito que, depois de servir pela primeira vez, é difícil superar a tentação de manter (por até 2 dias na geladeira, coberto com filme plástico) qualquer quantidade de bolo que sobrar e reaquecer ou simplesmente comer frio diretamente do pirex.*

TRIFLE DE LARANJA E AMORAS-PRETAS

Bolo de polenta com limão-siciliano

Sem glúten

Este bolo é uma espécie de amálgama anglo-italiana. O disco plano e simples é remanescente dos doces que ficam arrumados geometricamente em vitrines de confeitarias na Itália; a umidade ácida e viscosa é emprestada de um clássico do chá inglês, o bolo com glacê de limão-siciliano. É uma boa combinação: adoro a culinária italiana em todos os aspectos com exceção de um — considero os bolos secos e doces demais. Mas nesta receita a saborosa granulosidade da polenta e a suave crocância das amêndoas moídas realça muito melhor para toda a unidade desejável do que a farinha de trigo.

Mas este bolo não é só isso. Por algum processo alquímico, o limão-siciliano destaca a textura amanteigada dos ovos do bolo, tornando-o denso e ácido ao mesmo tempo. Se você tentasse imaginar qual seria o gosto de um creme de limão-siciliano em forma de bolo, seria assim.

Embora eu fique satisfeita em fatiar e enfiar direto na boca de qualquer jeito, deixando migalhas úmidas cair onde quiserem, o ideal é comer este bolo — ao menos quando estamos acompanhados — com colher e garfo. De qualquer forma, considere este prato um competidor tanto para o conforto da hora do chá quanto para jantar comemorativo.

Rende 16 fatias *(embora eu não ache que cada pessoa só vá comer uma...)*

Para o bolo:
200 g de manteiga sem sal em temperatura ambiente, mais um pouco para untar
200 g de açúcar refinado
200 g de amêndoas moídas
100 g de polenta ou fubá finos
1 ½ colher de chá de fermento em pó
3 ovos

Casca de 2 limões-sicilianos (guarde o suco para o xarope)

Para o xarope:
Suco de 2 limões-sicilianos
125 g de açúcar de confeiteiro

1 fôrma redonda com fundo removível ou outra fôrma para bolos com 23 cm

O SONHO DO LAR ACOLHEDOR | CONFORTOS DA COZINHA

♥ Forre a base da fôrma com papel vegetal e unte levemente as laterais com manteiga. Preaqueça o forno a 180°.

♥ À mão, em uma tigela, com uma colher de pau, ou usando uma batedeira, bata a manteiga e o açúcar até ficarem claros e fofos.

♥ Misture as amêndoas, a polenta e o fermento em pó, e incorpore um pouco desses ingredientes com o açúcar e a manteiga, seguidos por 1 ovo, depois alterne ingredientes secos e ovos, sem parar de bater.

♥ Finalmente, junte a casca de limão. Despeje, raspando, ou às colheradas, na fôrma preparada, e asse por cerca de 40 minutos. Pode parecer mole, mas se o bolo estiver pronto o testador de bolos deve sair praticamente limpo e, sobretudo, as bordas do bolo devem ter começado a se desprender das laterais da fôrma. Retire do forno e transfira para uma grelha para esfriar, mas deixe na fôrma.

♥ Prepare o xarope fervendo o suco de limão com o açúcar de confeiteiro em uma panela pequena; quando o açúcar de confeiteiro tiver se dissolvido no suco, está pronto. Fure toda a parte de cima do bolo com um testador de bolos (um espetinho seria destrutivo demais), derrame o xarope quente sobre o bolo e deixe esfriar antes de desenformar.

PREPARO ANTECIPADO
O bolo pode ser assado com até 3 dias de antecedência e ficar em um recipiente bem fechado em local fresco. Manterá a qualidade por 5 a 6 dias no total.

CONGELAMENTO
O bolo pode ser congelado com o papel vegetal assim que esfriar, envolvido em duas camadas de filme plástico e uma camada de papel-alumínio, por até 1 mês. Descongele por 3 a 4 horas em temperatura ambiente.

Bolo em camadas de café e nozes

Nenhuma das minhas avós, na verdade nem minha mãe, gostava de fazer bolos, pães e afins, mas mesmo assim este é *o* bolo da minha infância. Quando era pequena, eu o preparava para o aniversário da minha irmã todos os anos, batendo vigorosamente em uma tigela com a colher de pau. Esta, entretanto, é uma versão simplificada: todos os ingredientes vão para o processador.

O bolo que eu fazia e comia quando era jovem era mais café com leite do que espresso, mas aqui eu o deixei mais forte sem me importar com meus filhos. Se essa for sua preocupação ou se estiver cozinhando para crianças, ou se você mesmo tiver um desejo nostálgico para doce conforto suave, substitua as 4 colheres de chá de café espresso em pó por 2 colheres de chá de café instantâneo granulado dissolvido em 1 colher de sopa de água fervente.

Rende 8 fatias generosas

Para o bolo:
50 g de nozes em pedaços
225 g de açúcar refinado
225 g de manteiga sem sal em temperatura ambiente, mais um pouco para untar
200 g de farinha de trigo
4 colheres de chá de café espresso em pó
2 ½ colheres de chá de fermento em pó
½ colher de chá de bicarbonato de sódio
4 ovos
1 a 2 colheres de sopa de leite

Para a cobertura de creme de manteiga:
350 g de açúcar de confeiteiro
175 g de manteiga sem sal em temperatura ambiente
2 ½ colheres de chá de café espresso instantâneo em pó, dissolvido em 1 colher de sopa de água fervente
25 g de nozes divididas ao meio, para decorar

2 fôrmas redondas de 20 cm

♥ Preaqueça o forno a 180°. Unte as duas fôrmas e forre a base de cada uma com papel vegetal.

♥ Coloque os pedaços de noz em um **processador de alimentos** e bata até virar um pó fino. Adicione os 225 g de manteiga, a farinha de trigo, as 4 colheres de chá de espresso em pó, o fermento, o bicarbonato de sódio e os ovos e processe até obter uma massa lisa. Junte o leite, despejando-o pelo funil com o processador ligado, ou apenas pulsando para afinar a massa do bolo: deve ficar com uma consistência macia e mais líquida, então acrescente mais leite se precisar. (**Se estiver preparando esta receita à mão**, transforme as nozes em um pó granulado com um rolo de macarrão e misture com os ingredientes secos; depois bata a manteiga com o açúcar até virar um creme, e vá incorporando alternadamente os ingredientes secos e os ovos e, finalmente, o leite.)

♥ Divida a massa entre as duas fôrmas forradas e asse no forno por 25 minutos, ou até que o bolo cresça e esteja flexível ao toque.

♥ Deixe os bolos esfriarem nas fôrmas sobre uma grelha por cerca de 10 minutos, antes de desenformá-los sobre a grelha e retirar o papel vegetal.

♥ Quando os bolos estiverem frios, prepare o creme de manteiga. No **processador de alimentos**, pulse o açúcar de confeiteiro até ficar sem caroços, depois acrescente a manteiga e bata até obter uma cobertura lisa.

♥ Dissolva o café espresso instantâneo em pó em 1 colher de sopa de água fervente e adicione ainda quente ao processador, pulsando para misturar com o creme de manteiga.

♥ Se estiver fazendo isso à mão, peneire o açúcar de confeiteiro e misture com a manteiga usando uma colher de pau. Depois incorpore o café líquido quente.

♥ Coloque 1 bolo de cabeça para baixo sobre o suporte para bolos ou prato. Espalhe cerca de metade da cobertura; depois coloque o segundo bolo, na posição normal (ou seja, os dois lados retos dos bolos devem se encontrar no meio) e cubra com a cobertura restante em um padrão ondulado. Este bolo tem um charme antiquado e rústico, então não se preocupe à toa: a cobertura ficará bonita de qualquer maneira. Igualmente, não se aflija se um pouco de creme de manteiga vazar pelo meio: é isso o que torna o bolo tão atraente.

♥ Pressione levemente as metades das nozes sobre a cobertura por toda a borda do bolo, deixando cerca de 1 cm entre cada uma.

PREPARO ANTECIPADO

O bolo pode ser assado com 1 dia de antecedência e montado antes de servir. Envolva bem as camadas em filme plástico e guarde em um recipiente bem fechado. O creme de manteiga pode ser preparado 1 dia antes: cubra com filme plástico e refrigere; retire da geladeira 1 a 2 horas antes de usar para que fique em temperatura ambiente, depois bata rapidamente antes de usar. O bolo decorado mantém a qualidade por 2 a 3 dias em um recipiente bem fechado em local fresco.

CONGELAMENTO

As camadas do bolo sem cobertura podem ser congeladas no dia em que forem assadas, cada uma envolvida em duas camadas de filme plástico e uma camada de papel-alumínio, por até 3 meses. Descongele por 3 a 4 horas sobre uma grelha em temperatura ambiente. A cobertura pode ser congelada separadamente em uma recipiente bem fechado por até 3 meses. Descongele de um dia para o outro na geladeira, depois deixe chegar à temperatura ambiente e bata rapidamente antes de usar.

O SONHO DO LAR ACOLHEDOR | CONFORTOS DA COZINHA

Bolo de cenoura veneziano

Sem glúten & sem laticínios

Durante muito tempo pensei que o bolo de cenoura era uma invenção norte-americana, até descobrir que uma versão mais antiga era feita por judeus de Veneza no gueto original.

Este modesto disco é muito diferente da gigantesca versão dos Estados Unidos, com o denso cream cheese adoçado que serve de recheio e cobertura, e embora — com exceção da gloriosa cor dourada — não seja muito bonito, o sabor é divino. Esta receita também tem a virtude a mais de ser atraente para aqueles com alergia a glúten ou laticínios: a receita chegou até mim sem laticínios, e decidi usar amêndoas moídas em vez de farinha de trigo para deixar feliz também a brigada antiglúten, mas sobretudo porque para mim ele fica perfeito assim.

Só quem tem hábitos alimentares menos austeros vai gostar de colocar ao lado da úmida fatia de bolo minha aceitação italianada à cobertura americana de cream cheese — um creme de mascarpone macio com sabor de rum.

Serve 8 a 10 pessoas

Para o bolo de cenoura:
3 colheres de sopa de pinolis tostados
2 cenouras médias (aprox. 200 a 250 g)
75 g de passas brancas
60 ml de rum
150 g de açúcar refinado
125 ml de azeite de oliva, mais um pouco para untar
1 colher de chá de extrato de baunilha
3 ovos
125 g de amêndoas moídas

½ colher de chá de noz-moscada
Casca finamente ralada e suco de ½ limão-siciliano

Para o creme de mascarpone (opcional):
250 g de queijo mascarpone
2 colheres de chá de açúcar de confeiteiro
2 colheres de sopa de rum

1 fôrma redonda de fundo removível ou outra fôrma para bolo com 23 cm de diâmetro

♥ Preaqueça o forno a 180°. Forre a base da fôrma com esteira de cozimento em silicone reutilizável (veja na **p. 14**) ou papel vegetal e unte as laterais com azeite de oliva. Toste os pinolis em uma panela sem óleo; o forno não consegue deixá-los dourados.

♥ Rale as cenouras no processador (para facilitar) ou com um ralador grosso, depois coloque-as sobre duas camadas de papel-toalha e as embrulhe para absorver o excesso de líquido.

♥ Coloque as passas brancas em uma panela pequena com rum, deixe levantar fervura, abaixe o fogo e deixe fervilhar por 3 minutos.

O SONHO DO LAR ACOLHEDOR | CONFORTOS DA COZINHA

♥ Bata o açúcar e o azeite — eu uso uma batedeira, mas não seria muito difícil à mão — até estar cremoso e aerado.

♥ Incorpore a baunilha e os ovos, e quando estiver bem misturado, junte as amêndoas moídas, a noz-moscada, as cenouras raladas e as passas brancas (com todo o rum que estiver com elas) e, finalmente, o suco e a casca do limão-siciliano.

♥ Despeje a mistura na fôrma preparada e alise a superfície com uma espátula de borracha. A massa ficará bem rasa na fôrma.

♥ Salpique os pinolis tostados sobre o bolo e coloque no forno por 30 a 40 minutos ou até que o tipo esteja crescido e dourado e o testador de bolos saia pegajoso, mas relativamente limpo.

♥ Retire do forno e deixe o bolo na fôrma sobre uma grelha por 10 minutos antes de desenformar e deixar sobre a grelha para esfriar.

♥ Transfira o bolo para uma travessa; misture o mascarpone com o açúcar de confeiteiro e o rum e coloque em uma tigela para servir com o bolo, para quem quiser.

PREPARO ANTECIPADO
O bolo pode ser assado com até 3 dias de antecedência. Envolva bem em filme plástico e guarde em um recipiente bem fechado, em local fresco. Mantém a qualidade por um total de 5 a 6 dias.

CONGELAMENTO
O bolo pode ficar congelado (ainda com a base da fôrma, se for mais fácil), cuidadosamente envolvido em 2 camadas de filme plástico e 1 de papel-alumínio por até 3 meses. Descongele de um dia para o outro em temperatura ambiente.

O SONHO DO LAR ACOLHEDOR | CONFORTOS DA COZINHA

Bolo de limão e chocolate sem farinha
Com creme de margarita

Sem glúten

Um bolo de chocolate sem farinha tem alguma coisa que o torna extremamente fácil de comer. Esta receita é uma das minhas sobremesas favoritas quando recebo amigos para o jantar.

Serve 8 a 10 pessoas

150 g de chocolate amargo, picado
150 g de manteiga sem sal em temperatura ambiente, mais um pouco para untar
6 ovos
250 g de açúcar refinado
100 g de amêndoas moídas

4 colheres de chá de cacau em pó de boa qualidade, peneirado
Casca e suco de 1 limão
Açúcar de confeiteiro, para polvilhar (opcional)

1 fôrma redonda de fundo removível ou outra fôrma de bolo com 23 cm de diâmetro

♥ Preaqueça o forno a 180°, forre a base da fôrma com papel vegetal e unte as laterais.

♥ Derreta o chocolate com a manteiga em uma tigela refratária em banho-maria ou no micro-ondas (seguindo as instruções do fabricante), depois reserve para esfriar um pouco.

♥ Bata os ovos com o açúcar até que tripliquem de volume e fiquem claros e aerados. Eu **uso uma batedeira**, mas uma **batedeira de mão** também serviria bem. Obviamente, é possível bater **à mão**, mas isso requer persistência e força.

♥ Misture as amêndoas moídas com o cacau e incorpore-as delicadamente à mistura de açúcar e ovos, e em seguida o chocolate com manteiga, já mais frios. Finalmente, incorpore a casca e o suco do limão.

♥ Despeje essa mistura na fôrma preparada e asse no forno preaquecido por 40 a 45 minutos (mas comece a verificar aos 35); o bolo vai estar firme no topo, mas ainda estará um pouco mole por baixo.

♥ Retire do forno e deixe o bolo na fôrma sobre uma grelha para esfriar. Quando tiver esfriado um pouco, coloque um pano de prato limpo sobre o bolo para impedir que forme uma crosta muito grossa, embora uma superfície rachada e afundada seja de esperar; só não deve ficar crocante.

♥ Quando estiver frio, desenforme, polvilhe com açúcar de confeiteiro se quiser e sirva com o revigorante Creme de margarita que se segue.

PREPARO ANTECIPADO
O bolo pode ser assado com até 3 dias de antecedência. Guarde em um recipiente bem fechado em local fresco e polvilhe com açúcar de confeiteiro na hora de servir.

CONGELAMENTO
O bolo pode ficar congelado (ainda com a base da fôrma, se for mais fácil), cuidadosamente envolvido em 2 camadas de filme plástico e 1 de papel-alumínio por até 1 mês. Descongele de um dia para o outro em um local frio e polvilhe com açúcar de confeiteiro antes de servir.

Creme de margarita

Adoro as notas ácidas de limão neste creme. Embora seu sabor brinque com o toque de limão do bolo, também o realça: ácido e fresco contra o intenso chocolate amargo.

60 ml de suco de limão (2 a 3 limões), ou de suco pronto (veja em Segredos de Cozinha, p. 17)
1 colher de sopa de tequila
1 colher de sopa de Triple Sec ou Cointreau

75 g de açúcar de confeiteiro
250 ml de creme de leite fresco

♥ Misture o suco de limão, a tequila e o licor de laranja em uma tigela de bom tamanho, depois bata ou misture com um garfo o açúcar de confeiteiro e deixe-o se dissolver no líquido amargo e forte.

♥ Bata lentamente o creme de leite fresco até obter uma consistência leve e aerada, depois sirva com o Bolo de Limão e Chocolate (embora nada lhe impeça de servi-lo em tacinhas, em alguma outra ocasião, para comer puro).

Scones de leitelho

No último verão, desisti de ir para o exterior e passei uma temporada na Cornualha. Com exceção de um dia deslumbrante e claro, choveu, trovejou e ventou, e eu adorei. Lá estava eu, com a lareira acesa, o mar cinzento turbilhonando lá fora, vivendo com os suprimentos que tinha.

Os scones, é claro, são o melhor veículo para o creme talhado, e a torta de melado é o outro (veja na **p. 301** uma receita fácil pra o segundo). O leitelho nestes scones não apenas lhes concede um leve amargor, o que só os torna melhores para comer com geleia e creme por cima, mas também forma um miolo macio.

Estes scones parecem ter um pouco de celulite (acredito que todos nós teremos se comermos muitos), mas scones de verdade não devem ser lisos e densos como os comprados prontos. E eles valem muito a pena. Até ter preparado uma porção de scones, você não saberá como é fácil. Sinceramente, não demora mais de 20 minutos para fazer a massa e assá-los, do começo ao fim. Mesmo que o processo não seja demorado o bastante para justificar o preparo antecipado, gosto de fazer porções grandes — e esta receita rende cerca de 18 scones — e congelar alguns (eles descongelam com uma rapidez incrível) para fazer um sanduíche de scone com geleia e creme talhado quase instantâneo em uma ocasião futura.

Faz 17 a 18 scones

500 g de farinha de trigo
2 colheres de chá de bicarbonato
  de sódio
2 colheres de chá de cremor
  tártaro
2 colheres de chá de açúcar
  refinado
50 g de manteiga sem sal
25 g de gordura vegetal
  hidrogenada em temperatura
  ambiente

300 ml de leitelho
1 ovo batido, para pincelar
  (opcional)

1 tabuleiro grande
1 cortador ondulado de massa
  com 6 cm de diâmetro

♥ Preaqueça o forno a 220° e forre o tabuleiro com papel vegetal. Em uma tigela, coloque a farinha de trigo, o bicarbonato de sódio e o cremor tártaro.

♥ Corte a manteiga e a gordura vegetal em pedaços e jogue-os dentro da farinha.

♥ Esfregue as gorduras com a farinha — ou misture como quiser — e depois despeje o leitelho, amassando tudo para formar uma massa.

♥ Enfarinhe levemente a superfície de trabalho. Com a massa, forme um retângulo de cantos arredondados com 4 cm de espessura, depois corte scones de 6 cm com o cortador

O SONHO DO LAR ACOLHEDOR | CONFORTOS DA COZINHA

ondulado (os meus nunca ficam com uma altura uniforme, pois moldo a massa sem me preocupar se está irregular ou não).

♥ Arrume os scones próximos um ao outro no tabuleiro forrado, e pincele com o ovo batido (para que os topos fiquem dourados), ou não, como preferir. Asse por 12 minutos. Depois desse tempo, a parte de baixo dos scones estará firme e eles terão uma consistência relativamente macia. Transfira-os para uma grelha para esfriar e sirva com cream e talhado Geleia de Frutas Silvestres Mistas (veja a seguir).

PREPARO ANTECIPADO
O ideal é comer os scones no dia em que forem assados, mas scones dormidos podem ser reavivados no forno preaquecido a 150° por 5 a 10 minutos.

CONGELAMENTO
Os scones assados podem ficar congelados em recipientes bem fechados ou em sacos com fecho hermético por até 1 mês. Descongele por 1 hora em temperatura ambiente e aqueça como indicado. Scones crus podem ser colocados em tabuleiros forrados e deixados no freezer até ficarem sólidos. Transfira para sacos com fecho hermético e mantenha congelados por até 3 meses. Asse sem descongelar, como indicado na receita, mas acrescente 2 a 3 minutos ao tempo de cozimento.

> **Esterilizando potes**
>
> Considero um pote que sai da lava-louças (desde que eu não tenha tocado seu interior ao retirá-lo) um pote esterilizado, mas quem tiver padrões mais elevados deve lavar seus potes em água quente com sabão antes de enxaguar e deixá-los secar dentro do forno a 140° por 10 minutos. Caso você vá colocar geleia ou chutney quentes nos potes, eles devem estar quentes. Se houver vinagre na receita, use um pote com uma tampa que não seja corroída por esse ingrediente.

Geleia de frutas silvestres mistas

Como o nome sugere, esta geleia não se baseia em proporções específicas de frutas. Embora *exista* uma proporção importante, que é usar a mesma quantidade de frutas e de açúcar. Quando desencavei esta receita de um dos meus cadernos de cozinha, o que descobri foi um rascunho não muito útil que espero poder esclarecer aqui. Em minha defesa, todo o objetivo da Geleia de Frutas Silvestres Mistas é usar o que se tem em casa. Não importa se você não usar todas as frutas que especifico na receita, ou se usá-las em proporções diferentes. Essencialmente, uma receita não passa de um relato honesto de como alguma coisa foi preparada em determinado momento. Caso se sinta mais seguro, reproduza o que eu fiz com mais exatidão, e para isso sugiro 200 g de groselhas, 150 g tanto de cassis quanto de amoras-pretas, 125 g tanto de framboesas quanto de morangos e 100 g de mirtilos.

Se estiver preparando esta geleia para utilizar sobras (e pensei seriamente em incluí-la na seção Cozinhe Melhor), aconselho preparar metade da quantidade, e dispensar os mirtilos, pois eles são mais caros e menos saborosos do que outras frutas mais fáceis de encontrar; mas se tenho alguns mirtilos dando sopa (e tenho um fraco por eles em muffins ou misturados com sementes de romã e iogurte), retiro-os da geladeira e coloco na panela.

Mas lembre-se de pesar as frutas antes, e depois medir a mesma quantidade de açúcar. Se tiver muitas groselhas (que são naturalmente ricas em pectina), talvez seja melhor usar açúcar comum e não açúcar gelificante (que tem pectina). Uso açúcar gelificante porque sou impaciente — sei que ele faz a geleia firmar mais rápido, e significa que não preciso ficar com medo de que não firme.

Rende o suficiente para aprox. 6 potes de 250 ml cada

750 g de frutas mistas, como groselha vermelha e preta, framboesas, morangos e mirtilos

750 g de açúcar gelificante

6 potes de 250 ml com tampa

♥ Esterilize os potes (veja na **p. 285**). Coloque alguns pires no freezer para mais tarde conseguir avaliar, sem um termômetro, quando a geleia tiver chegado ao ponto de firmar.

♥ Corte os morangos em quatro (a não ser que sejam muito pequenos. Nesse caso, corte-os ao meio), e coloque-os com todas as outras frutas em uma panela grande e larga; tenha em mente que as frutas e o açúcar farão muita espuma enquanto cozinham. Acrescente o açúcar e mexa bem.

♥ Pare de mexer e coloque a panela em fogo baixo.

♥ Agite levemente a panela de quando em quando, para ajudar o açúcar a derreter e mesclar-se às frutas, mas *resista* à tentação de mexer. Quando o açúcar tiver se dissolvido, pode aumentar o fogo.

♥ Deixe levantar fervura, depois coloque em fogo médio para ter uma fervura consistente e vigorosa, ou seja, uma fervura controlada que não ameace transbordar! Fique de olho na panela, mas *não mexa*.

♥ Depois de aproximadamente 15 minutos, pegue um pires no freezer, tire a panela do fogo, retire cuidadosamente uma colherada de geleia e espalhe no pires. Reserve o pires por alguns minutos e depois empurre a superfície da geleia com uma colher de chá ou com o dedo; se começar a enrugar, a geleia firmou; se não estiver firme, recoloque a panela no fogo e repita o processo após alguns minutos. Caso prefira usar um termômetro para geleias, você saberá quando a linha vermelha atingir a palavra "geleia" (ou "jam", se o termômetro for importado) perto da marca de 105°.

♥ Quando achar que a geleia está pronta, retire-a do fogo. Coloque um funil na boca do pote esterilizado e encha-o cuidadosamente, fechando cada pote ao terminar de enchê-lo e deixando esfriar.

PREPARO ANTECIPADO
A geleia pode ser guardada em um local fresco e ao abrigo da luz por até 1 ano. Depois de aberta, guarde na geladeira e use em até 1 mês.

Chutney de uva-crispa

Eu sou uma presa fácil para chutneys: não só porque gosto de comê-los, mas porque adoro prepará-los; quase sinto que deveria ter vergonha do quanto é fácil. Não que eu já tenha fingido que é trabalhoso, mas colocar um pote de chutney caseiro na mesa *parece* muito arrogante.

Só há um problema com o chutney: aqueles que gostam de fazê-lo tendem a ser acumuladores por natureza. Posso deixar um chutney escondido por muito tempo, mais ou menos como deixo roupas novas (especiais demais para serem usadas, claro) penduradas no armário.

O estranho é que percebi que se fizer menos, uso melhor o que tenho. Talvez seja porque fazer porções pequenas — como os 3 potinhos desta receita — não chega a ser uma operação. Você não começa a sentir que está abrindo uma fábrica de enlatados; e sim que

está tirando o melhor proveito possível da curta temporada das lindas uvas-crispas. E está mesmo. Ainda assim, não deixe de olhar também o crumble da **p. 251**.

Enfim, aproveite os 3 potes: dê um deles a um amigo, talvez, mas saboreie o restante com presunto frio, um pão ou um pedaço de queijo, acompanhando as Pernas de Pato Assadas da **p. 388** ou, em uma releitura anglicana do clássico francês *maquereaux aux groseilles*, servido como um condimento adequadamente vigoroso para uma simples cavala grelhada

Rende o bastante para 3 potes de 250 ml cada ou 750 ml no total

500 g de uvas-crispas, lavadas e sem talos

1 cebola, descascada e finamente picada

2 colheres de chá de pimenta-malagueta sem sementes, finamente picada

2 colheres de chá de gengibre fresco finamente picado

1 colher de chá de cúrcuma em pó

½ colher de chá de cravo em pó

1 colher de chá de sementes de coentro em pó

1 colher de chá de cominho em pó

1 colher de sopa de sal marinho em flocos ou 1 ½ colher de chá de sal refinado

250 g de açúcar demerara

350 ml de vinagre de sidra

3 potes de 250 ml cada (ou 1 pote de 750 ml) com tampas resistentes ao vinagre

♥ Esterilize os potes (veja na **p. 285**).

♥ Coloque as uvas-crispas, a cebola picada, a pimenta, o gengibre, a cúrcuma, os cravos, o coentro, o cominho e o sal em uma panela.

♥ Despeje o açúcar e o vinagre e mexa bem todos os ingredientes. Deixe levantar fervura e cozinhe vivamente em fogo médio por 30 a 40 minutos, até que a textura engrosse e algumas das frutas tenham estourado.

♥ Transfira para os potes esterilizados, tampe e deixe esfriar.

PREPARO ANTECIPADO
Prepare o chutney 2 meses antes do uso para que possa maturar. Guarde em um local fresco ao abrigo da luz por até 1 ano. Depois de aberto, guarde na geladeira e use em até 1 mês.

Chutney de abóbora com especiarias

Como o chutney de uva-crispa anterior, este também é uma receita que celebra a estação. Acho que este chutney deve ficar bom com outros tipos de abóbora, mas a enormidade rechonchuda de uma moranga é fabulosamente atraente. O simples ato de levar uma delas para casa dá a sensação de que estamos celebrando o festival da colheita de uma forma significativa.

Se você tiver uma moranga inteira em casa, não deixe de verificar no índice as outras menções a abóbora para acomodar sua abundância. Em algumas feiras e supermercados, é possível comprar as morangas pela metade ou em quartos ou até mesmo no peso desejado.

Faz o suficiente para 6 potes de 250 ml cada ou 1,25 l

1,25 kg de abóbora moranga, para se obter aprox. 1 kg depois de descascar e retirar as sementes
2 cebolas médias
1 maçã verde
100 g de passas brancas
2 pimentas vermelhas, sem sementes e picadas
275 g de açúcar mascavo claro
1 colher de chá de canela em pó
1 colher de chá de gengibre em pó
1 colher de chá de cravo em pó
2 colheres de chá de sal marinho em flocos ou 1 colher de chá de sal refinado
2 colheres de sopa cheias de gengibre fresco amassado
625 ml de vinagre de vinho branco

6 potes de 250 ml cada (ou 1 pote de 1,25 l) com tampas resistentes ao vinagre

♥ Esterilize os potes (veja na **p. 285**)

♥ Descasque e retire as sementes da abóbora, depois corte em cubos bem pequenos. Descasque e pique finamente as cebolas e a maçã.

♥ Coloque todos os ingredientes em uma panela grande e larga e deixe levantar fervura, mexendo para dissolver o açúcar.

♥ Ferva em fogo médio por cerca de 1 hora. Ao final desse tempo o chutney terá engrossado e a abóbora estará macia. Os tempos desta receita podem variar de acordo com a abóbora, então vigie a panela depois de 45 minutos e tampe se o chutney tiver engrossado e a abóbora ainda não estiver macia.

♥ Transfira para os potes esterilizados, tampe e deixe esfriar.

PREPARO ANTECIPADO
Prepare o chutney 2 meses antes do uso para que possa maturar. Guarde em um local fresco ao abrigo da luz por até 1 ano. Depois de aberto, guarde na geladeira e use em até 1 mês.

Vodca de amoras-pretas

Engarrafar meu próprio licor faz com que eu me sinta caseira e feliz, como se a qualquer instante eu pudesse fazer uma visita a algum vizinho inválido levando uma terrina feita em casa. É totalmente absurdo, claro, mas no mundo existem absurdos maiores do que ficar na cozinha com um pote hermético.

    Talvez seja a total ausência de necessidade que torne esse tipo de trabalho tão reconfortante. Na maior parte do tempo, cozinhamos porque é preciso colocar a comida na mesa, e por mais gratificante que seja alimentar as pessoas, a tarefa também pode parecer implacável. Entendo por que alguns podem considerar esta receita um desperdício intolerável de tempo; eu, por outro lado, me sinto grata se houver algum tempo para desperdiçar, e celebro o fato — assim.

Faz o suficiente para encher uma garrafa de 700 ml, mais 250 ml

1 garrafa de 700 ml de vodca
500 g de amoras-pretas
200 g de açúcar refinado

1 garrafa de boca larga com
   1,5 l de capacidade, ou um pote
   hermético, para macerar
1 garrafa de 700 ml de vodca ou
   uma garrafa lacrável de 1 l para
   armazenar (opcional)

♥ Esterilize (veja na **p. 285**) a garrafa de boca larga ou o pote, e despeje lá dentro a vodca. Guarde a garrafa original da vodca para poder transferir para ela depois (você pode deixar de molho para retirar o rótulo), ou coloque-a no lixo reciclável se tiver outra garrafa mais bonita para usar.

♥ Despeje as amoras-pretas e o açúcar no pote, depois tampe.

♥ Agite o pote pacientemente até que o açúcar se dissolva — ele vai se dissolver, apenas continue sacudindo o conteúdo de um lado para o outro.

♥ Coloque o pote em um local fresco ao abrigo da luz, não inacessível demais, pois você terá de sacudi-lo diariamente por algumas semanas, depois, uma vez por semana, por cerca de 1 mês.

♥ Após 6 a 8 semanas — mas algumas semanas a mais não fariam mal —, esterilize a garrafa da vodca ou outra garrafa que preferir, coe a vodca macerada para retirar as amoras (reservando as frutas caso queira preparar o Gelado Embriagado a seguir), depois transfira o líquido para a garrafa. E caso não pretenda engarrafar, mas simplesmente afundar uma concha na vodca e servir diretamente em copinhos, não se dê o trabalho de coar.

♥ Você terá uma sobra de 250 ml de vodca de amoras-pretas se usar a garrafa de vodca original de 700 ml, pois a adição das frutas e do açúcar fornecerá mais líquido. Despeje essa sobra em um cantil de bolso ou use para preparar o Gelado Embriagado a seguir, juntamente com uma dose para cada pessoa que estiver comendo.

PREPARO ANTECIPADO
A vodca de amoras-pretas coada pode ser mantida em um local fresco ao abrigo da luz por 1 ano.

Usando bem as sobras

GELADO EMBRIAGADO

Seria um crime jogar as amoras no lixo depois de darem a vida pela sua vodca. Sozinhas, elas não valem muito, mas, misturadas a um creme levemente batido com um pouco de merengues comprados prontos despedaçados, elas ganham vida nova, e merecem deliciar duplamente fornecendo uma sobremesa com um nome gratificante.

Faz o suficiente para encher 6 taças pequenas de Martíni

300 ml de creme de leite fresco
1 colher de sopa de açúcar de confeiteiro
As amoras-pretas retiradas da vodca
2 ninhos de merengue comprados prontos
Algumas gotas da vodca de amoras-pretas recém-preparada

♥ Bata delicadamente o creme de leite com o açúcar de confeiteiro. Tenha cuidado para não bater demais, pois quando as amoras-pretas forem misturadas o deixarão bem mais grosso.

♥ Incorpore as amoras-pretas e junte os merengues despedaçados.

♥ Derrame um pouco de vodca de amoras-pretas e misture levemente outra vez.

♥ Encha 6 taças pequenas de Martíni com o gelado, coloque um pouco de vodca de amora-preta por cima e sirva com biscoitos ou cookies de sua preferência, e uma dose de vodca de amoras-pretas para quem quiser.

O SONHO DO LAR ACOLHEDOR | CONFORTOS DA COZINHA

CORTA E RENASCE

Nos velhos tempos, o tipo de bolo que podia ser preparado, servido e fatiado quando havia visitas, depois embrulhado outra vez e recolocado na fôrma até ser necessários outra vez, eram chamados "corta e renasce"; eram bolos simples, que mantinham a qualidade por bastante tempo, que eram acolhedores e refletiam os tranquilos confortos do lar.

Bom, não tenho muita certeza de que na minha casa a expressão "tranquilos confortos" tenha muito significado, fora o simbólico e, para dizer a verdade, irônico, mas adoro sentir que tenho alguma coisa na bancada da cozinha pra oferecer a alguém que apareça, com uma xícara de chá ou de café. Nem mesmo o homem que consertou o boiler sai sem um pacote de papel-alumínio.

Como o objetivo principal das receitas que se seguem não precisam de uma ocasião especial para serem feitas ou comidas, e como não temos que lidar com nada pegajoso (assim como com a lavagem), confesso que uso fôrmas descartáveis para muitas delas.

Bolo de sementes

Considero o Bolo de sementes algo fundamentalmente inglês: elegante, simples e saudável, sem ser indelicadamente pesado. Claro, isso não é "inglês" no sentido da vida real. Minhas próprias memórias são da infância, em algum momento do século passado, sejamos honestos, e mesmo então o Bolo de sementes era anacrônico, indicando uma era eduardiana de "Madeira m'dear", ou uma época vitoriana bolorenta em que se pensava que o cominho ajudava na digestão.

Na verdade, a receita é anterior até mesmo aos frescos vitorianos. É o bolo comido pela pobre Jane Eyre em um dos poucos dias felizes de sua infância, quando ela desfruta de algum tempo com sua adorada colega de escola, Helen, e a professora dela, Srta. Temple, que "levantou-se, abriu uma gaveta, e tirando dali um embrulho de papel, revelou a nossos olhos um bolo de sementes de bom tamanho".

Lembro-me de me animar só de pensar em Bolos de sementes, sem nem precisar comê-los, quando era nova. Lembro-me, também, de ver uma receita no *Mrs Beeton* de páginas amareladas de minha mãe, evidentemente sem ilustrações; para mim, tanto as encarnações de Brontë quanto de Beeton eram silenciosas evocações do mais reconfortante Bolo de sementes.

O SONHO DO LAR ACOLHEDOR | CONFORTOS DA COZINHA

O SONHO DO LAR ACOLHEDOR | CONFORTOS DA COZINHA

Entretanto, fiz gato e sapato de ambas as versões: o bolo da Srta. Temple não teria sido preparado usando agentes de crescimento químicos, e os da Sra. Beeton eram muito mais simples e menos densos que os meus. Mesmo assim, não peço desculpas: incluí esta versão amanteigada com sabor de marzipã aqui porque a adoro, e espero que você sinta o mesmo. Além disso, a adição de amêndoas moídas faz o bolo durar mais, sem ficar seco, tanto melhor para repetir.

Quero que seus convidados sintam, com Jane, que "nos banqueteamos naquela noite com néctar e ambrosia; e um dos maiores prazeres do entretenimento era o sorriso de satisfação com que nossa anfitriã nos contemplava enquanto matávamos nosso apetite faminto com a delicada comida". Leitor, aquele sorriso de satisfação — que às vezes é a medalha de honra da deusa doméstica — é seu: com pouco trabalho, mas um efeito milagroso, você o mereceu.

Rende 16 boas fatias

175 g de manteiga sem sal em temperatura ambiente, mais um pouco para untar

175 g de açúcar refinado, mais 1 colher de sopa para polvilhar

150 g de farinha de trigo

2 colheres de chá de fermento em pó

75 g de amêndoas moídas

4 colheres de chá de sementes de cominho

3 ovos

1 fôrma de bolo inglês de 900 g de capacidade

♥ Preaqueça o forno a 180°. Forre a fôrma de bolo inglês com uma forminha de papel própria ou forre o fundo com papel vegetal e unte as laterais.

♥ Bata a manteiga e 175 g de açúcar até formar um creme leve e fofo.

♥ Combine a farinha, o fermento em pó, as amêndoas moídas e as sementes de cominho em uma tigela e acrescente 1 colher de sopa da mistura de manteiga com açúcar, depois, batendo sem parar, adicione 1 ovo de cada vez, com uma colherada de ingredientes secos entre cada ovo.

♥ Quando todos os ingredientes estiverem combinados, despeje na fôrma forrada e alise o topo antes de salpicar com a colher restante de açúcar. Asse por aproximadamente 45 minutos, mas cheque aos 35 e saiba que pode levar 50. Quando estiver pronto, será muito aromático, e a parte de cima e as bordas estarão começando a ficar crocantes e douradas.

♥ Deixe esfriar na fôrma, sobre uma grelha, e quando não estiver mais quente ao toque, desenforme o bolo ainda com a forminha e transfira para a grelha. O centro do bolo afundará um pouco ao esfriar, mas é assim mesmo (é possível ver com mais clareza na foto do Bolo Inglês de Chocolate com Laranja na **p. 309**); você e seu forno não fizeram nada errado.

PREPARO ANTECIPADO
Este bolo pode ser assado com até 2 dias de antecedência. Envolva bem em filme plástico e guarde em um recipiente bem fechado, em um local fresco. Mantém a qualidade por 7 dias no total.

CONGELAMENTO
O bolo pode ficar congelado, envolvido em 2 camadas de filme plástico e 1 camada de papel-alumínio, por até 3 meses. Descongele de um dia para o outro em temperatura ambiente.

Quadradinhos de framboesa Bakewell

Estritamente falando, esta receita não se encaixa na categoria "corta e renasce" pois as frutas frescas, aquelas framboesas ácidas vazando para a massa de amêndoas que as cobre, tornam esta receita algo que não pode ser guardado por muito tempo. Mas é o seguinte: ela acaba rápido. E a verdade é que qualquer pessoa que corte uma fatia, muito provavelmente vai repetir, comendo a segunda fatia logo depois da primeira.

São poucos os que consideram a preparação de doces uma atividade casual. Mas preparar esta receita de assadeira é muito rápida. Uma assadeira de alumínio facilita as coisas (e também ajuda a massa a obter uma textura amanteigada e crocante mais rápido), mas o verdadeiro salva-vidas é a massa que não precisa ser aberta com um rolo — minha resposta diária ao problema do doces, real ou imaginário.

Rende 16 fatias

Para a base:
225 g de farinha de trigo
60 g de açúcar de confeiteiro
1 pitada de sal
225 g de manteiga sem sal, em
  temperatura ambiente, mais um
  pouco para untar

1 assadeira de alumínio ou comum
  com aprox. 30 x 20 x 5 cm

Para o recheio:
150 g de manteiga sem sal, em
  temperatura ambiente, mais um
  pouco para untar
4 ovos
150 g de açúcar refinado
150 g de amêndoas moídas
250 g de geleia de framboesa sem
  sementes
250 g de framboesas frescas
50 g de amêndoas em lascas

♥ Preaqueça o forno a 180°. Forre a assadeira com papel-alumínio e unte-a, ou unte sua assadeira de alumínio.

♥ Bata a farinha, o açúcar de confeiteiro, o sal e 225 g de manteiga em um processador de alimentos, até obter uma massa coesa. Pressione-a no fundo da assadeira. Seja paciente — prometo que haverá o suficiente para cobrir o fundo —, apenas espalhe a massa com a parte de trás de uma colher ou com as mãos (de preferência com os nós dos dedos), para obter uma superfície relativamente homogênea.

♥ Asse a base por 20 minutos, depois deixe esfriar na assadeira por cerca de 5 minutos.

♥ Enquanto a base estiver no forno, derreta em uma panela pequena os 150 g de manteiga para o recheio, depois retire do fogo para esfriar um pouco, mais ou menos os 5 minutos em que a base estiver esfriando.

♥ Coloque os ovos, o açúcar refinado e as amêndoas moídas em um processador de alimento e bata até que virem uma pasta. Com o processador ainda ligado, despeje um pouco da manteiga derretida que esfriou pelo funil e pare de bater quando todos os ingredientes estiverem combinados, embora possa ser necessário raspar as laterais e finalizar pulsando.

♥ Bata a geleia em uma tigela para torná-la mais maleável, e espalhe-a sobre a base, depois despeje as framboesas sobre a geleia. Então, espalhe o recheio de amêndoas sobre a camada de framboesas.

♥ Salpique com as lascas de amêndoas, e asse por cerca de 45 minutos, testando depois de 35: estará pronto quando tiver crescido um pouco e exibir uma coloração dourada.

♥ Deixe esfriar — ou não, se não conseguir esperar (mas cuidado com a camada quente de geleia) — antes de fatiar.

PREPARO ANTECIPADO
A base e o recheio podem ser preparados 1 dia antes de assar. Pressione a base na assadeira, envolva com filme plástico e refrigere. Coloque o recheio em uma tigela e cubra com filme plástico, depois coloque na geladeira. Retire da geladeira 1 a 2 horas antes de usar para que fique em temperatura ambiente e bata rapidamente antes de espalhar sobre a base.

Quadradinhos de melado

Ai, ai — estou muito feliz por ter encontrado uma maneira de fazer uma torta de melado sem lágrimas. Pois esta é uma tentação que ninguém com a cabeça no lugar (não que eu ache isso) poderia resistir. No papel, admito que a ideia de uma massa, simples a ponto de ser dura, coberta com xarope engrossado com farinha de rosca, não parece apetitosa. Então, como esta é a iguaria mais deliciosa e uma das minhas sobremesas preferidas no mundo? Talvez seja melhor não perguntar, simplesmente comer com satisfação.

A farinha de rosca precisa ser fresca, o que em si é um termo pouco incorreto, pois o pão deve estar dormido antes de ser processado (ou ralado) para virar migalhas. Sempre tenho um estoque desse ingrediente no freezer, e nem sequer me dou o trabalho de descongelar antes de usar. Se você conseguir encontrar uma fonte de farinha de rosca fora de casa, tudo bem, mas nem pense em usar aquele pó alaranjado vendido pronto que se autointitula farinha de rosca.

Forneço tanto uma medida quanto um peso para a farinha de rosca porque descobri que não existe uma relação constante entre volume e peso, e é o volume que importa. Sim, a receita pede bastante, mas quando a farinha de rosca tiver absorvido o xarope amantcigado com sabor de limão, você obterá uma maravilhosa densidade, mais fofa que pesada. A base simples faz todo o sentido: é preciso ter um equilíbrio elegante para a doçura quase dolorosa da cobertura cor de gengibre.

O que nos leva ao creme talhado, meu acompanhamento preferido para a receita: por mais louco que possa parecer que uma substância com mais de 50 por cento de gordura tenha um efeito redutor, sua suntuosidade parece equilibrar a doçura com fria eficiência. Mesmo assim, quem preferir comer esta torta não em quadradinhos cobertos de creme, mas de colher, com creme de ovos direto da tigela, não encontrará objeção minha.

Faz cerca de 16 quadradinhos

Para a base:
250 g de farinha de trigo
50 g de manteiga sem sal, em temperatura ambiente, mais um pouco para untar
50 g de gordura vegetal hidrogenada
1 colher de sopa de suco de limão-siciliano (reserve a casca para a cobertura)
2 colheres de sopa de água gelada

Para a cobertura:
450 g de melado de cana
25 g de manteiga sem sal, em temperatura ambiente
150 g (aprox.) de farinha de rosca, ou 550 ml em um copo medidor
Casca de limão-siciliano (veja os ingredientes para a base)
1 ovo batido

1 assadeira de alumínio ou tabuleiro, com aprox. 30 x 20 x 5 cm

♥ Preaqueça o forno a 180°. Forre a assadeira com papel-alumínio e unte-a, ou unte sua assadeira de alumínio.

♥ Coloque a farinha, 50 g de manteiga e a gordura vegetal para a base em um processador de alimentos e bata até obter uma farofa granulada.

♥ Combine o suco de limão-siciliano e a água gelada e despeje pelo funil do processador ligado até que se forme uma massa clara e úmida.

♥ Pressione essa massa no fundo da assadeira, usando a parte de trás de uma colher de metal ou as mãos para criar uma base relativamente lisa e homogênea. Asse no forno por 20 minutos.

♥ Enquanto isso, derreta o melado e 25 g de manteiga em uma panela de fundo grosso, em fogo baixo. Misture a farinha de rosca, sem se preocupar se a mistura parecer grossa, farinhenta e pegajosa.

♥ Retire a panela do fogo, deixe esfriar um pouco, depois acrescente a casca do limão-siciliano e incorpore o ovo. Despeje a mistura sobre a base assada e recoloque no forno por 20 minutos.

♥ Quando estiver pronto, o recheio deve ter crescido levemente e parecer praticamente firme: seco nas bordas, mas prometendo ainda estar pegajoso no centro.

♥ Retire do fogo e deixe esfriar só um pouco: o ideal é que a torta seja fatiada e comida enquanto está fragrantemente morna.

PREPARO ANTECIPADO
Os quadradinhos podem ser preparados com 1 dia de antecedência, deixe esfriar na fôrma e cubra com filme plástico, depois refrigere. Reaqueça em forno preaquecido a 180°, por 20 minutos, ou até estarem quentes.

CONGELAMENTO
Os quadradinhos podem ficar congelados na fôrma, bem envolvidos com 2 camadas de filme plástico e 1 camada de papel-alumínio, por até 1 mês. Descongele de um dia para o outro na geladeira e reaqueça.

O SONHO DO LAR ACOLHEDOR | CONFORTOS DA COZINHA

O SONHO DO LAR ACOLHEDOR | CONFORTOS DA COZINHA

O SONHO DO LAR ACOLHEDOR | CONFORTOS DA COZINHA

Bolo de gengibre com Guinness

Adoro a simplicidade enganosa do bolo de gengibre. É definitivamente pouco sofisticado, e mesmo assim o sabor é muito intenso, e seu aroma profundo, muito sutil. Nesta receita o aroma é um pouco mais enfático, pois o creme azedo e a cerveja preta que lembra o alcaçuz concedem uma inebriante intensidade, mas mesmo assim ela é — por causa de todo o açúcar do melado e das pungentes especiarias — suave e tranquilizadora, embora quase perigosamente viciante.

Então, embora este prato tenha começado sua vida em minha cozinha como um acompanhamento perfeito para uma bebida quente, acho que um quadradinho com um pouco de manteiga em cubos é um final fantástico para um jantar na cozinha e, comido ainda quente, com um pouco das ameixas vermelhas e ácidas da **p. 140**, é uma sobremesa perfeita para o almoço de domingo.

Se estiver usando uma assadeira de alumínio, faz 24 quadradinhos finos ou 16 generosos pedaços retangulares

150 g de manteiga, mais um pouco
  para untar
300 g de melado de cana
200 g de açúcar mascavo escuro
250 ml de cerveja Guinness
2 colheres de chá de gengibre em
  pó
2 colheres de chá de canela em pó
¼ de colher de chá de cravo em pó

300 g de farinha de trigo
2 colheres de chá de bicarbonato
  de sódio
300 g de creme azedo
2 ovos

1 assadeira quadrada de 23 cm
  ou 1 assadeira de alumínio com
  aprox. 30 x 20 x 5 cm

♥ Preaqueça seu forno a 170°. Forre a assadeira com papel-alumínio e unte-a, ou unte sua assadeira de alumínio.

♥ Coloque a manteiga, o melado, o açúcar mascavo, a Guinness, o gengibre, a canela e o cravo em pó em uma panela e derreta lentamente, em fogo baixo.

♥ Retire do fogo e incorpore a farinha e o bicarbonato. Você terá de ser paciente e bater bem para desfazer todos os caroços.

♥ Bata o creme azedo e os ovos em um copo medidor e depois incorpore à mistura do bolo de gengibre, batendo novamente para obter uma massa lisa.

♥ Despeje na fôrma quadrada forrada ou na assadeira de alumínio, e asse por cerca de 45 minutos. Quando estiver pronto, terá crescido e ficado brilhante no centro, e saído pelas laterais da assadeira.

♥ Deixe o bolo de gengibre esfriar antes de cortar em fatias ou quadrados.

PREPARO ANTECIPADO
O bolo de gengibre pode ser assado com até 1 semana de antecedência. Enrole em papel vegetal seguido por uma camada de filme plástico e guarde em um recipiente bem fechado, em local fresco. Mantém a qualidade por 2 semanas no total.

CONGELAMENTO
O bolo de gengibre pode ficar congelado, envolvido em 1 camada de papel vegetal e 2 camadas de papel-alumínio, por até 3 meses. Descongele sobre uma grelha em temperatura ambiente por 3 a 4 horas e corte em quadrados.

Bolo inglês de chocolate com laranja

Um bolo inglês é a coisa certa para você ter em sua cozinha: ele promete sustento sem ostentação; e a sobriedade rica e aromática desta receita confere mais seriedade do que as frívolas palavras "bolo de chocolate" transmitiriam.

Mas esta receita não é sofisticadamente decadente, e sim um pedaço de serenidade rica em cacau. A presença do chocolate é intoxicante, profundo e escuro no gosto, mas a textura de sua massa é leve. Quando eu era criança, havia uma barra de chocolate que era anunciada como "O doce que você pode comer entre as refeições sem perder o apetite". Difícil de acreditar hoje em dia, não é? Entretanto, a questão deste bolo — que tem um aroma cítrico tão suave que parece o calor de especiarias — é que você sente que pode roubar uma fatia no meio na manhã ou da tarde sem se sentir nem um pouco pesado, digestiva e psicologicamente. Perfeito.

Rende 10 a 12 fatias

150 g de manteiga sem sal em temperatura ambiente, mais um pouco para untar

1 fio de óleo vegetal sem sabor, para untar a colher do melado

2 colheres de sopa de melado de cana

175 g de açúcar mascavo escuro

150 g de farinha de trigo

½ colher de chá de bicarbonato de sódio

25 g de cacau em pó de boa qualidade, peneirado

2 ovos

Casca de 2 laranjas e suco de 1 laranja

1 fôrma de bolo inglês com 900 g de capacidade

♥ Preaqueça o forno a 170° e forre a fôrma de bolo inglês com papel vegetal ou com uma forminha de papel própria.

♥ Bata a manteiga macia com o melado — se usar um papel-toalha para passar um pouco de óleo na colher de sopa de medida, o melado não vai grudar — e o açúcar até obter um creme bem liso com cor de café ralo, embora o açúcar não perca completamente a granulosidade.

♥ Misture a farinha, o bicarbonato e o cacau em pó, e incorpore à mistura de melado 1 colher de sopa desses ingredientes secos antes de juntar 1 ovo. Depois acrescente mais algumas colheradas dos ingredientes secos antes de misturar o segundo ovo.

♥ Continue incorporando os ingredientes secos, depois adicione, sem parar de bater, a casca de laranja e, finalmente, de forma gradual, o suco. Nesse estágio, a massa pode parecer repentinamente que coalhou. Não entre em pânico!

O SONHO DO LAR ACOLHEDOR | CONFORTOS DA COZINHA

♥ Despeje a massa na fôrma preparada e asse por 45 minutos, mas verifique 5 minutos antes, e saiba que talvez precise ficar 5 minutos a mais. Um testador de bolos não vai sair totalmente limpo, pois o objetivo deste bolo, pois mais leve que seja, é ficar um pouco pegajoso por dentro. Deixe esfriar por algum tempo na fôrma sobre uma grelha, depois desenforme com cuidado e deixe sobre a grelha para esfriar.

PREPARO ANTECIPADO
O bolo pode ser assado com até 3 dias de antecedência. Envolva bem em filme plástico e guarde em um recipiente bem fechado. Mantém a qualidade por um total de 5 dias.

CONGELAMENTO
O bolo pode ficar congelado, bem embrulhado em 2 camadas de filme plástico e 1 camada de papel-alumínio, por até 3 meses. Descongele de um dia para o outro em temperatura ambiente.

Barrinhas crocantes de amendoim, doces e salgadas

Pare de bater, coração acelerado! Pensando bem, talvez essa não seja a melhor coisa a dizer aqui, dada a probabilidade deste delicioso e exagerado pedaço de chocolate induzir exatamente esse resultado. Eu não prepararia com muita frequência, de tão difícil que é virar as costas para esta receita com convicção. Temo que seja o equivalente culinário do crack. Mesmo assim, como os franceses poderiam muito bem dizer, "Tudo com moderação, inclusive a moderação". Este prato é gloriosamente excessivo, desenfreadamente vulgar. Eu o adoro.

O segredo está no intenso equilíbrio entre doce e salgado: é como se várias buzinas tocassem em sua cabeça enquanto você come. E o estranho é que embora eu normalmente evitasse uma receita inteiramente de chocolate ao leite, prefiro-o aqui à versão que mistura chocolate amargo e ao leite. Não que qualquer uma das duas seja ruim, e como o júri está empatado neste caso, acho que não há nada mais justo do que alertá-lo sobre as opções. Seja como for, eu gosto da versão com chocolate amargo em uma fôrma redonda e cortada em fatias finas ao estilo panforte, e minha versão com chocolate ao leite preferida é feita no tabuleiro retangular e cortada em pedaços baixos e rechonchudos (mais ou menos como me sinto depois de comer mais do que deveria).

A fôrma redonda fornece aprox. 24 fatias razoavelmente finas; a assadeira de alumínio fornece 18 pedaços grandes ou 36 pequenos

200 g de chocolate amargo e 100 g de chocolate ao leite (ou 300 g de chocolate ao leite no total)
125 g de manteiga sem sal
3 colheres de sopa de melado de cana
250 g de amendoins salgados

4 barras de chocolate Crunchie de 40 g cada

1 fôrma redonda com fundo removível (ou outra fôrma redonda para bolos) ou 1 assadeira de alumínio com aprox. 30 x 20 x 5 cm

♥ Forre a fôrma com papel-alumínio ou use uma assadeira de alumínio.

♥ Quebre ou pique o chocolate em pedaços, e despeje em uma panela com fundo grosso. Acrescente a manteiga e o melado, coloque em fogo baixo e derreta lentamente.

♥ Despeje os amendoins em uma tigela e amasse as barras de chocolate com as mãos, deixando a farofa dourada e brilhante cair sobre os amendoins.

♥ Retire do fogo a mistura de chocolate e incorpore os amendoins e as barras de chocolate esmigalhadas, depois despeje diretamente na fôrma de bolo ou na assadeira de alumínio. Alise a parte de cima da mistura o máximo que puder, pressionando com uma espátula de silicone ou com a mão calçada em uma luva CSI.

♥ Coloque na geladeira por cerca de 4 horas e, quando estiver firme, corte em fatias como desejar.

PREPARO ANTECIPADO
As barrinhas podem ser preparadas 1 dia antes. Transfira as fatias para um recipiente bem fechado, forrado com papel vegetal, e guarde na geladeira. Mantêm a qualidade por 3 a 4 dias.

Brownies com flocos de arroz

Embora seja inegável que esta receita não possui a dignidade de, por exemplo, um Bolo Inglês de Chocolate com Laranja, não acho que ela precise se desculpar por si própria, nem eu por ela. Há um momento e um lugar para tudo, mesmo para um exagerado doce feito com manteiga derretida, chocolate e melado de cana que usa essa densa gororoba para grudar pequenas pérolas de flocos de arroz.

É verdade, não há nada de sutil nestes brownies e, sobretudo, eles contêm chocolate ao leite, chocolate amargo *e* gotas de chocolate, mas como Mae West fabulosamente disse: "Muito do que é bom pode ser maravilhoso." Outro dia, ainda mais inspirada pelos excessos, incluí também algumas gotas de chocolate branco.

A fôrma de 23 cm faz 16 quadrados; a fôrma retangular faz 24 fatias. *(Mesmo pedaços menores são excelente acompanhamento para o espresso depois de um jantar formal.)*

100 g de manteiga sem sal
5 colheres de sopa (75 g) de melado
  de cana
150 g de chocolate ao leite de boa
  qualidade, picado
50 g de chocolate amargo de boa
  qualidade, picado
150 g de manteiga sem sal
150 g de flocos de arroz

150 g de gotas ou pedaços de
  chocolate ao leite (ou use meio a
  meio gotas de chocolate amargo
  e gotas de chocolate branco)

1 fôrma quadrada de bolo com
  23 cm de diâmetro ou 1
  assadeira de alumínio com
  aprox. 30 x 20 x 5 cm

♥ Forre a fôrma de bolo com papel-alumínio ou use uma assadeira de alumínio.

♥ Coloque a manteiga, o melado e os chocolates picados (não as gotas) em uma panela de fundo grosso, bastante larga, e derreta em fogo baixo.

♥ Mexa para combinar a gororoba brilhante, retire do fogo, depois, rapidamente, despeje os flocos de arroz e mexa.

♥ Ainda fora do fogo, incorpore rapidamente as gotas de chocolate e despeje a mistura na fôrma. Eu acho mais fácil, depois que a maçaroca está na fôrma, alisar o topo com as mãos cobertas com luvas CSI.

♥ Deixe na geladeira durante 4 horas antes de cortar.

PREPARO ANTECIPADO
Os brownies podem ser preparados com até 2 dias de antecedência. Envolva bem a assadeira com filme plástico e guarde em um local fresco. Em clima úmido ou quente, deixe na geladeira. Corte em quadradinhos antes de servir. Mantém a qualidade por 3 a 4 dias.

Blondies

Esta receita começou sua vida, em um dos meus muitos cadernos manchados de tinta e de gordura, como Quadradinhos com Gotas de Chocolate e Aveia, transformou-se em Quadradinhos Densos com Gotas de Chocolate e agora conquistou um lugar na minha cozinha, permanentemente, como Blondies. A aveia do primeiro título teve de ser eliminada: o ingrediente continua, escondido — pois esta receita tinha certa intenção de agradar às crianças, e os pequenos nem consideram qualquer coisa que insinue aveia. Achei que oferecer a promessa de densidade juntamente com as gotas de chocolate resolveria a questão, e foi o que aconteceu. E certa vez — tendo feito uma porção poucos dias depois de fazer brownies — eu disse que eles eram, de certa forma, blondies.★ O nome pegou. A palavra é conhecida por sugerir um menosprezo intencional, mas nada disso está implícito aqui. Pelo contrário, eu tenho um fervor quase fanático por essas maravilhas de miolo úmido.

Na verdade, fiz tantas versões que comecei a me perguntar se minha compulsão de acertá-las era saudável; eu temia que tivesse a ver com o leite condensado. Existe algo no uso de ingredientes que deveriam me fazer corar que na verdade me deixa obsessivamente atraída por eles. Sobretudo, tenho uma regra bastante rígida: "três tentativas frustradas e o ingrediente está eliminado." Mas eu não podia desistir desta receita, e só em minha quarta (ou terá sido a quinta?) tentativa me senti verdadeiramente satisfeita — até mesmo extática — com o que tinha criado. A primeira tentativa produziu algo incrivelmente doce, e embora deslumbrantemente pegajoso por dentro, demorou tanto para assar que a crosta ficou crocante demais, e eu percebi que tinha de refazer. Então, fiz uma versão que mais tinha gosto de panqueca, e embora adultos gostem desse tipo de coisa, eu sabia que podia melhorar. Nesse ponto, minha filha disse com muita austeridade: "Mãe, você foi de um extremo ao outro. Encontre um meio-termo", e ela estava certa. Mas não havia um caminho do meio milagroso. Suspeitei de que estava começando a perder a linha quando preparei versões diferentes em três dias seguidos. Mas era uma linha que valia a pena perder, pois acabei encontrando a resposta.

As gotas tinham mesmo de ser de chocolate branco para corroborar a lívida promessa do título, mas o leite condensado já fornece sozinho intensidade suficiente da baunilha. Além do mais, todos nós sabemos (fora da Escandinávia) que não existem louras naturais com mais de 24 anos; então, pode-se simplesmente dizer que, com as manchas es curas de chocolate espalhadas pela massa, os Blondies estão apenas mostrando suas raízes.

★ O nome desses bolos de massa branca, que significa "louro", é uma brincadeira com o "brownie", feito com chocolate escuro, que seria "moreno". (*N. da T.*)

Faz 16 pedaços

200 g de flocos de aveia, não instantânea
100 g de farinha de trigo
½ colher de chá de bicarbonato de sódio
150 g de manteiga sem sal, em temperatura ambiente
100 g de açúcar mascavo claro
1 lata de leite condensado

1 ovo
170 g de gotas ou pedaços de chocolate amargo

1 fôrma quadrada de 23 cm ou 1 assadeira de alumínio com aprox. 30 x 20 x 5 cm

♥ Preaqueça o forno a 180° e forre a fôrma quadrada com papel-alumínio — isso torna mais fácil retirar os blondies quando estão prontos —, ou use uma assadeira de alumínio.

♥ Misture a aveia, a farinha e o bicarbonato de sódio em uma tigela.

♥ Em outra tigela, misture ou bata a manteiga macia com o açúcar, até obter um creme claro e aerado, depois incorpore o leite condensado, seguido pela mistura de aveia, farinha e bicarbonato de sódio.

♥ Quando esses ingredientes estiverem bem misturados, junte o ovo, e a essa massa relativamente firme acrescente as gotas de chocolate.

♥ Despeje essa massa grossa e pedaçuda na fôrma preparada, e alise-a com uma espátula, depois asse no forno preaquecido por cerca de 35 minutos. Quando estiver pronta, terá um dourado-escuro pronunciado nas bordas e se descolará da fôrma. Vai ter aparência e textura firme no topo, mas por baixo vai parecer assustadoramente pegajoso, para não dizer mole. Mas os blondies firmam enquanto esfriam na fôrma, então, para terminar com a densidade necessária, você precisa tirá-los do forno enquanto ainda parecerem um pouco crus.

PREPARO ANTECIPADO
Os blondies podem ser assados com até 3 dias de antecedência e guardados em um recipiente bem fechado. Mantêm a qualidade por um total de 5 dias.

CONGELAMENTO
Os blondies podem ser congelados por até 3 meses em um recipiente bem fechado, forrado com papel vegetal. Descongele de um dia para o outro em um local fresco.

EM MINHA MESA

Anteriormente neste livro, falei sobre o tipo de comida que preparo com mais frequência para amigos quando uma agenda de compromissos implacável ou simplesmente o pandemônio dos dias de semana elimina qualquer possibilidade de perder muito tempo ao fogão. Penso nas receitas deste capítulo como minha coleção de final de semana, as roupas de domingo da cozinha. É claro que na vida de verdade (como meus filhos chamavam a realidade quando eram pequenos) o dia da semana não é o fator decisivo. Mas os pratos que se seguem certamente têm cara de jantar de sábado para mim, mesmo que apenas em espírito.

Sinto que nunca consigo enfatizar o suficiente que seja para o que for que estou convidando as pessoas, não é um jantar formal. Para mim, a distinção é preeminentemente de tom, e talvez por sua vez seja o caso de gerenciar as minhas e as expectativas de meus convidados. Antigamente, as pessoas mandavam convites anunciando que estavam "em casa"; o único lugar onde quero receber pessoas é em minha cozinha, na verdade "em minha mesa". Quero que a comida seja acolhedora e expansiva, mas não sinto necessidade de demonstrar minha *bona fide* com uma exibição de formalidade.

Como sempre, prefiro não me basear na sucessão de pratos. Não faço objeção a fornecer alguma coisa para as pessoas beliscarem entre os drinques (veja na **p. 410**, ou confie sem se desculpar nos tradicionais aperitivos de castanhas e azeitonas) nem me ressinto de cozinhar ou recomendo austeridade. Mas ter que ficar se levantando ao longo de uma refeição, tirando e recolocando a mesa, não me parece uma maneira muito agradável de passar uma noite.

Uma das coisas que adoro quando convido amigos para comer é poder relaxar. Como sou alguém cuja gulodice pode tornar a escolha em um cardápio carregada de ansiedade, adoro a simplicidade da cozinha caseira, por mais que seja preciso preparar a comida em vez de pedi-la. Além do mais, não é preciso acrescentar ornamentos sofisticados para justificar um preço alto (afinal de contas, você não vai cobrar) nem seduzir ninguém com novidades ou impressionar com firulas técnicas. Uma tigela intensamente marrom de carne guisada com cerveja pode não ter a beleza perfeita para merecer o lugar no menu de um restaurante, mas considero esse ensopado deslumbrante um dos pratos mais acolhedores que saem da minha cozinha. Os confortos da Carbonnade não devem ser subestimados. Às vezes, receber pessoas para jantar é uma desculpa para deliciosas extravagâncias — eu não prepararia uma assadeira de frutos do mar com limão e batatas assadas todos os dias, nem evocaria uma panela borbulhante de ensopado de peixe São Francisco — embora, em outros momentos, uma mesa cheia de amigos exija uma celebração do simples e pouco sofisticado, como um frango picante e arroz com ervilhas. Não existe um prato certo para o jantar, assim como não existe jeito certo de viver sua vida.

E se pulo as entradas, você nunca vai me ouvir dispensando alguma coisa especial para terminar. Uvas, queijo — e não mais que isso — podem ser o bastante em alguns dias; em outros, existe uma coleção de sobremesas em outras páginas deste livro.

EM MINHA MESA | CONFORTOS DA COZINHA

Frutos do mar assados

Para mim, esta receita é perfeita para receber os amigos: tem a quantidade certa de preparação tranquila e simples antes que as pessoas cheguem, e passos fáceis no último minuto, quando elas estão à mesa.

É claro que frutos do mar assados parecem uma iguaria: afinal de contas, não são baratos. Mas quando estão frescos, com a carne macia, e assados à point, são surpreendentemente satisfatórios e perfeitamente suntuosos; a acidez do limão-siciliano e o amido das batatas mantêm tudo sob controle. Cozinhar no forno parece intensificar os sabores, mas de uma forma que sublinha e não domina: é, acima de tudo, um banquete chique e simples.

Você pode incrementar, mas não é necessário: tudo o que sugiro é uma salada verde com talvez a Torta de Frutas Fácil (veja na **p. 177**), depois. Mas se as frutas não estiverem na estação ou você estiver servindo pessoas loucas por chocolate, sirva o Bolo de Limão e Chocolate sem Farinha da **p. 281**.

EM MINHA MESA | CONFORTOS DA COZINHA

Serve 6 pessoas

750 g de batatas
8 dentes de alho, descascados
2 cebolas roxas pequenas
1 limão-siciliano
4 colheres de sopa de azeite de oliva
350 g de vôngoles pequenos com casca
6 a 8 lulas pequenas
575 g ou 16 camarões médios com casca e cabeça
3 colheres de sopa de vermute branco seco
Sal marinho em flocos e pimenta
2 a 3 colheres de sopa de salsa grosseiramente picada, para servir

♥ Preaqueça o forno a 220°. Corte as batatas, sem descascar, em fatias grossas, e corte cada uma em quatro. Coloque-as em uma assadeira grande com os dentes de alho inteiros.

♥ Corte as cebolas em quatro, descasque-as (acho mais fácil cortar antes de descascar), depois corte cada pedaço pela metade, no sentido horizontal. Corte o limão em quatro e depois corte cada quatro em pedaços de 1 cm. Adicione a cebola e o limão à assadeira com as batatas e o alho.

♥ Despeje por cima 2 colheres de sopa de azeite e asse no forno por 1 hora.

♥ Enquanto isso, deixe os vôngoles de molho em uma tigela com água — se algum estiver esmagado ou não se fechar depois do molho, jogue-o fora. Fatie as lulas em anéis.

♥ Depois de 1 hora, retire a assadeira do forno e coloque sobre fogo baixo no fogão para que ela não esfrie enquanto você acrescenta os frutos do mar.

♥ Arrume os vôngoles fechados escorridos, os anéis de lulas e os camarões crus inteiros sobre as batatas, o alho e os pedaços de limão-siciliano e de cebola.

♥ Derrame sobre os frutos do mar as 2 colheres de sopa restantes de azeite e o vermute, e tempere com sal e pimenta.

♥ Recoloque a assadeira no forno por mais 15 minutos. Depois desse tempo, os vôngoles devem estar abertos, e os camarões, rosados. Descarte qualquer vôngole que não estiver aberto.

♥ Salpique com salsa picada na hora, não muito fina, e sirva na assadeira: não poderia ficar mais bonito.

PREPARO ANTECIPADO
As batatas podem ser preparadas com 1 dia de antecedência. Deixe-as de molho em uma tigela com água e guarde na geladeira. Escorra e seque antes de usar. As cebolas e os limões podem ser cortados 1 dia antes e guardados em tigelas bem cobertas com filme plástico na geladeira.

Filé para dois

Todo filé é uma delícia, mas este contrafilé suculento com molho barbecue agridoce é algo especial: perfeito para um jantar à deux em um sábado à noite ou em qualquer outra noite propícia.

Talvez pareça pesado demais, se estivermos falando de jantares românticos, sugerir uma batata assada acompanhada de creme azedo, mas eu e você sabemos que seria bom demais para recusar. Você pode considerar apenas uma batata, metade para cada um. Eu acho, também, que vagens refogadas combinariam bem, para adicionar crocância e vivacidade geral, mas tomo a atitude *laissez-faire*, e sei que não há como errar com o acompanhamento que você escolher.

Serve 2 pessoas

2 colheres de sopa de açúcar mascavo escuro
2 colheres de sopa de vinagre de vinho tinto
1 colher de sopa de mostarda Dijon
1 colher de sopa de molho de soja
1 colher de sopa de geleia de groselha
2 colheres de chá de gengibre fresco picado
1 colher de sopa de purê de tomate (ou pasta de tomate seco)
1 colher de sopa de azeite de alho
2 bifes de contrafilé com aprox. 300 g cada

♥ Coloque o açúcar, o vinagre, a mostarda, o molho de soja, a geleia de groselha, o gengibre e o purê de tomate (ou pasta de tomate seco) em uma panela pequena e misture em fogo médio.

♥ Deixe levantar fervura, depois abaixe o fogo e ferva por 5 minutos, até que o molho tenha engrossado levemente. Retire do fogo e reserve enquanto prepara os bifes.

♥ Frite ou grelhe os bifes: se fritar, aqueça o azeite de alho em uma panela de fundo grosso antes; se grelhar, pincele a carne com o óleo antes de colocá-la na grelha bem quente.

♥ Cozinhe os bifes por cerca de 3 minutos de cada lado para que a carne fique quente por inteiro, mas ainda malpassada — o tempo de cozimento depende da espessura da carne e, é claro, do ponto que você gosta.

♥ Retire os bifes do fogo e embale em 2 camadas de papel-alumínio; deixe-os descansar por cerca de 5 minutos em um local protegido.

♥ Abra o papel-alumínio e coloque qualquer suco que tenha se acumulado ali na panela do molho barbecue, misturando.

♥ Ponha os bifes em 2 pratos aquecidos e despeje o molho sobre eles, a gosto.

PREPARO ANTECIPADO
O molho pode ser preparado com 1 dia de antecedência. Transfira para um recipiente não metálico, cubra com filme plástico e refrigere. Aqueça lentamente e adicione os sucos da carne antes de servir.

Galeto aberto
Com salada de folhas novas e croutons de pão azedo

Não é sempre que sugiro 1 galeto para 2 pessoas, mas aberto e depois cortado ao meio e colocado sobre a salada pontilhada de passas e pinolis o torna mais que uma refeição. Não estou impedindo você de servir uma ave para cada pessoa, mas não acho necessário; este prato parece um banquete. Se quiser, sirva com um delicioso vinho, mas para uma extravagante iguaria e, ao mesmo tempo, um romântico jantar a dois, de final de semana, acho que não tem como ser melhor.

Serve 2 pessoas

1 galeto
2 colheres de sopa de azeite de oliva
½ colher de chá de páprica
3 a 4 ramos de tomilho fresco, mais um pouco para decorar
4 dentes de alho com casca
1 colher de sopa de passas brancas
2 colheres de sopa de vermute branco seco ou vinho branco
1 colher de sopa de pinolis

1 a 2 fatias grossas de pão azedo
150 g de folhas de agrião, espinafre e rúcula ou outras folhas picantes
½ colher de sopa de mostarda Dijon
½ colher de sopa de óleo de colza prensado a frio (veja em Segredos de Cozinha na **p. 16**) ou de um bom azeite de oliva extravirgem

♥ Preaqueça o forno a 200° e deixe as fatias de pão sobre uma grelha para secar um pouco. Para abrir o galeto, pegue tesouras fortes e afiadas (ou uma tesoura própria para trinchar aves) e corte de cada lado da espinha, retire a espinha, depois pressione o peito do galeto para que fique plano. Corte o galeto ao meio. Coloque em uma assadeira pequena; você pode adicionar a espinha para dar mais sabor ao molho.

♥ Despeje por cima 1 das colheres de sopa de azeite, salpique a páprica e os ramos de tomilho e acrescente os dentes de alho com casca. Asse por 30 a 40 minutos ou até que o galeto esteja dourado-avermelhado por cima, e totalmente cozido.

♥ Enquanto isso, coloque as passas em uma panela pequena com o vermute (ou vinho branco). Deixe levantar fervura no fogão, retire do fogo e deixe por 10 minutos — ou, melhor ainda, deixe esfriar enquanto o galeto está assando.

♥ Toste os pinolis em uma frigideira quente sem óleo até que estejam dourados, e reserve. Retire as cascas do pão e corte-o em cubos. Aqueça a colher de sopa restante de azeite na frigideira e frite os croutons até ficarem dourados e crocantes. Transfira para um prato.

♥ Quando a ave estiver cozida, retire a assadeira do forno e deixe descansar por 5 a 10 minutos. Descarte a espinha e o tomilho queimado. Enquanto espera, você pode arrumar as folhas de salada nos pratos.

♥ Misture a mostarda Dijon, o sal, o vinagre e 3 colheres de sopa de óleo de colza prensado a frio ou azeite de oliva extravirgem em uma tigela, depois transfira o galeto e os dentes de alho para uma tábua, acrescente os sucos da assadeira ao molho e mexa novamente. Se quiser raspar todo o sabor da assadeira, adicione um pouco de água fervente e agite a assadeira antes de também acrescentar esse líquido ao molho, depois incorpore as passas embebidas.

♥ Coloque cada metade do galeto sobre a salada nos pratos e acrescente 2 dentes de alho (desde que não estejam queimados demais, embora seja bom estarem chamuscados e caramelizados). Dê uma última mexida no molho e despeje sobre o prato, depois espalhe os pinolis tostados, os croutons e alguns raminhos frescos de alecrim.

PREPARO ANTECIPADO
O galeto pode ser aberto e cortado 1 dia antes. Coloque em uma assadeira e cubra bem com filme plástico. Guarde na geladeira.

EM MINHA MESA | CONFORTOS DA COZINHA

Frango com 40 dentes de alho

Quando eu era jovem, este velho clássico francês ainda estava — embora discretamente — muito em moda. Imagino que a novidade de usar tantos dentes de alho não tivesse se desgastado; parecia, de alguma forma, perigosamente excessiva. Mesmo assim, não acho que hoje em dia alguém acharia comum colocar 40 dentes de alho em uma caçarola. Certamente, se você descascasse e cortasse — que dirá amassasse — o alho, ficaria incomível, mas os dentes de alho assados dentro de suas cascas se tornam doces e caramelizados enquanto cozinham, como saborosos bombons dentro das embalagens pegajosas, em vez de ser fortemente picantes. É um jantar aconchegante, não cáustico.

Esta receita entrou em meu cânone por causa de outra pessoa. Há alguns anos, no 40º aniversário de um então colega e amigo meu, Nick Thorogood, seu parceiro pediu a todos que contribuíssem com alguma coisa escrita expressamente com o propósito de ser compilada em um grande livro em seu tributo. Como a maioria das minhas conversas com Nick se baseiam, com uma paixão quase desagradável, em comida, pareceu apropriado escrever para ele uma receita. E como era seu 40º aniversário, esta era a receita certa.

Não é a versão clássica (não que exista apenas uma: comida é tão variável quanto as pessoas que a preparam), mas não se desvia dos princípios básicos. Talvez porque a carne branca do frango seja praticamente insossa hoje em dia, eu prefiro usar não um frango inteiro, mas apenas as sobrecoxas. Naturalmente, isso não faria sentido se você estivesse criando suas próprias galinhas, depois matando-as para comer, como era o costume quando esta receita foi criada (e também seria ótima para dar vigor a uma ave velha), mas se você segue o modelo contemporâneo de consumo, ela funciona muito bem. Por alguma razão, eu me sinto atraída por receitas que podem ser facilmente preparadas em uma das minhas largas e rasas caçarolas de ferro fundido (veja a entrada sobre Caçarolas Buffet em Parafernália de Cozinha na **p. 3**), e esta preenche esse requisito perfeitamente.

Se quiser, acrescente algumas batatas cozidas na água ou no vapor, mas eu prefiro, de longe, uma ou duas baguetes para rasgá-las e mergulhá-las nos saborosos sucos; mas não exclua a opção de torrada de pão azedo, que é o meio perfeito sobre o qual espalhar o doce alho cozido. Se não, vagens finas, ervilhas baby ou uma salada verde simples é tudo de que você precisa para um infalível jantar de dar água na boca.

EM MINHA MESA | CONFORTOS DA COZINHA

Serva 4 a 6 pessoas

2 colheres de sopa de azeite de oliva
8 sobrecoxas de frango (com pele e osso), de preferência orgânicas
1 molho ou 6 cebolinhas
1 molho pequeno de tomilho
40 dentes de alho (aproximadamente 3 a 4 cabeças), com casca

2 colheres de sopa de vermute branco seco ou vinho branco
1 ½ colher de chá de sal em flocos ou 1 colher de chá de sal refinado
1 boa pitada de pimenta ralada na hora

♥ Preaqueça o forno a 180°. No fogão, aqueça o óleo em uma caçarola larga, rasa e que possa ir ao forno (na qual depois o frango possa caber em uma só camada, e que tenha tampa), e sele o frango em fogo algo, com a pele para baixo. Talvez seja preciso fazer em duas etapas, então vá transferindo os pedaços dourados para uma tigela.

EM MINHA MESA | CONFORTOS DA COZINHA

♥ Quando os pedaços de frango estiverem selados, transfira-os para a tigela. Corte as cebolinhas em fatias finas, coloque-as na caçarola e salteie rapidamente com as folhas arrancadas de alguns raminhos de tomilho.

♥ Coloque 20 dos dentes de alho com casca (retire o excesso das cascas mais finas) na caçarola, cubra com os pedaços de frango com a pele para cima, depois acrescente por cima os 20 dentes de alho restantes.

♥ Junte o vermute (ou o vinho branco) a qualquer suco oleoso do frango que tenha sobrado na tigela. Sacuda e despeje na caçarola.

♥ Polvilhe com sal, moa a pimenta por cima e adicione mais alguns raminhos de tomilho. Tampe e asse no forno por 1 hora e meia.

PREPARO ANTECIPADO
O frango pode ser dourado e a caçarola, montada, com 1 dia de antecedência. Cubra bem e guarde na geladeira. Tempere com sal e pimenta e aqueça a caçarola gentilmente no fogão por 5 minutos antes de assar como indicado na receita.

Usando bem as sobras

Se eu tiver qualquer sobra de frango — e acho que nunca tive mais de 1 sobrecoxa —, retiro os ossos e coloco na geladeira. Depois (em 1 ou 2 dias), preparo uma sopa com alho, retirando o frango, acrescentando um pouco de caldo de galinha ou água aos sucos gelados e gelificados, colocando em fogo alto, e quando estiver quente, desfiando o frango dentro da panela e deixando ficar bem quente. Obviamente, você pode acrescentar arroz ou massa.

Ou você pode amassar qualquer alho que sobre no líquido concentrado (que ficará sólido quando gelar), picar um pouco das sobras de frango e colocar tudo em uma panela com um pouco de creme de leite. Reaqueça lentamente até estar bem quente e use como molho de macarrão ou sirva com arroz.

SOPA COM ALHO

MOLHO DE FRANGO E ALHO

EM MINHA MESA | CONFORTOS DA COZINHA

Carbonnade à la flamande
Ou guisado de carne com cerveja

Por algum motivo, preparar os pratos clássicos dá a sensação de um retorno ao lar. Em parte, é porque fui criada com eles. Mas não é apenas a atração autobiográfica; existe uma razão para esses velhos favoritos durarem. Com minhas desculpas aos belgas, a verdadeira comida francesa — ao contrário dos pratos rebuscados e extravagantes servidos em restaurantes — é tudo o que a cozinha caseira deveria ser: reconfortante, arrebatadora e com um alcance muito maior que os restritivos caprichos do modismo.

Na verdade, eu me sinto mal incluindo este clássico belga — *carbonnade* para o contingente francófono, *stoofvlees* para os flamengos — no cânone culinário francês. Não quero desrespeitar a terra de Hercule Poirot, René Magritte e Jacques Brel, mas estou me referindo a uma maneira de cozinhar, e não a uma entidade geográfica. E, na verdade, embora seja raro ver os franceses incluindo algum prato estrangeiro em seu repertório doméstico, este ensopado de carne refogado com cerveja (juntamente com seu compatriota culinário, o *lapin aux pruneaux*) foi há muito assimilado alegremente nas cozinhas da França.

Esta carbonnade certamente merece um lugar na sua cozinha, assim como ganhou na minha. Acho que era sua hora de reaparecer aqui. Esta é uma receita bastante simples — eu mal me dou o trabalho de selar a carne — que dá para uma mesa cheia de gente comer tranquilamente. E — sempre música reconfortante para meus ouvidos — o ideal é que seja preparada com antecedência, deixada esfriar, depois colocada na geladeira antes de ser reaquecida. É verdade que demora bastante para cozinhar (não que você precise fazer alguma coisa enquanto está no forno), mas você pode desfrutar com prazer o aroma denso e quente enquanto assa. Obviamente, prepare esta receita só quando o tempo não for um problema. Se você for uma pessoa que prepara e congela pratos com antecedência, saiba que uma travessa deste prato preparada em um final de semana pode se transformar em diversas refeições quase instantâneas nos dias da semana seguinte, quando o tempo pode ser mais escasso, mas a necessidade de conforto, maior.

Em algumas partes da Bélgica (assim como na França e nos Países Baixos) um pouco de vinagre é acrescentado. Acho que o amargor da cerveja não precisa ser acentuado. Na verdade, para contrabalançá-lo, acrescento um pouco de açúcar mascavo (você pode, embora não seja ortodoxo, adicionar ameixas secas em vez de açúcar), mas não busco apenas a doçura. Originalmente, adicionava-se bolo de gengibre enquanto o ensopado cozinhava, para temperar e engrossar: a combinação da pimenta-da-jamaica e do açúcar mascavo nesta receita evoca essa intensidade condimentada; deixo a farinha, de forma mais prosaica, engrossar o ensopado.

Os belgas, que Deus os abençoe, gostam de comer este prato com *frites*. Eu tomo um caminho menos complicado e, como fazem os alsacianos da França com seu *coq au vin*, normalmente como meu guisado de carne com cerveja com pappardelle ou outra massa longa. Também recomendo servir este prato com o fofo nhoque para absorver os sucos e, com o mesmo resultado, uma grande tigela de batatas no vapor ou amassadas.

A cerveja em si deve ser escura e de boa qualidade, mas hoje em dia existem tantas cervejas belgas fantásticas disponíveis que a escolha é sua. E — *ça va sans dire* — sirva cerveja, e não vinho, para acompanhar.

Uma observação final: é o músculo que torna esse ensopado tão suculento; se quiser, substitua por outra carne para ensopado, mas ela nunca chegará ao ponto de se desfazer do músculo.

Serve 8 pessoas

- 1 colher de sopa de gordura de pato, de ganso ou o óleo de sua preferência
- 250 g de bacon defumado em pedaços
- 4 cebolas, picadas
- 2 colheres de sopa de pimenta-da-jamaica seca
- 2 colheres de sopa de tomilho seco
- 1,5 kg de músculo, em cubos de aprox. 4,5 cm
- 50 g de farinha de trigo
- 625 ml de caldo de carne (um bom caldo pronto, em cubo ou concentrado, é o bastante), de preferência orgânico
- 4 colheres de chá de mostarda granulada
- 3 colheres de sopa de açúcar mascavo escuro
- 625 ml de cerveja escura belga ou de outra proveniência
- 4 folhas de louro
- 1 colher de chá de sal marinho em flocos ou ½ colher de chá de sal refinado
- 1 boa pitada de pimenta moída na hora

♥ Preaqueça o forno a 150°.

♥ Pegue uma caçarola grande de fundo grosso e, no fogão em fogo médio a alto, derreta 1 colher de sopa de gordura ou aqueça 1 colher de sopa de óleo. Adicione o bacon e frite, mexendo frequentemente, por 5 a 10 minutos, até que fique crocante.

♥ Acrescente a cebola picada, mexendo bem para que ela se misture aos pedaços de bacon, diminua o fogo e cozinhe em fogo baixo — mexendo de vez em quando — por 10 minutos. Depois desse tempo as cebolas estarão macias.

♥ Acrescente a pimenta-da-jamaica e o tomilho, depois adicione o músculo em cubos e, para facilitar, com um par de espátulas ou utensílio semelhante, revire a carne na panela.

♥ Junte a farinha e misture o melhor que puder.

♥ Despeje o caldo em um jarro grande e misture a mostarda e o açúcar, depois acrescente a cerveja (se couber) antes de derramar esse líquido sobre o ensopado na panela.

♥ Mexa e deixe levantar fervura, junte as folhas de louro, o sal e uma boa pitada de pimenta moída na hora, depois tampe e coloque a pesada panela no forno.

♥ Cozinhe lentamente por 3 horas, até que a carne esteja macia e — se conseguir aguentar — deixe esfriar, sem tampa, antes de cobrir e levar à geladeira, reservando o prato para alegrar outro dia. Mesmo assim, fica fabuloso no dia em que é preparado, e a paciência é uma virtude superestimada.

PREPARO ANTECIPADO
O ensopado pode ser preparado com 2 dias de antecedência. Transfira para um recipiente não metálico para esfriar. Cubra e refrigere o mais rápido possível. Para reaquecer, recoloque o ensopado na caçarola e reaqueça lentamente no fogão até estar bem quente; ou reaqueça no forno a 150°, por 1 hora, até estar pelando.

CONGELAMENTO
O ensopado frio pode ficar congelado, em um recipiente bem fechado, por até 3 meses (e você pode congelar em porções menores para jantares em dias de semana). Descongele de um dia para o outro na geladeira e reaqueça como indicado.

Pappardelle com abóbora e roquefort

Este é um daqueles jantares acolhedores servidos em uma grande tigela, perfeito para uma refeição aconchegante com os amigos em vez de um ataque com uma sequência de pratos (não que eu recusasse o Bolo de Gengibre com Guinness como sobremesa — veja na **p. 305**). A qualidade aconchegante, entretanto, não diminui sua suntuosidade. Esta receita — preciso declarar sem hesitação — não alega ter uma autenticidade italianada: abóbora com sálvia e pinolis, *si*, mas roquefort também? *Beh...* como dizem na Itália quando querem assinalar que se sentem perplexos e mesmo assim entediados por estar certos em seus preconceitos, em sua irônica aceitação da maneira como o mundo gira. E, sim, acrescentar o queijo roquefort a uma massa bastante tradicional com aroma de sálvia e sabor de abóbora pode, na Itália, ser uma causa legítima para tal reação.

Mas como este prato passou pelo crivo da maior árbitra da *cucina italiana*, Anna Del Conte (autora de *Gastronomy of Italy*, e de muitos outros educativos, práticos, inspiradores e indispensáveis manuais e leituras divertidas), não vou me preocupar por causa de um ingrediente desgarrado. Mas não é a aprovação de Anna Del Conte (por mais tranquilizadora que tenha sido) que me deixa feliz tanto com esta criação em minha cozinha quanto com sua inclusão neste livro: a questão final é que tenho que me basear em meu próprio paladar. Se não confiasse nele, não poderia preparar comida nem escrever sobre ela.

Devo dizer que, por mais generoso que seja este prato, com frequência eu o divido avidamente só para nós dois: depois que você começa a comer, não quer mais parar. Confesso que me sinto assim com uma frequência grande demais, mas neste caso é o jogo vigoroso de sabores e texturas contrastados com o suave e reconfortante emaranhado de grossas fitas de massa a que me entrego tão alegremente. Os cubos macios e acebolados de abóbora são contrabalançados pelo queijo salgado, picante e pungente; um pouco de sálvia exala o necessário, mas não dominante, amargor, e os pinolis tostados fornecem uma tranquila crocância, um pouco de textura a esse prato maravilhosamente suave. Não reivindico o crédito por esta receita, nem acho que desfrutar dessa delícia é me vangloriar: os ingredientes simplesmente funcionam — e muito.

Dito isso, posso tolerar omissões ou substituições: exclua o roquefort se quiser, ou substitua-o por um pouco de queijo Cheshire, Wensleydale ou ricota. E embora para mim o ideal seja preparar este prato com pappardelle, aquelas grossas (em ambos os sentidos — largas e robustas) fitas, que às vezes vêm com as bordas franzidas, acho que os grandes tubos ondulados rigatoni também poderiam ser usados, ou conchiglie, as saborosas conchas estriadas. Só tenha em mente que com um molho tão suntuosamente vibrante a massa deve ser robusta.

Serve 6 pessoas

1 abóbora grande, aprox. 1,25 a 1,5 kg, ou 800 g de abóbora em cubos
1 cebola média a grande
2 colheres de sopa de azeite de oliva
1 colher de chá de páprica defumada
1 colher de sopa de manteiga sem sal
3 colheres de sopa de Marsala
125 ml de água
Sal a gosto
100 g de pinolis
500 g de pappardelle ou outra massa robusta
6 folhas de sálvia fresca
125 g de roquefort

♥ Descasque e retire as sementes da abóbora, e corte em cubos de aproximadamente 2 cm.

♥ Descasque e pique finamente a cebola e frite-a no azeite de oliva em uma panela grande com fundo grosso, que mais tarde possa acomodar a massa. Quando as cebolas começarem a dourar, adicione a páprica.

♥ Despeje os cubos de abóbora e depois acrescente a manteiga, misturando tudo na panela. Quando a abóbora estiver coberta com o azeite acebolado e a manteiga, acrescente o Marsala e a água. Deixe a panela levantar fervura, depois tampe, diminua o fogo e cozinhe por cerca de 20 minutos, ou até estar macio.

♥ Enquanto isso, coloque no fogo uma panela grande com água para o macarrão, adicionando sal só quando levantar fervura; e toste os pinolis separadamente em uma panela quente sem óleo até ficarem de um dourado-escuro, depois coloque-os em uma tigela ou prato para esfriar.

♥ Destampe a panela do molho e verifique se a abóbora está macia. Se não estiver, cozinhe um pouco mais, sem a tampa — a abóbora deve manter a forma e não se tornar uma papa. Quando estiver pronto, tempere a gosto — não coloque muito sal porque o roquefort vai fornecer mais sal depois —, retire do fogo e reserve para sua feliz união com o pappardelle.

♥ Cozinhe o macarrão de acordo com as instruções da embalagem, mas verifique alguns minutos antes de terminar o tempo de cozimento estipulado. Enquanto espera a massa ficar pronta — você deve mexer levemente ou agitar a panela de vez em quando —, pode picar finamente as folhas de sálvia e despedaçar o queijo. Salpique a maior parte da sálvia sobre a abóbora, reservando um pouco, e mexa rapidamente; mas não adicione o queijo ainda.

♥ Antes de escorrer o pappardelle, retire uma caneca da água do cozimento da panela, depois despeje a massa escorrida na panela da abóbora salpicada com sálvia e combine lentamente a massa com o molho; ou pode fazer isso em uma tigela grande aquecida. Se achar o molho seco demais, ou se os ingredientes precisarem de ajuda para se combinar, acrescente um pouco da água do cozimento do macarrão — o amido ajuda o molho a emulsificar, o que melhora sua aderência à massa.

♥ Junte o queijo e cerca de metade dos pinolis. Depois — mais ou menos como se estivesse misturando uma salada —, combine gentilmente, antes de salpicar por cima a outra metade dos pinolis e a sálvia reservada.

PREPARO ANTECIPADO
O molho de abóbora pode ser preparado com 1 dia de antecedência. Cozinhe até que a abóbora fique macia, depois transfira para um recipiente não metálico para esfriar. Cubra e refrigere o mais rápido possível. Reaqueça lentamente em uma panela antes de acrescentar a sálvia e continuar como indicado na receita.

CONGELAMENTO
O molho de abóbora pode ficar congelado, em um recipiente bem fechado, por até 3 meses. Descongele de um dia para o outro e reaqueça como indicado.

Lasanha veneziana

Eu chamo esta lasanha de "veneziana" não só porque em vez das camadas de massa são usadas finas placas de polenta, que sempre associo a Veneza (ainda que lá a polenta seja branca, e não preparada com os grãos dourados que uso nesta receita. E duvido que um veneziano admitisse usar polenta instantânea), mas também porque a palavra "veneziano" tem associações quiméricas .

É verdade que poucas pessoas vão a Veneza para comer, mas gosto de me sentir transportada para lá enquanto como esta reconfortante pilha de saboroso molho de carne e de polenta delicada, granulosa e engrossada com queijo, sonhando com uma triste e escura noite de inverno sobre a lagoa.

Mas, voltando às praticidades da cozinha diária: eu uso polenta instantânea (um dos meus fiéis apoios), mas acho que faz uma grande diferença desconsiderar as instruções da embalagem para prepará-la com água e usar caldo de galinha (novamente, aproveitando ao máximo o que tem na despensa), em vez de ferver os ossos eu mesma, assim como misturar queijo parmesão. Mas devo retroceder e chamar a atenção para essa tríade do meu jeito relaxado admitindo que uso parmesão ralado direto da embalagem. É um vício recente, mas a verdade é que na seção de frios do meu supermercado local descobri embalagens italianas de parmesão fresco ralado (além disso, orgânico — como se esse fosse um fator atenuante) que mantêm a maciez e o sabor autêntico, embora mais suave, e não aquela serragem com o fedor de meias de um adolescente que se passava (e talvez ainda se passe) por parmesão. Se minha heroína, a já mencionada Anna Del Conte, viesse a saber disso, tenho certeza de que ficaria enojada. Mas preciso ser honesta, e tenho potes de parmesão ralado e em lascas na geladeira, e são muito úteis. Se quiser, rale seu próprio parmesão ou use Cheddar (que é mais fácil de ralar, e todos os italianos que conheço são loucos por ele).

A beleza desta receita é ser, ao mesmo tempo, uma deliciosa iguaria e um prato fácil. Ambos os ingredientes — polenta e molho de carne — são preparados com antecedência e depois basta fazer as camadas e assar quando quiser comer. Além disso, costumo usar (tanto para moldar a polenta quanto para assar o prato montado) fôrmas de alumínio descartáveis (veja em Segredos de Cozinha na **p. 19**), economizando na lavagem de louça.

Serve 8 a 10 pessoas

25 g de cogumelos porcini secos
125 ml de Marsala
125 ml de água
2 colheres de sopa de azeite de oliva
1 cebola, descascada
1 cenoura média, descascada
1 talo de aipo
1 colher de chá de tomilho seco
2 colheres de chá de sal marinho em flocos ou 1 colher de chá de sal refinado, ou a gosto
500 g de carne moída, de preferência orgânica
3 colheres de sopa de purê de tomate

1 lata (400 g) de tomates picados
1 folha de louro
375 g de polenta instantânea
4 colheres de chá de caldo de galinha concentrado ou 1 cubo de caldo, ou mais, a gosto
1 colher de sopa (15 g) de manteiga em temperatura ambiente
160 g de queijo parmesão ralado

3 assadeiras de alumínio ou refratários com aprox. 30 x 20 x 5 cm

♥ Coloque os cogumelos porcini, o Marsala e a água em uma panela pequena e deixe levantar fervura, depois retire do fogo e corte os cogumelos em pedaços menores, usando uma tesoura.

♥ Aqueça o óleo em uma panela de fundo grosso com tampa, e corte finamente a cebola, a cenoura e o aipo, à mão ou no processador, e despeje-os na panela.

♥ Deixe os legumes ficarem macios, em fogo baixo, por cerca de 5 minutos, depois junte o tomilho e o sal.

♥ Adicione a carne moída, desfazendo-a com um garfo, e deixe dourar um pouco. Então incorpore o purê de tomate, os tomates enlatados e a folha de louro.

♥ Acrescente os cogumelos porcini com seu líquido escuro de sabor maravilhoso e deixe os ingredientes na panela levantarem fervura. Quando o molho estiver borbulhando, tampe, abaixe o fogo para o mínimo e deixe fervilhar lentamente por cerca de 45 minutos a 1 hora. Se estiver usando uma panela larga, o tempo mínimo bastará; se a panela for estreita e estiver cheia até a boca com o molho, provavelmente vai ser necessária 1 hora.

♥ Enquanto o molho está fervendo, prepare as camadas de polenta. Primeiro umedeça a assadeira de alumínio ou o refratário com água da pia.

♥ Prepare a polenta em uma panela seguindo as instruções da embalagem, mas primeiro dissolva um pouco de caldo de galinha concentrado ou em cubo na quantidade especificada de água.

♥ Mexa como indicado com uma colher de pau, e quando a polenta tiver engrossado, acrescente, enquanto mistura, a colher de sopa de manteiga e metade do parmesão. Prove

EM MINHA MESA | CONFORTOS DA COZINHA

para ver se quer mais caldo de frango, o que será mais fácil se você estiver usando concentrado, e não cubo. Ou apenas adicione sal a gosto. Quando a polenta estiver grossa e se soltando das laterais da panela, divida-a rapidamente entre as assadeiras úmidas, espalhando-a com uma espátula de borracha molhada para formar uma camada a mais homogênea possível. A polenta vai firmar imediatamente. Reserve essas camadas de polenta e o molho de carne por enquanto.

♥ Quando quiser montar a lasanha, preaqueça o forno a 200°. Usando para a montagem uma das assadeiras forradas com polenta, coloque metade do molho de carne sobre a primeira camada.

♥ Retire (não é difícil) uma das outras camadas de polenta e posicione-a sobre o molho de carne na assadeira e depois adicione a segunda metade do molho.

♥ Cubra com a camada final de polenta da terceira assadeira/fôrma, depois salpique o restante do queijo parmesão por cima.

♥ Asse por 1 hora se o molho de carne estiver gelado e por 45 minutos se ainda estiver aquecido. O queijo deve derreter e ficar levemente dourado, e a lasanha deve estar bem quente.

PREPARO ANTECIPADO
A lasanha pode ser preparada e montada com 2 dias de antecedência. Cubra a assadeira de alumínio firmemente com filme plástico ou papel-alumínio e refrigere. Asse como indicado na receita, mas a lasanha gelada pode precisar de um tempo de cozimento 10 a 20 minutos mais longo, e depois verifique se está bem quente no centro.

CONGELAMENTO
A lasanha montada pode ficar congelada, envolvida em 2 camadas de filme plástico e 1 camada de papel-alumínio, por até 3 meses. Descongele por 24 horas na geladeira depois asse como indicado.

EM MINHA MESA | CONFORTOS DA COZINHA

Ceia de batatas-doces

Esta é uma daquelas criações que surgiu simplesmente porque, enquanto eu passeava pelo supermercado uma noite, fui tomada pelo desejo de comer batatas-doces e depois atraída por algumas pontas de aspargos apenas para chegar em casa e descobrir um pacote de bacon em pedaços piscando para mim na geladeira. Era para ser. Hoje em dia, já prepararei esta receita várias vezes, naquelas noites em que estou cansada demais para prestar muita atenção — ou ocupada com outras coisas — e sem pressa de comer (como de hábito) cinco minutos atrás.

Obviamente, você pode alterar como quiser, mas estou muito contente com a linda e terrosa intensidade da receita como ela é. Mesmo assim, gosto de acrescentar um pouco de ardência quando como, tendo um frasco de molho de pimenta com manga à mesa. Tabasco também é ótima. E se quiser embelezar um pouco, arrume as batatas em 2 pratos forrados com uma bela salada quando servir.

Serve 2 pessoas

2 batatas-doces (lavadas e secas, mas com casca) cada uma cortada em 4 partes
200 g de bacon defumado em pedaços
200 g de pontas de aspargos
6 dentes de alho, com casca
Raminhos de tomilho fresco ou 1 colher de chá de tomilho seco
3 colheres de sopa de óleo de colza prensado a frio (veja em **Segredos de Cozinha** na **p. 16**)

Sal marinho em flocos, a gosto
Folhas de salada, para servir (opcional)
Molho de pimenta, para servir (opcional)

1 assadeira redonda com aprox. 30 cm de diâmetro ou outra fôrma de sua preferência

♥ Preaqueça o forno a 220°, e pegue uma assadeira onde caibam todos os ingredientes — a que uso parece uma forma gigante de *tarte tatin*, mas uma fôrma menor também daria certo.

♥ Arrume os pedaços de batata-doce na assadeira e depois despeje a maior parte do bacon, seguido pelas pontas de aspargos, os dentes de alho e, finalmente, o bacon restante.

♥ Salpique com o tomilho, despeje o óleo por cima e asse por 30 minutos antes de virar as batatas e assar por mais 30 minutos.

♥ Deixe esfriar um pouco — de outra maneira, você vai queimar a língua — antes de dividir entre 2 pratos, cobertos (ou não, é opcional) com folhas de salada, e salpicar com sal marinho em flocos ou molho de pimenta, ou ambos, como o humor mandar.

EM MINHA MESA | CONFORTOS DA COZINHA

EM MINHA MESA | CONFORTOS DA COZINHA

Frango picante caseiro
E arroz com ervilhas

Devo começar dizendo que minha versão caseira do Frango Picante é diferente da comida de rua, apimentada e crocante, que comi na Jamaica diretamente do que parecia um barril de metal. Bom, tinha de ser diferente, não é? Não que eu não tenha tentado replicar a receita, usando frangos cortados em quatro, com pele e osso, mas não ficava igual. Um forno doméstico simplesmente não é quente o bastante, e embora a crosta apimentada fique satisfatoriamente crocante, a pele não fica — não tem como —, e pele mole é intolerável. Entretanto, embora a marinada avinagrada, com limão, rum e temperos torne a carne deliciosamente macia, é preciso descartar seu invólucro completamente. É um desperdício grande demais para mim.

Você raramente me verá sugerir carne de peito, muito menos filé de peito, então acredite quando eu digo que o calor da marinada e a carapaça comestível funcionam melhor quando contrabalançados por uma carne branca extremamente macia por dentro. E, por minha vez, devo dizer que nunca consegui preparar, ou encontrar, carne branca que fique tão deliciosa e suculenta. É um completo milagre. Estou perplexa, mas grata. Não tenho nada a acrescentar, só sugiro que você considere fazer a mesma mágica com lombo magro de porco.

Mas não prepare esta receita a não ser que goste de pratos apimentados. E é realmente apimentado. Não há motivo para decidir preparar esta receita e depois tentar encontrar uma maneira de amenizá-la, seja tirando as sementes da pimenta (embora você possa tirar, se quiser). Além do mais, embora seja um prato forte, o doce e cremoso arroz de coco que simplesmente precisa ser servido como acompanhamento é o bálsamo perfeito para contrabalançar. No mesmo espírito, sugiro o Sorvete de Piña Colada (veja na **p. 180**) como sobremesa.

Serve 6 pessoas, com o Arroz com Ervilhas que se segue

6 peitos de frango (sem pele e sem osso) ou supremos de frango, com a coxinha da asa	1 pedaço de 4 cm de gengibre, descascado e cortado em pedaços
2 colheres de chá de pimenta-da-jamaica em pó	2 colheres de sopa de açúcar mascavo escuro
2 colheres de chá de tomilho seco	60 ml de rum escuro
2 colheres de chá de pimenta caiena	60 ml de suco de limão
2 colheres de chá de gengibre em pó	60 ml de molho de soja
2 colheres de chá de noz-moscada em pó	125 ml de vinagre de sidra
2 colheres de chá de canela em pó	2 pimentas malaguetas frescas, inteiras
2 dentes de alho, descascados	1 cebola, descascada, cortada em 4

♥ Faça talhos nos peitos de frango, 3 talhos por peito, cada um cortado com cerca de 2 cm de profundidade na diagonal.

♥ Coloque em uma assadeira retangular com o lado talhado para baixo.

♥ Deposite todos os outros ingredientes no processador e bata até obter uma pasta escura e terrosa, depois despeje e espalhe sobre os pedaços de frango e deixe marinando fora da geladeira por 2 a 4 horas, ou na geladeira, coberto, de um dia para o outro.

♥ Preaqueça o forno a 200°. Forre um tabuleiro raso com 2 camadas de papel-alumínio. Despeje o frango com sua marinada, com o lado talhado para cima, e asse por 30 minutos.

♥ Retire o tabuleiro do forno para descartar o excesso de líquido. Use um pincel de cozinha e recoloque sobre o frango a pasta escura, depois recoloque no forno e asse por mais 30 minutos. Depois desse tempo o frango vai estar totalmente cozido e macio, com uma crosta grossa e picante. Você pode começar a prepara o Arroz com Ervilhas assim que o frango voltar para o forno pela segunda vez.

PREPARO ANTECIPADO
A pasta picante pode ser preparada com 1 dia de antecedência. Transfira para um recipiente não metálico e pressione um pedaço de filme plástico sobre a superfície. Cubra o recipiente firmemente com uma segunda camada de filme plástico e refrigere, o frango pode ser colocado na marinada com 24 horas de antecedência. Cubra o tabuleiro firmemente com filme plástico e guarde na geladeira.

CONGELAMENTO
O frango em sua marinada pode ficar congelado, em um saco com fecho hermético, por até 1 mês. Descongele de um dia para o outro na geladeira — coloque o saco dentro de uma tigela para não vazar.

Arroz com ervilhas

Embora este prato caribenho seja chamado de Arroz com Ervilhas, na verdade é arroz com feijão. Tradicionalmente, é usado o feijão-guando, mas não seja meticuloso demais. Muitas vezes usei feijão-fradinho e, uma ou duas vezes, feijão-borlotti ou feijão-preto. O fato é que dá certo com qualquer feijão.

Serve 6 pessoas

400 g de feijão-guando cozido
1 colher de sopa de óleo vegetal ou de amendoim
1 cebola, descascada e finamente picada
1 pimenta malagueta, sem sementes e finamente picada
2 dentes de alho, descascados e finamente picados

400 g de arroz de grão longo
400 ml de leite de coco
600 ml de caldo de galinha ou de legumes
1 colher de chá de folhas de tomilho fresco picadas
Sal a gosto

♥ Aqueça o óleo em uma panela de fundo grosso que tenha tampa.

♥ Frite a cebola por cerca de 5 minutos, mexendo de vez em quanto, deixando-a ficar macia e dourar um pouco, depois acrescente a pimenta e o alho, e misture bem.

♥ Acrescente o arroz, certificando-se de que ele fique coberto de óleo, depois despeje o leite de coco e o caldo de galinha ou de legumes, e junte os feijões-guando.

♥ Deixe levantar fervura, tampe, abaixe o fogo para o mínimo e deixe cozinhar lentamente por 15 minutos.

♥ Verifique se o arroz está cozido e o líquido foi todo absorvido — deixe o arroz mais 5 minutos se for necessário. Salpique com tomilho fresco picado e tempere com sal, se quiser, misturando com um garfo.

♥ Encha cada prato com o arroz de coco e depois, orgulhosamente, coloque por cima o frango com crosta picante.

Usando bem as sobras

Se tiver sobras — e não conte com isso se tiver 6 pessoas para comer —, refrigere assim que esfriar e em 1 a 2 dias você pode simplesmente cortar um pouco de frango, juntar ao arroz e reaquecer até estar bem quente. Entretanto, adoro transformar esta receita em uma sopa espessa com sabor de coco pontuada por explosões picantes de carne macia. Acrescente um leite de coco e caldo de galinha às sobras do arroz, juntamente com um pouco de gengibre fresco ralado e algumas gotas de suco de limão, e aqueça, acrescentando o frango em tiras ou pedaços pequenos, quando começar a ferver. Quando a carne estiver bem quente, tempere a gosto, depois despeje a sopa em uma tigela (ou tigelas) e salpique com coentro fresco picado, e tome com gratidão.

SOPA DE ARROZ COM COCO

Ensopado de peixe São Francisco

Como europeia, considero fascinantemente exóticos o brilho e o resplendor do Novo Mundo, mas a verdade é que este robusto ensopado de peixe é, originalmente, um prato europeu. Pense nesta receita como uma contribuição de ambas as costas, que começou em Gênova e floresceu em São Francisco. Seu nome verdadeiro é *cioppino* — pronunciado *chopino* —, e este é, basicamente, um chopino-picado, pois criei uma versão um pouco mais rápida.

 Esta receita pode ser preparada com vinho branco ou tinto, e prefiro o último, não só porque muda (como a inclusão dos tomates) a maneira que eu estava habituada a preparar peixe, mas também porque adoro o suntuoso vigor que o prato fornece. Faz sentido usar um tinto californiano e, acredite, não é nenhum sofrimento. Em meu último jantar, espero tomar um glorioso Ridge Geyserville vintage para ajudar tudo a descer.

 Para mim, em casa, seja o que for que fizerem nos restaurantes, esse prato é um prato principal, e não uma sopa de entrada ou coisa parecida, Às vezes, coloco uma tigela de batatas novas na mesa também, para as pessoas espetarem com o garfo e mergulharem no escuro caldo de vinho dos frutos do mar enquanto comem. Se quiser, em vez das batatas, pode preparar torradas com alho para acompanhar: corte uma baguete em diagonais longas e finas; coloque 3 colheres de sopa de azeite de oliva em um prato e amasse, ou rale 1 dente de alho, depois pincele essa mistura sobre o pão antes de assar em forno preaquecido a 200° por cerca de 10 minutos. Mas, sabe, algumas baguetes simples em pedaços na mesa ou — mais ao estilo de São Francisco —, um pão azedo cortado em fatias grossas já dão bons acompanhamentos.

 Suas origens genovesas explicam a adição final e costumeira de manjericão. Eu o menciono na receita, mas não coloco no prato. Às vezes, adiciono uma ou duas folhas a cada tigela no final, mas com a mesma frequência fico satisfeita sem o enfeite final. Se o manjericão disponível não estiver com um aroma convidativo, não use, mas talvez considere usar um pouco de azeite com infusão de manjericão para fritar a cebola antes.

EM MINHA MESA | CONFORTOS DA COZINHA

EM MINHA MESA | CONFORTOS DA COZINHA

Serve 4 a 6 pessoas

1 colher de sopa de azeite de oliva ou azeite de manjericão
1 cebola roxa, descascada e picada
1 bulbo de erva-doce cortado em 4 e fatiado finamente
1 pimenta malagueta, sem sementes e picada
2 dentes de alho, descascados e picados
3 colheres de sopa de salsa fresca picada
Sal marinho em flocos, a gosto
500 ml de um bom vinho tinto
1 lata (400 g) de tomates picados
150 g de tomates-cereja cortados ao meio
500 g de mexilhões
500 g de vôngoles
8 camarões grandes crus (com casca), 300 g no total, descongelados se estiverem congelados
375 g de filé de tamboril ou de outro peixe com carne firme, cortado em pedaços
Algumas folhas de manjericão (opcional)

♥ Aqueça o óleo em uma panela de fundo grosso, que tenha tampa, e frite a cebola picada e a erva-doce por cerca de 5 minutos. Depois acrescente a pimenta, o alho, a salsa picada e uma pitada de sal, cozinhando por mais 5 minutos.

♥ Adicione o vinho tinto, os tomates enlatados e os tomates-cereja cortados ao meio. Deixe levantar fervura e cozinhe por 10 minutos com tampa.

♥ Deixe os mexilhões e os vôngoles de molho em água fria, limpe-os e cate-os, retirando as barbas dos mexilhões. Descarte qualquer mexilhão ou vôngole que esteja quebrado ou que permaneça aberto depois do molho — bata as conchas na lateral da pia e, se continuarem abertas, jogue-as fora.

♥ Acrescente os camarões inteiros e os pedaços de peixe à panela, depois tampe e deixe levantar fervura novamente, cozinhando por cerca de 5 minutos.

♥ Escorra os mexilhões e os vôngoles e despeje-os no ensopado, mexa rapidamente, depois tampe e deixe cozinhar em fogo médio por 5 minutos ou até que os mexilhões e vôngoles tenham se aberto.

♥ Deixe descansar por um instante, para que qualquer partícula que estivesse nos moluscos vá para o fundo, depois transfira o ensopado de peixe com uma concha para tigelas aquecidas e, se quiser, salpique algumas folhas de manjericão por cima e sirva com torradas com alho ou fatias de pão azedo. Não force a abertura nem coma qualquer mexilhão ou vôngole que não tiver se aberto durante o cozimento ou estiver com a concha danificada — estes devem ser descartados.

EM MINHA MESA | CONFORTOS DA COZINHA

O CONFORTO DE MEXER

Afirmar que o risoto é, sem dúvida, a comida mais reconfortante. Pode não ser algo revolucionário, mas talvez a falta de originalidade sirva para confirmar o fato: o baixo murmúrio de aprovação universal sobre o assunto é a resposta mais apropriada. Além disso, todos nós sabemos o que o torna tão reconfortante: o toque de carboidrato de todo aquele amido do arroz traz consigo um tipo de calma que com muita frequência nos escapa. Sobretudo, existe o fato de que cada garfada que se come é exatamente igual à anterior e à seguinte. Em alguns humores, essa crucial falta de dificuldade, assim como a soporífera repetição de levar à boca uma colherada após outra, sem pensar, pode ser reconfortante em si. Não é preciso se concentrar, apenas comer: é o tranquilizador auge da comida para se comer em uma tigela. Mas o que ninguém diz, ou sequer percebe, é que o verdadeiro processo de preparação do risoto é o primeiro passo essencial para eliminar o estresse. O melhor lugar, com frequência, para acalmar o coração acelerado é ao fogão, mas fazer risoto é, como eu descobri, mais que qualquer outra coisa, uma maneira de curar e aliviar uma cabeça atribulada. Na ioga, aquele rumor frenético e a constante tagarelice interna são conhecidos como mente de macaco: se você tem, vai saber, e, acredite, a preparação de um risoto é a cura mais próxima que vou ter para a síndrome do cerebelo símio.

Considero calmante qualquer tipo de culinária simples, mas preparar um risoto (assim como assar pães e bolos) baseia-se no ritual de ações fáceis, mas repetitivas. Ao contrário das receitas preparadas no forno, as recompensas são praticamente instantâneas. Vinte minutos depois de despejar o arroz na panela você terá relaxado e o jantar estará na mesa. Mas o princípio da atividade alheia e repetitiva se mantém; mais, é intensificado. Quando se prepara um risoto, não é preciso apenas mexer, mas não fazer nada além de mexer. Você não pode deixar a panela e prestar atenção em qualquer outra coisa, simplesmente tem de ficar ali e mexer, mexer, mexer. Existe algo tão fascinante e absorvente nesse mexer constante que começo a entender a noção budista de se tornar um com o que estamos fazendo. Depois de algum tempo, fico praticamente hipnotizada, olhando para a panela enquanto mexo, observando o arroz absorver o caldo, acrescentando mais caldo, e observando-o, também, ser absorvido; depois de algum tempo, só tenho consciência do ato de mexer. É o mais próximo da meditação que vou chegar na vida.

Evidentemente, sei que facilito a vida para mim mesma: se tivesse que preparar meu próprio caldo para cada risoto, teria que me preocupar com isso dias antes do evento em si. Acredito em medidas de emergência, asseguradas pelo controle de qualidade. Compro embalagens de caldo orgânico no supermercado, embora nunca fique sem um pouco de caldo concentrado ou em cubo. Mas não sou contra tornar a vida mais fácil; e você também não deveria ser.

E na verdade todo o objetivo é este: risoto não é apenas uma comida reconfortante, mas, sobretudo, um ato reconfortante de cozinhar.

Risoto de açafrão

Esta é minha versão do verdadeiro risoto à milanesa, e não é muito diferente da maneira que aprendi a prepará-lo quando era jovem e morava na Itália. Infelizmente, já de saída dispensei o delicioso *midollo*, mas, por favor, eu imploro, se quiser ter todo o devido respeito, peça a um açougueiro simpático um pouco de tutano e acrescente-o, juntamente com a manteiga no começo. Mas se fizer isso, reduza um pouco a quantidade de manteiga.

No ponto em que o vinho é despejado sobre o arroz, os milaneses usariam, como regra, o tinto. Normalmente, uso vinho branco ou vermute branco seco em um risoto, mas aqui minha escolhe é o Marsala seco. Adoro sua opulência profunda e, sobretudo, seu tom amadeirado combina melhor com o dourado do risoto.

Serve 2 pessoas *como prato principal (sobra um pouco) ou 4 como entrada ou acompanhamento*

1 l de caldo de galinha ou de legumes (pronto, concentrado ou em cubo), de preferência orgânico

4 g de estames de açafrão (cerca de 1 colher de chá)

50 g de manteiga, mais 1 colher de sopa (15 g)

1 colher de sopa de azeite de oliva

50 g de chalotas finamente picadas, ou ½ cebola finamente picada

250 g de arroz para risoto

125 ml de Marsala seco

4 colheres de sopa (aprox. 25 g) de queijo parmesão ralado, mais um pouco para servir

Sal e pimenta, a gosto

♥ Aqueça o caldo em uma panela, acrescente os estames de açafrão e coloque em fogo bem baixo, só para manter aquecido.

♥ Derreta 50 g de manteiga e 1 colher de sopa de azeite em uma panela larga, rasa, com fundo grosso, em fogo baixo a médio, acrescente as chalotas (ou cebolas) picadas e cozinhe por alguns minutos, mexendo frequentemente com uma colher de pau, até ter amaciado.

♥ Adicione o arroz para risoto e continue mexendo por cerca de 1 minuto, depois aumente o fogo e acrescente o Marsala — que vai borbulhar animadamente —, mexendo até que seja absorvido.

♥ Comece a despejar aos poucos o caldo quente e dourado com açafrão, deixando que cada concha acrescentada seja absorvida enquanto você mexe antes sequer de pensar em adicionar a seguinte.

♥ Mexa e acrescente o caldo até que o arroz esteja cozido, mas ainda um pouco firme — cerca de 18 minutos, talvez um pouco menos —, quando provavelmente todo o caldo terá acabado. Entretanto, se achar que o arroz está com a textura desejada antes de o caldo acabar, não precisa usar todo.

♥ Desligue o fogo, ainda mexendo, e misture a colher de sopa restante de manteiga e o parmesão, depois tempere a gosto. Sirva imediatamente, colocando essa mistura macia e grudenta que afasta a melancolia em tigelas ou pratos fundos, com um pouco de parmesão ralado na mesa.

O CONFORTO DE MEXER | CONFORTOS DA COZINHA

Usando bem as sobras

Por mais que eu adore arancini, que considero a versão italiana dos ovos escoceses, ou seja, um bolinho de sobras de risoto recheado com muçarela ou presunto, ou ambos, ou com qualquer outra coisa que o cozinheiro queira, depois coberto com farinha de rosca e frito em óleo, eu não os prepararia, assim como não prepararia ovos escoceses. Bom, existe uma parte de mim que é fascinada por experimentar, mas o calmo bom-senso intervém antes que eu ceda à loucura. Os bolinhos de açafrão com bacon que faço com o risoto que sobra são, talvez, ainda mais deliciosos — e certamente mais fáceis de fazer e de digerir. Mas não se esqueça de que o arroz cozido, para ser guardado, precisa ser colocado na geladeira assim que esfriar ou em até 1 hora, e usado em até 2 dias.

BOLINHOS DE ARROZ COM AÇAFRÃO E BACON

Estou partindo da premissa de que você tenha 200 g (aprox. 1 xícara) de risoto sobrando. Aqueça uma panela de fundo grosso e frite 4 fatias de bacon até ficarem crocantes, transfira-as para um pedaço de papel-alumínio e faça um pacote para mantê-las aquecidas. Depois deposite na panela pequenos montinhos de risoto em forma de bolinhos com cerca de 6 cm de diâmetro (você obterá 4 bolinhos) e frite-os na gordura do bacon, por 2 minutos de cada lado, até estarem bem quentes, antes de transferir para pratos e colocar por cima de cada uma fatia de bacon.

Você sabe que faz sentido.

Risoto à bolonhesa

Não há como negar que esta receita é um pouco trabalhosa, mas o processo é tão calmante, tão acolhedor e os aromas que emanam do fogão e do forno são tão envolventes, o sabor é tão ambrosíaco, a experiência é tão recompensadora, que o trabalho envolvido pode ser aceito com alegria. Se você não gostar, não merece.

Este é um risoto com molho de carne, mas isso faz o prato parecer desleixado demais, e muito pouco especial. Este não é um molho de carne comum, não só porque contém caldo de vitela. Eu compro embalagens de caldo de vitela de boa qualidade para ter quando precisar, pois sei que prepararia esta receita com muito menos frequência se precisasse fazer meu próprio caldo. E se lhe parecer pouco ortodoxo cozinhar o molho de carne no forno, concordo, é mesmo. Você pode me ignorar e simplesmente preparar tudo no fogão. Mas colocar a panela no forno e deixá-la lá não chega a ser uma trabalheira. Além disso, o método é muito superior: o sabor é intensificado, a textura é mais macia. Se tenho tempo, hoje em dia é assim que preparo meu ragu.

Este molho de carne, esse ragu que para nós é sempre à bolonhesa, é mais líquido do que seria se fosse usado como molho para massa, e de propósito: é com todos esses sucos da carne que o arroz ficará tão deliciosamente inchado depois.

Uma observação final: indiquei as anchovas como "opcionais" simplesmente porque sei que algumas pessoas têm problemas com elas. Como regra geral, eu lhe aconselharia a não prestar atenção a essas frescuras, e não só porque boas anchovas simplesmente derretem no molho, fornecendo um toque salgado. Entretanto, se estiver preparando comida para crianças com detectores a laser no lugar de paladar e que não toleram peixe de nenhum tipo, desista. Na verdade, as crianças têm mais papilas gustativas do que nós, e para elas o gosto da comida é muito mais intenso; quando dizem que não conseguem, *simplesmente não conseguem*, comer brócolis (ainda que, por sorte, fosse o único legume que meus filhos comessem), é porque o leve sabor que sentimos é imensamente magnificado em suas boquinhas não corrompidas. E quando pessoas mais velhas dizem que a comida não tem o mesmo gosto que tinha antes, provavelmente são as papilas gustativas delas que se deterioraram, e não a comida — mas, às vezes, são inegavelmente ambos.

Serve 6 a 8 pessoas

1 cebola, descascada e cortada em 4

1 cenoura, descascada e cortada ao meio

1 talo de aipo, cortado ao meio

1 dente de alho pequeno, descascado

1 punhado de salsa fresca

75 g de bacon

4 filés de anchova (opcional)

50 g de manteiga sem sal, mais 1 colher de sopa (15 g)

½ colher de chá de azeite de oliva

250 g de carne moída, de preferência orgânica

80 ml de Marsala

1 lata (400 g) de tomates picados

1 colher de sopa de purê de tomate

2 colheres de sopa de leite integral

2 l de caldo de vitela (500 ml mais 1,5 l), de preferência orgânico

2 folhas de louro

500 g de arroz para risoto

6 colheres de sopa de parmesão ralado, mais um pouco para servir

Sal e pimenta, a gosto

♥ Preaqueça o forno a 150°. Coloque a cebola, a cenoura, o aipo, o alho, a salsa, o bacon e as anchovas em um processador e bata até obter uma pasta fina.

♥ Aqueça 50 g de manteiga e ½ colher de sopa de azeite em uma caçarola funda e pesada que possa ir ao forno e tenha tampa. Despeje o conteúdo do processador dentro da caçarola e cozinhe por cerca de 5 minutos, até ficar macio.

♥ Acrescente a carne e deixe dourar um pouco, desfazendo-a na panela, depois junte o Marsala. Bata os tomates no processador, até ficarem homogêneos, depois acrescente-os à carne.

♥ Misture o purê de tomate com o leite e adicione essa mistura à panela, juntamente com 500 ml de caldo de vitela e as folhas de louro.

♥ Deixe ferver no fogão, tampe e transfira a caçarola para o forno. Deixe por 1 hora.

♥ Quando o molho de carne sair do forno, retire as folhas de louro. Aqueça o 1,5 l restante de caldo de vitela em outra panela e mantenha-o aquecido em fogo baixo, depois coloque o molho de carne em fogo baixo perto do caldo.

♥ Misture o arroz com o molho de carne, depois acrescente uma concha de caldo quente. Mexa até o molho ficar novamente grosso e depois adicione outra concha de caldo.

♥ Continue a acrescentar o caldo conforme necessário, mas apenas uma concha de cada vez, mexendo o tempo todo. Verifique se o arroz está cozido após cerca de 18 minutos — pode ser que você não precise usar todo o caldo.

♥ Quando estiver pronto, desligue o forno e use uma colher de pau para incorporar o queijo e a colher de sopa extra de manteiga antes de temperar a gosto e colocar em pratos fundos aquecidos. Sirva com mais parmesão se quiser.

PREPARO ANTECIPADO
O molho de carne pode ser preparado com até 2 dias de antecedência. Transfira para um recipiente não metálico para esfriar e cubra e refrigere o mais rápido possível. Recoloque na caçarola e reaqueça lentamente, mexendo de vez em quando, até estar bem quente, depois acrescente o arroz e proceda como indicado na receita.

CONGELAMENTO
O molho de carne frio pode ficar congelado em um recipiente bem fechado por até 3 meses. Descongele de um dia para o outro e reaqueça como indicado.

Usando bem as sobras

BOLINHOS À BOLONHESA

Eu poderia continuar comendo o risoto à bolonhesa para sempre — apenas um incrível autocontrole me impede, e por isso posso preparar esses maravilhosos hambúrgueres de risoto com as sobras (e não se esqueça *de que as sobras de arroz devem ser refrigeradas assim que esfriarem ou em até 1 hora, e usadas em até 2 dias). Na verdade, esses são bolinhos cobertos com uma fatia de queijo derretido, mas "hambúrgueres de risoto" foi como meus filhos os chamaram na primeira vez em que os comeram, e agora que são adolescentes me apego* às *coisas fofas que faziam em* minhas memórias agora distantes.

Partindo do princípio de que você tenha 1 xícara e meia (300 g se quiser pesar) de risoto sobrando, forme 3 bolinhos com mais ou menos o tamanho da palma da mão, com cerca de 8 cm de diâmetro. Coloque-os na geladeira por 1 hora, depois preaqueça o forno a 200°.

Quando os bolinhos tiverem ficado tempo suficiente na geladeira, pegue uma panela de ferro fundido ou frigideira que possa ir ao forno e coloque um pouco de óleo. Frite os bolinhos por 5 minutos, depois, usando 2 espátulas, vire-os e deixe por 3 minutos do outro lado. Não se preocupe se eles quebrarem um pouco, pois você pode moldá-los novamente na panela.

Transfira a panela dos bolinhos para o forno, por 10 minutos, cobrindo-os com fatias finas do queijo que quiser depois de 5 minutos, e verifique se estão bem quentes antes de servir, talvez com ervilhas.

Risoto com tinta de lula

Entendo que declarei normalmente usar vinho branco ou vermute branco em risotos, mas admito que estas receitas me desmentem. Também tenho uma desculpa para este caso: o objetivo deste risoto é ser preto, tingido pela tinta da lula, e não quero diminuir seu impacto com o pálido vinho branco. Mas não é apenas uma questão de cor: a tinta da lula tem um sabor tão intenso e impetuoso, que nada menos que um robusto tinto lhe faz jus.

Por mais estranho que possa parecer em uma receita tão exótica, talvez você tenha todos os ingredientes na despensa. O arroz, o caldo e a tinta de lula (que vem em sachês comprados com um bom peixeiro ou em delicatéssens) podem ser armazenados facilmente. Eu indiquei a cobertura de anéis de lula como opcional, mas mesmo esse ingrediente pode ficar congelado por alguns meses.

Embora eu me sinta mais do que satisfeita em comer o risoto preto simples, não consigo deixar de me alegrar com o vistoso enfeite *tricolore* fornecido pelos anéis de lula, a pimenta malagueta e a salsa. Não que eu ache que a alegria seja o objetivo de um prato tão belo e sombrio, a refeição perfeita para um encontro de góticos.

Serve 2 pessoas, *como prato principal, ou 4 como entrada*

250 g de lulas pequenas limpas (opcional)

1 l de caldo de legumes (pronto, concentrado ou em cubo), de preferência orgânico

2 colheres de sopa de azeite de oliva, mais 2 colheres de chá

6 cebolinhas, cortadas em fatias finas

1 dente de alho, descascado

250 g de arroz para risoto

125 ml de vinho tinto

2 sachês de tinta de lula

1 pimenta malagueta fresca, sem sementes e finamente picada

1 punhado pequeno de salsa fresca picada (aprox. 2 colheres de sopa)

Pimenta, a gosto

♥ Corte a lula (caso esteja usando) em anéis finos e reserve enquanto prepara o risoto.

♥ Aqueça o caldo ou prepare o concentrado/cubo com água fervente, e mantenha aquecido em uma panela, em fogo bem baixo.

♥ Aqueça 2 colheres de sopa de azeite em uma panela grande com fundo grosso e amacie as cebolinhas fatiadas por 2 minutos, em fogo baixo. Não pare de mexer para não deixar que queimem.

♥ Adicione o alho amassado e aumente o fogo. Junte o arroz e mexa para cobri-lo com o azeite.

♥ Despeje o vinho tinto e deixe borbulhar sobre o arroz.

♥ Usando luvas — descartáveis — CSI, esprema os sachês de tinta de lula e mergulhe cuidadosamente os sachês vazios na panela de caldo para retirar qualquer tinta que tenha sobrado.

♥ Depois vá adicionando conchas de caldo quente ao arroz, deixando uma concha ser absorvida antes de acrescentar a seguinte, mexendo sempre.

♥ Depois de 15 minutos cozinhando o arroz, não é mais preciso mexer de forma tão constante. Comece a preparar a lula, se for usar.

♥ Em uma frigideira, aqueça as 2 colheres de chá restantes de azeite de oliva e a pimenta, até começar a fritar, depois junte os anéis de lula e cozinhe, mexendo ou sacudindo um pouco a panela, por 3 minutos. Tempere com pimenta moída a gosto.

♥ Nesse ponto, o risoto preto deve estar pronto, então divida-o entre tigelas ou pratos aquecidos, cubra com a pimenta e a lula, se estiver usando, e salpique com salsa.

A COLEÇÃO DE OSSOS

"Quando mais perto do osso, melhor a carne", segundo Bartholomew em *O livro das propriedades das coisas*. O dito é deliciosamente verdadeiro: pergunte a qualquer açougueiro ou carnívoro fiel. Os cortes magros e sem osso podem ser mais sofisticados (e caros), mas para obter um sabor completo e exuberante, e uma carne que verdadeiramente mereça o clichê "derrete na boca", você precisa enfiar os dentes em um corte mais barato e gorduroso com osso.

Como sou uma apreciadora da brutalidade, gosto de pés e joelhos, e de toda a variedade cartilaginosa de peças que não se encontram nos supermercados. Minha motivação não é a propensão boçal dos que buscam comida barata; simplesmente adoro a particular densidade doce da carne que fica perto do osso e a suavidade que só é obtida de um corte permeado de gordura. Mas não é só isso: também aprecio a reputação de refugo. Os italianos afirmam que comem todas as partes do porco, exceto o guincho. Nossa sociedade, mais melindrosa, recusa-se a comer qualquer corte de carne que se assemelhe à parte do animal que um dia foi. Não é crime ser assim, embora, se for o seu caso, a maior parte deste capítulo não é para você. Mas não vire as costas ainda. Mesmo aqueles (com exceção dos vegetarianos, é claro) que não conseguem imaginar comer um joelho ou uma canela, ou sugar a grossa essência de um osso, ainda podem achar agradável um suculento ombro ou stinco de cordeiro, pernas de pato de sabor profundo sobre cubos de batatas douradas com os quais foram assados, uma travessa de costeletas de porco pegajosas e cobertas de molho e uma magistral peça de carne no osso.

Existem dois fatores decisivos — bastante alheios à comida — na culinária: um, é o tempo, o outro, o custo. O que você economiza em um, normalmente gasta no outro. Embora não seja uma regra infalível, é bastante útil na prática. Por exemplo, muitos dos cortes a seguir são gratificantemente baratos, mas precisam de cozimento lento. Se parece que essas receitas estão na extremidade oposta do espectro culinário de abordagem "expressa", é apenas parcialmente verdadeiro. Quando a rapidez é primordial, bem, talvez um joelho de porco não seja o jantar mais adequado, mas é difícil vencê-lo no quesito facilidade. Comida que leva muito tempo para cozinhar não é necessariamente muito difícil de fazer. As receitas seguintes são um exemplo.

A COLEÇÃO DE OSSOS | CONFORTOS DA COZINHA

Stincos de cordeiro do Patara

Os stincos de cordeiro são, há algum tempo, um modismo da gastronomia de pub, e com razão. Já rodei pelos guisados e ensopados adoçados com mel do norte da África e cheguei a experimentar uma ou duas versões assadas simples, mas este, o Stinco de Cordeiro Panang que comi no Patara, meu restaurante tailandês local, foi uma revelação. Bom, seria muito mais complicado se você mesmo precisasse fazer a pasta panang, mas o chef me garantiu que a opção de usar pasta pronta era respeitável, e recomendou em particular a marca Mae Ploy. Concordei alegremente e agora sempre tenho um estoque da pasta de curry panang dessa marca na geladeira. A mudança que fiz no nome da receita é um sinal de gratidão ao restaurante que a forneceu. Devo declarar, entretanto, que com humildade e respeito (juntamente com um pouco de preguiça e algumas preocupações de economia doméstica com o desperdício) fiz uma modesta mudança do original deles.

Como os curries tailandeses em geral, a consistência do molho é relativamente líquida; então, é melhor ainda para ser absorvida por imensas quantidades de arroz simples cozido no vapor. Se você tiver sorte, conseguirá encontrar a marca recomendada da pasta no supermercado, mas, se não conseguir, encontrará em lojas de produtos orientais. E caso não consiga encontrar o manjericão tailandês, pode substituir por coentro fresco.

Serve 6 pessoas

1 colher de sopa de óleo vegetal
6 stincos (canelas) de cordeiro
Sal e pimenta
1,2 l de leite de coco
1 litro de água
4 colheres de sopa de pasta de curry panang
3 colheres de sopa de molho de peixe

½ colher de sopa de açúcar mascavo claro
Algumas gotas de limão, mais alguns limões cortados em pedaços
1 molho pequeno de manjericão tailandês ou coentro fresco
Arroz, para servir

♥ Preaqueça o forno a 170°. Aqueça o óleo em uma caçarola grande e larga ou em uma panela que possa ir ao forno, e tempere os stincos de cordeiro com sal e pimenta antes de dourá-los na panela. Talvez seja preciso fazer isso em porções para que as peças de carne fiquem adequadamente douradas, transferindo-as aos poucos para uma tigela grande.

♥ Descarte cuidadosamente o óleo da panela, depois coloque novamente os stincos na panela com o leite de coco e 1 litro de água, que devem praticamente cobrir o cordeiro. Cubra firmemente com a tampa ou com papel-alumínio e asse no forno preaquecido por 2 horas a 2 horas e meia, até ficar incrivelmente macio.

♥ Quando tirar do forno, transfira os stincos para uma assadeira, juntamente com 1 litro do caldo de coco no qual assaram. Cubra com papel-alumínio e recoloque no forno, baixando a temperatura para 150°. Deixe o restante do caldo na caçarola original.

♥ Adicione a pasta panang, o molho de peixe, o açúcar e as gotas de limão a uma tigela e misture cerca de 1 concha do líquido de cozimento da caçarola original, depois recoloque essa mistura na caçarola. Retire a assadeira com os stincos do forno, depois recoloque-os na caçarola (você vai ter de tolerar jogar fora o litro de líquido da assadeira. Você *pode* deixar esfriar, remover a gordura da carne de cordeiro e usar o líquido para outro curry, mas percebi que acabo jogando fora depois).

♥ Pique o manjericão tailandês (ou o coentro) e acrescente a maior parte, reservando um pouco para espalhar por cima no final. Coloque a caçarola em fogo médio e cozinhe o cordeiro por cerca de 5 minutos, certificando-se de que todos os ingredientes estão bem quentes.

♥ Sirva os stincos de cordeiro em prato fundo com arroz tailandês ou arroz de jasmim, dando a cada pessoa um stinco e uma concha de molho. Salpique mais manjericão tailandês (ou coentro) sobre cada prato, e sirva com pedaços de limão.

PREPARO ANTECIPADO
Asse o cordeiro por 1 hora e 45 minutos. Transfira para um recipiente não metálico para esfriar, depois cubra e refrigere. Pode ficar na geladeira por até 2 dias. Na hora de usar, recoloque o cordeiro e o líquido do cozimento na caçarola, aqueça no fogão até começar a ferver, depois tampe e leve ao forno por 45 minutos a 1 hora, até que a carne esteja bem quente. Prossiga com a receita como indicado.

CONGELAMENTO
Prepare e deixe esfriar como indicado, depois congele por até 3 meses em um recipiente bem fechado. Descongele de um dia para o outro e reaqueça e finalize como descrito na receita.

Joelhos de porco com sidra
Com alho-poró e molho branco

Já brinquei com todos os tipos de líquido de cozimento para presunto — e sou fiel à Coca-Cola, à Cherry Coke, ao Ginger Ale e outras versões excêntricas, mas à prova de erros —, mas minha escolha alternativa para um bom presunto com sabor à moda antiga, do tipo que emanava tranquilizadoramente da cozinha de minha mãe, é a sidra. O suco de maçã levemente ácido e alcoólico destaca o sal do presunto muito bem, e ao mesmo tempo realça sua suave doçura. Eu prefiro uma boa sidra seca; mas entendo que se use sidra doce (ou até suco de maçã) — minha única reserva é que acho que o caldo criado pelos últimos é doce demais para usar depois, e seria uma pena não preparar um boa panela de Sopa de Ervilhas com Sidra em outra ocasião (veja na **p. 374**). Minha estipulação de presunto defumado na receita é simplesmente uma declaração honesta de minha preferência: se quiser usar carne fresca, vá em frente; muitas coisas na cozinha são uma questão de gosto, o que é muito importante.

Não descasco minhas cenouras nesta receita, pois normalmente uso orgânicas, que não levam agrotóxicos, mas se você se sentir mais seguro descascando, é melhor. Mas nunca consigo entender o porquê de descascar cebolas quando elas vão para um caldo.

Os acompanhamentos do presunto têm de ser, para mim, os alhos-poró com molho branco da minha mãe e uma tigela de batatas cozidas na água ou no vapor. Na verdade, o que gosto mesmo de fazer é cozinhar as batatas sobre o vapor da panela de presunto fervendo na sidra na última hora ou 45 minutos (dependendo do tamanho delas) do cozimento.

Serve 6, *com o Alho-poró com Molho Branco a seguir*

2 joelhos de porco defumados (com pouco mais de 1,5 kg cada)
1 litro de sidra, de preferência seca
2 talos de aipo, cortados ao meio
2 cenouras, cada uma cortada em 2 ou 3 pedaços
4 cebolas pequenas, cortadas ao meio
Talos de um molho grande de salsa lisa, ou um molho pequeno inteiro
1 colher de sopa de grãos inteiros de pimenta-do-reino
1 colher de sopa de sementes de erva-doce
3 cravos
1 colher de sopa de açúcar mascavo escuro

♥ Deixe os joelhos de molho em água em um local fresco de um dia para o outro, para dessalgá-los. Ou, uma hora antes de começar a prepará-los, coloque os joelhos em uma panela, cubra-os com água fria, deixe levantar fervura, escorra e continue a receita normalmente.

♥ Escorra e lave os joelhos, depois coloque-os em uma panela com todos os outros ingredientes, acrescente água fria para cobrir quase totalmente os joelhos e deixe ferver.

♥ Cozinhe os joelhos por cerca de 2 horas, com a panela parcialmente tampada. Depois desse tempo a carne estará macia e se desprendendo do osso. Retire os joelhos do caldo e deixe-os esfriar um pouco sobre uma tábua de madeira antes de fatiar ou despedaçar a carne, descartando a gordura, a pele, a cartilagem e os ossos — embora eu admita comer alegremente um pouco dos detritos enquanto corto, sem me importar com quanto isso horroriza os que estão ao meu redor. Deixe o caldo esfriar na panela enquanto come.

♥ Coe o líquido do cozimento depois de comer o presunto — é mais fácil fazer isso quando o caldo não está pelando — e reserve para uso futuro (veja na **p. 372**).

PREPARO ANTECIPADO
Os joelhos de porco podem ser cozidos 1 hora antes de servir. Quando estiverem prontos, transfira a panela para um local fresco e deixe, tampada, por até 1 hora. Para reaquecer, coloque a panela novamente no fogo e deixe ferver antes de transferir os joelhos para uma tábua de madeira.

CONGELAMENTO
O caldo frio pode ser transferido para um recipiente bem fechado e mantido na geladeira por 1 a 2 dias, ou ficar congelado por até 3 meses.

NOTAS ADICIONAIS
Se desejar, os joelhos podem ser guisados em seu líquido em uma assadeira, cobertos com papel-alumínio. Deixe levantar fervura no fogão antes de colocar no forno a 170° por 2 horas. Pedaços ou fatias de presunto que sobrarem podem ficar guardados na geladeira, bem embrulhados em papel-alumínio, por até 3 dias. As sobras podem ficar congeladas por até 2 meses.

A COLEÇÃO DE OSSOS | CONFORTOS DA COZINHA

Alho-poró com molho branco

Este sabor lembra tanto a minha infância que achei difícil transformá-lo em uma receita convencional; sempre fiz esta receita sem qualquer peso ou medida, e de alguma forma me sinto inibida de prepará-la de qualquer outra forma que não no piloto automático (como se me concentrando não conseguisse me lembrar). Mas, por sorte, tenho a ajuda de Hettie Potter, e juntas criamos um guia confiável.

Por tudo isso, tenho algumas notinhas chatas de pé de página sobre os ingredientes e o método, e são as seguintes:

Às vezes, fatio os alhos-porós em pedaços muito mais longos, cortando cada alho-poró em 3 ou 4; mas é mais frequente que os fatie relativamente finos, o que torna o prato mais um molho com vegetais do que vegetais com molho. Ambos são bons; mas o último é mais reconfortante, e fica pronto mais rápido.

Com frequência preparo esta receita para acompanhar frango assado, carne de porco ou linguiças assadas, quando acrescento um pouco de vermute ou vinho branco à água do cozimento dos alhos-porós. Quando estou preparando com os Joelhos de Porco, parece bobagem não usar um pouco do líquido do cozimento com sidra em vez de vinho ou vermute.

Embora eu tenha instruído a derreter a manteiga antes de adicionar a farinha para fazer o roux, confesso que normalmente imito a impaciência de minha mãe e jogo a manteiga, a farinha e o caldo (veja a seguir) na panela ao mesmo tempo e misturo tudo enquanto derrete.

Minha mãe sempre colocava metade de um caldo de galinha despedaçado em seu molho branco e eu instintivamente sigo o exemplo, ainda que use um moderno caldo concentrado líquido. Entretanto, em momentos de descuido na vida doméstica, quando fiquei sem caldo concentrado, descobri que um toque de mostarda inglesa pode temperar de maneira similar o molho branco. A regra é provar quando estiver cozinhando, e se achar que quer mais caldo ou mais mostarda, ou um pouco de cada, adicione...

Serve 6 pessoas *fartamente com os joelhos*

4 alhos-porós limpos, cortados em pedaços de aprox. 3 cm

60 ml de vermute (ou 60 ml do caldo do presunto dos Joelhos de Porco da **p. 367**)

2 colheres de chá de sal marinho em flocos ou 1 colher de chá de sal refinado (corte essas quantidades pela metade se usar o caldo do presunto)

Para o molho branco:

75 g de manteiga sem sal em temperatura ambiente

75 g de farinha de trigo

¼ de colher de chá de mostarda inglesa em pó ou ½ colher de chá de mostarda inglesa pronta ou 1 colher de chá de caldo de galinha concentrado

250 ml de leite integral

250 ml de água do alho-poró, mais 60 ml

1 colherada generosa de creme de leite fresco (opcional)

Pimenta branca moída na hora, a gosto

♥ Coloque o alho-poró cortado em uma panela, adicione o vermute (ou o caldo do presunto), depois, água bastante para cobri-los. Adicione o sal (corte a quantidade pela metade se estiver usando o caldo do presunto em vez de vermute), deixe levantar fervura e ferva por 10 minutos, sem tampa.

♥ Enquanto isso, derreta a manteiga em uma panela de fundo grosso, misture a farinha e a mostarda ou o caldo concentrado e cozinhe seu roux temperado por alguns minutos, sem parar de mexer, até obter uma pasta amarela e borbulhante.

♥ Escorra os alhos-porós sobre um copo medidor e reserve o líquido.

♥ Misture o leite, aos poucos, com o roux, e continue mexendo até que o molho se desgrude das laterais da panela. Então misture 250 ml da água do alho-poró, depois, com uma colher de pau, cozinhe o molho por 10 minutos, mexendo pacientemente.

♥ Prove e tempere o molho com sal ou um pouco mais de caldo de galinha concentrado, se preferir.

♥ Adicione o alho-poró ao molho, mexa delicadamente com a colher de pau e acrescente 60 ml mais ou menos da água do alho-poró, conforme for necessário.

♥ Prove outra vez e incorpore cerca de 1 colher de sopa de creme de leite fresco, se quiser, despeje em uma tigela aquecida e moa um pouco de pimenta branca por cima antes de servir.

PREPARO ANTECIPADO
Os alhos-porós podem ser preparados 2 dias antes. Transfira os alhos-porós cozidos e o molho para uma tigela. Pressione filme plástico ou papel-manteiga na superfície para evitar que se forme uma película, e deixe esfriar. Cubra e refrigere. Reaqueça muito lentamente em uma panela, mexendo com frequência para o molho não queimar. Adicione um pouco mais de leite se o molho estiver grosso demais. Não é recomendado usar os alhos-porós reaquecidos no molho para as tortas e os pastéis a seguir.

Usando bem as sobras

CALDO DE PRESUNTO COM SIDRA

*A primeira coisa a fazer — logo depois de preparar os Joelhos de Porco — é provar o líquido de cozimento, ou caldo de presunto com sidra (seja como você preferir pensar nele), para ver se vale a pena preservar sua vida. Seja rígido consigo mesmo: algumas vezes me convenci a reutilizar um caldo de presunto salgado ou doce demais (mesmo quando diluído), apenas para perder tempo fazendo sopas que ninguém quis comer. Mas vamos presumir que o caldo de sidra e presunto que você tem, por mais que tenha uma cor triste, esteja pronto para a reciclagem; se você seguiu a receita dos Joelhos de Porco com Sidra (veja na **p. 367**), certamente deve estar, mas sinta-se livre para diluir com água a gosto.*

*Se achar que não vai utilizá-lo no dia seguinte ou pouco depois — e você pode não estar com vontade de revisitar os sabores de refeições recentes —, não deixe de congelar o caldo (assim que esfriar), bem coado e em porções de 250 ml. Do contrário, é provável que você faça como eu e guarde-o em um jarro na geladeira apenas para ter de jogá-lo fora, desperdiçando-o, alguns dias depois. (Como filha de um casal cuja infância se passou durante a Segunda Guerra Mundial, ainda estremeço diante da ideia de cometer o crime do desperdício.) Enfim, com o caldo no freezer, você sabe que tem um saboroso líquido à mão para adicionar a um **molho de carne** — mesmo, sim, um feito com carne moída — ou a um **bechamel com tom mais profundo**. Você pode usá-lo em um **frango cozido**, ou, em vez da água, em praticamente qualquer ensopado (mas certifique-se de que as pessoas que comerem esses ensopados de frango ou de carne também comam porco), ou para adicionar — por mais anti-italiano que seja — a certos **risotos** e para preparar fabulosas **sopas**. Com frequência, altero a Sopa de Grão-de-bico e Macarrão de How to Eat colocando um pouco de caldo de presunto (embora aqui o sabor salgado deva ser particularmente evitado, pois os grãos-de-bico não devem endurecer enquanto cozinham, então eu não usaria apenas caldo de presunto como líquido), e ele cria uma base fantástica para uma sopa de batata-doce com abóbora.*

*Mas, provavelmente, a sopa que preparo com mais frequência é minha Sopa de Ervilhas com Sidra (veja na **p. 374**); na verdade, sempre que como o presunto no final de semana, sei que a sopa será o jantar dos meus filhos (e meu) no começo da semana seguinte. E ela é tomada com muito gosto — algo às vezes cruelmente raro para uma mãe. Para incrementá-la em dias preguiçosos, adiciono um sanduíche simples, mas mesmo assim apreciado, feito com sobras de presunto, ou um queijo quente, caso não tenha sobrado presunto.*

TORTINHAS DE PRESUNTO E ALHO-PORÓ

Para obter algo mais apetitoso, se houver presunto e um pouco de alho-poró com molho branco, preparo as simples Tortinhas de Presunto e Alho-poró. Para esta receita, desfio o presunto, misturo-o com o alho-poró no molho branco e coloco em tigelas ou ramequins (evidentemente, dependendo de quanto sobrou), depois umedeço as bordas do recipiente com um pouco de água, antes de cobrir com círculos de massa folhada pronta. Não é obrigatório, mas você pode cortar uma tira de massa folhada antes para contornar a borda da tigela e ajudar a tampa a ficar no lugar. De qualquer maneira, pressione as extremidades e decore como quiser — talvez você tenha mais bom gosto que nós — ou não decore, antes de pincelar com ovo batido. Depois, 12 a 20 minutos no forno a 220° devem ser o suficiente para garantir que o presunto e os alhos-porós estejam borbulhando e a parte de cima esteja encantadoramente fofa e dourada. Se estiver com medo de que a parte de baixo não esteja totalmente cozida, fure a massa folhada com uma faca afiada ou um palito, mergulhando-o no recheio, depois toque o palito (com cuidado, por favor) onde ele encostou no recheio, e se estiver pelando, sua torta também estará.

A COLEÇÃO DE OSSOS | CONFORTOS DA COZINHA

PASTÉIS "GALESES" DE PRESUNTO E ALHO-PORÓ

Admito que dará mais trabalho (embora ainda assim não seja difícil), mas se você estiver com vontade de preparar pastéis facilmente beliscáveis e avidamente comidos — e a simples presença da sidra parece garantir isso —, preaqueça o forno a 200º e prepare uma massa misturando 250 g de farinha de trigo, 1 ½ colher de chá de fermento em pó e ½ colher de chá de bicarbonato de sódio com 125 g de banha de porco gelada e cortada em cubos, antes de ligar esses ingredientes com um pouquinho de água gelada (e algumas gotas de suco de limão) e misturar a massa. (Você não precisa usar banha de porco se estiver ficando enjoado só de pensar nisso; pode usar gordura vegetal hidrogenada, mas não fique orgulhoso de sua delicadeza — qualquer natural é mais saudável do que gordura que foi tratada para ficar, de maneira não natural, sólida à temperatura ambiente.)

Com a massa pronta — ela rende 4 pastéis, cada um com capacidade para 1 xícara de alho-poró com molho e presunto desfiado/picado — faça 4 discos grossos e, sobre uma superfície levemente enfarinhada, abra cada disco em, aproximadamente, um círculo. E estou mesmo falando em um círculo aproximado: meus círculos não têm qualquer relação com um círculo como é entendido pela geometria; um círculo aberto com pressa por mim na hora do jantar parecer mais o mapa da Austrália.

Quando tiver suas 4 formas relativamente circulares diante de si, coloque ¼ do recheio de presunto e alho-poró em uma das metades de um dos círculos, pincele um pouco de ovo batido nas bordas e dobre, formando um pastel semicircular rechonchudo. Enrole a borda do lado arredondado para cima, e dobre essa aba, apertando-a com os dedos, e faça o mesmo com os círculos e o recheio restantes. Coloque-os em um tabuleiro forrado, pincele com ovo batido, asse no forno preaquecido por 20 minutos e coma puros ou com a Sopa de Ervilhas com Sidra a seguir. Não se pode preparar pastéis com antecedência, embora a massa possa ser feita antes. Simplesmente cubra os 4 discos iniciais com filme plástico e coloque-os na geladeira, não se esquecendo de retirá-los antes para que fiquem bem macios para abrir.

Talvez tenha sido injusto sugerir as receitas anteriores meramente como preâmbulos para a sopa: certamente, as tortinhas não precisam de nada mais, ainda que um pouco de ervilhas cozidas misturadas ao presunto e ao molho de alhos-porós pouco antes de colocar a

373

A COLEÇÃO DE OSSOS | CONFORTOS DA COZINHA

cobertura de massa e assar ficariam deliciosas. Na verdade, são apenas os pastéis que associo automaticamente à sopa de ervilhas. Mas, mesmo assim, você pode desassociá-los, o que lhe rende outra refeição.

SOPA DE ERVILHAS COM SIDRA

Seja como for, a Sopa de Ervilhas com Sidra é a perfeição fácil. Deixe 1,5 l do caldo coado levantar fervura e acrescente 900 g de ervilhas congeladas juntamente com o suco de 1 limão (cerca de 30 ml ou 2 colheres de sopa), depois deixe voltar a ferver e cozinhe as ervilhas até estarem bem macias para serem facilmente liquidificadas, cerca de 7 minutos. Talvez seja melhor deixar as ervilhas cozidas esfriarem um pouco antes de bater no liquidificador, em pequenas porções, e depois provar para ver se quer adicionar o suco de mais um limão ou um pouco de tempero. Se estiver preparando esta receita com antecedência (seja para deixar na geladeira ou congelar), provavelmente precisará adicionar mais líquido, seja mais caldo de presunto ou mais água, quando reaquecer. Esta sopa deve ser suficiente para 4 pessoas com fome em uma refeição, e renderia facilmente para 6 pessoas como entrada ou em um jantar mais leve.

Tortinhas

PREPARO ANTECIPADO
As tortinhas podem ser montadas com 1 dia de antecedência, depois firmemente envolvidas em filme plástico e refrigeradas. Pincele com ovo e asse como indicado.

CONGELAMENTO
As tortas montadas podem ficar congeladas, bem embaladas em filme plástico, por até 1 mês. Descongele de um dia para o outro na geladeira, pincele com ovo e asse como indicado.

Pastéis

PREPARO ANTECIPADO
Os pastéis podem ser preparados com 2 dias de antecedência. Enrole em filme plástico e refrigere.

CONGELAMENTO
Os pastéis podem ser preparados e congelados, bem envolvidos com filme plástico, por até 1 mês. Descongele de um dia para o outro na geladeira antes de usar.

Sopa

PREPARO ANTECIPADO
A sopa pode ser preparada e batida no liquidificador, depois transferida para um recipiente com tampa para esfriar e ser refrigerada o mais rápido possível. Pode ficar na geladeira por 1 dia. Reaqueça lentamente em uma panela até estar bem quente.

CONGELAMENTO

A sopa fria pode ficar congelada por até 2 meses, mas somente se o caldo não tiver sido previamente congelado. Descongele de um dia para o outro na geladeira e reaqueça como indicado.

Usando bem as sobras

Esta salada tem várias qualidades que adoro: o contraste entre o rosa língua-de-gato do presunto contra o verde das favas e das folhas. A acidez picante das folhas, a maciez dos grãos e o sabor salgado com um toque adocicado da macia carne desfiada.

"O chef de um restaurante parte de ingredientes frescos, o cozinheiro doméstico, de sobras", foi o que me disseram quando eu era jovem, e não só porque é um adágio que nunca esqueci, mas, sobretudo, uma verdade que reaprendo diariamente. Não tenho nada contra comprar comida frequentemente e de forma oportunista — pelo contrário —, mas é quando preciso fazer uma incursão à geladeira que me sinto mais empolgada. Pode parecer afetação ou sentimentalismo, mas é verdade. O que aumenta a sensação de alegria liberada que obtenho ao cozinhar com o que conseguir encontrar é aquela leve pontada de ansiedade de não conseguir preparar nada.

Não que este prato requeira grande criatividade ou brilhantismo culinário: salada de joelho de porco com favas e salsa é basicamente um clássico francês e era um das preferidas da minha mãe em particular. Mas falo com confiança, não com resignação: quase sempre deve-se evitar inovações na cozinha. Se os ingredientes não foram combinados antes, provavelmente — depois de tanto tempo de civilização humana — existe uma ótima razão para isso.

A única modificação que fiz não foi motivada por modismos, mas uma característica do conteúdo do meu freezer no momento da preparação, e foi adicionar soja — recentemente disponível para mim — em vez das favas. Se estiver na época das favas e você tiver acesso a favas frescas, deve usá-las. Se, como eu, seus suprimentos estiverem vindo do freezer, qualquer dos dois ingredientes é bom, só que acho que a soja fica mais macia quando cozida após o congelamento como indicado no pacote; já as favas congeladas, prefiro deixá-las descongelar, depois retirar os feijões verdes em forma de rim de suas peles fibrosas e meramente escaldá-las. Se quiser ter mais trabalho, faça como os japoneses com seu edamame, e remova a segunda casca para fornecer apenas os macios e verde-vivos feijões internos.

Forneci pesos na receita — e não volumes como fiz com algumas das outras receitas com sobras — simplesmente porque, quando preparei esta salada, usei medidas em pesos: ou seja, o dobro do peso das favas em presunto. Assim, você pode pesar qualquer quantidade de presunto que tiver sobrando, e seguir a partir daí. Saiba que 1 joelho de porco fornece cerca de 400 g de carne, depois que a pele mole e outros detritos saem de cena. Nunca vejo razão para preparar menos de 2 joelhos de porco ao mesmo tempo — eles são baratos e a carne é deliciosa —, então, espero ter ao menos a quantidade de sobras para preparar esta salada, mesmo que seja apenas metade para a minha gulosa pessoa. E é tão boa que vale a pena comprar 1 ou 2 joelhos de porco e prepará-la do zero como uma entrada fantástica ou parte de uma refeição para uma mesa repleta na cozinha a qualquer momento.

SALADA DE JOELHO DE PORCO E SOJA (OU FAVAS)

375

A COLEÇÃO DE OSSOS | CONFORTOS DA COZINHA

Serve 2 pessoas

250 g de grãos de soja congelados (ou favas, frescas ou congeladas)
125 g de presunto frio desfiado
1 punhado (ou 1 molho pequeno) de mizuna ou rúcula
1 punhado ou 1 molho pequeno de salsa, finamente picada
½ colher de chá de mostarda inglesa

2 colheres de chá de vinagre de vinho branco ou moscatel
2 colheres de sopa de óleo de colza prensado a frio (veja em Segredos de Cozinha na **p. 16**) ou azeite de oliva extravirgem
1 pitada de sal, ou a gosto

♥ Cozinhe os grãos de soja (ou favas congeladas) em uma panela de água salgada fervente de acordo com as instruções da embalagem, ou cozinhe as favas frescas em água salgada até ficarem macias. Escorra e lave com água fria para interromper o cozimento, depois deixe-as em uma tigela com água fria para esfriarem rapidamente.

♥ Coloque a carne do joelho de porco desfiada em uma tigela, com os grãos cozidos, frios e escorridos. Acrescente as folhas de mizuna ou de rúcula aos grãos e ao presunto, e misture com as mãos (ou com colheres de salada), depois adicione metade da salsa finamente picada e misture outra vez.

♥ Bata a mostarda, o vinagre, o óleo (ou azeite) e o sal para combinar, ou simplesmente agite esses ingredientes dentro de um pequeno pote de geleia (ou use um pote de mostarda inglesa que esteja acabando, acrescente os demais ingredientes, tampe e agite). Despeje esse molho sobre a salada, depois misture outra vez, prove o tempero e sirva nos pratos, ou mantenha na mesma tigela se preferir, antes de salpicar com a metade restante da salsa picada.

PREPARO ANTECIPADO

Os grãos de soja podem ser preparados com 1 dia de antecedência. Escorra bem e transfira para um recipiente não metálico. Cubra com uma folha levemente umedecida de papel-toalha, envolva firmemente com filme plástico e refrigere.

A COLEÇÃO DE OSSOS | CONFORTOS DA COZINHA

Joelhos de porco guisados na cerveja com cominho, alho, maçãs e batatas

Certa vez, participei de um programa de entrevistas na TV alemã, filmado em Baden-Baden, pelo que me lembro, e com um cenário decorado como uma cervejaria. Fiquei muito animada por estar ali, por todo tipo de razões. Não que as coisas tenham começado bem. Não é que meu entrevistador começou com toque cômico, dizendo que a culinária inglesa não tinha exatamente uma boa reputação? Ah, como riu a plateia espalhada ao redor do cenário ao estilo George Grosz. Ah, como eu queria ter rido também. Mas respondi com alguma insolência que, pelo que o restante do mundo sabia, a culinária alemã também não era muito respeitada. O leve silêncio que se seguiu não me envergonhou tanto na hora quanto deveria. Porque aquele foi um comportamento imperdoável, e não só por ser inadequado uma convidada responder com uma honestidade tão brutal e uma sensibilidade adolescente. Não, também porque a verdade subentendida (mais importante que a mera honestidade) é que sempre achei a culinária do norte da Europa terrivelmente desvalorizada, até por nós mesmos. Espero que eu tenha dito isso e, se não, desejo aqui me corrigir e desculpar.

Pois tenho — e essa é a questão — um gosto especial pela comida alemã. Na verdade, tenho mais que um gosto: adoro cada maligno pedacinho dela. A culinária alemã vai muito além das salsichas e do chucrute, por mais deliciosos que sejam. Você pode — ou não, mais provavelmente — conhecer um bolo chamado *Bienenstich* (ou "picada de abelha") que é simplesmente o doce dos deuses. E, sinceramente, eu visitaria o país a qualquer momento simplesmente pelo pão. E também há as batatas... Bem, admito que houve uma moda ao longo dos anos e ao redor do mundo por cachorros-quentes e hambúrgueres, mas nos círculos de comida elegante essa culinária rica em carboidratos nunca vai encontrar muita predileção. Bom, azar deles.

A receita a seguir é inspirada pelo *Schweinshaxe*, ou joelho de porco, que comi da última vez em que estive na Alemanha há alguns anos. Não foi apenas o joelho que eu adorei, mas toda a experiência alemã atrelada a ele, e sobretudo a palavra. Para mim, a alegria do alemão — uma das línguas mais poéticas, sibilantemente melodiosas e libertadoras do mundo — não está apenas no som, mas na própria formulação, sobretudo na estrutura das palavras, que exige uma mistura de criatividade independente e desbragada e trovejante literalidade de raciocínio, o que em si é cativante. Creio que minha atitude incomum e minha cunhagem às vezes desajeitada dos substantivos compostos, juntamente com meu uso compulsivo da vírgula, podem ser atribuídos aos muitos anos que passei imersa na prosa alemã!

Evocativamente, um dos nomes tradicionais para o joelho de porco é *Eisbein*, ou "osso gelado", que, dizem, refere-se ao fato de que, quando toda a carne tinha sido comida e o osso, limpo, usava-se o joelho ou jarrete (palavras diferentes para o mesmo corte) como patins de gelo. Fica mais fácil entender graficamente depois que se limpa o osso e se observa seu formato.

Espero que isso não o desanime, mas aprendi que comer juntas de animais não é para os fracos. O restante de nós não precisa se incomodar com esse tipo de melindre. Por falar nisso, até mesmo eu — despudoradamente incontida à mesa — fui subjugada pelo meu joelho de porco na Baviera: lá, serviam um joelho por pessoa; aqui, como na receita de joelho de porco na **p. 367**, calculo que um joelho daria para duas ou três pessoas; e com todas aquelas batatas e maçãs como acompanhamento, e aquele glorioso torresmo gordo por cima, acho que a receita a seguir pode tranquilamente alimentar seis pessoas sem deixar ninguém com fome. Também pode ser que acabe na primeira vez que for servido, e o que sobrar pode ser reaquecido.

O importante é que o joelho, com seu pungente tempero de alho e cominho, não seja curado; que você peça ao açougueiro para talhar a pele; e que se dê o trabalho de regar com cerveja. Acho gloriosa a maneira como as maçãs caramelizam e as batatas ficam macias antes de ficarem crocantes ao serem assadas com a gordura do porco, mas você pode fazer de outro jeito. Pense, talvez, em servir os joelhos com chucrute para obter um sabor mais forte (acrescentando ou não um pouco de maçãs picadas), ou com um purê rústico de ervilhas para fornecer uma delicadeza balsâmica; ambos são acompanhamentos tradicionais, assim como uma tigela cheia de batatas cozidas puras. Um pedido final: embora em todas as outras ocasiões culinárias eu use a mostarda inglesa Colman's sem pensar duas vezes, para ter uma satisfação absoluta, aqui faço questão de mostarda alemã, nada sofisticado, mas de preferência a *Tafelsenf*, que vem em uma cativante minicaneca de cerveja.

Serve 6 pessoas, *ou 4 com saudáveis apetites teutônicos*

2 colheres de chá de sal marinho em flocos ou 1 colher de chá de sal refinado

1 colher de chá de sementes de cominho

2 dentes de alho

2 joelhos de porco, com a pele talhada

2 cebolas

2 maçãs, sem sementes e cortadas em quatro

4 batatas, ou pouco menos de 1 kg, cortadas em quatro no sentido do comprimento

500 ml de cerveja escura

500 ml de água fervente

♥ Preaqueça o forno a 220°. Coloque o sal e as sementes de cominho em uma tigela, junte o alho amassado ou ralado, misture tudo e esfregue nos joelhos de porco, deixando penetrar bem nos talhos da pele.

♥ Descasque as cebolas, corte em fatias e faça uma cama com elas na assadeira. Coloque os joelhos sobre a camada de cebolas e asse-os em forno quente por ½ hora.

♥ Retire a assadeira do forno e arrume rapidamente as maçãs e as batatas ao redor dos joelhos, depois despeje cuidadosamente metade da cerveja (250 ml) por cima, regando os joelhos. Recoloque no forno, diminuindo a temperatura para 170°, e deixe assar nessa temperatura por 2 horas.

♥ Aumente outra vez a temperatura do forno para 220°, regue os joelhos com o restante da cerveja e deixe cozinhar nessa temperatura mais alta por mais 30 minutos.

♥ Retire a assadeira do forno e transfira as maçãs e as batatas para uma travessa aquecida. Coloque os joelhos em uma tábua de madeira, deixando as cebolas e os sucos na assadeira.

♥ Coloque a assadeira no fogão em fogo médio e adicione 500 ml de água fervente, mexendo para deglaçar a panela e fazer o molho.

♥ Retire a pele das peças de carne de porco e quebre-a em pedaços, desfie ou corte a carne e sirva com as maçãs, as batatas, o molho e um pouco de mostarda alemã.

PREPARO ANTECIPADO

O porco e as cebolas podem ser colocados na assadeira com 1 dia de antecedência. Cubra com filme plástico e refrigere. Pouco antes de assar, esfregue com sal, cominho e alho e siga como indicado na receita.

Usando bem as sobras

*A carne de porco que sobrar pode ser guardada na geladeira, bem embrulhada em papel-alumínio, por até 3 dias. Coma fria ou reaqueça lentamente em uma panela com as sobras de molho, até estar bem quente. Qualquer sobra de molho deve ser armazenada na geladeira em um recipiente separado, com tampa, por 1 a 2 dias. As sobras de carne podem ficar congeladas por até 2 meses, bem embrulhadas em papel-alumínio, depois descongeladas de um dia para o outro na geladeira. Mesmo que você tenha uma quantidade pequena demais para ser usada pura (o que é provável), simplesmente embrulhe, rotule e congele para uso futuro da Paella da Despensa (veja na **p. 196**).*

Músculo guisado ao estilo asiático
Com salada picante e ácida em tiras

O objetivo de um ensopado, nem é preciso dizer, é o sabor, não a aparência. Então, embora as tiras de cenoura, a cebolinha e o pimentão da salada crocante forneçam cor e beleza para esse prato marrom, ao mesmo tempo sua textura e seu toque asiático são a parceria perfeita para o tempero denso e aromático do ensopado levemente refogado que se segue.

Preparar o músculo com osso me proporciona certo prazer primitivo, e a carne fica ainda mais macia, mas você pode comprar músculo em cubos sem osso (ou outra carne própria para ensopados, se quiser). Nesse caso, não será necessário o mesmo peso de carne (veja na lista de ingredientes).

Juntamente com o ensopado e sua cobertura crocante, picante e ácida, sirvo um purê de batatas e pastinacas com gengibre (veja na **p. 386**). O gengibre oferece um discreto eco dos tons do sudeste asiático. Embora uma tigela de arroz simples fosse uma boa alternativa, saiba que esse aromático purê se transforma em fantásticos bolinhos de batata picantes (veja na **p. 387**) no dia seguinte ou depois.

A COLEÇÃO DE OSSOS | CONFORTOS DA COZINHA

Serve 6 pessoas

2 cebolas
1 pedaço de gengibre fresco com 5 cm
4 dentes de alho
2 colheres de chá de sementes de coentro em pó
3 colheres de sopa de óleo vegetal
250 ml de vinho culinário chinês, ou xerez seco
4 colheres de sopa de molho de soja
4 colheres de sopa de açúcar mascavo escuro
2 l de caldo de carne, de preferência orgânico
2 colheres de sopa de molho de ostra
4 colheres de sopa de vinagre de arroz
2 paus de canela
2 anises-estrelados
3,5 kg de músculo bovino com osso, cortado pelo açougueiro em fatias grossas (ou 1 kg de músculo sem osso ou outra carne para ensopados, cortada em cubos grandes)

♥ Preaqueça o forno a 150°. Corte as cebolas em quatro e descasque-as, descasque e fatie grosseiramente o gengibre, descasque os dentes de alho, e coloque todos esses ingredientes no processador com o coentro.

♥ Bata até ficarem bem picados, depois aqueça o óleo em uma caçarola grande e frite essa mistura levemente, até que esteja macia e comece a grudar na panela; isso deve demorar 10 minutos, em fogo médio e mexendo regularmente.

♥ Despeje o vinho chinês (ou xerez) e deixe ferver. Adicione o molho de soja, o açúcar mascavo, o caldo, o molho de ostra e o vinagre. Deixe levantar fervura, depois acrescente os paus de canela e o anis-estrelado.

♥ Adicione os pedaços de músculo e deixe tudo voltar a ferver, depois tampe e coloque no forno por 2 horas (carne para ensopado comum pode demorar mais tempo).

♥ Retire a caçarola do forno cuidadosamente e, usando uma escumadeira, remova a carne para um refratário, cubra com papel-alumínio e mantenha aquecida dentro do forno, enquanto ferve vigorosamente o molho na caçarola no fogão, sem tampa, até que tenha se reduzido pela metade.

♥ Arrume a carne em uma travessa e despeje o molho reduzido sobre ela, depois cubra com a salada picante e ácida em tiras a seguir. Se estiver usando cubos de carne para ensopado em vez de fatias de músculo, talvez seja melhor usar uma travessa mais funda.

PREPARO ANTECIPADO
Cozinhe a carne por 1 hora e 45 minutos, depois transfira para uma tigela para esfriar. Cubra, refrigere e guarde na geladeira por até 2 dias. Na hora de usar, recoloque a carne na caçarola e aqueça lentamente até que o molho comece a ferver. Tampe e recoloque no forno por 30 minutos, ou até que a carne esteja bem quente. Transfira a carne para uma travessa refratária e finalize o molho como indicado.

CONGELAMENTO
Asse e deixe esfriar como indicado, depois mantenha congelado por 3 meses em um recipiente bem fechado. Descongele de um dia para o outro na geladeira e reaqueça e finalize como indicado.

A COLEÇÃO DE OSSOS | CONFORTOS DA COZINHA

Salada picante e ácida em tiras

Embora eu belisque essa salada diretamente da geladeira se tiver a sorte de sobrar, aconselho que você a prepare na última hora, quando o molho do Músculo Guisado ao Estilo Asiático estiver reduzido, e você estiver a ponto de servir. Pode usar metade da salada para cobrir a travessa de ensopado e deixar as pessoas colocarem mais no prato enquanto comem.

Serve 6 pessoas *com o Músculo Guisado ao Estilo Asiático*

3 cenouras	*Para o molho:*
4 cebolinhas	Suco de 1 limão
1 pimenta malagueta	4 colheres de sopa de molho de
1 pimenta verde	peixe tailandês
20 g ou 1 molho pequeno de coentro	1 colher de chá de açúcar

♥ Descasque as cenouras, corte em fatias longas e depois à juliana (ou seja, em tiras do tamanho de palitos de fósforo).

♥ Apare e corte ao meio as cebolinhas e depois corte também à juliana.

♥ Retire as sementes das pimentas e corte-as à juliana, depois pique finamente o coentro.

♥ Misture todos os legumes cortados à juliana e o coentro picado em uma tigela. Em outra tigela, misture o suco de limão, o molho de peixe e o açúcar, e tempere os legumes com essa mistura, depois cubra o Músculo Guisado ao Estilo Asiático com a salada.

Purê condimentado de batatas e pastinaca

Para servir com o Músculo Guisado ao Estilo Asiático e preparar bolinhos de batata para os dias de ressaca

Já mencionei o gengibre (veja anteriormente), mas o leitelho, por todas as suas conotações de cozinha caseira norte-americana, é essencial nesta receita. Por um lado, acho essas conotações crucialmente reconfortantes; por outro, esse ingrediente fornece a acidez necessária, que fica ótima em contraste com a doce densidade do purê e o picante gengibre.

Serve 6 a 8 pessoas

1,25 kg de batatas
650 g de pastinacas
1 pedaço de 150 g de gengibre fresco, cortado pela metade no sentido do comprimento
4 colheres de chá de sal marinho em flocos ou 2 colheres de chá de sal refinado

2 colheres de chá de óleo de gergelim tostado
2 colheres de sopa de óleo de colza prensado a frio (veja em Segredos de Cozinha na **p. 16**) ou azeite de oliva
80 ml de leitelho

♥ Descasque os legumes e corte as batatas em 4 e as pastinacas em 3 pedaços. Remova o centro da pastinaca se for muito fibroso. As pastinacas devem ser cortadas em pedaços maiores que as batatas, pois cozinham com mais rapidez.

♥ Coloque as batatas na panela com as pastinacas por cima, cubra com água fria e acrescente o sal. Acrescente os pedaços de gengibre, deixe levantar fervura, abaixe o fogo para que ferva com robustez, e cozinhe por cerca de 20 minutos ou até que as batatas e as pastinacas estejam macias e totalmente cozidas. Depois escorra e descarte os pedaços de gengibre.

♥ Recoloque as batatas e as pastinacas na panela aquecida e comece a amassar, então adicione os óleos de gergelim e de colza e o leitelho, e amasse novamente, antes de bater vigorosamente com uma colher de pau. Prove o tempero, adicionando mais sal se for necessário.

PREPARO ANTECIPADO
O purê pode ser preparado com 1 hora de antecedência. Cubra com um pouco de leite para evitar que seque, e tampe. Reaqueça lentamente, batendo com vigor.

Usando bem as sobras

BOLINHOS DE BATATA PICANTES COM OVOS FRITOS

Meu fraco é fazer comida demais. Mas ainda que eu considere isso uma fraqueza, não é algo de que me envergonhe; na verdade, fico irritada quando não tenho comida sobrando. Neste caso em particular, a generosidade com o tamanho das porções é uma jogada inteligente. Um montinho de purê aromático deixado na tigela (se você conseguir não comer enquanto estiver lavando a louça) se transforma em bolinhos de batata deliciosos depois. Pontilhados de cebolinhas, pimenta e gengibre extra, eles são o café da manhã perfeito para os dias de ressaca, ou um jantar satisfatório, talvez comido com um ovo frito por cima.

Os bolinhos de batata que se seguem são feitos com uma quantidade relativamente pequena de purê — pense em uma quantidade que chegaria a 500 ml se colocada em um copo medidor ou o bastante para encher uma tigela de cereal.

Faz 6 ou 7 bolinhos, *dependendo do tamanho*

- 400 g ou 2 xícaras (aprox.) de sobras de purê
- 1 ovo, batido
- 2 cebolinhas, cortadas em fatias finas
- 1 pimenta malagueta, sem sementes e picada
- 1 colher de chá de gengibre fresco ralado
- 1 colher de sopa de farinha de trigo, para polvilhar
- 1 colher de chá de azeite de alho
- 1 ovo por pessoa, para fritar

♥ Misture o purê com o ovo batido, as cebolinhas finamente fatiadas, a pimenta picada e o gengibre ralado.

♥ Depois de misturar, molhe uma medida de ¼ de xícara ou um recipiente de 50 a 60 ml e retire porções individuais, ou simplesmente molde a mistura com as mãos molhadas, formando bolinhos altos ou achatados, e depois polvilhe levemente com farinha de trigo.

♥ Aqueça o azeite de alho em uma frigideira e frite os bolinhos de batata por 3 a 4 minutos de cada lado. Cubra com um ovo frito ou com molho picante, como quiser.

Pernas de pato assadas com batatas

Como a receita de costeletas de cordeiro que vem a seguir, esta é uma daquelas refeições para se amar ou odiar. Por toda a facilidade da comida expressa, há muito a ser dito a favor de simplesmente colocar alguma coisa no forno por uma ou duas horas quando estamos cansados demais para cozinhar. É verdade que um pouco de paciência é necessária, o que pode tornar este prato mais o jantar em um final de semana preguiçoso do que a resposta para seus problemas cotidianos de exaustão. Você não precisa de muito para acompanhar, talvez uma salada de erva-doce temperada com algumas gotas de suco de laranja e de limão, ou folhas amargas de salada.

Quando você está com pressa, um peito de pato pode parecer a solução, mas a perna, mais barata, porém mais gostosa, é uma iguaria melhor para aqueles que gostam de comer. É claro, é mais gorda do que o apropriadamente nomeado *magret*: é por isso que é mais gostosa. E, por favor — chega de pretensas preocupações com a saúde. Digo, a epidemia de obesidade não está sendo causada pelo consumo exagerado de pernas de pato. Além do mais, como o grande escritor de culinária americano, o falecido James Beard desdenhosamente escreveu: "Um gourmet" — e esse é (ou era) ele, não eu, eu sou apenas gulosa — "que olha para as calorias é como uma prostituta que olha para o relógio."

Serve 2 pessoas

2 pernas de pato	**Alguns ramos de tomilho fresco**
2 batatas ou 500 g	**Sal marinho em flocos e pimenta**

♥ Preaqueça o forno a 200°. No fogão, aqueça uma assadeira pequena (a que eu uso é semelhante a uma fôrma de *tarte tatin*, mas um pouco maior) e sele as pernas de pato, com a pele para baixo, em fogo médio, até que a pele fique dourada e solte um pouco de óleo.

♥ Vire as pernas e retire a assadeira do fogo enquanto corta as batatas em fatias de 2 cm, depois corte cada fatia em 4. Arrume esses pedaços de batata ao redor das pernas de pato, depois deposite alguns ramos de alecrim sobre o pato e as batatas, e tempere com sal e pimenta antes de colocar no forno preaquecido.

♥ Asse por 2 horas, virando ocasionalmente as batatas para obter o melhor resultado, que são pernas de pato macias e batatas crocantes, embora ambos estarão prontos para comer depois de 1 hora e ½.

Usando bem as sobras

*Mesmo que tenha uma pequena quantidade de carne sobrando, você pode embalar, rotular e armazenar no freezer por até 2 meses para usar depois em um Arroz Pilaf com Carnes Variadas (veja na **p. 198**). Descongele de um dia para o outro na geladeira.*

A COLEÇÃO DE OSSOS | CONFORTOS DA COZINHA

A COLEÇÃO DE OSSOS | CONFORTOS DA COZINHA

Costeletas de cordeiro gregas com limão-siciliano e batatas

Peixe ou ave, carne ou legume, são bem poucos os ingredientes que não se tornam gloriosos quando salpicados com hortelã seca, pimenta seca, suco de limão-siciliano e azeite, e assados em baixa temperatura no forno. A alegria especial destas costeletas de cordeiro com pedaços de batatas é que a gordura do cordeiro adiciona profundidade e uma crocância quase caramelada, enquanto o suco de limão-siciliano fornece aquele necessário toque ácido.

Adoro o tipo de almoço que não requer mais do que uma panela e se cuida sozinho enquanto cozinha. Eu preparava esse prato normalmente com costeletas de cordeiro comuns, mas há pouco tempo comecei a usar um fantástico corte quadrado de ombro que encontrei em meu supermercado local. Asso ambos os cortes por muito mais tempo do que você consideraria necessário. Se tiver um forno elétrico muito forte, é melhor checar uma batata após apenas 1 hora para verificar (e pode ser sábio enfiar um tabuleiro em uma grelha inferior para impedir que qualquer ingrediente da assadeira espirre), mas seria melhor simplesmente assar esse prato em um forno mais baixo desde o começo. É o cozimento longo que faz com que o cordeiro, o limão, a batata, a hortelã e a pimenta picante se combinem. E os sucos que lentamente escorrem de tudo, criando um xarope marrom pegajoso e salgado, são melhor saboreados ao limpar seu prato — ou roubados da panela — com um pedaço de baguete ou, honestamente, de qualquer outro pão.

A COLEÇÃO DE OSSOS | CONFORTOS DA COZINHA

Serve 6 a 8 pessoas

12 cortes grossos de ombro (cerca de 1,25 kg no total) ou 12 costeletas de cordeiro
3 batatas ou 650 g
3 colheres de sopa de azeite de alho
2 colheres de chá de hortelã seca
1 colher de chá de pimenta calabresa
2 colheres de chá de sal marinho em flocos ou 1 colher de chá de sal refinado
2 limões-sicilianos
1 punhado pequeno de salsa picada ou uma pitada generosa de folhas de endro, ou uma mistura dos dois (opcional)

♥ Preaqueça o forno a 200°. Coloque as costeletas ou pedaços de cordeiro em uma assadeira rasa.

♥ Lave, mas não descasque as batatas, depois corte-as em cubos de 2,5 cm e acrescente-as à assadeira.

♥ Regue o cordeiro e as batatas com o azeite, e salpique com a hortelã seca, a pimenta calabresa e o sal.

♥ Rale a casca do limão-siciliano sobre a assadeira, depois esprema o suco de ambos os limões e despeje-os sobre os ingredientes.

♥ Asse por 1 hora no forno, sem se dar o trabalho de virar nada, e sinta-se livre para deixar por 1 hora e meia, se achar que o cordeiro aguenta.

♥ Sirva salpicado com salsinha picada e endro — para obter um efeito grego extra (opcional) —, e com uma salada verde ou de tomates como acompanhamento, se quiser, mas, por favor, considere o pão obrigatório.

PREPARO ANTECIPADO
As batatas podem ser cortadas com 1 dia de antecedência. Deixe de molho em uma tigela com água e guarde na geladeira. Escorra e seque antes de usar.

A COLEÇÃO DE OSSOS | CONFORTOS DA COZINHA

Costelinhas lustrosas com abacaxi e melado

Tenho certeza de que meu dentista gostaria que fosse diferente, mas adoro um prato de costelinhas. O problema é que não me satisfaço em usar os dentes só para arrancar carne e cartilagem dos ossos, eu também como os ossos. Faço sucesso em restaurantes chineses ao pedir um prato de costelinhas e devolvê-lo vazio; consigo fazer o mesmo com um prato de sardinhas grelhadas. Mas me gabar disso é uma atividade tão deselegante quanto a própria atividade e, em qualquer caso, os ossos sob os pedaços pegajosos e suculentos de carne desta receita não são cozidos por tempo suficiente para ficarem saborosos. Além do mais, algum funcionário do Departamento de Saúde logo estaria no meu encalço se eu aconselhasse você a fazer outra coisa além de se contentar em mastigar, roer ou chupar como quiser, desde que não coma os ossos.

Serve 4 a 6 pessoas, *dependendo da gula dos convidados e do que mais houver à mesa*

16 costelinhas de porco

Para a marinada:

Suco e casca de 1 limão

3 colheres de sopa de molho de soja

3 pimentas malaguetas sem sementes e picadas

1 pedaço de gengibre fresco com 5 cm, descascado e cortado em fatias finas

2 colheres de sopa de óleo de amendoim

2 colheres de sopa de melado de cana, mais 2 colheres de sopa para o molho

2 anises-estrelados

1 pau de canela, quebrado em pedaços, ou 1 colher de chá de canela em pó

1 cebola, descascada e cortada em 8

125 ml de suco de abacaxi

❤ Coloque as costelinhas em um saco plástico grande; depois misture os ingredientes da marinada em um jarro, e despeje-os no saco.

❤ Dê um nó na boca do saco e amasse todo o seu conteúdo bem antes de deixar na geladeira de um dia para o outro, ou ao menos por algumas horas em um local fresco da cozinha.

❤ Preaqueça o forno a 200°. Deixe as costelinhas marinadas ficarem em temperatura ambiente, depois despeje todo o conteúdo do saco em uma assadeira e asse por 1 hora, virando as costelinhas na metade do tempo de cozimento.

❤ Retire as costelinhas do forno e despeje cuidadosamente os líquidos da assadeira em uma panela média, depois recoloque a assadeira com as costelinhas no forno.

❤ Adicione as 2 colheres de sopa restantes de melado de cana à panela, misture e deixe levantar fervura. Cozinhe por 8 a 10 minutos, até que se torne espumoso e depois ganhe aparência de xarope, sem parar de vigiar.

❤ Retire as costelinhas do forno e despeje por cima o molho escuro e pegajoso, virando-as para que fiquem totalmente cobertas por uma grossa camada de molho. Transfira para uma travessa — ou simplesmente deixe na assadeira coberta de molho escuro — e ataque.

PREPARO ANTECIPADO
As costelinhas podem ser colocadas na marinada com 1 dia de antecedência e refrigeradas.

CONGELAMENTO
As costelinhas cruas podem ficar congeladas na marinada por até 1 mês. Descongele de um dia para o outro na geladeira em uma tigela ou prato para aparar os respingos, e asse como indicado na receita.

Paleta de cordeiro com alho, tomilho, azeitonas pretas e vinho rosé

Quando eu era criança, paleta de cordeiro era uma receita mensal dos almoços de domingo de meus avós paternos. Naquela época, o cordeiro ainda não era comido malpassado — embora o pernil com alho da minha mãe claramente tivesse um tom rosado —, e a peça gorda, e agora fora de moda, era assada por tempo suficiente para que a gordura derretesse sobre a carne, permeando-a com um sabor que não correspondia à cor escura e triste.

Ainda preparo a paleta regularmente e não me sinto menos satisfeita que minha avó — na verdade, ambas as minhas avós — em adicionar um pouco de alho à carne quando ao colocá-la no forno e servir molho de groselha e de hortelã quando chega à mesa. E, seguindo o hábito de minha mãe, com frequência há um molho de cebola também. Talvez eu queira compensar por apreciar muito pouco a comida da minha infância quando era jovem. Ou talvez seja só porque é tão bom que o conforto e a tranquilidade que o prato oferece são meramente secundários. Certamente, por mais que eu me sinta reconfortada pela ideia — ou, melhor, pela lembrança reencenada, que os pratos que preparo com tanta frequência são — de um tradicional assado inglês, também me agrada a perspectiva de pegar emprestados os rituais herdados de outras pessoas. Adoro igualmente a paleta de cordeiro quando está cozida não exatamente de acordo com a culinária de minha *grandmère*. Sou mais do que disposta a prepará-la *à la française* e assar lentamente em uma panela sobre fatias finas de batata e vagens.

Gosto de pensar que esta receita de cordeiro é uma interpretação primaveril ou de verão à carne com vinho tinto e anchovas, mais adequada para o inverno, de *How to Eat*. O aroma do tomilho e do alho, enquanto o cordeiro assa, juntamente com o alegre frescor do vinho, são para mim a Provence sem os clichês.

Cru na assadeira, o cordeiro tem um brilho vermelho comparável ao do céu de Marte; mas, seguindo o preparo de minha avó, quando cozido perde muito do seu charme rosado. Mas isso só acontece ao olharmos para ele. Este é o tipo de comida que convence e atrai na hora em que realmente importa: quando a comemos.

Dependendo do clima, da hora do dia, do meu humor ou do que vá comer depois, eu sirvo uma salada frisée com um molho de limão quase retrô e uma ou duas baguetes, ou uma tigela quente de vagens amanteigadas, cortadas em lascas finas diagonais, e batatinhas no vapor.

Serve 4 a 6 pessoas

2 kg aprox. de paleta de cordeiro com osso
Sal e pimenta
1 cabeça de alho, de preferência roxo, separada em dentes
14 filés de anchova

110 g de azeitonas pretas sem caroço
500 ml de um bom vinho rosé
1 molho pequeno de tomilho fresco

♥ Preaqueça o forno a 150°. Aqueça a assadeira no fogão e sele o cordeiro com a pele para baixo, temperando a carne exposta com um pouco de sal e uma quantidade generosa de pimenta moída na hora. Vire a paleta e cozinhe por mais 1 minuto apenas para selar a parte de baixo, temperando o topo recém-dourado enquanto espera.

♥ Retire o cordeiro e coloque sobre uma tábua enquanto acrescenta os dentes de alho à assadeira quente e mistura com as anchovas e azeitonas. Mexa bem todos os ingredientes.

♥ Despeje o vinho na assadeira e despedace cerca de metade do tomilho por cima, depois deixe os sucos ferverem. Recoloque o cordeiro na assadeira com a pele para cima, despeje qualquer suco da carne que tenha se acumulado na tábua; e quando estiver fervendo novamente, adicione a maior parte dos raminhos restantes de tomilho (deixando alguns para enfeitar a travessa). Desligue o fogo e cubra com papel-alumínio.

♥ Coloque no forno e asse por 2 horas e meia. Quando o cordeiro estiver pronto, retire-o da assadeira e transfira para uma tábua de madeira, e enquanto corta a carne recoloque as fatias na assadeira com todos os sucos impregnados de vinho.

Usando bem as sobras

Se você tiver a sorte de ter sobras dos aromáticos sucos nos quais reaquecer a carne fria, proceda lentamente, mas de acordo. Na situação mais provável de que cada gota de suco tenha sido consumida, reaqueça o cordeiro em fogo baixo em uma panela com um pouco de vinho, diluído em partes iguais com água, e algumas alcaparras. Aqueça a carne até estar bem quente, depois retire o cordeiro do líquido, adicione uma colherada de mostarda Dijon e despeje uma pequena quantidade desse molho sobre a carne em seu prato. Com um pouco de sorte, você terá batatas reaquecidas para acompanhar. Mas meu melhor conselho é comer tudo na primeira vez em que servir esse prato abençoado. (As sobras do cordeiro podem ficar guardadas na geladeira, bem embrulhadas em papel-alumínio, por até 3 dias. Guarde o molho que sobrar em um recipiente separado bem fechado na geladeira por 1 a 2 dias. As sobras de cordeiro também podem ficar congeladas por até 2 meses, bem embrulhadas em papel-alumínio.)

Tutano da Minetta

Em algum outro ponto falei de minha capacidade de importunar insistente e implacavelmente quando o assunto é botar minhas mãos em uma receita que quero. Não é tão frequente essa receita sair da cozinha de um restaurante, mas por esta agradeço gulosamente a Keith McNally, em cuja Minetta Tavern comi pela primeira vez esses ossos com tutano, e a um de seus chefs, Riad Nasr, que me mandou a receita por e-mail.

Bom, parece estranho falar que comi ossos com tutano pela primeira vez em um restaurante de Nova York, e não foi isso o que eu quis dizer; mas o que eles fazem na Minetta, e é tão óbvio que não entendo por que todo mundo não faz a mesma coisa, é servir o osso da canela — o stinco, como é chamado pelos açougueiros — cortado no sentido do comprimento em vez de diametralmente. É muito mais fácil comer assim.

Mas aqui é onde meu caminho e o dos meus benfeitores se separam. Pois os chefs da Minetta Tavern sugerem deixar os ossos de molho em água com sal por 36 horas, com uma mudança de água (e de sal, é claro) a cada 8 horas. Sabe, as coisas têm limite... para ser sincera, eu tentei fazer isso, e embora entenda que a aparência branca e escaldada pareça mais refinada para os restaurantes, em casa prefiro o sabor profundo e não me importo com a aparência do osso mais escuro que não ficou de molho.

Minha ideia de um jantar divino seria uma mesa cheia de amigos gulosos, uma travessa de ossos e torradas de pão azedo. Com certeza, não precisaríamos de mais nada. A Minetta Tavern sugere 2 ossos com tutano (ou seja 1, dividido ao meio) por pessoa, e ainda que eu pudesse tranquilamente dobrar essa quantidade, devo destacar que na Minetta esse prato é servido como entrada.

Então, considere a receita que se segue como um prato para 2 pessoas que comerão mais alguma coisa, ou só para você quando não quiser nada mais do que um banquete particular.

Serve 1 a 2 pessoas, *dependendo da ocasião*

2 ossos de canela de vitela cortados pelo açougueiro no sentido do comprimento, não do diâmetro, expondo o tutano e fornecendo 4 pedaços no total

Pão azedo

Sal marinho em flocos ou flor de sal

Pimenta moída na hora

1 dente de alho, descascado e cortado ao meio no sentido do comprimento

2 colheres de sopa de salsa fresca finamente picada

2 colheres de sopa de folhas frescas de tomilho finamente picadas

♥ Preaqueça o forno a 220°, depois coloque os ossos, com o lado cortado para cima, em uma assadeira rasa, e tempere generosamente com sal e pimenta.

♥ Asse por 15 a 20 minutos, ou até que o tutano tenha inchado levemente e esteja quente e totalmente cozido.

♥ Fatie o pão e torre-o ou grelhe-o em uma chapa ondulada. Esfregue um dos lados das torradas com o dente de alho.

♥ Retire os ossos do forno, transira para um prato ou pratos, salpique com mais sal em flocos, e também com a salsa e o tomilho picados, e coloque na mesa com a torrada com alho. Retire o tutano do osso com uma colher, depositando na torrada enquanto devora este prato.

Costela bovina assada
com cogumelos selvagens e purê de batatas com Red Leicester

Eu tentei me controlar para não incluir aqui uma costela bovina assada, e não foi simplesmente porque dei a esse nobre corte, acompanhado por Molho de Porto e Stilton, seu lugar em meu livro de Natal. Achei que, por mais que tivesse osso, a suntuosidade desta peça estava em conflito com a frugalidade antiquada de cortes menos extravagantes incluídos em outras partes deste capítulo. Mas podemos nos banquetear de vez em quando. Quando tenho motivos para uma celebração, prefiro apreciar minha sorte ou a oportunidade, e não me atormentar com um frenesi de hipocrisia nociva e correta demais.

Bom, voltando ao osso: ele faz diferença. Sem ele, você nunca conseguirá obter o sabor delicado e suave que este assado fornece. Para tornar mais fácil trinchar, peça ao açougueiro para separar o osso da carne, recolocar a carne no osso e amarrar firmemente.

Minha estipulação de 2 horas de cozimento garante que a peça fique assada do jeito que eu gosto — tremulamente malpassada —, mas você deve adicionar mais tempo se quiser a carne menos crua. Seja qual for seu ponto preferido, a carne deve estar em temperatura ambiente antes de entrar no forno, e depois de 15 minutos iniciais para todos os pontos da carne, parta do princípio de dar 33 minutos por quilo para obter carne malpassada, 44 minutos por quilo para obter carne ao ponto e 66 minutos por quilo para obter carne bem passada. Mas como os fornos variam muito, é sensato investir (sem precisar gastar muito) em um termômetro para carnes: assim, você pode ter certeza de que o corte está no ponto que você quer. Como regra geral, quando o termômetro — enfiado no centro da peça — marca 60°, sua carne está malpassada, quanto marca 71°, está ao ponto, e com 82°, bem, você obteve — na minha opinião — sola de sapato. Mas se é assim que gosta da sua carne, aproveite — e torça para que os convidados sintam o mesmo. (Se for deixar a carne "descansar" por 20 a 30 minutos depois de assar, é melhor tirar 2° ou 3° dessas temperaturas, pois a carne continua cozinhando enquanto descansa.)

O aroma amadeirado do óleo de trufa, um unguento adequadamente luxuoso para a carne, é também um bom parceiro para a variedade outonal de cogumelos que a acompanham, tornando o molho supérfluo nesta receita (mas se você quiser, pode excluir o óleo de trufas e aumentar a quantidade de azeite de alho e temperar com porcini em pó, se conseguir encontrar). Quando comprar os cogumelos, verá quais devem ter os talos fibrosos removidos, mas não os jogue fora: adicione-os à assadeira da carne antes de colocar no forno.

O Purê de Batatas com Red Leicester é um favorito da minha família — ou seja, esse é o queijo no qual meus filhos são viciados —, e você deve se sentir inteiramente livre para usar qualquer outro queijo que quiser. Purê de batatas com queijo pode não ser chique (ainda bem), mas adoro esse elemento: ele devolve à carne a sensação de um aconchegante almoço de domingo, apesar da excêntrica variedade de cogumelos. Talvez, com certos tipos de homens e crianças presentes, talvez você deva considerar substituir os cogumelos por ervilhas e molho (veja na **p. 454**). Para o restante de nós, a carne com purê e cogumelos estará muito bem, obrigada.

A COLEÇÃO DE OSSOS | CONFORTOS DA COZINHA

A COLEÇÃO DE OSSOS | CONFORTOS DA COZINHA

Serve 8 a 10 pessoas

1 peça com 4 costelas bovinas, aprox. 3,75 kg no total
3 colheres de chá de mostarda inglesa em pó
1 colher de chá de sal marinho em flocos ou ½ colher de chá de sal refinado
1 colher de chá de óleo de trufas
1 colher de chá de azeite de alho
1 alho-poró
1 colher de chá de Marsala

♥ Retire a carne da geladeira a tempo de deixar que fique em temperatura ambiente, o que pode — dado o tamanho dessa linda besta — levar até 1 hora, e retire qualquer embalagem. Preaqueça o forno a 220°.

♥ Coloque a mostarda inglesa em pó, o sal, o óleo de trufas e o azeite de alho em uma xícara ou tigela pequena e faça uma pasta, depois esfregue-a na carne.

♥ Corte o alho-poró ao meio no sentido do comprimento e coloque as tiras verdes no centro da grande assadeira. Despeje o Marsala e por cima posicione a carne. Junte também qualquer talo que tiver sido descartado dos cogumelos à assadeira.

♥ Coloque a assadeira no forno e deixe assar por 2 horas para obter carne malpassada, ou por mais tempo, conforme o ponto desejado (veja instruções mais precisas na **p. 402**). Quando a carne estiver pronta, transfira-a para uma tábua de madeira, cubra-a com papel-alumínio e deixe-a descansar sobre essa superfície seca por cerca de ½ hora.

♥ Deixe a assadeira descansar por um tempo, pois os sucos (desde que você não vá receber nenhum vegetariano) deverão ser absorvidos pelos cogumelos antes de servir. Os sucos que saírem da carne enquanto ela descansa também serão necessários.

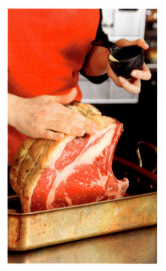

Cogumelos selvagens com alho-poró e Marsala

Serve 8 a 10 pessoas, *como molho para a carne*

1 kg de cogumelos selvagens (incluindo porcini, chanterelles, cogumelos ostra, o que quer que você encontre)
1 alho-poró, lavado e limpo
100 g de manteiga sem sal, em temperatura ambiente
2 colheres de chá de azeite de alho
2 colheres de chá de tomilho seco
250 ml de Marsala
Algumas gotas de óleo de trufa (opcional)
Sal e pimenta
1 punhado pequeno de salsa fresca picada, para servir

♥ Prepare seus cogumelos. Não os lave (cogumelos nunca devem ser lavados). Limpe qualquer terra ou poeira com um pedaço de papel-toalha e remova talos duros ou fibrosos demais, mas não os jogue fora: guarde-os para acrescentar à assadeira enquanto a carne estiver assando. Não corte os cogumelos: simplesmente deixe os pequenos como estão e despedace os maiores.

♥ Corte o alho-poró em 4 no sentido do comprimento, depois fatie-o finamente, criando um lindo confete em vários tons de verde.

♥ Coloque cerca de $1/3$ da manteiga, juntamente com o azeite de alho, em uma panela grande com fundo grosso, em fogo baixo, e quando estiver derretido, aumente o fogo para médio a alto e cozinhe os pedaços de alho-poró, mexendo frequentemente. Mas seja paciente, o alho-poró deve cozinhar bem e talvez precise de 10 minutos, talvez 15, até ficar macio.

♥ Adicione o restante da manteiga e o tomilho seco e mexa para ajudar a derreter, depois junte os cogumelos preparados e misture levemente, mas — repito — com paciência, para que todos os cogumelos entrem em contato com o calor. Tampe e deixe cozinhar por 5 minutos.

♥ Destampe e mexa bem os cogumelos antes de recolocar a tampa e deixar mais 5 minutos.

♥ Remova novamente a tampa, acrescente sal, pimenta e a metade do Marsala. Cozinhe, mexendo, por 30 segundos, depois tampe outra vez e cozinhe por mais 5 minutos.

♥ Destampe mais uma vez, adicione o Marsala restante e cozinhe sem tampa, mexendo ocasionalmente, por alguns minutos, até que os cogumelos estejam quentes e a maior parte do líquido tenha sido absorvida. É nesse momento que os sucos da assadeira e da tábua podem ser adicionados. Tempere a gosto, adicionando um fio de óleo de trufa se quiser, transfira para uma travessa aquecida, salpique com a salsa picada e sirva com a carne.

PREPARO ANTECIPADO
Os cogumelos podem ser preparados com 1 dia de antecedência até o sexto passo. Deixe esfriar e transfira para um recipiente bem fechado e guarde na geladeira. Reaqueça lentamente em uma panela, depois termine o preparo como indicado na receita.

Purê de batatas com Red Leicester

Serve 8 a 10 pessoas, *com a carne*

2 kg de batatas
250 ml de leite integral

250 g de queijo Red Leicester,
 ralado
Sal e pimenta, a gosto

♥ Descasque as batatas (a não ser que você tenha um espremedor de batatas para fazer o purê, como eu tenho), corte-as ao meio e coloque-as em uma panela grande, com água fria.

♥ Cambaleie comicamente até o fogão com sua panela gigante, coloque as batatas em fogo alto, e quando a água ferver salgue e abaixe o fogo para deixá-las fervilhando por aproximadamente 40 minutos, até que estejam macias e pareçam prontas para amassar quando espetadas com um garfo.

♥ Com cuidado, escorra as batatas, derrame o leite na panela vazia, mas ainda quente, e deixe-o, colocando a panela em fogo baixo se for preciso.

♥ Desligue o fogo e amasse as batatas com um espremedor de batatas sobre a panela, deixando-as cair dentro do leite — de vez em quando, você terá de usar a ponta de uma faca afiada para ajudar a remover as cascas de dentro do espremedor (ou pode simplesmente colocar as batatas descascadas e cozidas na panela com o leite e amassar à mão).

♥ Quando todas as batatas estiverem amassadas, coloque a panela em fogo baixo a médio e bata bem com uma colher de pau, até estar quente outra vez.

♥ Adicione o queijo ralado em duas porções, batendo bem com a colher de pau entre uma e outra.

♥ Tempere a gosto e sirva bem quente.

PREPARO ANTECIPADO
O purê pode ser preparado 1 hora antes. Cubra com um pouco de leite para impedir que seque, e tampe. Reaqueça lentamente, batendo com vigor.

Usando bem as sobras

Meus filhos não querem que eu faça nada com o purê de batatas além de reaquecê-lo, o que faço com um pouco de leite, mexendo, em uma panela, ou eles fazem em um recipiente não metálico no micro-ondas.

Quanto aos cogumelos (não que eu possa contar com sobras), fico satisfeita em reaquecer lentamente com um pouco de Marsala, mas a carne... a carne merece receber tratamento de estrela. Ou seja, nenhum. Coma-a fria, fatiada dentro de sanduíches, ou com uma batata assada e um pouco de mostarda e picles, para fazer uma refeição. A pasta de rábano também entra na equação neste ponto, embora eu não ache que ela combine com a carne quente e acompanhada pelos cogumelos e o purê.

Mas há outra maneira de servir a carne assada fria e malpassada, que é com a salada tailandesa de tomate que se segue. Ela dá à carne um sabor divino e completamente diferente, que é empolgante, mas também útil, dado o tamanho da peça — o que eu simplesmente adoro. O que me permite sentir que tudo isso não foi terrivelmente extravagante é que do primeiro banquete derivam diversos outros. (As sobras da carne fatiada podem ficar na geladeira, bem embrulhadas em papel-alumínio, por até 3 dias, ou podem ficar congeladas por até 2 meses, bem embaladas em papel-alumínio.)

SALADA TAILANDESA DE TOMATE

Eu tive a sorte de morar perto de um restaurante tailandês que tinha excelentes pratos para viagem. Juntamente com o que quer que eu pedisse, sempre levava som tam, aquela salada picante e ácida de mamão verde em tiras e tomates-cereja cortados ao meio. Bem, é difícil encontrar mamões verdes, mas tomates-cereja? Então, esta é minha adaptação pouco autêntica, já que é uma salada de mamão sem mamão. A essência é a mesma, pois a ardência fantasticamente condimentada

A COLEÇÃO DE OSSOS | CONFORTOS DA COZINHA

ainda é fornecida por pimenta, alho, limão e molho de peixe; amendoins sem sal esmagados, assim como na original, compensam a acidez com uma granulosidade terrosa; e não consigo resistir a adicionar aqueles lindos camarõezinhos secos. De fato, eles não são mais fáceis de encontrar do que o mamão verde, mas duram bastante. Sempre que compro os inusitadamente sedutores produtos orientais, incluo um saco dessas minúsculas criaturas rajadas de coral. Mas não pense que precisa usá-los: sei que algumas pessoas ficam desencorajadas por esses estranhos e quase sobrenaturais frutos do mar secos. Quando comprei camarão pela última vez, tive de comprar também um pacote de prateadas anchovas secas de olhos atentos, de tão lindas que eram, mas todos os outros moradores da minha casa gritam quando as veem na geladeira.

Como preparo esta salada como um prato rápido, não adiciono nada que tenha que cozinhar, mas se você quiser fazer uma receita mais incrementada, algumas vagens finas — simplesmente cozidas, escorridas, passadas em água fria e escorridas outra vez, para que não percam nem a crocância nem o verde-vivo — ficariam ótimas se adicionadas juntamente com as cebolinhas. E por falar nelas, se preferir o sabor forte da cebola crua, substitua esses pedaços verdes mais suaves por algumas chalotas finamente picadas ou cebolas roxas cortadas em meia-lua.

Serve 4 pessoas

500 g de tomates-cereja
3 colheres de sopa (cerca de 40 g) de amendoins sem sal
1 pimenta verde tailandesa, sem sementes e finamente picada
2 colheres de sopa de camarão seco (opcional)
1 dente de alho, amassado
4 colheres de sopa de suco de limão (2 a 3 limões)

1 colher de sopa de açúcar mascavo claro ou açúcar de palma
3 colheres de sopa de molho de peixe tailandês
3 cebolinhas
3 colheres de sopa de coentro picado

❤ Corte os tomates ao meio e coloque-os em uma tigela.

❤ Coloque os amendoins em um saco com fecho hermético e esmague-os com um rolo de macarrão até virarem uma farofa fina.

❤ Em outra tigela (menor), misture os amendoins esmagados com a pimenta picada, o camarão seco (se estiver usando) e o alho amassado. Adicione o suco de limão, o açúcar e o molho de peixe. Misture bem.

❤ Despeje esse molho sobre os tomates cortados e misture.

❤ Divida as cebolinhas em 3 pedaços, depois use uma tesoura para cortar cada pedaço — com cuidado para não se cortar — em tiras finas e adicione esses palitinhos aos tomates temperados. Finalmente, salpique o coentro picado por cima e sirva com a carne assada fria ou com o que quiser.

PREPARO ANTECIPADO
O molho, com exceção dos amendoins, pode ser preparado com 1 dia de antecedência. Guarde em um pote de geleia na geladeira. Adicione os amendoins antes de servir e agite bem.

PETISCOS NA COZINHA

Por mais que eu goste de cozinhar, quando recebo amigos nem sempre quero ter de preparar uma refeição. Não estou tentando economizar tempo, mas o contrário: quero que todos relaxem expansivamente — em uma *fiesta* livre — comendo avidamente os petiscos sobre a mesa da cozinha.

Gosto de fazer piqueniques dentro de casa, e às vezes a maneira mais relaxante de receber visitas é de um jeito despojado. Simplesmente deixe tudo exposto para as pessoas aproveitarem, junto com um pouco de vinho atenciosamente servido em uma ou três taças tilintantes de coquetel.

Mas o que podem parecer petiscos fáceis à mesa nem sempre são uma empreitada simples para o cozinheiro. Mas relaxe: nada aqui é complicado. Prefiro deixar para os bufês profissionais a tarefa de rechear e assar uma centena de profiteroles, ou criar rebuscadas miniporções que parecem usar tanto habilidades de crochê e de origami quanto técnicas demoradas, se não sobre-humanas, de cozinha. Não, a verdade é que um cozinheiro doméstico não precisa produzir nada mais que um tabuleiro de linguiças brilhantes e roliças para manter intacta a honra da hospitalidade. Mesmo assim, só porque você não precisa fazer mais que isso não quer dizer que não queira. Sinto um imenso prazer — uma alegria verdadeira, de encher o coração — ao ver uma mesa cheia de comidas. Então, uma das maiores motivações quando cozinho para os outros é minha própria satisfação. Preciso tentar manter tudo em proporção: lembro-me de que meu filho me respondeu com reprovação, embora não tivesse muito mais de 3 anos, quando, depois de observar o agradável panorama de uma mesa cheia de pratos antes de os convidados chegarem, perguntei: "Existe alguma coisa mais linda que uma mesa cheia de comida?" "Existe", ele respondeu, "uma mesa cheia de gente."

Isso é algo de que todos deveríamos nos lembrar quando recebemos — mesmo com um "r" resolutamente minúsculo —, pois o frenesi de enfiar um monte de pratos embaixo do nariz das pessoas pode criar uma atmosfera não de acolhedora abundância, mas de exagerado desespero. E isso não anima uma festa.

Bom, não importa muito se as receitas que se seguem criam uma refeição formada por petiscos variados, ou se são produzidas sozinhas ou em modestas duplas para acompanhar drinques antes da refeição e manter todo mundo ocupado enquanto você dá as últimas mexidas ou, se são, em qualquer combinação, os elementos comestíveis de um coquetel. O importante é que não vão exigir demais de você a ponto de deixá-lo exausto quando os convidados chegarem.

Na maioria das vezes, fico mais do que satisfeita em preparar estas receitas quando as pessoas estão chegando — sem problemas —, mas em outras ocasiões, quando simplesmente sei que atender à porta, ouvir os pedidos de bebidas e fazer a comida ao mesmo tempo pode me deixar, mesmo entre amigos íntimos, meio nervosa. Com isso em mente, acrescentei a determinadas receitas pequenas sugestões para prepará-las melhor com antecedência, mesmo que seja somente um pouco antes.

O humor vence a comida sempre, e digo isso mesmo sendo uma pessoa gulosa. Mas aqui não existe conflito, e é por isso, como na letra do clássico do pop dos anos 1980 "why you'll Always find me in the kitchen at parties".[*]

---

[*] "Que você sempre me encontra na cozinha em festas". (*N. da T.*)

Torresmo de porco feito em casa
com molho de maçã e mostarda

Adoro torresmo, mesmo nas encarnações embaladas, industrializadas e salgadas demais: esta receita talvez seja o melhor de ambos os mundos. Na verdade, esses torresmos me deixam tão cheia de gula que entendo por que, para alguns, a gula é considerada pecado. Para mim, entretanto, é uma bênção. Momentos felizes da vida devem ser saudados com gratidão, não com culpa. Certo grau de cautela é recomendado, mas apenas por razões práticas — não espirituais. Imagino que, de qualquer maneira, você não vai provar esta receita caso se preocupe com gordura ou sal; mas também, como dizem as embalagens de torresmos que compro, eles são "recomendados apenas para pessoas com dentes fortes e saudáveis". Desde que tive um problema com um pedaço de caramelo no Natal passado, me tornei mais responsável ao abusar de oportunidades gastronômicas potencialmente perigosas. Desde então, nada semelhante aconteceu para estragar meu alegre desfrutar desta receita, mas como mastigo regularmente a cartilagem de ossos de galinha, e (como confessei antes) não deixo nada no prato depois de pedir um prato de costelinhas ou sardinhas em um restaurante, meus dentes são afiados como os de um cachorro.

Você precisa ir ao açougue e comprar pele de porco, então pode perfeitamente pedir para que ela seja talhada ao mesmo tempo, para ajudar a ficar bem crocante no forno. Sua única responsabilidade no que diz respeito à pele é armazená-la bem. Embrulhá-la em plástico a deixará mole, então coloque na prateleira de baixo da geladeira ainda embrulhada no papel do açougue, ou enrolada em um embrulho frouxo de papel-manteiga ou papel vegetal, ou simplesmente deixe exposta, em uma assadeira, na prateleira de baixo da geladeira, afastada dos outros alimentos.

Embora esses torresmos sejam maravilhosos para comer só com uma cerveja gelada ou uma taça de vinho, não vejo qualquer argumento sensato para dispensar o Molho de Maçã e Mostarda da **p. 414**. E se você concorda, passe imediatamente para o molho, pois é preciso cozinhá-lo e deixar esfriar antes de começar a preparação dos torresmos.

Faz 25 torresmos de porco

500 g de pele de porco, em 2 pedaços talhados	Sal marinho em flocos, a gosto

♥ Preaqueça o forno a 220°. Corte a pele de porco em 25 pedaços (cada um com aprox. 2 a 4 cm) com uma tesoura de cozinha afiada.

♥ Coloque os pedaços de pele em um tabuleiro raso ou em uma frigideira com superfície ondulada, com o lado da pele para cima. Coloque no forno quente por 25 minutos, depois vire os pedaços e deixe por mais 5 minutos.

♥ Quando saírem do forno, salpique generosamente com sal marinho e transfira com cuidado para um prato forrado com papel-toalha para escorrer e esfriar um pouco antes de servir, juntamente com o molho de maçã e mostarda ou puros, como quiser.

PREPARO ANTECIPADO
A pele pode ser cortada com 1 dia de antecedência. Guarde como indicado na introdução da receita. Os torresmos podem ser assados até 1 hora antes de servir, e devem ser comidos até 2 horas depois de ficarem prontos. Deixe reservados em um local fresco e seco e recoloque no forno quente por 5 minutos para reaquecer antes de servir.

PETISCOS NA COZINHA | CONFORTOS DA COZINHA

Molho de maçã e mostarda

Adoro o contraste entre os torresmos quentes e o molho frio e granulado. Se você quiser uma opção simples que não precise ir ao fogo — não que preparar molho de maçã possa ser descrito como complicado —, pode simplesmente pegar um pote de pasta de rábano. Mas para mim é a maçã ácida que ajuda a tornar esses torresmos uma comida tão compulsiva. Eu simplesmente mergulho um pedaço de cada vez no molho — advertência: não vale morder e mergulhar de novo! — e como.

A mostarda não apenas concede um sabor picante ao molho de maçã, mas também o infunde com um tom maravilhosamente dourado. E tenha esse molho em mente para acompanhar qualquer carne de porco assada ou até mesmo linguiças simples grelhadas.

3 maçãs Granny Smith grandes, aprox. 500 g no total
4 colheres de chá de mostarda inglesa em pó, e mais a gosto
4 colheres de sopa de xarope de bordo

½ colher de chá de sal marinho em flocos ou ¼ de colher de chá de sal refinado
Suco de ½ limão-siciliano
1 cebolinha, limpa e inteira

♥ Descasque e retire o miolo das maçãs, e corte-as grosseiramente em pedaços.

♥ Coloque as maçãs em uma panela com a mostarda, o xarope de bordo, o sal, o suco de limão e a cebolinha (deixada inteira, somente para dar sabor).

♥ Tampe a panela e deixe levantar fervura, depois abaixe o fogo para o mínimo e cozinhe por 10 a 15 minutos, até que as maçãs estejam macias, mexendo uma ou duas vezes.

♥ Retire a cebolinha e descarte, depois amasse um pouco o molho com a parte de trás de uma colher se for necessário.

♥ Prove o molho; se quiser um pouco mais picante, acrescente mais mostarda, embora talvez seja melhor deixar para temperar depois de provar o molho frio.

♥ Sirva frio, mas não gelado, com os torresmos de porco.

PREPARO ANTECIPADO
O molho pode ser preparado com até 2 dias de antecedência. Transfira para um recipiente não metálico para esfriar, depois cubra e refrigere o mais rápido possível. Retire da geladeira de 30 minutos a 1 hora antes de servir, para que fique frio, mas não gelado.

CONGELAMENTO
O molho frio pode ficar congelado em um recipiente bem fechado por até 3 meses. Descongele de um dia para o outro na geladeira e sirva como indicado.

Frango dragão

A cada vez que escrevo uma receita de asinhas de frango ela fica mais picante, e esta — como sugere o nome — definitivamente cospe fogo. Se quiser menos picante, simplesmente use menos pimentas, mas prometo que embora a receita escrita pareça forte e picante, você não precisa ser alguém que sempre pede o curry mais apimentado do restaurante indiano para conseguir comer este prato.

Gosto tanto dessas asinhas no dia seguinte, para ajudar a curar a ressaca, quanto na própria noite, para comer enquanto estou bebendo.

Faz 20 asinhas de frango, serve 8 a 10 pessoas

5 pimentas malaguetas, sem sementes e cortadas ao meio

1 pimentão vermelho, sem sementes e sem miolo

2 pedaços de 8 cm cada de gengibre fresco (aprox. 90 g no total), descascados e cortados em pedaços pequenos

2 colheres de sopa de sal marinho em flocos ou 1 colher de sopa de sal refinado

2 colheres de chá de vinagre de arroz

80 ml de azeite de alho

80 ml de óleo vegetal

20 asinhas de frango, inteiras

3 colheres de sopa (aprox.) de coentro fresco picado, para servir

♥ Preaqueça o forno a 220°. Bata as pimentas, o pimentão vermelho, o gengibre, o sal, o vinagre, o azeite e o óleo no processador de alimentos até obter um molho liso.

♥ Nesse ponto você pode deixar as asinhas de frango marinando no molho de pimenta dentro de um saco com fecho hermético por até 24 horas, se quiser — ou por 2 dias se omitir o sal e adicioná-lo depois. Do contrário, despeje esse molho sobre as asinhas de frango em uma assadeira rasa de alumínio ou tabuleiro — não use uma assadeira funda, ou as asinhas vão refogar, e não assar.

♥ Verifique se todas as asinhas estão cobertas com o molho de pimenta, depois asse por 40 minutos.

♥ Transfira as asinhas para uma travessa e salpique com um pouco de coentro.

PREPARO ANTECIPADO

Deixe as asinhas marinando em um saco na geladeira por até 1 dia — coloque o saco dentro de uma tigela para prevenir vazamentos. (Você pode marinar com 2 dias de antecedência se não colocar sal na marinada, e só salgar antes de assar.) Prepare como indicado na receita.

CONGELAMENTO

As asinhas podem ficar congeladas dentro do saco da marinada, sem sal, por até 3 meses. Descongele de um dia para o outro na geladeira — coloque o saco dentro de uma tigela para prevenir vazamentos. Polvilhe com sal antes de assar. Prepare como indicado na receita.

Linguiças coquetel com mostarda granulada e gengibre

Nunca consigo resistir a linguiças coquetel e, como sei que disse anteriormente, não poderia imaginar uma festa sem elas. Também tenho certa atração por geleia ou conserva de gengibre, e adoro seu sabor intenso e picante, quase pungente, que envolve, juntamente com o toque mais ácido da mostarda granulada, as pequenas linguiças como um aromático cobertor.

Por favor, acredite que essas linguiças e alguns palitos para pegá-las são suficientes em si. Acho difícil explicar o que deu em mim quando essas belezinhas estavam sendo fotografadas, mas me vi impelida a criar um recipiente com uma broa e colocar as linguiças dentro. Esse comportamento é muito pouco característico, e mesmo assim não consegui resistir: foi como se eu tivesse sido repentinamente tomada pelo espírito dos anos 1980. Mesmo assim, não há por que lutar contra isso, pois não tenho como descrever como é glorioso ir rasgando a tigela de pão embebida nas linguiças, vazia depois que seus convidados já foram embora (e você pode congelar o pão para usar como farinha de rosca para outra ocasião).

Se não conseguir encontrar gengibre em conserva, pode substituí-lo por geleia de laranja fina misturada com 1 colher de chá de gengibre em pó e 2 colheres de chá de gengibre fresco ralado.

Faz 50 linguiças coquetel

100 g de gengibre em conserva	50 linguiças coquetel
100 g de mostarda granulada	1 broa (aprox. 23 cm) com casca
1 colher de sopa de azeite de alho	grossa de centeio ou de massa
1 colher de sopa de molho de soja	azeda, para servir (opcional)

♥ Preaqueça o forno a 180°; em uma tigela, misture o gengibre em conserva, a mostarda, o azeite de alho e o molho de soja.

♥ Junte as linguiças com a mistura de mostarda, depois arrume-as em um tabuleiro raso ou em duas assadeiras pequenas. A altura das laterais da assadeira determinará a rapidez do cozimento e da coloração das linguiças.

♥ Se usar assadeiras com laterais altas, elas vão precisar de cerca de 45 minutos no forno; preparadas em um tabuleiro mais raso, 30 minutos serão suficientes. E forre com papel-alumínio ou use assadeiras descartáveis de alumínio, ou a lavagem da louça será um pesadelo.

♥ Para servir as linguiças em sua tigela de pão, corte um círculo ao redor da parte de cima da broa e retire uma "tampa". Reserve essa tampa por um momento, e remova o miolo com as mãos, deixando a casca intacta e obtendo uma tigela oca.

♥ Recheie essa broa vazia com o máximo de linguiças que conseguir — você pode ter de completar depois — e em seguida pode equilibrar a tampa em um belo ângulo para obter o máximo efeito e divertir seus convidados. Sirva com um potinho de palitos para espetar as linguiças, mas se não usar a tigela de pão, deixe as linguiças esfriarem um pouco antes de servi-las.

PREPARO ANTECIPADO
Coloque o molho em um saco com fecho hermético, adicione as linguiças e refrigere por até 2 dias — coloque o saco em uma tigela ou prato para prevenir vazamentos. Asse como indicado na receita.

CONGELAMENTO
As linguiças podem ficar congeladas no saco com o molho por até 3 meses. Descongele de um dia para o outro na geladeira — coloque o saco em uma tigela ou prato para prevenir vazamentos. Asse como indicado na receita.

PETISCOS NA COZINHA | CONFORTOS DA COZINHA

Bolinhos picantes de linguiça embrulhados com alface

Em uma noite de domingo, quando eu estava moldando terapeuticamente os bolinhos para meu Toad in the Hole (veja na **p. 453**), me ocorreu que deveriam ficar ótimos, temperados e enfeitados, como tira-gostos para servir com drinques. E ficam. Nada pode impedi-lo de enfiar os roliços bolinhos na boca puros, mas eu gosto de embrulhar os meus em um pedaço de alface, como um suculento pacote comestível. Isso também os transforma em uma entrada fantástica para um jantar em família ou com amigos. E se você quiser torná-los uma refeição, pode usar tortilhas ou pão árabe, mais maleável e fino, para embrulhá-los; o Homus com Manteiga de Amendoim da **p. 434** seria uma cola deliciosa, e depois de passá-lo no pão eu colocaria uma folha de alface sobre o homus antes de colocar o bolinho e fechar. Considere também se inspirar na receita do pato de Pequim e adicionar ao pacote algumas tiras de cebolinha e pepino.

Faz 16 bolinhos

400 g de linguiças de boa qualidade
1 colher de chá de gengibre fresco ralado
1 pimenta verde, sem sementes e picada
1 pimenta malagueta, sem sementes e picada
2 colheres de chá de mostarda inglesa
1 dente de alho, descascado e ralado
Casca de 1 limão-siciliano, finamente ralada

2 cebolinhas finas, ou 1 grande, finamente picadas
2 colheres de chá de coentro fresco picado
1 colher de sopa de óleo vegetal

Para servir:
Folhas de 1 escarola ou alface americana, ou de 2 alfaces romanas, para embrulhar os bolinhos de linguiça
Pão árabe ou pita, aquecidos
2 a 3 limões, cortados em pedaços

❤ Dê um talho na pele das linguiças e transfira com cuidado a carne de dentro desse invólucro para uma tigela, depois acrescente o gengibre, as pimentas, a mostarda, o alho, a casca de limão, a cebolinha e o coentro.

❤ Misture bem todos os ingredientes, depois faça bolinhos usando uma colher de sopa de medida (15 ml) para cada um, ou molde bolinhos aproximadamente do tamanho de uma noz (ou um pouquinho maiores), formando discos grossos.

PETISCOS NA COZINHA | CONFORTOS DA COZINHA

PETISCOS NA COZINHA | CONFORTOS DA COZINHA

♥ Aqueça o óleo em uma frigideira e frite os bolinhos em fogo médio por cerca de 3 minutos de cada lado. Cuidado para não queimarem demais; eles devem ficar tentadoramente tostados do lado de fora, mas não até que você tenha certeza de que estão totalmente cozidos.

♥ Coloque em uma travessa e arrume as folhas de alface e os pães para embrulhar em outro prato. Sirva também os pedaços de limão, e qualquer outra coisa que queira comer com eles.

PREPARO ANTECIPADO
Os bolinhos, crus, podem ser preparados com 1 dia de antecedência. Cubra e refrigere até a hora de fritar, depois proceda como indicado na receita.

CONGELAMENTO
Os bolinhos crus podem ficar congelados por até 3 meses. Coloque os bolinhos em um tabuleiro forrado com filme plástico ou papel vegetal, cubra com uma camada de filme plástico e deixe no freezer até ficarem sólidos, depois transfira para um saco com fecho hermético. Para descongelar, coloque os bolinhos em um tabuleiro forrado com filme plástico, cubra com filme plástico e deixe de um dia para o outro na geladeira. Prepare como indicado na receita, polvilhando um pouco de farinha de trigo antes de fritar se a superfície dos bolinhos estiver úmida.

Enroladinhos de salsicha
com molho de mostarda

Acho que caí em desgraça — ou teria caído se tivesse um pingo de vergonha — quando conheci esta receita em uma festa de 4 de Julho nos Hamptons, dada por meu amigo e agente, Ed Victor, e sua esposa Carol Ryan. Para ser sincera, praticamente sequestrei o garçom. Eu os comi durante a festa inteira, e depois que todos foram embora, me acomodei em um sofá para terminar com os que tinham sobrado.

E ao voltar para a Inglaterra, como fiquei angustiada por não poder comer mais nenhum! Então, atormentei o bufê para conseguir a receita, e aqui está ela. Sei que pode não parecer especialmente apetitoso enrolar salsichas em massa folhada, mas esses enroladinhos com seu molho forte são uma experiência gastronômica que não é nada menos que extasiante. Minha gratidão a Jean Mackenzie e a seu bufê Four Seasons, de Southampton, NY, não tem limites, assim como meu apetite por esses pequenos tesouros.

Marcas diferentes de massa folhada podem ter formatos distintos, então o que você deve saber é que cada salsicha precisa ser bem envolvida por um pedaço de massa. Cada salsicha rende 4 enroladinhos.

Faz 72 enroladinhos

1 pacote de aproximadamente 425 g de massa folhada pronta (2 folhas, cada uma com cerca de 28 x 21 cm), descongelada
1 ovo
2 pacotes de salsichas (ao todo serão 20, mas você só vai precisar de 16)

Para o molho de mostarda:
100 g de mostarda granulada
100 g de mostarda Dijon
2 colheres de sopa de creme azedo

♥ Preaqueça o forno a 220°. Abra com um rolo uma das folhas de massa para deixá-la um pouco mais fina, esticando o lado mais comprido, e não o mais curto. Corte o retângulo em 4, depois corte cada retângulo ao meio, no sentido do comprimento, formando 8 pequenas tiras de massa no total. (Não se percu!)

♥ Bata o ovo em uma tigela pequena e pincele cada pedaço de massa com o ovo batido. Coloque uma salsicha horizontalmente no lado esquerdo de um dos pedaços de massa e enrole-o até fechar. Depois faça o mesmo com os 7 pedaços de massa restantes.

♥ Corte cada salsicha enrolada em 4 pedaços pequenos, pressionando a massa ao redor da salsicha caso ela se solte. Depois coloque-os em um tabuleiro forrado com papel vegetal, com o lado selado para baixo de forma a impedir que se abram.

♥ Pincele os enroladinhos de salsicha com o ovo batido, e deixe-os no forno por 15 a 20 minutos. A massa deve inchar um pouco e ficar dourada. Você pode preparar o segundo lote de massa enquanto o primeiro estiver assando, e repetir o processo com as salsichas que sobraram.

♥ Misture as mostardas e o creme azedo e coloque em tigelinhas.

♥ Coloque os enroladinhos prontos em um prato e sirva quentes com o molho em tigelas pequenas (para ser mais fácil comer e passar) ao lado.

PREPARO ANTECIPADO
Os enroladinhos podem ser montados com 1 dia de antecedência. Coloque os enroladinhos já cortados em tabuleiros forrados, mas não pincele o lado de fora com ovo. Cubra com filme plástico e deixe na geladeira até a hora de assar; guarde o ovo batido em outro recipiente tampado na geladeira. Pincele com o ovo e asse seguindo as instruções da receita.

CONGELAMENTO
Só congele se estiver usando massa folhada fresca da seção de frios do supermercado — não congele novamente a massa descongelada. Os enroladinhos montados, mas sem a cobertura de ovo batido podem ficar congelados por até 2 meses. Coloque os enroladinhos montados em tabuleiros forrados e cubra com filme plástico. Deixe no freezer até ficarem sólidos, depois transfira para sacos com fecho hermético. Pincele com ovo batido fresco e asse sem descongelar seguindo as instruções da receita, mas aumentando em 4 a 5 minutos o tempo de cozimento. Verifique se estão bem quentes e totalmente cozidos antes de servir.

Bolinhos de caranguejo com coco

A obsessão por comida tem suas utilidades, até porque estou sempre pensando em como posso usar da melhor maneira possível qualquer ingrediente que tenha em casa. Normalmente, acrescento farinha de rosca a bolinhos de caranguejo, mas um dia me ocorreu que o coco ralado poderia servir para a mesma coisa, absorvendo a umidade e ajudando os bolinhos a firmar. E é o que ele faz, bem melhor que a farinha de rosca: gosto do leve toque tropical, como a lembrança do céu do Caribe, e a textura mais leve e macia que ele dá aos bolinhos.

Você pode servir com pedaços de limão para espremer sobre os bolinhos enquanto estiver comendo, e certamente ficaria mais bonito, mas para mim o vinagre de arroz corta a doçura do coco (ainda que não seja adoçado) de forma mais eficiente.

Faz 14 bolinhos, *o suficiente para servir 6 a 8 pessoas*

200 g de carne de caranguejo limpa e cozida
3 colheres de sopa de farinha de trigo
3 colheres de sopa de coco ralado
1 colher de sopa de pimenta jalapeño vermelha em conserva, escorrida e picada

1 colher de sopa de coentro fresco picado
2 colheres de chá de vinagre de arroz, mais um pouco para servir
Óleo, para fritar

♥ Coloque a carne de caranguejo em uma tigela e verifique se não tem nenhum pedaço de casca que possa ser removido, depois misture a carne de caranguejo, a farinha de trigo e o coco ralado em uma tigela.

♥ Adicione a pimenta jalapeño, o coentro e 2 colheres de chá de vinagre de arroz e misture bem, amassando os ingredientes para formar uma camada compacta no fundo da tigela.

♥ Cubra e deixe na geladeira durante 1 hora, para firmar.

♥ Aqueça óleo suficiente para cobrir o fundo de uma frigideira com uma camada fina.

♥ Retire a mistura de caranguejo da geladeira e pegue colheradas — usando uma colher de sopa de medida (15 ml) com um formato arredondado —, pressionando a mistura dentro da colher de medida depois depositando o bolinho no óleo quente.

♥ Você só conseguirá fazer 4 ou 5 de cada vez com conforto, por maior que seja sua frigideira, pois o primeiro bolinho de caranguejo a ir para o óleo precisará ser virado mais ou menos quando você tiver acrescentado o quarto ou quinto bolinho. Lembre-se de que a carne de caranguejo já está cozida, então só precisa ser frita até que os bolinhos estejam crocantes e dourados por fora e totalmente quentes por dentro. Mais ou menos 1 minuto de cada lado deve ser o bastante.

♥ Transfira-os para folhas duplas de papel-toalha (em uma tábua, tabuleiro ou prato) e vá secando os bolinhos. Para manter aquecidos os bolinhos de caranguejo prontos, transfira-os cuidadosamente para uma grelha, coloque-a sobre um tabuleiro e deixe-os no forno preaquecido a 125° por até 20 minutos.

♥ Sirva com um pouco mais de vinagre de arroz para salpicar enquanto você come.

PREPARO ANTECIPADO
A mistura de caranguejo pode ser preparada com 1 dia de antecedência. Mantenha coberta na geladeira até a hora de fritar e proceda como indicado na receita.

CONGELAMENTO
Os bolinhos podem ficar congelados por até 1 mês, mas somente se a carne de caranguejo não tiver sido previamente congelada (pergunte ao peixeiro ou no supermercado se não tiver certeza). Não congele novamente carne de caranguejo que já tenha sido congelada. Deposite colheradas da mistura de caranguejo em um tabuleiro forrado com filme plástico e achate levemente. Cubra com uma camada de filme plástico e deixe no freezer até ficar sólido, depois transfira para um recipiente bem fechado. Frite sem descongelar em uma frigideira com cerca de 1 cm de óleo, em fogo médio, acrescentando 1 a 2 minutos no tempo de cozimento para cada lado. Abaixe o fogo se os bolinhos estiverem dourando rápido demais, e verifique se estão totalmente quentes. Seque, transfira para uma grelha e mantenha aquecidos como indicado na receita.

PETISCOS NA COZINHA | CONFORTOS DA COZINHA

Chouriço com xerez

O chouriço cozido em vinho tinto é um clássico dos bares de tapas da Espanha, mas não me sinto muito desrespeitosa usando xerez em vez do vinho; afinal, ele vem do mesmo lugar que o chouriço. Qualquer xerez de boa qualidade serve, mas sempre tenho em casa uma garrafa de amontillado para acrescentar a sopas e pratos salteados, embora o xerez cremoso também funcione bem.

Esta receita é ótima quando você quer servir alguma coisa com os drinques, mas não tem muito tempo para cozinhar. Você pode servir o chouriço sozinho, ou acrescentar algumas amêndoas marcona espanholas, azeitonas diversas e um pouco de queijo Manchego, quebrado em pedaços grosseiros (ou qualquer queijo forte que você quiser) para criar, e rapidamente, uma mesa de tapas facilmente preparada em casa.

Serve 2 pessoas puro, *ou 4 com outros aperitivos*

300 g de chouriço, fatiado em rodelas de 1 cm
3 colheres de sopa de xerez amontillado ou cremoso

Amêndoas, azeitonas, queijo Manchego, para servir (opcional)

♥ Aqueça uma frigideira e frite o chouriço por mais ou menos um minuo, até as rodelas começarem a dourar e soltar seu óleo alaranjado na panela.

♥ Despeje o xerez, deixe ferver por mais aproximadamente 1 minuto, mexendo o tempo todo, até que ele forme uma camada brilhante sobre as rodelas de chouriço. Transfira-as para um prato aquecido e sirva.

Vieiras tailandesas assadas

Uma vieira na concha é algo lindo. É verdade que você normalmente não as encontra no supermercado, mas um peixeiro poderá fornecê-las, retirá-las das conchas e entregá-las a você limpas e prontas para usar. Elas praticamente se preparam sozinhas, mas tê-las na mesa, bronzeadas pelo forno, faz com que todos sintam que estão a ponto de comer um banquete. E é verdade. Como são pescadas por mergulhadores, as boas vieiras são também caras. Mas são um acompanhamento precioso para um drinque comemorativo.

Já brinquei com sabores tailandeses e vieiras em outro ponto (veja na **p. 72**) e adoro mesmo o contraste entre a carne flexível e doce e a ardência pungente da pasta de curry. Mas se você só conseguir vieiras de uma forma menos majestosa, ou seja, sem os corais e as conchas, ainda pode preparar esta receita: dobre o número de vieiras, pois elas serão menores, misture-as com os temperos e asse-as — suculentamente nuas — no forno em uma assadeira forrada com papel-alumínio.

Serve 4 a 6 pessoas

1 colher de sopa de pasta tailandesa de curry vermelho	12 vieiras com os corais e as conchas, ou apenas a carne de 24
3 colheres de sopa de suco de limão	vieiras menores, de preferência
1 colher de sopa de molho de peixe	pescadas por mergulhadores

♥ Preaqueça o forno a 200°.

♥ Misture a pasta tailandesa de curry, o suco de limão e o molho de peixe e despeje em um prato largo e raso.

♥ Coloque as vieiras (com os corais, se você os tiver) nessa mistura e cubra-as com a pasta vermelha. Deixe por 5 minutos.

♥ Coloque as conchas das vieiras (se tiver a sorte de poder usá-las) em um tabuleiro. Depois recoloque as vieiras (com os corais, caso os tenha) nas conchas — ou, se estiver preparando o prato sem as conchas, diretamente no tabuleiro — mantendo as vieiras bem cobertas com a marinada. Quando estiverem todas posicionadas, despeje sobre elas qualquer marinada que tiver sobrado na tigela.

♥ Asse as vieiras por 15 minutos, até que estejam cozidas, e sirva na casca; se você tiver vieiras sem casca, 10 minutos serão o suficiente. Quando cozidas, as vieiras ficarão opacas no centro.

PETISCOS NA COZINHA | CONFORTOS DA COZINHA

PETISCOS NA COZINHA | CONFORTOS DA COZINHA

Quesadillas de abacate

Embora eu não tenha qualquer desejo de me tornar uma cozinheira de lanchonete, gosto de ficar confortavelmente ao fogão, grelhando quesadillas e distribuindo tortilhas quentes e tostadas, transbordando de queijo derretido, enquanto cozinho. Como compro as tortilhas em vez de prepará-las (embora planeje fazê-lo), essa receita não é mais difícil do que um sanduíche tostado que, na verdade, é o que elas são.

Se quiser que as marcas da grelha apareçam claramente, será mais fácil se a tortilha for pressionada enquanto cozinha; eu usava uma panela com várias latas em cima, mas meu adorável empreiteiro, o Ken, gentilmente e sem fazer perguntas, me deu, a meu pedido, um tijolo coberto de papel-alumínio, que funciona perfeitamente. Mas por alguma razão parece que perdi meu tijolo e não tenho coragem de pedir outro, então me resignei alegremente a preparar quesadillas em estilo livre, sem nada para pressioná-las.

Faz 24 fatias

4 tortilhas macias de trigo ou de milho
100 g de queijo Manchego fatiado, ou de outro queijo de sua preferência que derreta bem
1 abacate, sem caroço e sem casca, cortado em pedaços
50 g (peso drenado) de pimenta jalapeño, ou aprox. 16 rodelas de jalapeño em conserva (ou mais, a gosto)

♥ Coloque uma tortilha na sua frente, depois adicione cerca de 25 g de queijo em fatias finas em uma das metades — mas não muito perto da borda, pois o queijo não deve transbordar ao cozinhar.

♥ Cubra o queijo com ¼ de abacate, cortado em pedaços, seguido por 4 rodelas de jalapeño ou mais, a gosto. Por cima, dobre a metade descoberta da tortilha, formando um semicírculo protuberante.

♥ Aqueça a chapa — ou use uma frigideira sem óleo, se não tiver chapa — e coloque a quesadilla crua sobre ela. Coloque um peso sobre a quesadilla ou apenas pressione rapidamente com uma espátula ou utensílio similar, e deixe por 1 minuto, depois vire a quesadilla e deixe na chapa por mais 1 minuto do outro lado.

♥ Coloque a quesadilla quente sobre uma tábua e fatie cada semicírculo em 6 pedaços, servindo imediatamente. Faça o mesmo com as 3 tortilhas remanescentes.

PETISCOS NA COZINHA | CONFORTOS DA COZINHA

Homus com manteiga de amendoim

Homus com manteiga de amendoim não parece algo muito sofisticado, mas elegante é exatamente o que esta receita é. Em vez de usar tahini, que na verdade é manteiga de gergelim, uso manteiga de amendoim. É terrível dizer que prefiro desse jeito? É maravilhosamente satisfatório, mas não tem a textura pegajosa que o tahini às vezes confere. Quando estou com o humor certo, adoro o aspecto grudento no palato do tahini, mas desde que seja em pouca quantidade. Embora ache que esta versão tem certa sofisticação de cor parda (apesar do apelo infantil do nome) que me deixa feliz em servi-la com drinques quando tenho convidados, fico ainda mais feliz em ter uma porção na geladeira para beliscar, espalhando sobre biscoitos de espelta ou em uma torrada de centeio, quando a vontade ataca.

Faz o suficiente para 10 pessoas

2 latas (400 g cada) de grão-de-bico
1 dente de alho, descascado
3 a 5 colheres de sopa de azeite de oliva
6 colheres de sopa (90 g) de manteiga de amendoim
3 colheres de sopa de suco de limão-siciliano, ou mais se necessário
2 colheres de chá de sal marinho em flocos ou 1 colher de chá de sal refinado, a gosto

2 colheres de chá de cominho em pó
4 a 6 colheres de sopa de iogurte grego
2 colheres de sopa de amendoins, finamente picados, para servir (opcional)
1 colher de chá de páprica defumada, para servir (opcional)
Grissinis, minipitas, biscoitos, chips de tortilha, para servir (opcional)

♥ Escorra e lave os grãos-de-bico. Coloque o dente de alho, os grãos-de-bico, 3 colheres de sopa de azeite, a manteiga de amendoim, o suco de limão-siciliano, sal e cominho em um processador de alimentos e bata até obter um purê encaroçado.

♥ Junte 4 colheres de sopa de iogurte grego e bata novamente; se o homus ainda estiver grosso demais, acrescente mais 1 a 2 colheres de sopa de iogurte e a mesma quantidade de azeite.

♥ Prove o tempero, acrescentando mais suco de limão-siciliano e sal, se achar necessário.

♥ Na hora de servir, misture os amendoins picados com a páprica e salpique por cima se quiser, e coloque diversos acompanhamentos para comer com o homus, como você achar adequado.

PREPARO ANTECIPADO
O homus pode ser preparado com 1 a 2 dias de antecedência. Transfira para um recipiente não metálico, cubra e deixe na geladeira até a hora de usar. Deve ser consumido em até 2 dias.

PETISCOS NA COZINHA | CONFORTOS DA COZINHA

PETISCOS NA COZINHA | CONFORTOS DA COZINHA

PETISCOS NA COZINHA | CONFORTOS DA COZINHA

Churros
com calda de chocolate

Fiquei desesperada para encontrar uma receita de churros com a qual pudesse conviver alegremente, e depois de muita pesquisa e muitos churros — ainda que exagerar na massa frita espanhola coberta de açúcar não seja em si uma dificuldade — encontrei A Escolhida, no livro de Thomasina Miers, *Mexican Food Made Simple*, que tem um enorme charme, além de um ingrediente essencial: tanto induz quanto recompensa a curiosidade voraz. Esta receita, minha versão dos churros dela, é levemente diferente; mas, enfim, quando cozinhamos, todos nós fazemos algumas alterações.

Infelizmente, nunca estive no México, mas comi churros na Espanha, comprados em confeitarias quando eu passava, de manhã cedo ou tarde da noite, com uma xícara de chocolate quente grosso como calda para acompanhar. Em casa, eles são uma iguaria repentina à tarde, um café da manhã indulgente no final da manhã de um dia de semana, ou um satisfatório final para uma refeição de tapas. A calda de chocolate na qual se mergulha cada churro coberto de açúcar e canela é deliciosa e grossa, e se a princípio parecer demais para a quantidade de churros que você preparou, tenha em mente que faz sentido dar a cada pessoa sua própria tigelinha de calda de chocolate.

Chega: agora vamos fritar. Eu uso uma panela pequena, não só porque faz sentido preparar apenas 3 ou 4 de cada vez, mas porque fritar em grandes quantidades de óleo no tipo de panela em que você cozinharia um ovo é muito menos assustador (na verdade, não é nem um pouco assustador) do que ter um grande barril borbulhante de óleo diante de si no fogão.

Na Espanha, e na verdade na versão mexicana da Sra. Miers, os churros são tubos longos, finos e estriados de massa: os meus são mais compactos, bem mais curtos e grossos, como bolinhos estriados de massa, ideais para mergulhar e embeber.

Faz 16 churros, *que deveriam ser suficientes para 4 a 6 pessoas, mas...*

Para os churros:
50 g de açúcar
2 colheres de chá de canela em pó
125 g de farinha de trigo
1 colher de chá de fermento em pó
1 colher de sopa de azeite de oliva
250 ml de água recém-fervida
500 ml (aprox.) de óleo de milho
  (ou outro óleo vegetal) para fritar

Para a calda grossa de chocolate:
100 g de chocolate amargo de boa
  qualidade
25 g de chocolate ao leite
1 colher de sopa de melado de
  cana
150 ml de creme de leite fresco

♥ Misture o açúcar e a canela para os churros em um prato largo e raso: essa mistura será usada para passar os churros depois de fritos.

♥ Derreta todos os ingredientes da calda de chocolate em uma panela de fundo grosso, em fogo bem baixo, e quando o chocolate começar a derreter, mexa tudo, retire do fogo e deixe em um local aquecido.

♥ Para preparar os churros, coloque a farinha de trigo em uma tigela e misture o fermento em pó, depois junte o azeite de oliva e os 250 ml de água recém-fervida de uma chaleira. Continue misturando até obter uma massa quente e pegajosa, e deixe descansar por cerca de 10 minutos, ou pelo tempo que o óleo levar para esquentar.

♥ Aqueça o óleo para a fritura em uma panela relativamente pequena; ele deve ocupar até cerca de 1/3 do volume da panela. Quando você achar que está quente o suficiente, jogue um cubo de pão, e se chiar e dourar em cerca de 30 segundos, o óleo está quente o bastante; ou se estiver usando uma fritadeira elétrica ou tiver como verificar a temperatura de outra maneira, o óleo deve estar a 170°. Vigie a panela de óleo quente o tempo todo.

♥ Quando estiver pronto, pegue um saco de confeiteiro com um bico pitanga grande (8 mm) e encha-o com a massa dos churros. Esprema pedaços pequenos (aprox. 4 a 5 cm) de massa diretamente dentro do óleo, separando-os com uma tesoura. Adoro a tenra sensação de fazer isso.

♥ Frite 3 ou 4 de cada vez, quando eles ficarem dourado-escuros, retire-os do óleo com uma escumadeira, espátula ou com pinças e transfira para um tabuleiro forrado com papel-toalha. Para manter os churros prontos aquecidos enquanto frita o restante da massa, depois de secar no papel-toalha, transfira-os para um tabuleiro forrado com papel vegetal e deixe em forno baixo (100°). Mesmo que você os deixe fora do forno, eles precisam descansar por 5 a 10 minutos antes de ser comidos, para que firmem por dentro.

♥ Jogue todos os churros quentes na mistura de açúcar com canela e sacuda-os para que fiquem bem cobertos.

♥ Quando terminar de fazer os churros, despeje a calda de chocolate em potes individuais (para evitar o dilema de morder e mergulhar de novo) e molhe à vontade.

E PARA AJUDAR TUDO ISSO A DESCER...

Nota: a medida de 1 dose é 25 ml, embora normalmente eu use 2 colheres de sopa (30 ml), baseada na premissa de que mais é mais.

Enquanto exista uma parte de mim que morre de vontade de brindar aos coquetéis, quando o assunto são as bebidas normalmente sirvo mais do que preparo. Quando estou cozinhando e conversando com amigos na cozinha, nem sempre é possível preparar bebidas como um barman, por mais desejável que possa parecer. Eu faço exceções: quando há um grupo pequeno, ou apenas para um simples mortal, não me incomodo de expandir minha área, mas no geral fico com o tipo de bebida que pode ser misturada de qualquer jeito em uma jarra ou copo.

Já escrevi sobre meu bar déclassé; se alguém tem um fraco por bebidas kitsch (mais pela alegria do rótulo do que para beber, para ser sincera), esse alguém sou eu. Mesmo assim, qualquer festa improvisada ou até mesmo uma reunião na cozinha langorosamente planejada tem de ser baseada em um estoque relativamente restrito de garrafas; uma lista de drinques que necessita de um bar completo não faz o menor sentido.

VELUDO NEGRO

Quando se trata de preparar drinques, meu ponto de partida, não é de surpreender, são as garrafas que mantenho à mão para uso geral na cozinha. Bom, faz sentido — pelo menos para mim. Assim, como sempre tenho cerveja preta para preparar o Bolo de Gengibre com Guinness (veja na **p. 305**) ou uma fornada acolhedora de Pãezinhos de Aveia Irlandeses (**p. 86**), sei que tenho metade dos ingredientes para um jarra de **Veludo Negro**, drinque típico do brunch de final de semana. Adoro essa bebida, mas ela é muito malcompreendida. Ou seja, todo mundo se apaixona pelo glamour convidativo do nome, mas é — normalmente — impossível beber sem estremecer. Vou explicar por quê. Quando o drinque foi inventado (em 1861, diz a lenda, preparado por um garçom do Brooks's Club para honrar a morte do príncipe consorte da rainha Vitória), era sofisticado beber champanhe doce.

Hoje em dia, o champanhe doce é considerado completamente fora de moda, então o Veludo Negro é feito com quantidades iguais de champanhe seco e cerveja preta, e é tão amargo quanto você deve imaginar. Em vez disso, prepare-o misturando 1 garrafa de 750 ml de espumante doce (eu uso o Asti sem me envergonhar) com 750 ml de Guinness ou outra cerveja preta e obterá um drinque que é (a) consideravelmente mais barato que a sofisticada mistura de champanhe e (b) fantasticamente bebível, rendendo 6 a 8 taças. Além do mais, um jarro escuro e atraente não cairiam mal com os pãezinhos de aveia que compartilham seu maravilhosamente amargo ingrediente e com um prato de um bom salmão defumado. E se o fizer, considere queijo de cabra ou cream cheese para espalhar sobre os pãezinhos cor de papel pardo antes de cobri-los com o salmão. Um montinho de repolho roxo em conserva e uma ou duas folhas de endro fresco (assim como no meu canapé cru de Natal) podem ser considerados como um enfeite final.

BABY GUINNESS

Isso nos leva ao **Baby Guinness**. Esse drinque não tem nada a ver com a cerveja preta em questão, mas é uma bebida para ser tomada após o jantar e cuja aparência é exatamente o que o nome sugere. Encha um copinho de shot (e eu tenho alguns que parecem miniaturas de copos de cerveja) quase até a boca com licor de café. Eu prefiro o Kahlúa ao Tia Maria neste caso, pois tem mais viscosidade e, portanto, é adequado ao propósito, ou licor Espresso da Illy, pois é um pouco menos doce, o que me agrada. De qualquer forma, no copinho quase cheio de licor de café, despeje um pouco de Baileys so-

PETISCOS NA COZINHA | CONFORTOS DA COZINHA

bre as costas abauladas de uma colher de chá (só para aparar a queda) de forma a obter uma camada branca e cremosa por cima, para parecer a espuma de um copo de cerveja. Embora seja um bom drinque para finalizar um jantar, você também pode considerar servir uma dose para cada pessoa como **sobremesa** para jogar por cima de uma tigelinha de sorvete de baunilha. Ou pode misturar o licor de café em partes iguais com um pouco de licor de avelã Frangelico (se tiver preparado o Tiramisu da **p. 164** o terá em casa).

O Frangelico também fica bom quando adicionado ao café ou ao **chocolate quente**: você pode preparar um chocolate quente muito superior se derreter 100 g de chocolate amargo de boa qualidade, finamente picado, em 500 ml de leite integral com uma ou duas doses de Frangelico, em fogo médio. Sirva em canecas e cubra, se quiser, com chantilly e avelãs tostadas. E com frequência preparo um **Creme de Frangelico** simplesmente batendo suavemente um pouco de creme de leite fresco com uma dose de Frangelico: 250 ml de creme de leite fresco juntamente com 1 a 3 colheres de sopa (ou a gosto) de Frangelico devem bastar para criar um acompanhamento glorioso para qualquer bolo de chocolate, transformando-o de petisco do jantar em sobremesa de uma ceia para convidados.

Na verdade, é parecido com o Creme de Margarita que acompanha meu Bolo de Limão e Chocolate sem Farinha (veja na **p. 281**), e foram esses ingredientes que criaram um drinque do qual sinto um orgulho quase histérico.

LAGARITA

A inspiração para esta receita surgiu de madrugada: realmente este drinque é uma doce compensação para a insônia. Amigos, eu lhes apresento o **Lagarita**, um matador de sede com cerveja e os ingredientes de uma Margarita e mais alguns, ou uma espécie de cerveja com limão, incrementada. Então pegue uma garrafa de cerveja mexicana de 330 ml gelada, adicione 30 ml ou 2 colheres de sopa ou 1 dose (o que for mais fácil de medir) de tequila, Cointreau (ou Triple Sec) e xarope de limão Rose's, depois esprema suco de limão a gosto. Bem, a cerveja não precisa ser mexicana, mas tem de estar (como sempre, na minha opinião) gelada de doer. Este é o drinque ideal para tomar com uma quesadilla (veja na **p. 433**) ou um prato picante de Frango Dragão (veja na **p. 415**), e diversos outros.

BLOODY MARIA

Isso me leva a outro concorrente a acompanhamento de quesadilla que, por sua vez, sugere brunch (e eu também não recusaria os Bolinhos de Caranguejo com Coco da **p. 427** como acompanhamento), e é o **Blood Maria**. Eu disse a minha amiga Maria (na foto) que este era um drinque que eu tinha criado para ela, mas menti descaradamente. Bloody Maria é a terminologia comum dos barmen para o Bloody Mary preparado com tequila em vez de vodca. Minha receita é a seguinte: para 1 l de suco de tomate, adicione 250 ml de tequila, 2 colheres de sopa de xerez amontillado, 1 colher de sopa de suco de

limão (ou mais, a gosto, e pode servir com um pedaço de limão por pessoa depois de espremer na jarra-mãe) mais 1 colher de chá de tabasco (ou a gosto). Eu também salgo generosamente, provando depois de incorporar cada pitada.

PROSECCO SPORCO

As receitas anteriores são de drinques sérios, mas acho muito válido oferecer, por outro lado, o tipo de bebida que pode ser consumida sem a justificada hesitação. Acho que já contei antes — devido à sua capacidade de melhorar o humor — que o prosecco é conhecido *chez moi* como prozacco. Não é de surpreender que essa bebida seja a base de meu entretenimento líquido. Meu favorito é um drinque que me foi apresentado por Anna Del Conte, chamado **Prosecco Sporco**, que envolve servir uma taça de prosecco depois acrescentar um pouco de Campari. *Prosecco sporco* significa, literalmente, "prosecco sujo", mas de alguma forma "Espumante Sórdido" me soa melhor. Considero-o indescritivelmente chique e absolutamente deslumbrante além de tudo. O amargor do Campari não é para o gosto de todos (por mais que, na minha opinião, quanto mais amargo, melhor), então, se você está querendo transformar esta receita em um drinque para quem prefere sabores mais doces, sugiro usar um pouco de licor de framboesa Chambord no lugar dele, se o tiver no bar.

AMERICANO

Entretanto, enquanto estamos falando de Campari — que você também, supostamente, tem em seu bar —, um Campari com refrigerante significa verão para mim, mas possivelmente um dos melhores coquetéis de todos os tempos é o **Americano**. Para prepará-lo é preciso um corpo largo e baixo que você possa encher de gelo, antes de adicionar 2 doses (ou use ¼ de xícara de medida com 60 ml) ou a medida aproximada tanto de Campari quanto de vermute tinto seco. Cubra com um pouco de água com gás (servindo mais para acompanhar e ser adicionada à vontade) e enfeite com uma fatia de laranja ou algumas gotas de suco. Esse drinque é intenso e refrescante ao mesmo tempo, e tem um vermelho incrivelmente vivo, como se terracota tivesse virado uma janela de vidro colorido. Talvez você ache interessante saber, se já não sabe, que no primeiro livro do James Bond de Ian Fleming, *Casino Royale*, esse era o drinque preferido do 007, antes de começar a beber martíni, batido, não mexido etc.

MARGARITA ROSA

Outro possível uso para o Campari é a **Margarita Rosa**. Para preparar essa bebida você precisa misturar com gelo, 1 ½ dose ou 3 colheres de sopa de tequila (que já deve estar em seu bar, veja anteriormente) com 1 colher de chá de Campari e 1 colher de sopa (ou cerca de ½ dose) de suco de limão e xarope de açúcar (o **xarope de açúcar** não é difícil de fazer — misture 250 ml de água com 250 g de açúcar e ferva cuidadosamente até que o açúcar esteja dissolvido, depois deixe esfriar — mas é chato, então eu compro pronto: o mais fácil de encontrar é francês e no rótulo está escrito "*gomme*").

Bom, imagino que se você resolveu usar o Chambord no seu Espumante Sórdido, também pode usá-lo em vez de Campari na sua Margarita Rosa, talvez aumentando um pouco a quantidade, e excluindo o xarope de açúcar.

Não gosto de bebidas doces e pegajosas, muito, mas aprecio o Chambord. Isso pode se dever, em grande parte, à beleza da garrafa, que parece desenhada por Vivienne Westwood para Maria Antonieta; certamente, seu lugar parece ser mais o toucador do que o bar (especialmente nas garrafas menores). Mas seu intenso gosto de framboesa preta merece atenção, independentemente das considerações estéticas. Além de misturá-lo com prosecco ou com tequila, como sugerido anteriormente, você pode preparar um drinque clássico e favorito dos anos 1990, um **Martíni Francês**. Misture com um pouco de gelo em uma coqueteleira (ou de uma maneira mais simples) 1 ½ dose ou 3 colheres de sopa de vodca com ½ dose ou 1 colher de sopa de Chambord e 1 ½ dose (ou 3 colheres de sopa) de suco de abacaxi. Esse é o drinque para se ter em mente quando estiver servindo as costelinhas da **p. 392**, pois você terá suco de abacaxi para prepará-las.

> MARTÍNI FRANCÊS

Tenho um último uso para o Chambord que é o Cooler de Framboesa, outro drinque de minha imprevisível criação: em um copo alto, coloco 1 dose de vodca de framboesa e 1 dose de Chambord, juntamente com gelo, e despejo por cima um pouco de limonada San Pellegrino. Temo que esta receita esteja à margem do mundo das bebidas suaves, pois o sabor não é nem de longe tão alcoólico quanto um drinque com vodca e licor sugere, mas é delicioso e refrescante. Como é obrigatório dizer hoje em dia nas garrafas, aprecie com moderação...

> COOLER DE FRAMBOESA

Se depois de tudo o que bebemos depois que mencionei o Lagarita você ainda conseguir se lembrar dos ingredientes, vai saber que tínhamos Cointreau (ou Triple Sec) no bar... Esse ingrediente pode ser adicionado a uma garrafa de prosecco e um pouco de suco de toranja rosa para fazer um ótimo drinque para festas, um **Petúnia**, assim chamado (por mim) porque é uma contraparte de verão a meu drinque de Natal, o Pointsettia. Para fazer 8 a 9 taças, despeje uma garrafa de 750 ml de espumante branco seco em uma jarra grande e adicione 125 ml de Cointreau (ou Triple Sec) e 500 ml de suco de toranja rosa — e por causa deste você também pode chamar esse drinque de Espumante Flórida. Quando Barbara Castle se tornou a rainha vermelha do Partido Trabalhista, perguntaram a ela como queria ser chamada, e dizem que ela respondeu: "Não me importa a forma como sou chamada, desde que eu esteja no comando." Da mesma maneira, não me importa como você chame este drinque, desde que o experimente.

> PETÚNIA
>
> 443

Bom, vamos aos cremes de menta e de cacau: estou mais que ciente que mesmo um bar doméstico moderadamente bem abastecido pode não ter nenhum dos dois, mas eu recomendo que pense em comprar ambos para a deliciosa Torta Gafanhoto (veja na **p. 182**), então sinto que nossa atenção deve ser voltada para eles agora; não é uma perspectiva agradável, eu sei. Pois, por mais que eu adore a torta, recusaria tranquilamente o coquetel **Gafanhoto**; mas aqui estamos nós, as garrafas já estão abertas e não custa nada tentar; talvez você goste mais do que eu. Nesse caso, misture na coqueteleira 1 dose de creme de menta verde, 1 dose de creme de cacau transparente, 1 dose de creme de leite fresco e 1 dose de leite integral sobre gelo antes de coar dentro de uma taça de martíni. Armada com essa dupla de licores, eu preferiria um After Eight, que requer que você bata em uma coqueteleira ½ dose de vodca, ½ dose de creme de menta verde e ½ dose de creme de cacau transparente com gelo antes de despejar em um copo gelado.

> GAFANHOTO

> AFTER EIGHT

MARTÍNI DE CHOCOLATE

Mesmo assim, uma jogada inteligente poderia ser destacar as duas bebidas em sua mente: 2 doses de vodca, 1 dose de creme de cacau transparente e 1 dose de vermute seco batidas na coqueteleira com gelo criam um **Martíni de Chocolate**, e se você está com humor de um bartender sofisticado, primeiro mergulhe a taça de martíni em um pouco de creme de cacau, depois, em cacau em pó peneirado para criar uma borda coberta de chocolate. Mas, no geral, eu sugeriria usar o creme de cacau como uso o Frangelico: acrescente-o ao chocolate quente, leite quente ou café para adoçar e fortalecer, ou use no lugar do rum, onde for apropriado, para cozinhar — por exemplo no Pudim de Pão com Gotas de Chocolate da **p. 142**.

Mas voltemos uma última vez àquele creme de menta. A melhor maneira de bebê-lo, e para mim há nela um prazer retrô, é simplesmente despejando a bebida sobre gelo triturado, como no **frappé de creme de menta**. Esse era (eu deveria estar envergonhada, mas simplesmente não fico) um dos meus drinques favoritos quando tinha uns 15 anos, e também adoro as frases que ele me faz lembrar de *Ruthless Rhymes for Heartless Homes*, de Harry Graham:

"Quando o choro do bebê ficou intolerável / Eu o enfiei na geladeira. Eu nunca teria feito isso / Se soubesse que ia ficar congelado. / Minha mulher disse 'George, estou muito chateada! / Nosso docinho virou frappé!'"

GUEIXA TONTA

Mas voltemos ao mundo real: eu não conseguiria fazer comida sem ter saquê na cozinha, e achei que fazia sentido tentar preparar um drinque com esse ingrediente — o saquê que tenho à mão normalmente não é sofisticado ou caro bastante para ser tomado puro. Eu o transformei em um drinque conhecido em minha cozinha como **Gueixa Tonta**, embora você possa preferir chamá-lo simplesmente de **Saquê e Tônica**. Então, proceda como se estivesse fazendo um Gim & Tônica, mas use saquê em vez de gim, e acrescente um pouco de xarope de flor de sabugueiro no final. Se estiver com humor para enfeitar, adicione uma tira longa e fina de pepino. Esse drinque é um refresco fantástico, e é revitalizando nas noites de sexta. (Gosto especialmente de usar uma água tônica com pouco açúcar, mas sem aspartame, que descobri recentemente.) Imagino que drinques gasosos de gengibre também combinariam bem com saquê, e nesse caso não adicione a xarope de flor de sabugueiro.

SPRITZER DE FLOR DE SABUGUEIRO

Se dependesse de mim, eu nunca ficaria sem flor de sabugueiro. Tenho o xarope à mão para meu Crumble de Uva-crispa e Flor de Sabugueiro (veja na **p. 251**) e o utilizo frequentemente para adoçar maçãs quando cozinho. Um **Spritzer de Flor de Sabugueiro** é um drinque fabulosamente aromático e não alcoólico para se oferecer aos convidados, então, mesmo que você não planeje usar esse ingrediente na cozinha, vale a pena ter uma garrafa de xarope em casa. Dilua o xarope de flor de sabugueiro em uma proporção de 1:4 ou 1:5 com água com gás (mas alguns xaropes são mais concentrados, então verifique as instruções da garrafa). Um ramo de hortelã em cada copo também é um bom toque.

GIMLET DE FLOR DE SABUGUEIRO

E termino com a flor de sabugueiro porque esse ingrediente é parte de um dos meus drinques preferidos, e que eu mesma preparo quando preciso de refresco, alívio ou coragem líquida. Eu o chamo de **Gimlet de Flor de Sabugueiro**, mas isso é o que meus filhos chamariam de nome aleatório, pois um gimlet é feito com gim e xarope de limão Rose's, e este drinque tem vodca e xarope de flor de sabugueiro. Mas sei o que estou dizendo. Não me dou o trabalho de usar uma coqueteleira para misturar, nem uso quaisquer dessas firulas. Simplesmente coloco gelo em uma taça pequena de martíni e adiciono 1 ½ dose de vodca de ótima qualidade e a mesma quantidade de xarope de flor de sabugueiro. Recentemente, sonhei que inventava um lindo coquetel transparente chamado **Lágrimas de Palhaço** (nem pergunte). Lembro-me de que, no final, uma gotinha de vinagre de arroz era adicionada. Se tiver coragem bastante, faça isso. Mas estou satisfeita com meu Gimlet de Flor de Sabugueiro do jeito que ele é. Saúde!

A CURA CULINÁRIA PARA A DOMINGUITE À NOITE

Na verdade, é tudo muito direto: o que cozinho se adapta à minha vida; escrevo sobre a comida que preparo. Existe, certamente, uma Constante Culinária em minha vida, e não acredito que a maneira que cozinho tenha mudado essencialmente ao longo dos anos. Mas a vida evolui, e as receitas, também. Nossa forma de cozinhar e de comer deriva de nossa forma de viver.

Isso se traduz em minha vida em uma entidade gastronômica completamente nova: o jantar de domingo; quando meus filhos eram pequenos, repentinamente me dei conta de que existia almoço de final de semana. Deixe-me reformular a frase, pois a questão não é apenas o almoço: quando meus filhos eram pequenos, eu me dei conta de que tirar a mesa de uma refeição não passava de começar a refeição seguinte. Para começar, no final de semana eles não acordam a tempo de dar muita importância ao almoço e, quando acordam, parece que têm algum lugar urgente, mas misterioso, para ir, dizendo simplesmente que vão "sair".

Com a constante do almoço de domingo excluída, agora concentro meus esforços no jantar de domingo. Sou a mais inútil das mães, mas até eu consigo fornecer argumentos convincentes para o fato de domingo à noite ser a hora de ficar em casa. Sei que comer demais à noite não está na lista de afazeres dos nutricionistas, mas esse é o momento em que sinto que preciso de sustento. Há certa tristeza que ameaça aparecer, um medo, ainda que não justificado, da semana tensa à frente: minha mãe (que nunca conseguiu superar sua fobia da escola) chamava isso de "dominguite à noite".

Obviamente, é importante que seus esforços para começar tranquilamente a semana não estraguem seu final de semana. Mas um pouco de trabalho na cozinha me dá aquela sensação que considero crucial de estar em um local fixo e familiar em um mundo agitado. E é mesmo só um pouco: enquanto a maioria das receitas deste capítulo pode precisar ficar bastante tempo no forno, é isso o que as torna fáceis — você fica totalmente livre enquanto elas assam. Esses são jantares tranquilizadores tanto para quem cozinha quanto para quem come.

E não pense que esta cozinheira está sozinha ao tirar conforto de uma sensação de continuidade. Não tenho qualquer ligação com meu passado, a não ser na cozinha, mas, neste caso, ele importa mais. Deixando de lado todo o sentimento (é meu estômago, não minha alma falando), aproveito essa comida simples e antiquada que resiste e nos ajuda a resistir, que foi passada ao longo dos anos e das gerações. É meu legado mais querido. Mas mesmo assim gosto de alterar uma receita aqui e ali — estamos falando de culinária, não de conservação, afinal de contas. E essa é a evolução da comida: muitas vezes uma receita tem de se adaptar para sobreviver. Então aqui está, da minha cozinha para a sua: comida aconchegante e protetora para evitar a sensação de noite de domingo, independente do dia da semana.

Sopa feita com alho e amor
e scones de abóbora

A maioria das receitas deste capítulo vem, se não da minha infância, da infância de outra pessoa, e, consequentemente, fez parte da minha infância. Esta receita, entretanto, tem uma proveniência completamente literária: no minuto em que li sobre as esperanças de Ezra para o restaurante em *Dinner at the Homesick Restaurant*, seu plano para uma sopa feita com alho e amor, soube que tinha de comê-la. O que significava, em primeiro lugar, que precisava de inventar uma receita e prepará-la. Não estou tentando reproduzir a receita que o personagem tinha em mente, nem que eu pudesse; mas não importa, pois esse é o tipo de sopa que me veio à mente enquanto eu lia (poupei você das moelas — sonho dele, não meu — porque não consegui, de jeito nenhum, passar com elas pelo front). Com qualquer outro escritor, poderia haver o perigo de o título ser enjoativo ou sentimental, mas — sinceramente — como isso seria possível em um romance de Anne Tyler? Sua alma é esfolada a cada página: não acho que qualquer escritor tenha conseguido ser tão pungente, incansavelmente intenso e simplesmente pessimista ao mesmo tempo.

Não existe uma frase dela que eu não ame, mas, depois de ler qualquer um de seus livros, uma sopa como esta é o que eu preciso. Não consigo evitar a sensação de que esta é a comida perfeita para o humor exausto e tenso do jantar da véspera de segunda-feira. E acrescente os scones de abóbora, só porque combinam muito bem com a receita, e gosto de ter alguma coisa para fazer enquanto espero a sopa, mas você pode, com a mesma facilidade, preparar os Pãezinhos de Aveia Irlandeses da **p. 86** ou comprar qualquer pão que gostar para servir como acompanhamento.

Não tem jeito, esse tipo de sopa simples e rústica realmente se parece com água suja, mas é uma água suja deliciosa. Além do mais, é exatamente o tipo de comida caseira, a comida que deve ficar na cozinha, que amo e preciso.

A CURA CULINÁRIA PARA A DOMINGUITE À NOITE | CONFORTOS DA COZINHA

Serve 4 pessoas

1 cabeça de alho
1 alho-poró, limpo e aparado
3 colheres de sopa de azeite de
  oliva
1 colher de chá cheia de tomilho
  fresco picado

2 batatas, aprox. 400 g no total
1,5 l de caldo de galinha, de
  preferência orgânico
Sal e pimenta, a gosto
Algumas colheradas de salsa
  fresca picada, para servir

♥ Retire cada dente de alho da cabeça, depois descasque-os e corte em fatias bem finas.

♥ Corte o alho-poró ao meio e também fatie-o finamente. Aqueça o óleo em uma panela com fundo grosso que tenha tampa, e cozinhe o alho-poró lentamente por cerca de 5 minutos, sem tampa, mexendo de vez em quando, até ficar macio.

♥ Adicione as folhas de tomilho e o alho fatiado e cozinhe lentamente por mais 5 minutos, da mesma forma que o alho-poró.

♥ Corte as batatas (com casca) em cubinhos, depois coloque-as na panela, mexendo bem com uma colher de pau.

♥ Adicione o caldo e deixe levantar fervura. Cozinhe por 20 minutos com a panela parcialmente tampada, depois tempere com sal e pimenta, a gosto. Desligue o fogo e deixe descansar por alguns minutos antes de servir, salpicando com a salsa quando distribuir as tigelas.

PREPARO ANTECIPADO
A sopa pode ser preparada com até 2 dias de antecedência. Transfira para um recipiente não metálico para esfriar, depois cubra e refrigere o mais rápido possível. Reaqueça lentamente em uma panela, mexendo de vez em quando, até estar bem quente.

CONGELAMENTO
A sopa fria pode ficar congelada, em um recipiente bem fechado, por até 3 meses. Descongele de um dia para o outro na geladeira e reaqueça como indicado.

A CURA CULINÁRIA PARA A DOMINGUITE À NOITE | CONFORTOS DA COZINHA

Scones de abóbora

Devo confessar, antes de mais nada, que a abóbora que tem um papel tão importante nestes scones é enlatada. Uso meia lata, e sugiro que você congele a metade restante em um saco com fecho hermético ou recipiente bem fechado (por até 3 meses) e a utilize na próxima vez que quiser agradar alguém com uma fornada dessas belezas. Mas, enfim, você pode simplesmente mantê-la na geladeira por até 3 dias (mas retire da lata) e usar para engrossar qualquer molho de carne ou sopa de legumes ou misturar em ensopados que esteja preparando no momento. Às vezes, adiciono aos Stincos de Cordeiro do Patara da **p. 364**, por exemplo.

    Mas adoro esses scones: a doçura da abóbora é equilibrada pelo sabor salgado do parmesão e o poder revigorante do óleo de pimenta. Embora eu ache que eles ficam perfeitos apenas com manteiga — uma quantidade generosa para que você obtenha uma piscina gloriosamente derretida no meio —, devo dizer que são viciantes para mim quando untados, também, com um pouco de Vegemite: não tanto que os escureça, mas o bastante para vazar para a manteiga derretida. É engraçado, mas quando como estes scones com essa sopa de alho, também adoro-os com uma grossa camada de cream cheese. Tem gosto de noite de domingo para mim.

    Eles são maravilhosos de preparar: a abóbora fornece uma textura flexível que é ótima de trabalhar, e deixa com um belo tom: prepará-los é como moldar massinha dourada.

Faz 12 scones

175 g de purê de abóbora enlatado

50 g de queijo parmesão ralado

1 ovo

1 colher de chá de molho inglês

1 colher de chá de sal marinho em flocos ou ½ colher de chá de sal refinado

1 boa pitada de pimenta branca moída na hora

2 colheres de chá de óleo de pimenta

250 g de farinha de trigo, mais um pouco para abrir a massa

2 ½ colheres de fermento em pó

½ colher de chá de bicarbonato de sódio

Um pouco de leite para pincelar

1 tabuleiro

1 cortador de massa de 5 cm

♥ Preaqueça o forno a 200°. Coloque o purê de abóbora, o parmesão, o ovo, o molho inglês, o sal, a pimenta e o óleo de pimenta em uma tigela. Misture bem.

♥ Em outra tigela, misture a farinha, o fermento em pó e o bicarbonato. Despeje sobre a mistura de abóbora e incorpore até formar uma massa.

♥ Enfarinhe a superfície de trabalho, depois retire a massa da tigela e amasse com as mãos para formar uma placa com mais ou menos 5 cm de espessura. Não é preciso abrir com rolo.

♥ Corte os scones com o cortador de massa ondulado com cerca de 5 cm (que também pode ter as laterais lisas), mergulhado antes na farinha. Coloque os scones em um tabuleiro com cerca de 3 cm de distância um do outro.

♥ Amasse novamente a massa para poder continuar cortando círculos. Essa quantidade deve render 12 scones.

♥ Pincele a parte de cima dos scones com leite para dourá-los, depois asse por 15 minutos. Quando saírem do forno, deixe os scones esfriarem um pouco e coma mornos ou frios, embora eu ache que eles ficam melhores mornos. E você pode esquentar um para você, se quiser.

PREPARO ANTECIPADO

Os scones são ideais no dia em que são assados, mas no dia seguinte podem ser revigorados no forno preaquecido a 150° por 5 a 10 minutos.

CONGELAMENTO

Os scones assados podem ficar congelados em recipientes bem fechados ou sacos com fecho hermético por até 1 mês. Descongele por 1 hora em temperatura ambiente e aqueça como indicado. Os scones crus podem ser colocados em tabuleiros forrados com papel vegetal e deixados no freezer até ficarem sólidos. Transfira para sacos com fecho hermético e mantenha congelados por até 3 meses. Asse sem descongelar, como indicado na receita, mas adicione mais 2 a 3 minutos ao tempo de cozimento. (O purê de abóbora que não for utilizado pode ficar congelado em um recipiente bem fechado por até 3 meses. Descongele de um dia para o outro na geladeira. Às vezes, ele pode se separar um pouco, criando uma camada um pouco aguada ao descongelar, mas adequado ao consumo.)

A CURA CULINÁRIA PARA A DOMINGUITE À NOITE | CONFORTOS DA COZINHA

Toad in the Hole

Este é um ideal platônico do jantar da noite de domingo: simples e seguro de preparar, ele satisfaz e reconforta. Mas embora eu adore seu charme infantil, alterei um pouco a receita, desfazendo as linguiças e transformando-as em bolinhos, que frito no fogão antes de cobrir com a massa e assar em forno quentíssimo. Não estou tentando arranjar mais trabalho — não que retirar linguiças da pele seja árduo (na verdade, é estranhamente satisfatório) —, mas realmente não gosto da aparência das linguiças; quando esse prato é preparado da maneira tradicional, ficam com uma cor-de-rosa queimada assustadora quando assam. Sim, você pode colocá-las antes no forno quente para selarem primeiro, mas isso nunca funciona, e da maneira que eu faço não é preciso pensar mais nelas. Você simplesmente frita os bolinhos, despeja a massa sobre eles, coloca no forno e deixa lá.

Serve 4 a 6 pessoas

350 ml de leite integral
4 ovos
1 pitada de sal
250 g de farinha de trigo
400 g de linguiças de porco de boa
  qualidade (6 linguiças)
1 colher de sopa de gordura
  de ganso, gordura vegetal
  hidrogenada ou óleo

4 ramos de tomilho fresco, e mais
  um pouco para servir se quiser

1 fôrma redonda com aprox.
  28 cm de diâmetro ou uma
  assadeira retangular com aprox.
  30 x 20 cm

♥ Preaqueça o forno a 220°. Bata o leite com os ovos e o sal, depois incorpore a farinha de trigo, batendo para criar uma massa lisa. Acho que essa ordem dos ingredientes proporciona uma massa mais leve.

♥ Retire da pele metade da carne da linguiça de cada vez (talvez você precise fazer um talho com uma faca), enrolando carne com as mãos para formar um bolinho, depois achate-o levemente. Utilizando 6 linguiças, você obterá 12 bolinhos.

♥ Aqueça a gordura ou o óleo em uma assadeira com fundo grosso que possa ficar sobre o fogo e frite os bolinhos por cerca de 1 minuto de cada lado: você não precisa de mais tempo que isso para deixá-los sedutoramente dourados.

♥ Com os bolinhos e o óleo ainda quentes, despeje a massa e rapidamente junte os ramos de tomilho. Absolutamente de imediato, coloque no forno e deixe por cerca de 40 minutos ou até que as bordas da massa comecem a crescer e dourar, e o meio fique firme.

♥ Sirva imediatamente, salpicado com 1 ou 2 de ramos de tomilho ou apenas algumas folhinhas por cima e com molho (seja de cebola, como a receita a seguir, ou a variante de barbecue na **p. 458**) se achar que só consegue apreciar a massa se estiver encharcada de molho.

PREPARO ANTECIPADO
A massa pode ser preparada com 1 dia de antecedência. Cubra e refrigere. Os bolinhos de linguiça podem ser moldados no dia anterior. Cubra e refrigere até a hora de fritar.

MOLHO DE
CEBOLA

Aqueça 2 colheres de sopa de gordura ou óleo e frite 2 cebolas, descascadas, cortadas ao meio, e depois fatiadas finamente, até ficarem macias (cerca de 10 minutos). Adicione 2 colheres de chá de açúcar e deixe as cebolas cozinharem, caramelizando um pouco, por mais cerca de 3 minutos, antes de juntar 4 colheres de chá de farinha de trigo, e depois 500 ml de caldo de carne. Quando estiver grosso e quente, acrescente um pouco de Marsala, a gosto.

Hadoque defumado à moda da minha mãe

Minha mãe preparava esta receita com bastante frequência quando eu era criança, mas, acima de tudo, eu a associo com dias em que estava doente: esta é minha ideia — ou melhor, a da minha mãe — de comida reconfortante para esses momentos. Ela sempre colocava um tomate cortado ao meio no prato, mas uma vez, inexplicavelmente, eu estava em casa e não tinha tomates, então usei ervilhas congeladas e fiquei muito satisfeita com a inovação. Você pode usar um dos dois ingredientes, ou ambos, como preferir; mas pão fresco, em fatias grossas com manteiga, não é negociável.

Eu coloco um filé de hadoque defumado em uma tigelinha refratária individual e despejo leite sobre ele, adicionando tomates ou ervilhas, ou ambos, certamente um ovo, e alguns raminhos de salsa amarrados se tiver, e dou a cada pessoa uma tigela. Então faz sentido que as quantidades da receita sejam baseadas em uma tigela, e você pode aumentar as quantidades para se adequar ao número de pessoas que estiver servindo.

Observação: O ovo deve ficar mole, então não sirva este prato a alguém que esteja com o sistema imunológico fraco ou comprometido, como mulheres grávidas, pessoas mais velhas ou crianças.

Serve 1 pessoa

3 colheres de sopa de ervilhas congeladas
Manteiga, para untar
1 filé pequeno de hadoque defumado
250 ml de leite integral
Alguns talos ou ramos de salsa, amarrados
1 tomate cortado ao meio
1 ovo
Pimenta branca moída na hora

♥ Preaqueça o forno a 220°. Coloque as ervilhas congeladas em uma tigela e derrame sobre elas água fervente.

♥ Unte uma tigelinha refratária com manteiga e coloque ali o filé de hadoque defumado.

♥ Despeje o leite por cima, junte os talos de salsa e coloque as 2 metades do tomate, depois encontre espaço para quebrar o ovo.

♥ Escorra as ervilhas, junte-as e salpique com uma boa pitada de pimenta moída na hora antes de colocar a tigela no forno. Asse por 10 minutos se todos os ingredientes estiverem em temperatura ambiente. Se não, talvez sejam necessários 15 a 20 minutos. Mas tenha cuidado, a gema do ovo deve ficar mole.

A CURA CULINÁRIA PARA A DOMINGUITE À NOITE | CONFORTOS DA COZINHA

Bolo de carne da mãe do Ed

Eu tenho um fraco perfeitamente justificável por qualquer receita que chegue até mim depois de ser passada pelas gerações da família de outra pessoa. Não é apenas sentimentalismo (espero que não seja sentimentalismo *em absoluto*, para dizer a verdade, pois estou desdenhosamente convencida de que o sentimentalismo é o refúgio daqueles que não têm emoções genuínas). Sim, eu dou significado à comida que foi passada por gerações e depois confiada a mim, mas pense bem: as receitas que duram, não duram sem razão.

E, acima de tudo, existe meu encantamento pela culinária norte-americana. Eu simplesmente ouço o nome bolo de carne e sinto a ironia e a corrupção do velho mundo europeu esvaírem-se de mim, enquanto me imagino em uma pintura de Thomas Hart Benton. E então dou uma mordida: o sonho se dissipa e sou deixada com um pedaço de serragem compacta na boca e uma decepção enorme. Então agora você entende por que estou tão animada com *esta* receita. Ela faz o bolo de carne ter o sabor que sempre sonhei que deveria ter.

Embora seja, de fato, a receita da mãe do Ed, a receita a seguir é uma adaptação minha. Meu sogro contava que uma vez pediu à mãe as instruções para preparar picles. "De quanto vinagre eu preciso?", ele perguntou. "Quanto baste", ela respondeu. A receita da mãe do Ed tem uma abordagem semelhante; dei toques contemporâneos, como ser precisa com as medidas; mas, por tudo isso, cozinhar nunca pode ser algo verdadeiramente preciso: fatias de bacon pesam mais ou menos, dependendo da espessura, por exemplo. E existem muitos exemplos semelhantes: nenhum livro de receitas seria grande o bastante para conter todas as possíveis variantes de qualquer receita. Mas o que se segue são instruções confiáveis, disso você pode ter certeza.

Imploro que, se puder, compre a carne para este prato no açougueiro. Já preparei esta receita algumas vezes, comparando a carne moída que vem do açougue com a de diversos supermercados, e não há como contornar o fato de que a carne moída na hora no açougue é o que torna o bolo de carne macio (isso, e as cebolas, mas as cebolas sozinhas não bastam). O problema com a carne moída de supermercado não é apenas a secura na hora de comer; mas o fato de tornar a textura do bolo de carne mais quebradiça, e, consequentemente, mais difícil de fatiar.

No que diz respeito ao molho, fico satisfeita apenas com os sucos que escorrem enquanto o bolo de carne assa, e não só porque todo o objetivo desta receita para mim é que posso contar com uma boa metade dele para comer fria em sanduíches pelo restante da semana (e você deve ficar atento — é meu dever alertá-lo — de que uma assadeira com laterais altas cria mais suco que uma assadeira rasa). Mas se quiser fazer molho bastante para cobrir o bolo de carne inteiro, prepare um molho de cebola, e despeje os sucos da carne no final, ou faça um molho barbecue rápido no fogão. Ou seja, em uma panela coloque 50 g de açúcar mascavo, 125 ml de caldo de carne, 1 colher de chá de vinagre de vinho tinto, a gosto, e 4 colheres de chá de cada um dos seguintes ingredientes: mostarda Dijon, molho de soja, pasta ou purê de tomate e geleia de groselha. Aqueça, misture e despeje em um jarro para servir.

MOLHO BARBECUE RÁPIDO

A CURA CULINÁRIA PARA A DOMINGUITE À NOITE | CONFORTOS DA COZINHA

Ed me disse para comer kasha com este prato, que, imagino, era o que sua mãe servia, mas realmente sinto que se você não cresceu comendo kasha — uma espécie de polenta de trigo sarraceno —, dificilmente conseguirá perceber seu charme. Não vejo nenhum argumento contra purê de batatas, com exceção da preguiça, mas não me incomodo de me inspirar em outra cultura e preparar uma panela de polenta; uso a instantânea, como já admiti (veja na **p. 336**), mas substituo a água que as instruções da embalagem aconselham por caldo de galinha. E assim como acontece com o caldo de carne sugerido para o molho anterior, fico satisfeita de ser comprado, e não feito em casa.

Serve 8 a 10 pessoas, *mas sirva menos pessoas e tenha sobras*

4 ovos

4 cebolas, 500 g no total

5 colheres de sopa de gordura de pato ou manteiga

1 colher de chá de sal marinho em flocos ou ½ colher de chá de sal refinado

1 colher de chá de molho inglês

900 g de carne moída, de preferência orgânica

100 g de farinha de rosca fresca

225 g de bacon em fatias

1 assadeira grande

♥ Preaqueça o forno a 200°. Deixe uma panela cheia de água levantar fervura depois cozinhe 3 dos ovos por 7 minutos. Resfrie-os em água gelada.

♥ Descasque e pique as cebolas e aqueça a gordura de pato ou a manteiga em uma frigideira de fundo grosso. Cozinhe as cebolas lentamente, salpicadas com o sal, por cerca de 20 a 25 minutos ou até que estejam douradas e pegando na gordura. Coloque em uma tigela para esfriar.

♥ Coloque o molho inglês e a carne moída em uma tigela, e quando a mistura de cebolas não estiver mais quente ao toque, adicione-a à tigela e misture tudo com as mãos.

♥ Incorpore o ovo restante e misture novamente antes de finalmente adicionar a farinha de rosca.

♥ Divida a mistura em 2, e na assadeira monte a parte de baixo do bolo de carne moldando a massa em uma forma achatada e oval com aproximadamente 23 cm de comprimento. Descasque e coloque os 3 ovos cozidos em fila no meio do bolo de carne.

♥ Coloque a massa remanescente por cima dos ovos e molde-a para obter uma forma arredondada e sólida. Comprima o bolo de carne para eliminar qualquer buraco, mas não amasse demais.

♥ Cubra o bolo de carne com fatias de bacon como se fosse uma terrina, enfiando as extremidades do bacon sob o bolo o melhor que puder para evitar que o bacon se enrole ao assar.

♥ Asse por 1 hora, até que os sucos que vazam da carne fiquem transparentes, e quando sair do forno, deixe o bolo de carne descansar por 15 minutos. Assim vai ser mais fácil fatiar. Quando estiver fatiando, faça-o generosamente, para que todos ganhem um pedaço de ovo. Despeje os sucos da carne por cima quando servir, ou use o molho que preferir.

PREPARO ANTECIPADO
O bolo de carne pode ser montado, coberto e mantido na geladeira por 1 dia. Depois asse conforme indicado na receita.

Usando bem as sobras

SANDUÍCHE DE BOLO DE CARNE

Sem dúvida, um sanduiche de bolo de carne é uma das coisas mais fabulosas que alguém pode comer na vida. Não quero ser mandona demais em relação a isso, mas para mim um sanduiche de bolo de carne precisa levar uma mistura de mostarda granulada e maionese, seja qual for o pão usado — e o pão que uso (veja na foto) é um pão preto de centeio ao estilo da Europa Oriental, aromatizado e pontilhado com sementes de cominho. (Você deve usar as sobras em até 3 dias.)

A CURA CULINÁRIA PARA A DOMINGUITE À NOITE | CONFORTOS DA COZINHA

A CURA CULINÁRIA PARA A DOMINGUITE À NOITE | CONFORTOS DA COZINHA

Caldeirada de porco com maçãs

Minha avó materna fazia uma caldeirada de carne de porco com maçãs, embora eu ainda fosse levar muitos anos antes que eu pensasse em preparar esse prato. Por que esperei tanto? Poucos são os jantares tão reconfortantes, tanto para comer quanto para fazer, na verdade.

Esta é uma receita complicada, não nego, e se você estiver exausto na tarde de domingo e (como minha avó também costumava dizer) com os cabelos em pé, talvez não seja a receita ideal. Mas às vezes acho que picar e mexer, o calmo processo da cozinha, pode restaurar um pouco da sanidade a meu cérebro irritado. Não que meus filhos necessariamente concordem, pois são testemunhas constantes de meus ataques ao fogão nas noites de domingo.

Alguém para ajudar, talvez um filho, pode tornar o processo mais fácil; mas um momento solo na cozinha pode ser mais restaurador emocionalmente. Mas considero receitas como esta tão úteis no final de semana porque levam tempo bastante para cozinhar para que você tenha uma porção de tempo adequadamente utilizável entre a preparação e o consumo.

Embora eu tenha especificado costeletas desossadas, normalmente eu mesma me ignoro. O lado positivo é que sem os ossos é mais fácil comer gulosamente; o outro lado positivo é que os ossos intensificam o sabor. Qualquer dos dois ficará bom. Gloriosamente, também tenho de relatar um desejo irresistível de adicionar uma camada de morcela fatiada à caldeirada pronta, que depois é recolocada no forno, a 220°, por cerca de 10 minutos no final.

Acho a receita que se segue bastante tradicional; meu único fracasso nesse sentido é que não consigo encontrar minha travessa antiga de caldeirada, um pote marrom redondo que se alargava na borda, e era exatamente igual ao que minha avó tinha. Não gostei, e ainda não gosto, de tê-lo perdido, embora tenha de relatar que o pote adequado precisasse ser coberto com papel-manteiga e sempre transbordasse; então, agora que a necessidade me fez passar a uma caçarola redonda de ferro fundido com tampa, tudo ficou mais fácil.

Eu poderia sugerir que você começasse a cozinhar tudo nessa caçarola, mas isso significaria fazer camadas em uma panela quente e engordurada, e você pode preferir lavar mais louça, mas trabalhar em uma zona menos perigosa.

Serve 4 a 6 pessoas

3 colheres de sopa de óleo

3 cebolas descascadas, cortados ao meio, depois em meias-luas

250 g de bacon em fatias

50 g de farinha de trigo

½ colher de canela em pó

¼ de colher de sopa de cravo em pó

Sementes de 4 vagens de cardamomo, esmagadas, ou ¼ de colher de chá de cardamomo em pó

Sal e pimenta, a gosto

6 costeletas de porco desossadas (175 g a 225 g cada)

4 maçãs Granny Smith

750 ml de suco de maçã ácida

1 refratário com aprox. 20 cm de diâmetro e 13 cm de profundidade, ou 1 caçarola redonda de 24 cm, com tampa

♥ Preaqueça o forno a 170°. Aqueça o óleo em uma panela larga de fundo grosso e frite as cebolas por cerca de 10 minutos, até ficarem macias, mexendo ocasionalmente. Transfira para uma tigela.

♥ Corte com uma faca ou uma tesoura o bacon em tirinhas e frite na panela das cebolas por alguns minutos; transfira para a tigela com as cebolas e misture.

♥ Coloque a farinha de trigo, os temperos, o sal e a pimenta em um saco com fecho hermético e adicione 3 das costeletas. Agite-as dentro do saco, depois elimine o excesso de farinha. Sele as costeletas na panela com gordura e transfira para um prato. Cozinhe as outras 3 costeletas da mesma forma, enfarinhando, depois selando.

♥ Descasque e retire o miolo das maçãs. Cortando cada uma ao meio. Fatie cada metade finamente depois arrume todos os ingredientes na caçarola refratária da seguinte maneira: uma camada de cebolas e bacon, 3 costeletas de porco, uma camada de fatias de maçã, cebolas e bacon, mais 3 costeletas de porco, uma camada de fatias de maçã, cebolas e bacon e, finalmente, uma camada de fatias de maçã.

♥ Despeje a farinha de trigo temperada que sobrou dentro da panela com gordura antes de misturá-la com o suco de maçã. Deixe levantar fervura, então derrame sobre as camadas de ingredientes, deixando esse líquido se infiltrar lentamente até o fundo.

♥ Caso seja necessário, faça uma tampa firme para a travessa com papel-manteiga e papel-alumínio, e coloque no forno sobre um tabuleiro, pois pode vazar. Do contrário, simplesmente tampe a caçarola. Asse por 3 horas, até que a carne de porco esteja totalmente cozida e as maçãs fiquem macias.

PREPARO ANTECIPADO

A caldeirada pode ser montada 1 dia antes, embora as maçãs devam escurecer um pouco, mas isso não será perceptível depois que o prato estiver pronto. Cubra bem e refrigere até a hora de assar. Cozinhe como indicado na receita.

A CURA CULINÁRIA PARA A DOMINGUITE À NOITE | CONFORTOS DA COZINHA

Barriga de porco assada lentamente

Existem poucas refeições cuja expectativa deixa meus filhos tão animados (ou fingindo estar animados), e esta é uma delas. Para acompanhar, são obrigatórias as Entranhas de Torta (que é como minha filha sempre chamou o alho-poró com molho branco, veja na **p. 370**), e para satisfação máxima, batatas assadas (para isso, veja a **p. 222**). Embora eu normalmente use gordura de ganso para assar batatas, acho que a barriga de porco permite, até mesmo encoraja, substituí-la por banha. Não estou convencida de que com todo aquele toucinho fabuloso as batatas assadas também sejam necessárias, mas gosto de oferecer o que deixa as pessoas felizes. Na verdade, prefiro macarrão instantâneo ou uma tigela de arroz basmati integral puro cozido no vapor, e incentivo você a considerar ambos; e adoro colocar algumas gotas de vinagre de arroz em meu prato ao comer.

Esta é mais uma daquelas receitas que você pode preparar com antecedência e depois ter a tarde livre, sem preocupações. Eu aconselhei marinar de um dia para o outro, mas se estiver preparando esse prato para o jantar de domingo (como acontece com frequência), normalmente coloco a carne para marinar de manhã e deixo levemente coberto com papel vegetal na geladeira, ou começo a marinada mais ou menos no meio do dia e deixo descoberto em um local fresco (fora da geladeira) por algumas horas.

A CURA CULINÁRIA PARA A DOMINGUITE À NOITE | CONFORTOS DA COZINHA

Serve 6 a 8 pessoas

1,75 g de barriga de porco, com a pele talhada
4 colheres de sopa de tahini
4 colheres de sopa de molho de soja
Suco de 1 limão-siciliano
Suco de 1 limão Tahiti

♥ Pegue uma travessa rasa na qual a barriga de porco caiba sem folga e nela misture o tahini, o molho de soja e os sucos de limão.

♥ Coloque a carne de porco sobre o tempero, com a pele para cima. A marinada deve cobrir a parte de baixo e a maior parte das laterais, mas não pode tocar a pele.

♥ Deixe a carne de porco marinando na geladeira de um dia para o outro, coberta com papel-alumínio, depois retire e deixe voltar à temperatura ambiente antes de assar. Preaqueça o forno a 150°. Pegue uma assadeira rasa e forre com papel-alumínio.

♥ Transfira a carne de porco para a assadeira e asse descoberta por 3 horas e ½, depois aumente o fogo para 250° e asse por mais ½ hora, para a pele ficar perfeitamente lustrosa e crocante.

PREPARO ANTECIPADO
A carne de porco pode ficar marinando por até 1 dia. Cubra e guarde na geladeira até a hora de usar.

Usando bem as sobras

*As sobras podem ficar na geladeira, bem embrulhadas em papel-alumínio, por até 3 dias. Se houver o bastante, sugiro cortar em pedaços pequenos e reaquecer em uma mistura de molho de soja, saquê e mirin e misturar com arroz cozido, coentro fresco e mix de sementes. Entretanto, normalmente não sobra muito, e nesse caso sugiro que você embale, rotule e congele (por até 2 meses) e use quando precisar, na Paella da Despensa (**p. 196**).*

Peito de boi texano

O peito é um daqueles cortes antiquados cuja menção deixa certas pessoas emocionadas: essa é a comida das avós de nossas avós: barata, saborosa, substancial, que precisa de um cozimento lento e merece profunda apreciação. Comer um prato de peito fatiado e embebido em seu molho é saber que você está seguro no morno abraço da cozinha. Com este prato na barriga, você começa a semana fortificado.

Entretanto, a coisa mais importante é que o peito seja fresco: não pode ser carne salgada, que é a forma mais comum de se encontrar o peito de boi — o que também não é nada mau. Também recomendo que você peça sem osso (embora seja provável que já esteja assim) e, embora possa ser sensato pedir que o *excesso* de gordura seja retirado, você, definitivamente, não deve retirar toda a gordura: a gordura é necessária para dar sabor à carne e deixá-la macia. Bom, o cozimento lento também ajuda.

Não enrolo o peito de boi: eu só compro uma tira afilada (bom, é assim que ele fica: mais espesso em uma das extremidades), deixo a pele para cima sobre uma cama de cebolas fatiadas e cubro primeiro com líquido; depois com papel-alumínio. Sei que a quantidade pedida na receita é grande, mas não tenho como lhe explicar como fica bom reaquecido, e também congelo porções para 2 pessoas de carne fatiada em seu molho para ocasiões futuras, nas quais a gula seja maior que a disposição. E não faço ajustes às medidas de líquido ou tempo de cozimento, mesmo quando o peso da carne é menor. Na verdade, recentemente preparei este prato com uma peça enrolada de 800 g, e as únicas modificações que fiz foram colocar a peça de carne no centro de uma caçarola de ferro fundido, com as cebolas de um dos lados e uma cenoura, cortada ao meio no sentido do comprimento, no outro. Acrescentei o líquido, tampei e cozinhei exatamente como faria com a peça de carne mais chata e imensamente maior pedida na receita.

Por mais curiosos que os ingredientes para o líquido no qual a carne é cozida pareçam, o sabor é glorioso. Eu desafio você ou qualquer outra pessoa a identificar o gosto do café, mas é tão bom que não me sinto tentada a excluí-lo, nem mesmo uma vez só para saber a diferença. Consegui encontrar fumaça líquida — uma ideia maravilhosamente poética —, e adoro a legenda do rótulo: "Minha vida são essas garrafas", mas tenho certeza de que você pode preparar a receita sem ela. É claro que você perderia aquele sabor de churrasco texano, mas dobre a quantidade de molho inglês e o gosto continuará intenso.

Fico mais próxima a minhas raízes nos acompanhamentos. Para mim, isso quer dizer purê de batatas, e a versão com pastinaca e leitelho (sem o gengibre) da **p. 386** também é um acompanhamento fantástico. Mas não há como negar que batatas cozidas no vapor, cortadas e com as cascas removidas só após o cozimento, seriam muito mais simples e ainda assim fariam o trabalho essencial de absorver os maravilhosos sucos. Entretanto, devo dizer que adoro comer esta receita em um prato fundo e largo com vagens crocantes e pão para mergulhar, ainda que o final do molho eu coma como uma sopa, de colher.

A CURA CULINÁRIA PARA A DOMINGUITE À NOITE | CONFORTOS DA COZINHA

Serve aprox. 12 pessoas, *ou muito menos, com sobras abundantes (o resultado mais desejável)*

3 cebolas médias ou 2 grandes
Aprox. 2,5 kg de peito de boi fresco
  (não salgado)
4 colheres de sopa de vinagre de
  sidra
4 colheres de sopa de molho de
  soja

4 colheres de sopa de fumaça
  líquida
4 colheres de sopa de molho inglês
4 colheres de sopa de molho para
  carnes (como A1 ou HP)
4 colheres de sopa de café forte ou
  aprox. 1 espresso duplo

♥ Preaqueça o forno a 150° e pegue uma assadeira na qual o peito de boi se encaixe sem folga.

♥ Fatie as cebolas e as arrume no centro da assadeira, criando uma plataforma para a carne.

♥ Coloque o peito sobre as cebolas, com o lado da gordura virado para cima.

♥ Misture os ingredientes restantes e despeje-os sobre o peito de boi, depois cubra a assadeira com papel-alumínio, selando bem — coloque duas camadas se quiser ter mais segurança —, e coloque no forno em baixa temperatura por 3 horas e ½.

♥ Retire do forno e transfira a carne para uma tábua.

♥ Coloque as cebolas em um liquidificador com 1 ou 2 conchas do líquido da assadeira e bata até ficarem homogêneas, depois acrescente o restante do líquido da assadeira e misture.

♥ Fatie o peito de boi em suaves diagonais contra a fibra do músculo e depois, se quiser, corte as fatias na metade antes de colocá-las no grosso molho de cebolas na assadeira. Eu sirvo, alegre e orgulhosamente, diretamente na assadeira.

Usando bem as sobras

SANDUÍCHE
QUENTE DE
PEITO DE BOI

Não existe forma errada de comer essas sobras, e tudo o que realmente faço é reaquecer, mas seria uma negligência da minha parte não dizer que um sanduíche quente de peito de boi, comido com desleixo na solidão, é um dos prazeres mais verdadeiros disponíveis para a raça humana. As fatias de carne podem ficar guardadas na geladeira por até 3 dias: cubra a superfície com uma fina camada de molho e guarde em um prato firmemente coberto com filme plástico ou em um recipiente bem fechado. Você deve guardar o molho restante separadamente na geladeira. (As sobras podem ficar congeladas por até 2 meses em um recipiente bem fechado: descongele de um dia para o outro na geladeira e reaqueça como indicado a seguir.) Quando quiser comer, proceda da seguinte maneira: reaqueça a carne no molho em um refratário bem coberto com papel-alumínio, no forno preaquecido a 180° ou no micro-ondas em uma tigela coberta com filme plástico, de 30 em 30 segundos, até estar bem quente; corte duas fatias grossas de pão, mergulhe 1 fatia no molho e coloque o lado molhado para cima no prato; deposite sobre ele a carne, depois adicione um pouco

de pasta de rábano; usando o outro pedaço de pão, limpe o prato de molho e coloque a fatia, com o lado molhado para baixo sobre a carne; levante um pouco o sanduíche, incline-se para a frente para ficar pairando sobre o prato e coma antes que o sanduíche despedace completamente.

A CURA CULINÁRIA PARA A DOMINGUITE À NOITE | CONFORTOS DA COZINHA

Sopa italiana de tomate e massa

Pense nesta receita como uma divina versão italiana para a sopa de tomate Heinz, feita para reconfortar, deliciar e assegurar quem a come de que tudo ficará bem. Acho que é algo que todos nós precisamos sentir — seja corretamente ou, ora, incorretamente — em um domingo à noite quando os fracassos da semana anterior e as obrigações da semana seguinte deixam o ar pesado. Na verdade, vou além: eu diria que se você for dormir no domingo com isso na barriga, a manhã de segunda-feira será um pouco mais tolerável.

Você pode adicionar ou não a massa, e bater a sopa ou não, mas minha maneira favorita de comer este prato é a segunda opção da receita: passar os tomates e as cebolas em seu saboroso líquido por um passa-verduras e depois cozinhar a massa nele. Mas o bom desta sopa, seja como for comida, é que parece algo reconfortante em uma bandeja que alguém que nos ama pode trazer quando estamos para baixo: o tipo de comida aconchegante e pouco exigente que cura qualquer coisa que nos perturbe, de excesso de bebida no final de semana à histeria de um dever de casa por fazer.

Serve 4 pessoas

6 fabulosos tomates grandes e
  maduros, aprox. 575 g
3 colheres de sopa de azeite de oliva
2 dentes de alho, descascados
1 cebola grande , descascada e
  finamente picada
1,5 l de água fria
1 colher de chá de sal marinho em
  flocos ou ½ colher de chá de sal
  refinado

1 ou 2 pitadas de pimenta moída
  na hora
2 colheres de chá de açúcar
150 g de ditalini, anelli rigati ou
  outra massa para sopa de sua
  escolha
Creme azedo, para servir
  (opcional)
Salsa fresca picada, para servir
  (opcional)

♥ Despeje água fervente sobre os tomates em uma tigela e deixe-os mergulhados enquanto cuida de algumas outras coisas.

♥ São elas: aquecer o azeite em uma panela de fundo grosso (que tenha tampa) e fritar os dentes de alho até ficarem dourados de ambos os lados antes de descartá-los e acrescentar a cebola picada ao azeite, que agora tem sabor de alho. Mexa um pouco e deixe fritar enquanto volta aos tomates.

♥ Escorra os tomates e deixe no escorredor para esfriar um pouco antes de retirar as cascas. Corte os tomates ao meio — e descarte as sementes e a membrana branca —, depois pique-os grosseiramente e acrescente à panela com as cebolas. Mexa bem e deixe cozinhar por cerca de 5 minutos, ou até que as cebolas estejam macias.

A CURA CULINÁRIA PARA A DOMINGUITE À NOITE | CONFORTOS DA COZINHA

❤ Adicione água fria à panela, deixe levantar fervura, juntando o sal, a pimenta e o açúcar, depois abaixe o fogo, tampe e deixe cozinhar por **20 minutos**, se quiser comer a sopa pedaçuda, e por **40 minutos**, se a quiser homogênea.

❤ **Primeira opção:** depois de 20 minutos, destampe, deixe levantar fervura novamente e adicione a massa para cozinhar até ficar macia no caldo de tomates com cebola, depois deixe descasar por 10 minutos antes de servir.

❤ **Para a segunda e homogênea opção:** depois que os tomates e as cebolas cozinharem por 40 minutos, passe-os por um passa-verduras, depois recoloque-os na panela, deixe levantar fervura, adicione a massa e cozinhe até ficar macia, e deixe a sopa descansar por 10 minutos antes de servir.

❤ Salpique com salsa picada para servir, se desejar. Se quiser comer esta sopa sem a massa, ela ficará mais líquida (o amido da massa engrossa a sopa), mas mesmo assim, gostosa, e você pode adicionar uma espiral retrô de creme azedo a cada tigela antes de servir.

PREPARO ANTECIPADO
A sopa pode ser preparada com até 2 dias de antecedência. Transfira para um recipiente não metálico para esfriar, depois cubra e refrigere o mais rápido possível. Se for esse o caso, é melhor preparar sem a massa. Para reaquecer, deixe levantar fervura, adicione a massa e cozinhe como indicado na receita. Se preparada com a massa, talvez você precise adicionar um pouco mais de água durante o reaquecimento.

CONGELAMENTO
A sopa fria pode ficar congelada em um recipiente bem fechado por até 3 meses. Descongele de um dia para o outro na geladeira e reaqueça como indicado.

AGRADECIMENTOS

ÍNDICE

ÍNDICE EXPRESSO

Agradecimentos

A desordem da minha cozinha não é apenas o cenário em que escrevo e cozinho, mas — adequadamente — o cenário deste livro. É claro, muitos leitores reconhecerão potes, panelas, copos, tigelas e utensílios de outro livros, e é exatamente assim que deve ser. A familiaridade é o território aconchegante da culinária caseira, e com orgulho. Mas as necessidades de uma cozinha e as necessidades de uma sessão fotográfica não são exatamente as mesas, e muitas das fotos que precedem esta página foram imensamente auxiliadas por Ceramica Blue, The Conran Shop, David Mellor, Divertimenti, TheFrenchHouse.net, Few and Far, Heal's, John Lewis Partnership, littala, Lytton & Lily, NOM Living, Rice, Seeds of Italy e Vintage Heaven. Agradeço muito.

Também agradeço muito e permanentemente àqueles que trabalharam tanto para tornar este livro o que eu queria que fosse, mesmo quando lhes dei tão pouco tempo para fazê-lo. Caroline Stearns, Jan Bowmer, Parisa Ebrahimi, Poppy Hampson e Alison Samuel merecem mais do que um agradecimento: merecem uma espécie de medalha de honra. A Alison, em especial, quero agradecer pela paciência, tolerância e uma atenção aos detalhes que beira um estado de graça (ou uma doença). Na Random House, como sempre, me sinto profundamente agradecida pela imensa sorte que me proporcionou uma editora brilhante como Gail Rebuck.

Sou ainda mais abençoada de forma semelhante: confio completamente na orientação fornecida a mim com tanta generosidade por Mark Hutchinson; e Ed Victor, creio, sabe que estou eternamente em dívida com ele. Nunca consigo de fato acreditar na minha sorte por ter trabalhado, ao longo dos anos, com Caz Hildebrand. Todos os meus livros, e especialmente este, devem sua existência, em grande parte, a ela. Como também se beneficiam da dedicada atenção de minha fotógrafa, Lis Parsons.

Mas tenho uma gratidão especial não apenas aos que trabalharam comigo neste livro, mas que passaram tanto tempo na cozinha comigo enquanto ele era criado. Hettie Potter e Zoe Wales se dedicaram especialmente à tarefa que tinham, assim como a mim, ao longo dos anos, e Rose Murray, outra vez, ajudou a tornar realidade um lindo livro; mas agradeço de coração a todos eles; meus confidentes de cozinha: Lisa e Francesco Grillo, Rose Murray, Hettie Potter, Zoe Wales e Anzelle Wasserman.

Índice

E veja na p. 486 o Índice Expresso

Abacates
Quesadillas de abacate 433
Salada de frango, bacon e abacate 226–7
Salsa de abacate 107

Abóbora
Cobertura amanteigada de cream cheese 249
Frango assado com alho-poró e abóbora 222
Pappardelle com abóbora e roquefort 333–5
Salada de abóbora, rúcula e pinolis 92, 94–5

After eight (coquetel) 443–4
água, ferver 14

Alho
Frango com 40 dentes de alho 326–9
Gueixa tonta (coquetel) 444
Molho de frango e alho 329
Sopa com alho 329
Sopa feita com alho e amor 448–50

Alho-poró
Alho-poró com molho branco 370–71
Cogumelos selvagens com alho-poró e Marsala 405
de caldo 17–18
de vinho 18
Frango assado com alho-poró e abóbora 222
Pasteis "galeses" de presunto e alho-poró 373, 374
sobras, armazenamento 19–20
Tortinhas de presunto e alho-poró 372, 373–4

almôndegas 17
Almôndegas de peru com molho de tomate 44–5

Ameixas
Ameixas com canela e torradas francesas 140–41
Frango cozido com bacon e lentilhas 234–5

Amêndoas
Americano (coquetel) 442
Crumble de morango com amêndoas 131–2
Quadradinhos de framboesa Bakewell 299–300

amoras-pretas
Blondies 313–14
Bloody Maria (coquetel) 441–2
Gelado embriagado 295
liquidificadores 6
Trifle de laranja e amoras-pretas 171, 271
Veludo Negro (coquetel) 440
ver também frutas silvestres, mistas
Vodca de amoras-pretas 292–4

Anchovas 355
Caesar rápida de frango 230
Espaguete das vadias 188–9
Salada de pimentões, anchovas e ovos 214–15

Arroz
Arroz com ervilhas (arroz com feijão) 344–5
Arroz de coco 110
Arroz pilaf com carnes variadas 198
Bolinhos de arroz com açafrão e bacon 354

Brownies com flocos de arroz 312
Keema coreano 76–7
Molho de frango e alho for 329
Paella da despensa 196–7
panelas elétricas de arroz 8
Risoto à bolonhesa 355–8
Risoto com tinta de lula 359–61
Risoto de açafrão 352–3
Sopa de arroz com coco 345
ver também arroz para sushi

Arroz para sushi 18–19
Salmão com arroz para sushi com molho asiático agridoce picante 116
Bolo de verão sueco 264–8
Barrinhas crocantes de amendoim doces e salgadas 310–11
Frango agridoce 36–7
Lulas coreanas 74–5
Keema coreano 76–7

Aspargos
Ceia de batatas doces 340

Aveia
cebolas, fritando 20
Cheesecake à moda antiga 173–4
Molho de cebola 454
óleos 16
omeletes *ver* fritada
Pãezinhos de aveia irlandeses 86–7

Bacon
Assadeiras e fôrmas 4
assar 14–15, 236, 238
congelando bacon 15
esteiras culinárias, silicone 14
fermento em pó 15
Pudim de ovos 260–61

Quadradinhos de framboesa
Bakewell 299–300
Salada de frango, bacon e abacate
226–7
Salada de ovos e bacon 56–9
ver também cubos de bacon e
pancetta
Bacon em cubos 186
Ceia de batatas doces 340
Frango cozido com bacon e
lentilhas 234–5
Lasanha, Mexicana 105–7
Lasanha, Veneziana 336–8
Salada de ovos e bacon 56–9
Bananas
Bartholomew (Bartholomeus
Anglicus): *O livro das
propriedades das coisas* 362
Beard, James 388
Beckett, Samuel 9
Carne moída ao molho barbecue
33–5
Cheesecake banoffee 133–4
Cheesecake banoffee 133–4
feijões ver feijões pretos; favas
feijões; favas; arroz com ervilhas
Molho barbecue 458
Muffins de chocolate e banana
138
Pão de banana com coco e cereja
136–7
banho-maria 133, 134, 175
Batatas
Batatas assadas 222
Batatas assadas indianas 207–8
Bolinhos de batata picantes com
ovos fritos 387
Espremedores de batatas 7, 407
Frango espanhol com chouriço e
batatas 100
Galeto, Aberto 323–4
Pasta à genovesa (com batatas,
vagem e pesto) 41–2
Pernas de pato assadas com
batatas 388
Purê condimentado de batatas e
pastinaca 386
Purê de batatas com Red

Leicester 402, 407
ver também Ceia de batatas doces
e Rostini rápido
batedores 6, 7
Beterraba 17
Halloumi com beterraba e limão
212–13
Bolinhos picantes de linguiça
embrulhados com alface 421–3
Bolo de carne
Bolo de carne da mãe do Ed
458–60
Mencken, H. L. 236
Sanduíche de bolo de carne 460
Bolos 236, 238
Bolo com xarope de bordo e pecã
239–42
Bolo de carne da mãe do Ed
458–60
Bolo de cenoura veneziano 278–9
Bolo de gengibre com Guinness
305–6
Bolo de limão e chocolate sem
farinha com creme de margarita
281–2
Bolo de polenta com limão
siciliano 272–4
Bolo de sementes 296–8
Bolo de verão sueco 264–8
Bolo em camadas de café e nozes
275–6
Bolo inglês de chocolate com
laranja 308–9
Bolo manjar do diabo 253–4
Bolo úmido de geleia de laranja
269–71
calamari *ver* lulas
Campari 442
Carbonnade à la flamande 330–32
Cupcakes veludo vermelho 246–8
fôrmas de bolo 4, 14–15
Óleo de canola 16
Pão de banana com coco e cereja
136–7
ver também cheesecake
Brownies
Brownies com flocos de arroz 312
Brownies cotidianos 216–17

caçarolas buffet 3
pinceis, culinários 15
Potinhos de brownie de chocolate
161–2
ver também Blondies

Café
Bolo em camadas de café e nozes
275–6
caffè corretto 164
Costelinhas lustrosas com abacaxi
e melado 392–5
Merengues de café com caramelo
262–3
Tiramisu de Frangelico 164–6
Camarões
Camarões japoneses 190
congelados 186
Frutos do mar assados 318–20
Paella da despensa 196–7
Canela
Ameixas com canela e torradas
francesas 140–41
Muffins de maçã e canela 128–30
Caramelo
Cheesecake banoffee 133–4
Merengues de café com caramelo
262–3
Caranguejo
Bolinhos de caranguejo com coco
427–8
Carne bovina
Músculo guisado ao estilo asiático
Com salada picante e ácida em
tiras 382–5
Guisado de carne com cerveja
330–32
Bolinhos à bolonhesa 358
Carbonnade à la flamande 330–32
Bolo de carne da mãe do Ed
458–60
Costela bovina assada com
cogumelos selvagens e purê de
batatas com Red Leicester 362,
402–7
ver também peito de boi
Guisado de carne com cerveja
330–32

477

ÍNDICE

Joelhos de porco guisados na cerveja com cominho, alho, maçãs e batatas 378–80

Filé para dois 321–2

Lasanha veneziana 336–8

Risoto à bolonhesa 355–8

Tutano da Minetta (vitela) 400–1

Peito de boi texano 467–8

Chili com queijo 31–2

Carne moída ao molho barbecue 33–5

Bolo de cenoura veneziano 278–9

Castle, Barbara 443

Cenouras

Chambord 442–443

Panelas de ferro fundido 2–3, 326

Cerejas, secas

Pão de banana com coco e cereja 136–7

Cheesecake

Cheesecake à moda antiga 173–4

Cheesecake banoffee 133–4

Cheesecake de chocolate e manteiga de amendoim 175–6

Chocolate

Barrinhas crocantes de amendoim doces e salgadas 310–11

Blondies 313–14

Bolo de limão e chocolate sem farinha com creme de margarita 281–2

Bolo inglês de chocolate com laranja 308–9

Bolo manjar do diabo 253–4

Brownies com flocos de arroz 312

Brownies cotidianos 216–17

Calda de chocolate 437–8

Cheesecake de chocolate e manteiga de amendoim 175–6

Chocolate quente 441, 444

Churros com calda de chocolate 437–8

Cookies com gotas de chocolate 256–7

Martíni de chocolate (coquetel) 444

Muffins de chocolate e banana 138

Potinhos de brownie de chocolate 161–2

Pudim de pão com gotas de chocolate 142–3

Torta de chocolate e limão 156, 158–60

Chouriços 186

Chili com queijo 31–2

Chouriço com xerez 429

Churros com calda de chocolate 437–8

Ensopado de chouriço e grão-de-bico 202–4

Frango espanhol com chouriço e batatas 100

Mariscos com chouriço 115

Pizza sem crosta 26

Chutney

Chutney de abóbora com especiarias 290–91

Chutney de uva-crispa 288–9

Cobertura

Cobertura amanteigada de cream cheese 249

Cobertura de creme de manteiga 275, 276

dicas de fritura 20

frigideiras 3–4

frutas

frutas *ver* frutas silvestres, mistas e específicas

Coco

Arroz de coco 110

Bolinhos de caranguejo com coco 427–8

Pão de banana com coco e cereja 136–7

Sopa de arroz com coco 345

Sorvete de piña colada 180–81

coelho *ver* Frango a primavera

Cogumelos

Cogumelos selvagens com alho-poró e Marsala 402, 405

Congelando comida e bebida

bacon 15

caldo 17–18

congelando sobras 18

Martini francês (coquetel) 443

pão 15

Torrada francesa 140, 141

vinho 18

Cookies

Cookies com gotas de chocolate 256–7

Cordeiro

Cordeiro com alecrim e vinho do porto 62

Costeletas de cordeiro com groselha e hortelã 67

Paleta de cordeiro com alho, tomilho, azeitonas pretas e vinho rosé 396–9

Stincos de cordeiro do Patara 364–6

Costeletas de cordeiro gregas com limão siciliano e batatas 390–91

Costeletas de cordeiro com tempero indiano 92–3

Coxas africanas 46

Cream cheese

Cheesecake banoffee 133–4

Cheesecake de chocolate e manteiga de amendoim 175–6

Cobertura amanteigada de cream cheese 249

Torta de frutas fácil 177–8

Creme de margarita 282

Creme de cacau

Gafanhoto (coquetel) 443

Martini de chocolate (coquetel) 444

Torta gafanhoto 182–5

Creme de menta

Empanados crocantes de filé de frango com acompanhamento de salada 28–30

Frappé de creme de menta (coquetel) 444

Gafanhoto (coquetel) 443

Torta gafanhoto 182–5

Crumbles

Barrinhas crocantes 310–11

Crumble de morango com amêndoas 131–2

Crumble de uva-crispa e flor de

sabugueiro 251–2
Cupcakes, veludo vermelho 246–8
Armários, cozinha 5–6
Luvas CSI 17
Massa espiral com feta, espinafre e pinolis 209–10
Pizza sem crosta 26
Xícaras de medida 19

Curry
Curry de legumes ao estilo do Sul da Índia 154–5
Curry de tomate com arroz de coco 108–10
Stincos de cordeiro do Patara 364–6

Cuscuz
Cuscuz com rúcula e limão siciliano 90
Massa espiral com feta, espinafre e pinolis 209–10
Salmão ao limão siciliano com cuscuz de tomate-cereja 119–20

Drinques (e coquetéis)
Americano 442
Baby Guinness 440–41
Bloody Maria 441–2
Cooler de framboesa 443
Gelado embriagado 295
Gimlet de flor de sabugueiro 444–5
Gueixa tonta 444
Lagarita 441
Margarita rosa 442–3
Martini francês 443
Petúnia 443
Prosecco sporco 442
Spritzer de flor de sabugueiro 444
Veludo negro 440

Ensopados
caldo 350, 367, 368, 372, 374
Carbonnade à la flammande 330–32
congelamento 17–18
Ensopado de chouriço e grão-de-bico 202–4

Ensopado de peixe São Francisco 346–8
Guisado de carne com cerveja 330–32

Ervilha
Purê de ervilha com aroma tailandês 72
Sopa de ervilhas com sidra 374
Escalopinho ligeiro com rostini rápido 68–9

Espaguete
alla puttanesca 188
Bolinhos picantes de linguiça embrulhados com alface 421–3
costelinhas 392–5
Escalopinho ligeiro com rostini rápido 68–9
Espaguete com Marmite 49
Espaguete das vadias 188–9
Frango espanhol com chouriço e batatas 100
Galeto aberto 323–4
Jantar rápido de frutos do mar 193
Massa com pancetta, salsa e pimentões 194–5

Espinafre
Colheres de medida 19
Frango a primavera 97–8
Massa espiral com feta, espinafre e pinolis 209–10

Favas
Salada de joelho de porco e soja (ou favas) 375–6

Feijões pretos
Lasanha mexicana 105–6

Framboesas
Cooler de framboesa 443
Costela bovina 402–7
Costeletas de cordeiro com groselha e hortelã 67
Cupcakes veludo vermelho 246–8
geladeiras, limpeza 15
Purê de batatas com Red Leicester 402, 407
Quadradinhos de framboesa Bakewell 299–300
ver também frutas silvestres,

mistas
Frango 220–221
Caesar rápida de frango 230
Fajitas de frango 50–53
Frango agridoce 36–7
Frango ao estragão 64–5
Salada de frango Chinatown 228–9
Salada de frango, bacon e abacate 226–7
Sopa tailandesa de frango com macarrão instantâneo 232
Teriyaki de frango 38–40

Fritada
Sanduíche de fritada 25
Fritada de mortadela e muçarela 24–5

Frutas silvestres, mistas
Bicarbonato de sódio 15
Geleia de frutas silvestres mistas 285–6
Torta de frutas fácil 177–8

Frutos do mar
Barriga de porco assada lentamente 465–6
Bolo de sementes 296–8
Chouriço com xerez 429
congelados 186
Espaguete das vadias 188–9
Esteiras de silicone, culinárias 14
frigideiras, ferro fundido 2
Frutos do mar assados 318–20
Hadoque defumado à moda da minha mãe 456
Jantar rápido de frutos do mar 193
lula
Massa pequena com salame 200-1
mexilhões; camarões; vieiras;
Ombro de cordeiro *ver em* cordeiro
Risoto com tinta de lula 359
sal marinho 20
ver também vôngoles; caranguejo; pratos de peixe;

Gelados
garfos, trinchar 4
Gelado de merengue e limão

siciliano 168

Gelado embriagado 295

Gengibre

Bolo de gengibre com Guinness 305–6

Bolo de gengibre, Guinness 305–6

forno 4

Linguiças coquetel com mostarda granulada e gengibre 418–20

Luvas CSI (descartáveis) 17

Purê condimentado de batatas e pastinaca 386

sem glúten 281, 278

Grão-de-bico

Ensopado de chouriço e grão-de-bico 202–4

Molho de pimenta, Jumbo 121–2

Potinhos de brownie de chocolate 161–2

Salada de frango Chinatown 228–9

Guinness

Bolo de gengibre com Guinness 305–6

Veludo negro 440

hadoque, defumado

Hadoque defumado à moda da minha mãe 456

Halloumi com beterraba e limão 212–13

iogurte 15

Molho grego de ervas 102

Laranja

Bolo inglês de chocolate com laranja 308–9

Bolo úmido de geleia de laranja 269–71

Trifle de laranja e amoras-pretas 171, 271

Legumes

Bolo de cenoura veneziano 278–9

cortar legumes com tesoura 16

Curry de Legumes ao estilo do Sul da Índia 154–5

Lasanha veneziana 336–8

Minestrone 152–3

Sopa vietnamita de porco e macarrão instantâneo 82

ver também legumes específicos vermute 16

Vodca, amoras-pretas 292–4

Leitelho (e substitutos) 15

Scones de leitelho 283–4

Limão-siciliano 17

Bolo de polenta com limão siciliano 272–4

Gelado de merengue e limão siciliano 168

Salmão ao limão siciliano com cuscuz de tomate-cereja 119–20

limao tahiti 17

Bolo de limão e chocolate sem farinha com creme de margarita 281–2

Linguine solitário com óleo de trufa branca 81

linguine *ver abaixo*

Torta de chocolate e limão 158–60

Linguado

Curry sauce for lemon sole 155

Linguado dourado 70–71

Linguiças

Bolinhos picantes de linguiça embrulhados com alface 421–3

ver também chouriço

lula

Amido de prontidão 211

Filé, para Dois 321–2

Frango agridoce 36–7

Lulas coreanas 74–5

Massa rápida com lulas 112

Luvas de cozinha 4

Mackenzie, Jean 425

McNully, Keith 400

macarrão 186

cozinhando e pesando massa 14

Espaguete com Marmite 49

Espaguete das vadias 188–9

Linguine solitário com óleo de trufa branca 81

Massa com pancetta, salsa e pimentões 194–5

Massa espiral com feta, espinafre e pinolis 209–10

Massa pequena com salame 200–1

Massa rápida com lulas 112

Minestrone 152–3

Molho de frango e alho para massa 329

Molho para macarrão do frango a primavera 98

Pappardelle com abóbora e roquefort 333–5

Pasta à genovesa (com batatas, vagem e pesto) 41–2

pasta alla puttanesca 188

Sopa italiana de tomate e massa 470–71

macarrão instantâneo

Sopa tailandesa de frango com macarrão instantâneo 232

Sopa vietnamita de porco e macarrão instantâneo 82

maçãs

arancini 354

Caldeirada de porco com maçãs 463–4

Molho de maçã com mostarda 414

Muffins de maçã e canela 128–30

Músculo guisado ao estilo asiático com salada picante e ácida em tiras 382–5

Pandowdy de maçã 144–5

Manteiga de amendoim

Cheesecake de chocolate e manteiga de amendoim 175–6

Homus com manteiga de amendoim 434

Pandowdy de pera 144–5

Martínis

Martíni de chocolate (coquetel) 444

Martíni francês (coquetel) 443

medidas, xícara e colher 19

merengue 265

Arroz pilaf com carnes variadas 198

ÍNDICE

batedeira, elétrica 6

Gelado de merengue e limão siciliano 168

Gelado embriagado 295

Lasanha mexicana com salsa de abacate 105–7

Merengues de café com caramelo 262–3

mezzaluna 4–5

Miers, Thomasina: *Mexican Food Made Simple* 437

Minestrone 152–3

Minetta Tavern 400

Tutano da Minetta 400–1

ver também ovos, congelando claras de ovos

mexilhões

Ensopado de peixe São Francisco 346–8

Mexilhões com sidra 60

milho-verde

Canecas manchadas de chá 17

Ceia de batatas doces 340

Colheres de chá 7

Frango ao estragão 64–5

Lágrimas de palhaço 444

Molho tártaro, Picante 70–71

Panos de prato 20

Peito de boi texano 467–8

Purê condimentado de batatas e pastinaca 386

purê de ervilha com aroma tailandês 72

Salada tailandesa de tomate 408–9

Sopa luz do sol 78

Sopa tailandesa de frango com macarrão instantâneo 232

Tabule 205

Teriyaki, Frango 38–40

termômetros 6–7, 402

Thorogood, Nick 326

timers, cozinha 7

Tiramisu, Frangelico 164–6

Toad in the hole 453–4

Torta, de frutas fácil 177–8

Vieiras tailandesas assadas 430

Mirtilos

Muffins de mirtilo e fubá 243–4

ver também frutas silvestres, mistas; Trifle de laranja e amoras-pretas

mixer 6

molho

Cogumelos selvagens com alho-poró e Marsala 405

Costeletas de cordeiro gregas com limão siciliano e batatas 390–91

Molho barbecue 458

Molho de cebola 454

Molho grego de ervas 102

Molhos

Calda de caramelo 133, 134, 262, 263

Calda de chocolate 437–8

Molho asiático agridoce picante 116

Molho de curry 155

Molho de frango e alho 329

Molho de maçã e mostarda 414

Molho de mostarda 425, 426

Molho de pimenta Jumbo 121–2

Molho de roquefort 125

Molho de tomate 44–5

Molho grego de ervas 102

Molho para macarrão de frango a primavera 98

Molho salmoriglio 121

Molho tártaro picante 70–71

Pesto de salsa 123–4

Moranga

Chutney de abóbora com especiarias 290–91

Scones de abóbora 451–2

Morangos

Bolo de verão sueco 264–8

Crumble de morango com amêndoas 131–2

Sopa luz do sol 78

ver também frutas silvestres, mistas

Mostarda

Frango de panela da minha mãe 222–6

Linguiças coquetel com mostarda granulada e gengibre 418–20

Molho de maçã e mostarda 414

Molho de mostarda 425, 426

Nasr, Riad 400

Panelas antiaderentes 3–4

Sementes de nigela 110, 111

Sorvete de piña colada 180–81

Torta de frutas fácil 177–8

Muffins

Muffins de chocolate e banana 138

Muffins de maçã e canela 128–30

Muffins de mirtilo e fubá 243–4

Néctar de agave 22

Nhoque

Linguado dourado 70–71

Rostini rápido 68–9

óleo de colza 16

Ovos

Bolinhos de batata picantes com ovos fritos 387

Salada de ovos e bacon 56–9

Salada de pimentões, anchovas e ovos 214–15

Paella, da Despensa 196–7

pancetta 186

Frango a primavera 97–8

Massa com pancetta, salsa e pimentões 194–5

Paella da despensa 196–7

panelas 3, 6

Panzanella 148–50

Pappardelle com abóbora e roquefort 333–5

Parmesão, ralado 336

Pesto de salsa 123–4

ver também Frango cozido com bacon e lentilhas

Pão

Amido para 17

congelando pão 15

farinha de rosca 15, 28, 418

Pãezinhos de aveia irlandeses 86–7

Panzanella 148–50

Pão de banana com coco e cereja 136–7

Pudim de pão com gotas de chocolate 142–3

pastéis

Pastéis "galeses" de presunto e alho-poró 373, 374

Pincéis culinários 15

Stincos de cordeiro do Patara 364–6

Pastinacas

Bolinhos de batata picantes com ovos fritos 387

Purê condimentado de batatas e pastinaca 386

Pato

Pernas de pato assadas com batatas 388

peito de boi

Peito de boi texano 467–8

Sanduíche quente de peito de boi 468–9

Peixe

assadeiras de alumínio 3, 19

Bolo de limão e chocolate sem farinha com creme de margarita 281–2

Ensopado de peixe São Francisco 346–8

Espumante Flórida (coquetel) 443

Farinha de trigo 15

Fleming, Ian: *Casino Royale* 442

Fontanina, La (restaurante) 112

Hadoque defumado à moda da minha mãe 456

Linguado dourado 70–71

Processadores de alimentos 6

Salmão ao limão siciliano com cuscuz de tomate-cereja 119–20

Salmão com arroz para sushi com molho asiático agridoce picante 116

ver também frutos do mar

Peru

Tyler, Anne 448

Creme de baunilha 265–6

Almôndegas de peru com molho de tomate 44–5

Escalopinho ligeiro com rostini rápido 68–9

Keema coreano 76–7

pesto 41, 42

Pasta à genovesa 41–2

Pesto de salsa 123–4

Pimenta

Chili com queijo 31–2

Molho de pimenta Jumbo 121–2

Salada de frango Chinatown 228–9

Pimentões

Massa com pancetta, salsa e pimentões 194–5

Molho de pimenta Jumbo 121–2

Salada de pimentões, anchovas e ovos 214–15

Sopa luz do sol 78

polenta 336

Bolo de polenta com limão siciliano 272–4

Lasanha veneziana 336–8

Porco

Barriga de porco assada lentamente 465–6

Bolinhos picantes de linguiça embrulhados com alface 421–3

Caldeirada de porco com maçãs 463–4

Chouriço com xerez 429

Costelinhas lustrosas com abacaxi e melado 392–5

Enroladinhos de salsicha com molho de mostarda 425–6

Escalopinho ligeiro com rostini rápido 68–9

Joelhos de porco guisados na cerveja com cominho, alho, maçãs e batatas 378–80

Linguiças coquetel com mostarda granulada e gengibre 418–20

Paella da despensa 196–7

Sobras de porco 380

Sopa vietnamita de porco e macarrão instantâneo 82

Torresmo de porco feito em casa com molho de maçã e mostarda 412–14

ver também presunto

presunto

Caldeirada, porco com maçãs 463–4

congelando caldo 17

cozinhando em Coca-Cola 18

Frango picante caseiro e arroz com ervilhas 343–5

Homus, Manteiga de amendoim 434

Hopkinson, Simon 131

Joelhos de porco com sidra com alho-poró e molho branco 367–71

Pasteis "galeses" de presunto e alho-poró 373, 374

Pendurar utensílios, cozinha 6

Salada de joelho de porco e soja (ou favas) 375–6

Salada picante e ácida em tiras 385

Torresmo de porco feito em casa com molho de maçá e mostarda 412–14

Tortinhas de presunto e alho-poró 372, 373–4

prosecco 442

Petúnia (coquetel) 443

Prosecco sporco (coquetel) 442

Pudim

Creme de baunilha 265–6

Del Conte, Anna 49, 214, 333, 336, 442

Filé para dois 321–2

Pudim de ovos 260–61

Queijo

molho de roquefort 125

Pizza sem crosta 26

Halloumi com beterraba e limão 212–13

Purê de batatas com Red Leicester 402, 407

ver também cream cheese

Massa espiral com feta, espinafre e pinolis 209–10

Pappardelle com abóbora e roquefort 333–5

Lasanha veneziana 336–8

ÍNDICE

Chili com queijo 31–2
Fritada de mortadela e muçarela 24–5

queijo feta
Bolinhos de batata picantes com ovos fritos 387
Massa espiral com feta, espinafre e pinolis 209–10

queijo roquefort
Bolinhos à bolonhesa 358
Bolonhesa, Risoto 355–8
molho 125
Pappardelle com abóbora e roquefort 333–5
Quesadillas, Abacate 433

risoto 350
Assadeiras 3
Barriga de porco assada, lentamente 465–6
Batatas assadas 222
Costela bovina assada 402–7
Frango assado 220
Frutos do mar assados 318–320
Pernas de pato assadas com batatas 388
Risoto à bolonhesa 355–8
Risoto com tinta de lula 359–61
Risoto de açafrão 352–3
Rostini rápido 68–9

Rúcula
Bolinhos de arroz com açafrão e bacon 354
Cuscuz com rúcula e limão siciliano 90
Pãezinhos, irlandeses de aveia 86–7
Risoto de açafrão 352–3
Salada de abóbora, rúcula e pinolis 92, 94–5

Saladas
Acompanhamento de salada 30
Caesar rápida de frango 230
Panzanella 148–50
Salada de abóbora, rúcula e pinolis 92, 94–5
Salada de frango Chinatown 228–9

Salada de frango, bacon e abacate 226–7
Salada de joelho de porco e soja (ou favas) 375–6
Salada de ovos e bacon 56–9
Salada de pimentões, anchovas e ovos 214–15
Salada picante e ácida em tiras 385
Salada tailandesa de tomate 408–9

Salame
Massa pequena com salame 200–1

Salmão
Ensopado de peixe São Francisco 346–8
Molho salmoriglio 121
sal, marinho 20
Salmão ao limão siciliano com cuscuz de tomate-cereja 119–20
Salmão com arroz para sushi com molho asiático agridoce picante 116
Salsa, Abacate 107
Salsa, tomate 105–6

Salsichas
Chocolate quente com Frangelico 441
Creme de Frangelico 441
Enroladinhos de salsicha 425–6
Tiramisu de Frangelico 164–6

Saquê e tônica (coquetel) 444

Scones
Restaurante Scott's 264
Scones de abóbora 451–2
Scones de leitelho 283–4

Sidra
Caldo de presunto com sidra 372
congelando sidra 18
Joelhos de porco com sidra, com alho-poró e molho branco 367–71
Mexilhões com sidra 60
Sopa de ervilhas com sidra 374

Sobremesas
Ameixas com canela e torradas francesas 140–41

Bolo de gengibre com Guinness 305–6
Bolo de polenta com limão siciliano 272–4
Bolo manjar do diabo 253–4
Bolo úmido de geleia de laranja 269–71
Cheesecake à moda antiga 173–4
Cheesecake banoffee 133–4
Cheesecake de chocolate e manteiga de amendoim 175–6
Churros com calda de chocolate 437–8
Crumble de morango com amêndoas 131–2
Crumble de uva-crispa e flor de sabugueiro 251–2
Frango dragão 415–16
gavetas, cozinha 5
Gelado de merengue e limão siciliano 168
Gelado embriagado 295
Merengues de café com caramelo 262–3
Pandowdy de pera 144–5
Potinhos de brownie de chocolate 161–2
Pudim de ovos 260–61
Pudim de pão com gotas de chocolate 142–3
Quadradinhos de framboesa Bakewell 299–300
Quadradinhos de melado 301–2
Sorvete de piña colada 180–81
Tiramisu de Frangelico 164–6
Torta de chocolate e limão 158–60
Torta de frutas fácil 177–8
Torta gafanhoto 182–5
Trifle de laranja e amoras-pretas 171, 271

soja
Salada de joelho de porco e soja (ou favas) 375–6
Frascos de molho de soja 18

sopas 6
Curry de Legumes ao estilo do Sul da Índia 154–5

Curry de Legumes ao estilo do
Sul da Índia 154–5
Minestrone 152–3
Sopa com alho 329
Sopa de arroz com coco 345
Sopa de ervilhas com sidra 374
Sopa feita com alho e amor
448–50
Sopa italiana de tomate e massa
470–71
Sopa luz do sol 78
Sopa tailandesa de frango com
macarrão instantâneo 232
Sopa tailandesa de frango com
macarrão instantâneo 232
Sopa vietnamita de porco e
macarrão instantâneo 82
Sopa vietnamita de porco e
macarrão instantâneo 82

Sorvete
Sorvete de piña colada 180–81
ver também Potinhos de brownie
de chocolate
substitutos 16

tamboril
Ensopado de peixe São Francisco
346–8
Queijo muçarela 24–5, 31–2, 100
Fritada de mortadela e muçarela
24–5
tesouras 7, 16

Tomates
Almôndegas de peru com molho
de tomate 44–5
Curry de tomate com arroz de
coco 108–10
Massa pequena com salame
200–1
Panzanella 148–50
Salada tailandesa de tomate
408–9
Sopa italiana de tomate e massa
470–71

Tortas
Arroz pilaf, Carnes variadas 198
Enroladinhos de salsicha com
molho de mostarda 425–6

Margarita rosa (coquetel) 442–3
Pandowdy de pera 144–5
pinolis, tostando 209
Pizza sem crosta 26
Sorvete de piña colada 180–81
Torta de chocolate e limão
158–60
Torta gafanhoto 182–5
Tortinhas de presunto e alho-poró
372, 373–4

Tortilhas
Fajitas de frango 50–53
Lasanha Mexicana com salsa de
abacate 105–7
Quadradinhos de melado 301–2
Quesadillas de abacate 433
Tortilhas de frango 100
Trevisa, John 362

Trifle
óleo de trufa 81
Trifle de laranja e amoras-pretas
171, 271
trufa, branca 81

trigo para quibe
Cobertura de creme de manteiga
275, 276
Ensopado de chouriço e grão-de-
bico 202–4
manteiga, cozinhando com 20
Tabule 205
Tutano, Minetta 400–1

Uvas-crispas
Chutney de uva-crispa 288–9
Crumble de uva-crispa e flor de
sabugueiro 251–2
Gafanhoto (coquetel) 443
Graham, Harry: *Ruthless Rhymes
for Heartless Homes* 444
raladores 7
Torta gafanhoto 182–5

vagens
grelha, antiaderente 4
grelhando 20
Pasta à genovesa (com batatas,
vagem e pesto) 41–2

vieiras
Vieiras com purê de ervilha com
aroma tailandês 72
Vieiras tailandesas assadas 430

vitela
Tutano da Minetta 400–1
Passa-verduras 7

Vôngoles
Ensopado de peixe São Francisco
346–8
Frutos do mar assados 318–20
Mariscos com chouriço 115

woks 4

Índice Expresso
Receitas que demoram 30 minutos desde o primeiro movimento até o prato

Ameixas
Ameixas com canela e torradas francesas 140–41

amoras-pretas
Gelado embriagado 295
Molho de roquefort 125
Scones de leitelho 283–4

arroz
Arroz com ervilhas (arroz com feijão) 344–5
Bolinhos de arroz com açafrão e bacon 354
Bolinhos de arroz com açafrão e bacon 354
Cuscuz com rúcula e limão siciliano 90

Batatas
Bolinhos de batata picantes com ovos fritos 387
Scones de abóbora 451–2

Chouriço
Ameixas com canela e torradas francesas 140–41
Chouriço com xerez 429
coquetéis *ver* drinques
Ensopado de chouriço e grão-de-bico 202–4
Mariscos com chouriço 115
Mariscos com chouriço 115

cordeiro
Alho-poró com molho branco 370–71
Cordeiro com alecrim e vinho do porto 62
Costeletas de cordeiro com groselha e hortelã 67
Costeletas de cordeiro com tempero indiano 92–3

Gelado de merengue e limão siciliano 168
Linguine solitário com óleo de trufa branca 81
Salmão ao limão siciliano com cuscuz de tomate-cereja 119–20

Curries
Curry de Legumes ao estilo do Sul da Índia 154–5
Curry de tomate com arroz de coco 108–10

Cuscuz
Cuscuz com rúcula e limão siciliano 90
Massa espiral com feta, espinafre e pinolis 209–10
Salmão ao limão siciliano com cuscuz de tomate-cereja 119–20

drinques (e coquetéis)
Americano 442
Baby Guinness 440–41
Bloody Maria 441–2
Cooler de framboesa 443
Gelado embriagado 295
Gimlet de flor de sabugueiro 444–5
Gueixa tonta 444
Lagarita 441
Margarita rosa 442–3
Martini francês 443
Petúnia 443
Prosecco sporco 442
Spritzer de flor de sabugueiro 444
Veludo negro 440

Espaguete
alla puttanesca 188
Bolinhos picantes de linguiça embrulhados com alface 421–2

Escalopinho ligeiro com rostini rápido 68–9
Espaguete com Marmite 49
Espaguete das vadias 188–9
Jantar rápido de frutos do mar 193
Massa com pancetta, salsa e pimentões 194–5

Frango
Caesar rápida de frango 230
Fajitas de frango 50–53
Frango agridoce 36–7
Frango ao estragão 64–5
Salada de frango Chinatown 228–9
Salada de frango, bacon e abacate 226–7
Sopa tailandesa de frango com macarrão instantâneo 232
Teriyaki de frango 38–40
Fritada de mortadela e muçarela 24–5

grão-de-bico
Ensopado de chouriço e grão-de-bico 202–4
Molho de pimenta, Jumbo 121–2
Potinhos de brownie de chocolate 161–2
Salada de frango Chinatown 228–9

Linguiças
Bolinhos picantes de linguiça embrulhados com alface 421–3
ver também chouriço

lula
Amido de prontidão 211
Filé, para Dois 321–2
Frango agridoce 36–7

Lulas coreanas 74–5

Massa rápida com lulas 112

Macarrão

Espaguete com Marmite 49

Espaguete das vadias 188–9

Homus com manteiga de amendoim 434

Linguine solitário com óleo de trufa branca 81

Massa com pancetta, salsa e pimentões 194–5

Massa espiral com feta, espinafre e pinolis 209–10

Massa pequena com salame 200–1

Massa rápida com lulas 112

Pasta à genovesa (com batatas, vagem e pesto) 41–2

Macarrão instantâneo

Sopa tailandesa de frango com macarrão instantâneo 232

Sopa vietnamita de porco e macarrão instantâneo 82

Mexilhões com sidra 60

Molhos

Molho de pimenta Jumbo 121–2

Molho de roquefort 125

Molho salmoriglio 121

Pesto de salsa 123–4

ovos

Bolinhos de batata picantes com ovos fritos 387

Salada de ovos e bacon 56–9

Salada de pimentões, anchovas e ovos 214–15

Paella da despensa 196–7

Peixe

Camarões japoneses 190

Costeletas de cordeiro com tempero indiano 92–3

Hadoque defumado à moda da minha mãe 456

Halloumi com beterraba e limão 212–13

Keema coreano 76–7

Linguado dourado com molho tártaro picante 70–71

Linguado dourado com molho tártaro picante 70–71

Lulas coreanas 74–5

Molho de pimenta Jumbo 121–2

Pãezinhos de aveia irlandeses 86–7

Salada de joelho de porco e soja (ou favas) 375–6

Salada picante e ácida em tiras 385

Salmão com arroz para sushi com molho asiático agridoce picante 116

Peru

Sopa vietnamita de porco e macarrão instantâneo 82

Curry de legumes, Sul da Índia 154–5

Escalopinho ligeiro 68–9

Keema coreano 76–7

Pesto

Pasta à genovesa 41–2

Pesto de salsa 123–4

Pimentões

Massa com pancetta, salsa e pimentões 194–5

Molho de pimenta Jumbo 121–2

Salada de pimentões, anchovas e ovos 214–15

porco

Paella da despensa 196–7

Escalopinho ligeiro com rostini rápido 68–9

Quesadillas de abacate 433

Saladas

Salada picante e ácida em tiras 385

Salada de pimentões, anchovas e ovos 214–15

Caesar rápida de frango 230

Tabule 205

Salada de frango Chinatown 228–9

Salada de joelho de porco e soja (ou favas) 375–6

Salada tailandesa de tomate 408–9

Salada de ovos e bacon 56–9

Salsa de abacate 107

Salmão

Molho salmoriglio 121

Salmão ao limão siciliano com cuscuz de tomate-cereja 119–20

Salmão com arroz para sushi com molho asiático agridoce picante 116

Scones

Chouriço com xerez 429

Espaguete das vadias 188–9

Hadoque defumado à moda da minha mãe 456

Jantar de frutos do mar, rápido 193

Massa pequena com salame 200–1

Scones de abóbora 451–2

Scones de leitelho 283–4

Sopas

Curry de Legumes ao estilo do Sul da Índia 154–5

Sopa tailandesa de frango com macarrão instantâneo 232

Sopa vietnamita de porco e macarrão instantâneo 82

Tabule 205

Tomates

Curry de tomate Com arroz de coco 108–10

Salada tailandesa de tomate 408–9

Trifle de laranja e amoras-pretas 171, 271

Tutano da Minetta 400–1

Vieiras

Vieiras com purê de ervilha com aroma tailandês 72

Vieiras tailandesas assadas 430

ÍNDICE EXPRESSO

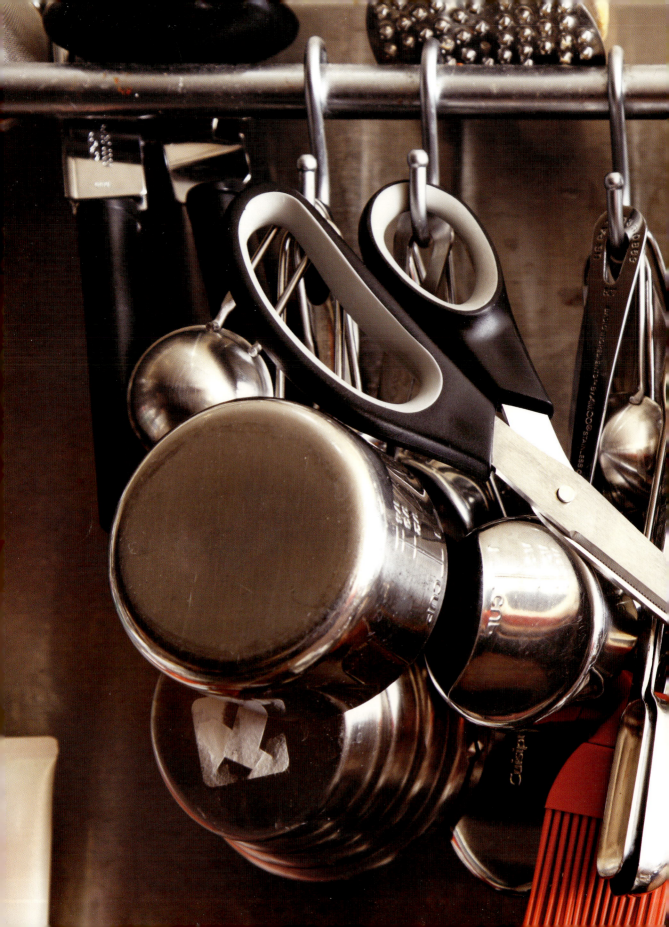